गीता-ज्ञानेश्वरी

गीता-ज्ञानेश्वरी

संयोजक

डॉ. रमाकांत लक्ष्मण राव पितले

एम. ए. (ना.यु.), एम. एस.सी. (ब्रडफोर्ड यु. यु.के.), पी. एच. डी (ना. यु.)

दिनेश कुमार त्रेहन

एम. ए. (दि.यु.) एम.एस.सी. (बार्थ युनि., यू.के.)

SHIPRA

रु. 300 US$ 15

ISBN: 978-81-7541-552-2

First Published in India in 2010

गीता-ज्ञानेश्वरी

Published by:

SHIPRA PUBLICATIONS

LG 18-19, Pankaj Central Market,
I.P. Ext., Patparganj, Delhi-110092
Ph. 91-11-22235152, 22236152

Br. Off: 115, Munish Plaza, 20, Ansari Road,
Daryaganj, Delhi-110002; Ph. 91-11-65946453, 9810522367
Email: info@shiprapublications.com
www.shiprapublications.com

आदर सहित समर्पित
पूज्यनीय श्री सांई बाबा (शिरदी)
को
जिनकी प्रेरणा और कृपा से
यह पुस्तक सम्भव हुई

अनुक्रम

भूमिका

महाराष्ट्र के ही नहीं बल्कि पूरे भारत के महान संत और द्रष्टा, श्री ज्ञानदेव महाराज ने, जनकल्याण व भगवान के दर्शन का मार्ग सबके लिए खोलने के लिए, श्रीमद्भगवत गीता को उस समय की सरल मराठी भाषा में विस्तारित किया। उन्होंने गीता का शब्दशः भाषान्तर नहीं किया अपितु महाभारत युद्ध की पृष्ठ-भूमि में बताये गये तत्वज्ञान को, उसकी अनुभूति को व भगवान के प्रति हमारे भाव विश्व को प्रस्तुत किया है। श्रीमदभगवत गीता के ज्ञान पर हमारा विश्वास ही नहीं, अपितु असीम श्रद्धा भी है। श्रद्धा विश्वास के परे है। श्रद्धा में सम्पूर्ण समर्पण हैं। श्रीज्ञानेश्वर महाराज ने श्रीज्ञानेश्वरी लिखकर हमारी भगवान के प्रति आसक्ति बढ़ा दी है और उसमें हमें स्थापित कर दिया है। यही है श्रीज्ञानेश्वरी की उपलब्धि।

मराठी भाषा में लिखी गई श्रीज्ञानेश्वरी को हिन्दी भाषियों के लिए प्रसारित करने हेतु भगवत् कृपा से यह प्रयत्न मैं और मित्र श्री दिनेश त्रेहन कर रहे हैं। वैसे तो श्रीज्ञानेश्वरी की हिंदी में किताबें उपलब्ध है। कुछ साल पहले श्री ज्ञानेश्वरी को, उसकी सभी ओवी (पद्य) को हिन्दी में शब्दशः भाषातंरित करने का श्रेय (कै.) श्री मोरेश्वर तपस्वी, पत्रकार एवं साहित्यकार को जाता है। इस पुस्तक के लिए उन्हें साहित्य अकादमी का भाषान्तरित पुस्तक श्रेणी में पुरस्कार भी प्राप्त हुआ है।

प्रस्तुत पुस्तक का उद्देश्य हिंदी भाषियों को श्रीज्ञानेश्वरी से परिचित कराना है। जब किसी का परिचय कराना होता है तो पहले उस महान व्यक्ति का जीवन परिचय और फिर उनके विचार और उसकी प्रस्तुति का विस्तार से विवेचन होता है। इसी उद्देश्य से प्रथम श्रीज्ञानेश्वरजी के जीवन का, व्यक्तित्व का परिचय कराया है।

उनके द्वारा लिखी श्रीज्ञानेश्वरी में प्रस्तुत गीता के विचारों की विस्तृत विवेचना उन्हीं के पद्य रचना के आधार पर की गई है। इसलिए यह श्रीज्ञानेश्वरी भगवत् गीता का अक्षरशः भाषांतर नहीं है। श्रीज्ञानेश्वरी के पद्यों को सामने रखकर गीता के तत्व सुगम ढंग से लाने की कोशिश की गई है।

श्रीमद्भगवत गीता में भगवान श्री कृष्ण एक संवाद द्वारा जो कुरूक्षेत्र के मैदान में जब कौरव और पांडव सैनिक एक दूसरे के सामने लड़ने के लिऐ तैयार हैं तथा

अर्जुन अपने ही प्रियजनों और आदरणीय लोगों को लड़ने के लिए अपने सामने पाता है और भ्रम में आ जाता है, अर्जुन को स्वधर्म पालन का ज्ञान देते हैं और उसका भ्रम दूर करते हैं।

श्रीकृष्ण भगवान के विचारों को अर्जुन युद्ध भूमिपर ही आत्मसात् कर लेते हैं और मोह से उत्पन्न बुद्धिभ्रम को मिटाकर अपने कर्तव्य निभाने के लिए तैयार होते हैं। गीता हमारे मोह या आसक्ति को नष्ट करती है। अर्जुन कहते है:

नष्टो मोह: स्मृतिर्लब्धा त्वत्प्रसादान्मयाच्युत।
स्थितोऽस्मि गत संदेह: करिश्ये वचनं तव।।

(अ0 18 श्लोक 73)

गुरु श्रीकृष्ण, अर्जुन जैसे योगी शिष्य के, मोह से उत्पन्न निराशा और निष्क्रियता को दूर करते हैं। श्रीकृष्ण और अर्जुन दोनों ही महान विभूति थे। अर्जुन के सामने प्रत्यक्ष भगवान खड़े थे इसलिए युद्ध के मैदान में ही अर्जुन को भगवान के दर्शन भी हुए और संसार में रहते हुए अर्जुन ने समर्पण करते हुए समाधी अवस्था प्राप्त कर ली।

श्रीज्ञानेश्वर जी ने भगवत्गीता को कलियुग में प्रस्तुत किया है। इस युग में युद्ध मैदान अलग स्वरूप का है। सिर्फ अर्जुन को गीतोपदेश नहीं देना था परन्तु आज के युग में लाखों अर्जुन काम, क्रोध, मद, मोह और मत्सर से ग्रसित है। दुष्ट प्रकृति सत्प्रवृति पर हावी हो गयी थी और हो रही है। ऐसी अवस्था में गीता का भाषान्तर ही काफी नहीं था। कुछ अन्य तरीके से विस्तारपूर्वक जनसामन्य को गीता का ज्ञान देना जरूरी था। इसलिए श्रीज्ञानेश्वरी में गीता को विस्तारित करते हुए आज के वातावरण में ढालने की कोशिश की गई है। श्रीज्ञानेश्वरी के सम्मुख सभामंच में या पेड़ के नीचे बैठे मोह से ग्रसित हजारों जन बैठे हैं। उनको गीता का उपदेश समझाना है। इसलिए जैसे-जैसे श्री ज्ञानेश्वरी को, उसके पद्यों को पढ़ते हैं, तो मालूम होता है कि श्रीज्ञानेश्वर महाराज ने सामान्य जनों को उद्धृत किया है, तथा ऐसे दृष्टान्त दिये हैं जो मूल भगवद्गीता में नहीं हैं। यही ज्ञानेश्वरी की विशेषता है। गीता पर भाष्य नहीं किया है बल्कि संसारिक भावना को गीता के उपदेश से प्रकाशित किया है जिससे यह लगता है कि श्रीमदभगवत गीता तो संसारिक जीवन में रहते हुए भी भगवान की प्राप्ति का साधन है और इसे बिना संन्यास के प्राप्त किया जा सकता है। भगवान का नाम भगवान से भिन्न नहीं है और श्री ज्ञानेश्वर जी ने पूरी गीता को भगवान का नाम मानकर उस नाम का स्मरण और प्रयोग आत्म उद्धार के लिए कैसे किया जाना है, यह जनसमुदाय को समझाया है। श्री ज्ञानेश्वर जी की यह विशेषता है कि गीता पढ़नेवाले और सुननेवाले के मन में उपस्थित होने वाली शंकाओं को अपनी ओवियों के माध्यम से स्पष्ट करते हैं। सिर्फ गीता का शब्दश: भाषान्तर से इन शंकाओं का समाधान नहीं होता। श्रीज्ञानेश्वरी जी का गीता पर किया हुआ यह सरल प्रवचन है।

लेकिन इसको समझाने के लिए श्रीज्ञानेश्वर महाराज, भगवान के मंगलाचरण को

लिखकर अपने इस भाव को समर्पित करते हैं। कोई भी पवित्र और भगवान से जुड़ा हुआ कर्म, अनुष्ठान, आचार-विचार की शुद्धता के बिना समृद्ध और प्रभावी नहीं हो सकता। इसलिए गीता का विवेचन पहले अध्याय से शुरू करने से पहले श्रीज्ञानेश्वर महाराज मंगलाचरण लिखते हैं। इसमें 84 पद्य की रचना है जिसको मराठी में 'ओवी' कहते हैं। इन 84 पद्य की रचना में श्रीज्ञानेश्वरी का आशय स्पष्ट किया है, भगवान का स्मरण किया है, और श्रोताओं और वाचकों को एक मौलिक मंत्र दिया है।

'गीताज्ञानेश्वरी' को हिन्दी भाषा में प्रस्तुत करते समय गीता के 700 श्लोकों को मुख्य आधार रखा है। मराठी की श्री ज्ञानेश्वरी में 9000 से ज्यादा ओवियाँ है। उन्हें हिन्दी में प्रस्तुत करें तो पुस्तक का आकार बहुत बड़ा हो जाता है। आज की दौड़-धूप की जिदंगी में सैकड़ों पन्नों की किताब पढ़ने के लिए ना वाचकों के पास वक्त है ना इच्छा है। इसको ध्यान में रखते हुए श्रीज्ञानेश्वरी को हिन्दी में प्रस्तुत करते समय उसका आकार लगभग 300 पन्नों का रखा है। गीता के प्रत्येक श्लोक को स्पष्ट करने के लिए श्रीज्ञानेश्वरजी ने बहुत सारी ओवियाँ लिखी हैं। गीता के 13वें अध्याय में 34 श्लोक हैं। अध्याय का विषय है क्षेत्र-क्षेत्रज्ञयोग (यानि इस शरीर और इस शरीर को जाननेवाला)। इस अध्याय के 34 श्लोकों के लिए 1169 ओवियाँ लिखी है। सभी ओवियों को हिंदी में प्रस्तुत किया जाये तो इस अध्याय का आकार एक छोटी पुस्तक के बराबर होगा। इसलिए गीता के श्लोकों का स्पष्टीकरण करते हुए यथामति-यथाशक्ति उन ओवियों को हिंदी में प्रस्तुत किया है जो उसे विशेषरूप से स्पष्ट करती है। गीता ज्ञानेश्वरी हिन्दी में प्रस्तुत करते समय, पहले छः अध्यायों में भगवत् गीता के कुछ चुने हुऐ श्लोक ही दिये हैं और उन श्लोकों का तथा अन्य श्लोकों का (जो छोड़ दिये गये हैं) सार, जैसा श्री ज्ञानेश्वरी में दिया है, वह प्रस्तुत कर दिया है। यह पाठक की आसानी के लिये किया गया है! यह आशा है कि ऐसा करने से पाठक सरलता से भगवतगीता के तत्व ज्ञान से परिचित हो जायेंगे उसके बाद अध्याय सात से अठारह तक सभी श्लोकों के साथ श्री ज्ञानेश्वरी की चुनी हुई ओवियाँ लेकर प्रस्तुत की हैं, केवल आठवें अध्याय में भगवत गीता के दो श्लोक नहीं लिये यद्यपि उनका भी सार समझा दिया गया है। कुछ हद तक इसमें त्रुटि हो सकती है। इस के लिए प्रस्तुत कर्ता जिम्मेदार हैं और इसके लिए क्षमा चाहते हैं।

हिंदी भाषा में गीता ज्ञानेश्वरी का संस्करण प्रस्तुत करने का मुख्य उद्देश्य है कि हिंदी भाषियों को श्रीज्ञानेश्वरी ग्रंथ से अवगत कराना – उनमें इसके प्रति रूचि निर्माण करना और पूर्ण ज्ञानेश्वरी पढ़ने के लिए उनमें इच्छा जागृत करना। इसलिए सीमित दायरे में श्रीज्ञानेश्वरी को प्रस्तुत किया है। प्रत्येक अध्याय के श्लोक और उसका भाषान्तर देकर उस पर श्रीज्ञानेश्वरी जी की चुनी हुई ओवियाँ मराठी भाषा में लेकर स्पष्टीकरण दिया है, उसको प्रस्तुत किया है। वाचकों को गीता के श्लोकों के संदर्भ में श्रीज्ञानेश्वरी की ओवियाँ उन्हें गीता का महान संदेश समझने में सहायता करेंगी। उन ओवियों को पढ़कर वाचक श्रीज्ञानेश्वर जी की विद्वता, ज्ञान और प्रवचन

प्रचुरता को तो जान पायेंगे ही लेकिन इसे पढ़ने से उन्हें श्रीज्ञानेश्वर जी का आशीर्वाद भी प्राप्त होगा।

गीतोपदेश श्रीज्ञानेश्वरी में जैसा दिया है वैसा ही उसे प्रस्तुत करने का प्रयास किया है। उद्देश्य यह है कि हिन्दी वाचकों के लिए श्रीज्ञानेश्वर जी ने गीता को जिस प्रकार से प्रस्तुत किया है उससे अवगत कराया जाये तथा उसके प्रति उनमें रूचि उत्पन्न हो। गीता पर किये गये अन्य भाष्यों का इसमें कोई विशेष संदर्भ नहीं दिया है। वाचकों का ध्यान पूर्ण रूप से श्रीज्ञानेश्वरी पर केन्द्रित करना ही यहां पर मुख्य उद्देश्य है। स्पष्टीकरण करने के लिए आवश्यकतानुसार कहीं-कहीं गीता पर किये भाष्यों का (शांकरभाष्य आदि ग्रंथों का) प्रयोग किया है।

मैं यहां यह स्पष्ट करना चाहूँगा कि इस पुस्तक में हम गीता का कोई नया अर्थ नहीं निकाल रहे हैं। इसके लिए हमारे पास विद्वता और ज्ञान दोनों ही नहीं है। इस पुस्तक 'गीता ज्ञानेश्वरी' का उद्देश्य बहुत सीमित है–एक ऐसी पुस्तक की रचना जो पाठकों को आसानी से समझा सके कि भगवान श्रीकृष्ण ने गीता में क्या उपदेश दिया तथा श्री ज्ञानेश्वर जी ने उस उपदेश को कैसे लोगों को बताया। हमने पूरी ईमानदारी से प्रयत्न किया है कि भाषा को बहुत सरल रखा जाये तथा उन पुस्तकों में बताये ज्ञान को साधारण बोलचाल की भाषा में लिखा जाये ताकि पाठकों को गीता ज्ञान समझने में कोई कठिनाई न हो।

इस संदर्भ में मैं यह अवश्य कहना चाहूँगा कि इस पुस्तक की रचना, ईश्वर की कृपा और उसके आशीर्वाद से ही हुई है। इसे लिखने की कोई योजना नहीं थी, ना कभी कोई विचार ही था। एक के बाद एक घटनायें घटती गई और इस पुस्तक की रचना होती गई। यहाँ तक की जब इसे टाइप करना था तो श्री आनन्द हरी अग्रवाल, जो भारत सरकार में अवर सचिव पद पर कार्यरत हैं, सामने आये और इसे टाईप आदि करवाने का कार्यभार अपने ऊपर लेने की जिद कर दी। उन की बातें सुन कर यूँ लगा जैसे ईश्वर ने उन्हें यह कार्य करने के लिए प्रेरित कर दिया था। लेखक श्री आनन्द हरी अग्रवाल जी का बहुत धन्यवाद करते हैं, जिन्होंने इस कठिन काम का जिम्मा अपने ऊपर लिया और अच्छे से निभाया। लेखक उनकी पुत्री सुश्री गीतांजली के भी आभारी हैं, जिन्होंने पढ़ाई से समय निकाल कर, टाईपिंग आदि में योगदान दिया। हम श्रीमती कमला तथा श्री नन्दन सिंह जी के भी आभारी हैं जिन्होंने स्वैच्छा से इस कार्य को हाथ में लिया तथा लेखन व टाईपिंग की त्रुटियां दूर कर, इसे प्रकाशन के लिए तैयार किया।

रमाकान्त लक्ष्मण पितले

दो शब्द

आज मैं लगभग 67 वर्ष का हो गया हूँ और जब मैं अपने पीछे मुड़कर देखता हूँ तो पाता हूँ कि जितनी भी मेरे जीवन के अन्दर मुख्य घटनायें हुई, वह सब अपने आप हो गई तथा उस प्रकार नहीं हुई जैसा कि मैंने सोचा था या जैसी मेरी योजना थी। उदाहरण के लिए, मैं कॉलेज में प्राध्यापक की नौकरी करना चाहता था – परन्तु असल जिन्दगी में, मुझे सरकारी विभाग में काम करना पड़ा और वहीं से मैं सेवानिवृत हुआ। मुझे एक छोटी जगह में रहना अच्छा लगता था और मैं सोचता था कि किसी ऐसी छोटी जगह में ही जीवन बिताऊंगा परन्तु मैं सारा समय दिल्ली जैसे बड़े शहर में रहा। मैं पढ़ाई लिखाई में कभी भी ज्यादा नम्बर लेकर पास नहीं हुआ – लेकिन अपनी सर्विस के दौरान मैंने देश-विदेश में बहुत घूमा और कई अंतरराष्ट्रीय सम्मेलनों में भाग लिया और यहाँ तक कि प्रोफेसरों को चुनने के लिए इन्टरव्यू बोर्ड में भी बैठा। यह सब एक सपने की तरह है और गौर से सोचने के बाद लगता है कि हमारे जीवन में 'विधि' का बहुत बड़ा हाथ है। इस पुस्तक 'गीता-ज्ञानेश्वरी' की रचना में भी 'विधि' की ही मर्जी है और उसी से यह रचना सम्भव हुई है।

मैं डॉ० रमाकान्त लक्ष्मण पितले को सन 1968 से जानता हूँ जब हम दोनों भारतीय अर्थसेवा के पहले बैच में चुने गये थे। एक ही बैच में होने के कारण, एक दूसरे से जान-पहचान तथा मित्रता हो गई थी। परन्तु दोनों अपने-अपने जीवन में व्यस्त हो गये थे तथा कई बार पोस्टिंग अलग-अलग शहरों में होने के कारण, दोनों का मेलजोल बहुत कम हो गया था। अन्त में वह सेवानिवृत होकर नागपुर तथा मैं दिल्ली में ही बस गया। इस प्रकार काफी वर्ष बीत गये जबकि एक दिन जुलाई 2007 में अचानक दोपहर में उनका फोन आया और उन्होने मुझसे कहा कि उन्हें अपने बेटे के परिवार के लिए, जो इंग्लैंड से आ रहे थे, कुछ माह के लिए एक "मकान" किराये पर चाहिए था। यह फोन काल मेरे लिए एक सुखद आश्चर्य था क्योंकि उसी समय मेरे पड़ोस में रहने वाली श्रीमति लता कृष्णामूर्ति मेरे पास ही बैठी हुई थी और अपना "फ्लैट" किराये पर देने की बात कर रही थी। मैंने डॉ० रमाकांत की उसी समय उनसे बात करा दी और तत्काल ही सब कुछ तय हो गया। और इसके लगभग

एक माह बाद रमाकांतजी दिल्ली आ गये और मुझे मिले। कुछ समय बाद उनका बेटा भी सपरिवार इंग्लैंड से आ गया और रमाकंत जी मेरे पडोसी बन गये। क्योंकि अब वह मेरे पडोसी बन गये थे इसलिये हम अक्सर मिलते थे और अलग अलग विषयों पर बातें करते थे। और तभी मुझे पता चला कि अध्यात्म उनका भी प्रिय विषय था। मैने रिटायर होने के बाद प्रभु की कृपा से सारा समय आध्यात्मिक किताबें पढने में लगाया था। एक दिन रमाकांत जी ने मेरी आध्यात्म में दिलचस्पी देख कर मुझे उनके द्वारा श्रीमद्‌भगवत गीता पर लिखी गई अपनी किताब मुझे पढ़ने के लिये दी। रमाकान्त जी कुछ वर्षो के लिये फिजी के निकट टोंगा द्वीप समूह (दक्षिण पेसिफिक सागर) में एडवाईजर के पद पर कार्यरत थे तथा वहां उन्होंने गीता पर कई प्रवचन दिये थे। बाद में उन्हीं प्रवचनों के आधार पर उन्होंने वह पुस्तक लिखी थी। वह किताब पढ कर मैं बहुत खुश हुआ क्योंकिं वह किताब बहुत अलग ढंग से तथा बहुत ही सरल भाषा में लिखी गई थी। जब मैं उनके साथ इस किताब के बारे में बातें कर रहा था तभी बातों ही बातों मे हम दोनों ने यह महसूस किया की एक ऐसी किताब लिखी जानी चाहिए जिसमें गीता पर श्रीज्ञानेश्वर जी के विचारों को भी दिया जाये तथा वह इस प्रकार से लिखी जानी चाहिए कि पढ़ने वाले को यह सरल लगे ताकि आसानी से उसे समझा जा सके। बस यहीं से इस गीता ज्ञानेश्वरी की उत्पति हुई। इस के लिखने के लिये पहले कभी कोई योजना नहीं बनाई थी। बस अचानक ही सब कुछ हो गया। यह ईश्वर से ही प्रेरित था।

यहाँ यह मैं अवश्य लिखना चाहूँगा कि श्रीमद्‌भगवदगीता को समझना आसान नहीं हैं। इस पर बहुत भाष्य लिखे गये हैं तथा कई श्लोकों पर काफी बहस भी हुई है। इसमें कोई सन्देह नहीं कि श्री ज्ञानेश्वर जी ने बहुत अच्छे ढंग से तथा उदाहरण दे दे कर गीता को समझाया है परन्तु फिर भी उसको समझने के लिये ज्ञान और प्रभु की कृपा दोनों ही चाहिये। इसके विपरीत हम दोनों ने अब तक का सारा जीवन सरकारी नौकरी में ही बिताया है जहां पर अध्यात्म से कुछ लेना देना नही होता। अत: हमारे लिये यह और भी कठिन और शायद यह कहना गलत नहीं होगा दुस्साहस पूर्ण कार्य था। इस कार्य को शुरू करने से पहले डर भी लगा ओर घबराहट भी बहुत हुई परन्तु फिर भी जैसे किसी अदृश्य ताकत ने हमारे हाथ पकड़ कर हमसे यह कार्य पूरा करवाया।

इसमें त्रुटियां हो सकती है—हमारी नासमझी अथवा अज्ञान की वजह से और उसके लिये हम क्षमा प्रार्थना करते हैं। परन्तु अपनी तरफ से हम यह अवश्य कहना चाहेंगे कि हमने इस कार्य को पूरी ईमानदारी तथा निष्ठा से निभाया है। हमने पूरा प्रत्यन किया है कि इसे अत्यन्त सरल ढंग से लिखा जाये और प्रस्तुत किया जाये ताकि पढ़ने वालों को पढ़ने में या समझने में कठिनाई न हो।

मुझे जानने वाले अक्सर मुझ से एक प्रश्न पूछते है कि आखिर गीता कहती क्या है? कहने का मतलब है कि लोग यह जानना चाहते हैं की गीता का सार क्या है।

वैसे तो गीता में सात सौ श्लोक हैं और प्रत्येक श्लोक बहुत अर्थपूर्ण है परन्तु फिर भी अगर पूरी गीता का सार ही जानना है तो फिर मेरी समझ के अनुसार उसे इस प्रकार कहा जा सकता है–

1. हमें अपने स्वधर्म का पालन निष्ठापूर्वक तथा पूरी ईमानदारी के साथ करना चाहिये। अपने स्वधर्म को कभी नहीं छोड़ना चाहिये। इससे ईश्वर प्रसन्न होते हैं और हमें ज्ञान निष्ठा मिलती है।

2. कर्म करते वक्त कर्म प्रभुभक्ति से करने चाहिये तथा उन्हें प्रभु को ही अर्पण करना चाहिये। अर्थात कर्मों के फल की इच्छा नहीं करनी चाहिये तथा उसका कर्तत्व भी नहीं लेना चाहिये। निषिद्ध कर्मो का त्याग करना चाहिये।

3. प्रभु मे अटूट विश्वास रखना चाहिये तथा उनका निरंतर सिमरन करना चाहिये।

ऊपर लिखी तीनों बातों का अर्थ है मन में वैराग्य का होना, मन पर पूरा नियंत्रण और ईश्वर से हर पल जुड़ाव। अगर ऐसा होगा तो हम ईश्वर को प्राप्त होंगे और जीवन का लक्ष्य पूरा करेंगे।

हमे पूरा विश्वास है कि पाठकगण इस पुस्तक को पढ़ कर इसका लाभ उठायेंगे। हमारी समझ में अगर इस पुस्तक को पढ़ कर पांच लोग भी इससे प्रभावित हो कर गीता के उपदेश को जीवन में उतारते हैं अथवा जीवन में उतारने का प्रयत्न भी करते है तों हम यह समझेगे कि हमारा प्रयत्न सफल हुआ।

दिनेश त्रेहन

जीवन परिचय

श्री ज्ञानेश्वर जी महाराज महाराष्ट्र के महान संतो के शिरोमणी संत हैं। संतों के मुकुट मणि थे। श्री ज्ञानेश्वर जी के पूर्वज पैठण गांव के निवासी थे। पैठण शहर का नाम पहले प्रतिष्ठान था। यह महाराष्ट्र की और यादव साम्राज्य की राजधानी थी। यही महाराष्ट्र की सर्वोच्च धर्मपीठ थी। श्री ज्ञानेश्वर जी के पिता विट्ठलपंत वेदों में रूचि रखने वाले और वैरागी वृति के थे। उनका घराना भगवद् भक्त और सदाचारी था। घराने के मूल पुरुष हरिपंत देशस्थ यजुर्वेदी ब्राह्मण थे। पैठण से आठ मील की दूरी पर दक्षिण गंगा गोदावरी के घाट पर बसे आपेगांव के वह कुलकर्णी थे।

श्री ज्ञानेश्वर जी के पिताजी, वैरागी वृत्ति के कारण, अपने माता-पिता की आज्ञा लेकर तीर्थक्षेत्र करने निकल पड़े। तीर्थ क्षेत्र देखते हुए वे आलंदी में सिद्धेश्वर मंदिर पहुंचे। आलंदी के कुलकर्णी सिद्धेश्वर, विट्ठलपंत से बहुत प्रभावित हुए। उनकी रूक्मिणी नाम की कन्या थी। विट्ठलपंत को अपना जमाई बनाने का विचार सिद्धेश्वर जी के मन में आया। उनके स्वप्न में पांडुरंग देव आये और उन्होने रूक्मिणी का विवाह विट्ठलपंत से करने को कहा। ऐसा ही सपना विट्ठलपंत को दिखाई दिया। अतंतः सिद्धेश्वर जी के कहने पर विट्ठलपंत ने विवाह का प्रस्ताव स्वीकार किया और उनका विवाह रूक्मिणी जी से हुआ। लेकिन वैरागी वृत्ति के कारण उनका मन गृहस्थी में नहीं लगा। इसी बीच उनके मातापिता का देहान्त हो गया। विट्ठलपंत और भी विरक्त और उदासीन हो गये। एक दिन वह गंगा स्नान का बहाना करके निकल पड़े और वापिस नहीं लौटे। वे काशी पहुंचे और वहां श्रीपादस्वामी जी से मिले और सन्यास की दीक्षा लेने की इच्छा उन्होंने प्रकट की। उन्होंने कहा वे अविवाहित हैं। श्रीपादस्वामी ने उन्हें सन्यास की दीक्षा दी। उनकी पत्नी उनके लौटने की प्रतीक्षा करती रही। संयोगवश श्रीपाद स्वामी तीर्थ यात्रा करते हुए विट्ठलपंत के गांव पहुँचे। जिस मंदिर में श्रीपादस्वामी ठहरे थे वहाँ रूक्मिणी नित्य दर्शन के लिए जाती थी। उन्होंने श्रीपादस्वामी के दर्शन किये, नमस्कार किया। श्रीपादस्वामी ने उन्हें आशीर्वाद दिया 'पुत्रवती भव'। रूक्मिणी को ऐसी खबर मिली थी कि विट्ठलपंत ने सन्यास की दीक्षा काशी में ली है। वे कहने लगी कि "मेरे पति तो काशी जाकर सन्यास ले

चुके हैं। आपका आशीर्वाद कैसे पूर्ण होगा।'' श्रीपादस्वामी ने इसके बारे में पूछताछ की तो उन्हें मालूम हुआ कि उन्होंने ही विट्ठलपंत को संन्यास की दीक्षा दी है और अब उनका नाम चैतन्याश्रम स्वामी रखा है।

श्रीपादस्वामी को इसपर बड़ी ग्लानी हुई। काशी लौटने पर उन्होंने विट्ठलपंत से बात की और उन्हें गृहस्थाश्रम धर्म निभाने की आज्ञा दी। अब सन्यासी से गृहस्थाश्रमी बनना यह उस समय के समाज को मान्य नहीं था। वह घोर पाप माना जाता था। परन्तु गुरु के आदेश के कारण उन्होंने गृहस्थाश्रमी बनना स्वीकार किया। लेकिन ऐसा करने के कारण ऐसा माना गया की सन्यास धर्म और गृहस्थाश्रम दोनों ही कलंकित हुऐ हैं। इधर पतिव्रता रूक्मिणी ने तीन पुत्र और एक पुत्री को जन्म दिया। सबसे बड़े निवृत्ति, दूसरे ज्ञानदेव, तीसरे सोपान देव और चौथी मुक्ताबाई। श्री ज्ञानदेवजी का जन्म शक 1893 (ई.सन 1271) में हुआ।

सन्यासी श्री विट्ठलपंत के संतान होने के कारण उन्हें दण्ड दिया गया तथा समाज से बहिष्कृत किया गया जिससे उनके कुटुम्ब की आर्थिक हालत बहुत खराब हो गयी। बच्चों की आयु बढ़ रही थी। निवृत्तिनाथ की आयु 7 वर्ष पूर्ण हुई तो उनके यज्ञोपवीत की चिंता सताने लगी। विट्ठलपंत ने ब्राह्मण समाज से इसके बारे में प्रार्थना की जो स्वीकार नहीं की गई। वे परिवार के साथ आपेगांव गये। वहाँ के ब्राह्मणों से उन्होंने बच्चों के यज्ञोपवीत के बारे में फिर चर्चा की। लेकिन ब्राह्मणों ने उनकी विनती नहीं सुनी उल्टे उन्हें अपराधी घोषित किया और मृत्युदंड से प्रायश्चित करने की आज्ञा दी। विट्ठलपंत अपनी पत्नी को साथ लेकर प्रयाग गये और वहाँ जल समाधि ले ली। अब उनके चारों बच्चे अनाथ हो गये।

प्रायश्चित करने के बाद भी उन्हें शुद्ध पवित्र नहीं समझा गया और उनके बच्चों के यज्ञोपवीत संस्कार को ब्राह्मण समाज ने मान्यता नहीं दी तथा आलंदी के ब्राह्मणों ने बच्चों से कहा कि वे पैठण के धर्मपीठ से शुद्धि पत्र लायें तभी उनका यज्ञोपवीत संस्कार हो सकेगा। इन ब्राह्मणों का पत्र लेकर वे भाई-बहन पैठण गये और वहां की धर्मपीठ से शुद्धि पत्र देने की विनती की। पैठण धर्मपीठ ने धर्म सभा में इस बारे में चर्चा की और निर्णय लिया कि धर्मग्रन्थों में प्रायश्चित करने के बाद शुद्धिपत्र के संबंध में कोई निर्णय नहीं है। बच्चों पर अन्याय हुआ। धर्मसभा में बच्चों पर व्यंग भी किये गये। उनके नामों की हंसी की। एक ने कहा कि नाम तो ज्ञानदेव है लेकिन यही नाम (ज्ञान्या) एक भैंसे का भी है। इसपर श्री ज्ञानदेवजी ने उत्तर दिया ''आप ठीक कहते हैं, मेरी और इस भैंसे की आत्मा एक है''। इसपर किसी ने उस भैंसे पर चाबुक से वार किये। उसके निशान श्री ज्ञानेश्वर जी की पीठ पर दिखाई दिये। सबको बड़ा आश्चर्य हुआ। फिर किसी ने कहा कि यदि तुम और भैंसा एक ही आत्मा हो तो भैंसे के मुख से वेद बुलवाईये। श्री ज्ञानेश्वर जी उस भैंसे के पास गये और उन्होंने उसके मस्तक पर हाथ रखकर कहा कि 'आप पंडितों को अपने मुख से वेद मंत्रों का उच्चारण कर यह प्रमाणित कर दीजिये कि हम शुद्ध हैं'। इतना कहते ही भैंसे

ने वेद मंत्रों का उच्चारण किया। सभी पंडित आश्चर्यचकित हुए। यह चमत्कार देखने के बाद पंडितों ने ''वे शुद्ध हैं'' यह माना। श्री ज्ञानेश्वर जी का श्रेष्ठत्व सिद्ध हुआ। इन पंडितों ने विठ्ठल के कलंकों से उन्हें मुक्त किया। लेकिन शुद्धिपत्र देते हुए एक शर्त जोड़ दी कि इनमें से कोई भी विवाह और संतानोत्पत्ति नहीं करेगा। क्योंकि इससे हिन्दूसमाज प्रदूषित होगा। श्री ज्ञानेश्वर जी ने इसे स्वीकार किया। उन्होंने अपने भाईयों को समझाया कि समाज के नियमों का उल्लघंन योग्य नहीं है। श्री ज्ञानेश्वर जी कितने महान थे। पैठण से सभी भाई-बहन नेवासा पहुँचे। वहाँ पहुँचने पर उन्होंने देखा कि एक स्त्री अपने पति की मृतदेह गोद में लेकर शोक कर रही है। उससे पूछने पर कि पति का नाम क्या है, उस स्त्री ने बताया कि पति का नाम सच्चिदानंद है। श्री ज्ञानेश्वर जी ने इस पर कहा कि सत् चित् और आनंद की मृत्यु कैसे हो सकती है। ऐसा कहकर उन्होंने शव पर हाथ फेरा तो वह जीवित हो गया। यही व्यक्ति आगे जाकर सच्चिदानंद बाबा के नाम से प्रसिद्ध हुआ तथा उसने ही 'ज्ञानेश्वरी' ग्रन्थ को शब्दबद्ध किया। इन चमत्कारों के कारण श्रीज्ञानेश्वर जी की प्रसिद्धि दूर-दूर तक फैल गयी। लोग उनके दर्शन के लिए आने लगे, उनके भक्त हो गये। श्री ज्ञानेश्वर जी अपने भाई-बहन के साथ नेवासा वापिस आये। इस क्षेत्र को महाल्या क्षेत्र या महाल्सापुर कहते हैं। यह क्षेत्र प्रवरा नदी के तट पर है। यहीं पर श्री ज्ञानेश्वर जी ने गीता पर आधारित ज्ञानेश्वरी निर्मित की। यह लेखन नेवासा में महाल्या मंदिर में संपन्न हुआ। उस समय उनकी आयु केवल 15 वर्ष की थी। श्रीज्ञानेश्वरी लिखने के बाद वे आलंदी गये। अब उनकी कीर्ति चारों ओर फैल रही थी। इस कारण कुछ संतों के मन में द्वेष भावना थी पैदा हुई क्योंकि आयु में छोटे होने के बाद भी उनकी महानता बढ़ रही थी। उनसे मत्सर/द्वेष करनेवालों में एक संत और योगी थे, चांगदेव। योगेश्वर चांगदेव को श्री ज्ञानेश्वर जी की बढ़ती कीर्ति सहन नहीं हुई। कहते हैं कि चांगदेव की, योगाभ्यास के कारण, उम्र 1400 वर्ष की थी। चांगदेव जी ने श्री ज्ञानदेव जी को पत्र लिखने के बारे में सोचा। लेकिन उन्हें कैसे संबोधित करें! श्री ज्ञानेश्वर जी को 'चिरंजीव' कहें तो उनकी महानता को देखते हुए यह उचित नहीं था, 'तीर्थरूप' लिखते हैं तो वे श्री ज्ञानेश्वर जी से उम्र में बड़े थे, इसलिए ऐसा संबोधित करना योग्य नहीं था। इसलिए चांगदेव जी ने अपने शिष्य के साथ अपना नमस्कार भेजा और कोरा कागज, पत्र के रूप में भेजा। जब यह कोरा कागज श्री ज्ञानेश्वर जी को मिला तो वे अचरज में पड़ गये। मुक्ताबाई ने पत्र देखकर कहा कि 1400 साल तपस्या की लेकिन चांगदेव जी कोरे ही रह गये।

श्री चांगदेव जी श्री ज्ञानेश्वर जी को लज्जित करने के लिए अपनी योग साधना से एक भयंकर शेर पर बैठकर मिलने निकल पड़े। उस शेर को मारने के लिए उनके राथ गें साँप का चाबुक था। वे अपने शिष्यों के साथ आलंदी पहुँचे। उस समय श्री ज्ञानेश्वर जी अपने भाई-बहन के साथ दीवार पर बैठे थे। श्री चांगदेव जी को आते देख उनका सत्कार करने के लिए, उनसे मिलने के लिए, श्री ज्ञानेश्वर जी ने दीवार

को आज्ञा दी कि वह उन्हें श्री चांगदेव जी से मिलाने ले चले। वह निर्जीव दीवार सभी को लेकर चलने लगी तथा चांगदेव जी के पास पंहुची। यह देखकर श्री चांगदेव जी का अहंकार नष्ट हो गया और उन्हें श्री ज्ञानेश्वर जी की महानता समझ में आ गयी।

श्री ज्ञानेश्वर जी की कीर्ति पंढरपुर तक पहुँच गयी। पंढरपुर में महान संत नामदेव जी का निवास था। नामदेव जी को साथ लेकर तीर्थ यात्र करने के बारे मे श्री ज्ञानेश्वर जी ने सोचा। यह तीर्थ यात्रा काफी लम्बी रही। वे प्रयाग, काशी, गया, अयोध्या, गोकुल, वृंदावन, द्वारका, गिरनार आदि तीर्थ क्षेत्रों में गये। वे सब लोग जब वापिस पंढरपुर पहुँचे तो नामदेव जी ने बड़ा समारोह आयोजित किया जिसमें अनेक संत महात्मा सम्मिलित हुए। श्री ज्ञानेश्वर जी के अनुसार जगत में जो कुछ भी है वह सब ईश्वर ही है। सारा जगत ईश्वर का विश्वरूप है। ईश्वर का विश्वरूप दिव्य दृष्टि के बिना देखना असंभव है। श्री ज्ञानेश्वर जी के काल में मुगलों का आगमन हो रहा था। समाज, धर्म तहस-नहस हो रहा था। श्रीज्ञानेश्वर जी का मन बहुत दुःखी हो रहा था। श्रीज्ञानेश्वरी की निर्मिती के बाद उन्होंने और ग्रन्थ निर्माण किये - 'अमृतानुभव, चांगदेव पासश्ठि, हरीपाठ।'

इतना महान कार्य संपन्न करने के बाद श्रीज्ञानेश्वर जी ने समाधि लेने का निश्चय किया। संजीवन समाधि के लिए उन्होंने आलंदी क्षेत्र को चुना। अपना मनोगत उन्होंने अपने बड़े भाई और गुरू श्री निवृत्ति नाथ जी को बताया। श्री ज्ञानेश्वर जी समाधि ले रहे हैं यह वार्ता सुनते ही हजारों लोग आलंदी पहुँचने लगे। 25 अक्टुबर सन् 1296 (गुरूवार) (मासे कार्तिक वद्य त्रयोदशी शके 1218) दोपहर में श्री ज्ञानेश्वर जी समाधि में जाने के लिए तैयार हुए। उस समय उनकी आयु मात्र 25 वर्ष थी। ऐसी कथा है कि पंढरपुर के भगवान पांडुरंग ने उन्हें तिलक लगाया, गले में माला पहनायी। नामदेव जी ने समाधि स्थल की सफाई की। श्री ज्ञानेश्वर जी का एक हाथ साक्षात पांडुरंग ने तथा दूसरा हाथ निवृत्ति नाथ ने पकड़ा। श्री ज्ञानेश्वर जी समाधि स्थलपर बैठकर ईष्ट की (ईश्वर की) स्तुति करने लगे। स्तुति समाप्त होने पर श्रीज्ञानेश्वर जी ने अपनी आंखे बंद कर ली। निवृत्तिनाथ जी ने पत्थर की पटिया रखकर उस समाधि स्थल को ढक दिया। यह दृश्य देखकर नामदेव जी बेहोश हो गये। श्री ज्ञानेश्वर जी अनंत में विलीन हो गये। लेकिन ज्ञान की ज्योति उन्होंने श्रीज्ञानेश्वरी का निर्माण करके जलाई। यही श्रीज्ञानेश्वरी हमारा मार्गदर्शन करती है, तथा यह भव सागर में तरने के लिए नाव जैसी है। श्री ज्ञानेश्वर जी के समाधि लेने से एक महान युग का अंत हुआ।

श्रीज्ञानेश्वरी मंगलाचरण

महान संतों ने अपने ग्रंथों की शुरूआत मंगलाचरण से यानि भगवान के मंगलमय चरणों को याद करके, उनको स्पर्श करके, शुरू की है। प्रभु के चरण स्पर्श से अर्शीर्वाद और सफलता तो मिलती है। परंतु उस स्पर्श से चिरस्थायी शांति भी मिलती है। ऐसी कथा है की भगवान मानव के लिए कई सारी चीजे बांट रहे थे, अच्छे पहाड़ नदियां वनस्पति, फूल, फल, सुगंध आदि। यह बांटते समय एक चीज नीचे गिर गई, जिसे किसी ने देखा नहीं, उठाया नहीं। भगवान ने उस पर अपना पांव रख कर उसे छुपा लिया। लेकिन लक्ष्मीमाता ने यह देख लिया। सब मानवों के वहां से जाने के बाद लक्ष्मीमाता ने पूछा की जो आपने पैर के नीचे छुपाई है वह क्या चीज है। भगवान ने कहा वह चीज है शांति। मेरे चरणों में वह छुपी है। जो मानव शान्ति की खोज में मेरे पास आता है तथा उसे मेरे चरणों मे खोजता है, उसे शांति देता हूँ। इसीलिये महान संत मंगलाचरण रच कर भगवान से प्रार्थना करते हैं और अपने ग्रंथों से मानव को शान्ति प्रदान करते हैं।

श्री ज्ञानेश्वर महारज भी मंगलाचरण से ही श्रीज्ञानेश्वरी की शुरूआत करते हैं। उन्होंने इसके लिए पद्य रचनायें की हैं। श्रीगणेशायनमः करके वे लिखते हैं।

ऊँ नमोजी आद्या। वेदप्रति पाद्या। जयजय स्वसंवेद्या। आत्मरूपा।

श्री ज्ञानेश्वर महाराज कहते हैं ऊँ ही मंगलकारक नाम है और यही आद्य यानि प्रथम या मूलभूत है। जैसे कुम्हार माटी से घडा बनाता है लेकिन मूल तत्व तो माटी है। घड़े भिन्न प्रकार के हो सकते हैं लेकिन सब में एक ही माटी है। वैसे ही भगवान आप ही आद्य याने प्रथम है और आत्म रूपा यानि हरेक आत्मा परमात्मा है। बाहरी आवरण शरीर भिन्न है, इसी को वेदों में और पुराणों मे प्रतिपादित किया है।

श्री ज्ञानेश्वर महाराज श्रीगणेश की स्तुति करते हैं 'देवा तूचि गणेश। सकलार्थ मति प्रकाश''। मतलब यह की संपूर्ण ज्ञान का प्रकाश, जो श्री गणेश हैं वह भी आप ही हैं। गोस्वामी तुलसीदास जी रामचरित मानस की मंगलाचरण की शुरूआत गणेश वंदना से ही करते हैं। तुलसीदास जी कहते हैं :-

वर्णानामर्थ संधानां रसानां छंदसामपि।
मंगलानां च कर्तरो वंदे वाणी विनायकौ।

सभी संत और मंगल की कामना करने वाले व्यक्ति गणेश वंदना से ही शुरूआत करते हैं। यही शुभकारक है, शांति दायक है। हर मानव यही चाहता है।

इसके बाद श्रीज्ञानेश्वर महाराज अपने शब्दों से सब को मोह लेने वाली शारदा को वंदन करते हैं। वे उसे "वागविलासनी" और "विश्वमोहिनी" कहते हैं।

गुरू का महत्त्व श्रीज्ञानेश्वर महाराज के जीवन में असामान्य था। उसका स्मरण और वंदन बहुत ही भक्ति भाव से करते हैं। उपमा देते हैं कि जैसे पैरों के तरफ से जन्मे व्यक्ति की आंखों में अंजन लगाने के बाद, उसे जमीन के अंदर छुपा धन दिखाई देने लगता है उसी प्रकार गुरू के स्मरण और आशीर्वाद से गीता में छुपे हुए ज्ञानप्रकाश में कल्याण का मार्ग दिखाई देता है। श्री ज्ञानेश्वर जी के बड़े भाई निवृत्ति नाथ उनके गुरू थे। उनकी कृपा के लिए प्रार्थना करते हैं। ज्ञान का प्रकाश देने वाले गुरू निवृत्तिनाथ ही मेरे गणेश हैं।

श्री ज्ञानेश्वर महाराज मंगलाचरण में गुरू की महिमा का विस्तार से कथन करते हैं कि

जैसे मूल सिंचणें सहजे। शाखा पल्लव संतोषती।

जिस प्रकार से पेड़ की जड़ को पानी देने से पेड़ की शाखाएँ टहनियाँ आदि पुष्ट होती हैं उसी प्रकार सर्व कामानाओं को पूर्ण करने वाला श्री गुरू है और उसी का मैं बारम्बार वंदन करता हूँ। वे कहते हैं कि मेरे लिए गुरू ही परब्रह्म है।

श्री ज्ञानेश्वर महाराज आगे कहते हैं कि अब भगवद्गीता के बारे में सुनो जो गहन है। यह कथा विवेक रूपी अपूर्व वृक्षों का बगीचा है। भगवान व्यास की विशाल बुद्धि का विलास है, उनकी बुद्धि का आश्रय लेकर यह कथा तीन लोकों में प्रकट हुई है। महाभारत के भीष्म पर्व में गीतोपदेश कथा भाग आता है। इसका संदर्भ देते हुए श्री ज्ञानेश्वर महाराज कहते हैं कि महाभारत ग्रंथ सब काव्यों का राजा है। भगवान व्यासजी ने एक लाख श्लोक में महाभारत की रचना की जिसमें सर्व ज्ञान समाया है। जिस प्रकार से अच्छी फसल के लिए तैयार की हुई जमीन में, एक बीज को जितना विस्तार चाहिए उतना मिलने पर वह अच्छा फल फूल दे सकता है। उसी प्रकार महाभारत ग्रंथ में सब पुरुषार्थ और ज्ञान का विस्तार रूप से प्रतिपादन किया है। भगवान व्यास ने गीता लिखकर ज्ञान का प्रकाश सब ओर फैलाया है। सुवर्ण का गोला कीमती जरूर होता है। लेकिन दिखने में साधारण लगता है परन्तु उससे जब अलंकार (गहने) बनाये जाते हैं तो उस सोने की शोभा और भी बढ़ जाती है। महाभारत सुवर्ण है तो व्यासजी लिखित गीता अलंकार रूप है।

श्री ज्ञानेश्वर महाराज कहते हैं कि भारत रूपी कमलपुष्प की गीता वह सुगंध है जो सब तरफ फैली हुई है।

श्री ज्ञानेश्वर जी कहते हैं कि गीता के प्रेम भक्ति तत्व का अनुभव लेने के लिए उसे कोमल चित्त से श्रवण करना चाहिए। गीता के शब्दों पर ही ध्यान नहीं देना है बल्कि शब्दों के पीछे छुपा अर्थ व ज्ञान, भक्ति भाव से श्रवण करना होगा। गीता श्रवण करते समय हमें अर्जुन के जैसा एकाग्र चित्त होना चाहिए। इतना ही नहीं, संत

समुदाय की कृपा लेकर गीता सुननी चाहिए। श्री ज्ञानेश्वर जी कहते हैं कि यह मेरी आज्ञा नहीं है लेकिन यह श्रवण करने वाले से मेरी विनती है।

श्री ज्ञानेश्वर जी विनम्रता से कहते हैं कि मुझसे एक गलती हो रही है। मैं गीता का अर्थ बताने जा रहा हूँ जो सर्वथा अनाकलनीय है। मेरी यह क्रिया चिड़ियों द्वारा समुद्र का सारा पानी पी जाने जैसी चेष्टा है। क्या कोई आकाश को अपनी बांहों में बान्ध सकता है। स्वयं भगवान इंकार करते हैं की मैं भी गीतार्थ को पूर्ण रूपसे नहीं जानता। शंकर भगवान पार्वती से कहते हैं।

तेथ हर म्हणें नेणिजे। देवी जैसे का रूप तुझे।
तैसे नित्य नूतन देखिजे गीता तत्व।

शंकर भगवान कहते हैं कि जैसे तुम्हारा (पार्वती माता का) रूप नित्य नवीन है, उसी तरह गीता तत्व भी नित्य नूतन है।

श्रीज्ञानेश्वर जी कहते है की मैं स्वतंत्र रूप से गीतार्थ को जानने में असमर्थ हूँ। लेकिन श्री गुरू कृपा के आधार (मदद) से मैं गीतार्थ कथन करने की कोशिश कर रहा हूँ। संत कृपा के प्रकाश से मुझे गीतार्थ दिखाई दे रहा है। जिस प्रकार पारस का स्पर्श होने से लोहा सुवर्ण बन जाता है उसी प्रकार से श्रीगुरू कृपा से मुझे गीतार्थ कथन करने की शक्ति प्राप्त होती है। यदि इस कथन में कुछ गलती हो या त्रुटी रह जाये तो मुझे माफ कर देना। श्री ज्ञानेश्वर जी कहते हैं कि जब मैने ऐसे कहा तो मेरे गुरू बड़े भाई श्री निवृत्ति नाथ जी ने कहा

तंव श्री गुरू म्हणती राही। हे तुज बोलवे नलगे कांही।
आता ग्रंथा चित्त देई। झड करी वेगा।

श्री निवृत्ति नाथ जी कहते हैं कि तुम्हें (श्री ज्ञानेश्वरजी को) प्रार्थना करने की जरूरत नहीं है। तुम अपना चित्त गीतार्थ कथन करने के लिए जल्दी से लगाओ।

यह सुनकर श्री ज्ञानेश्वर जी को परम आनंद की प्रप्ति हुई। इसके आगे श्री ज्ञानेश्वर जी कहते हैं :-

म्हणे परिसा मना 'अवकाश'। देवूनियाँ।

श्रीज्ञानेश्वर जी श्रोताओं से कहते हैं कि अब सब अपने मन को अवकाश (छुटी याने कुछ समय) दें, अन्य क्रियायों को छोड़ कर मन को एकाग्र करें। श्रवण की ऐसी विनती श्री ज्ञानेश्वर जी सब श्रोताओं से करते हैं। गीतार्थ सुनते समय दूसरा कुछ नहीं सुनना या करना है। एकाग्र चित हो कर गीता को सुनें।

इस प्रकार से मंगलाचरण करके श्री ज्ञानेश्वर जी गीतार्थ कथन करते हुए गीता के पहले अध्याय को विस्तार पूर्वक बताना शुरू करते हैं। श्रीमद्‌भगवद् गीता के 18 अध्याय हैं और इसमें 700 श्लोक हैं। इस भगवद गीता को श्री ज्ञानेश्वर जी ने 9028 ओवियों मे विस्तारित किया है। श्री गोस्वामी तुलसीदास ने पद्यरचना को चौपाई और दोहों में लिखा है, उसी तरह श्री ज्ञानेश्वर जी ने 'ओवी' इस नाम से पद्य रचना को संबोधित किया है। महाराष्ट्र की यह लिखने की एक पद्धती है। श्री ज्ञानेश्वरी के इस विस्तारित रूप का कारण यह है कि गीता के श्लोकों को उस समय की सरल मराठी

में लिखा है। कहीं पर भी गीता के अर्थ से हटकर नहीं लिखा है। उसे जन सामान्य के लिए सुव्यवस्थित ढंग से प्रस्तुत किया है। यह समझने योग्य है कि गीता के 13 वें अध्याय में शरीर और उसकी विधियों का वर्णन 34 श्लोकों में किया है। उसे स्पष्ट करने के लिए 1171 ओवियां लिखी हैं। इससे जो स्पष्टीकरण सुलभता से मिलता है वह और कहीं पर भी नहीं मिलता। इसी प्रकार से गीता के 18वें अध्याय में गीता का समापन 78 श्लोकों में किया है उसे श्रीज्ञानेश्वरी में 1810 ओवियों में स्पष्ट किया है। वाचक जब उसे पढ़ता है तो वह भाव विभोर हो उठता है, उसकी समाधि लग जाती है। वह कृत कृत्यता का अनुभव करता है।

श्री ज्ञानेश्वर जी गीता के 18वें अध्याय को समाप्त करते हुए लिखते हैं कि जिस प्रकार सूर्य के उदय होने से, उसके प्रकाशमान और तपने से, अंधकार का नाश होता है, उसी प्रकार श्रोता के कर्णद्वार में गीता का प्रवेश होता है तो श्रोता के सर्व पाप नष्ट होते हैं। वे कहते हैं:

म्हणोनि श्रवणे जाती। धर्म धरी उन्नती।
तेणे स्वर्ण राज्य संपति। लाहेची शेखी।

गीता के श्रवण से पाप नष्ट होते हैं, धर्मका उत्कर्ष होता है, और अंत में स्वर्ग की संपत्ति मिलती है। कौन नहीं चाहता स्वर्ग की संपत्ति को प्राप्त करना। गीता का परम उद्देश्य है मोह को नष्ट करना। अंत में अर्जुन कहते हैं कि उनका मोह अब नष्ट हो गया है। इसी प्रकार श्रोता जो एकाग्र चित से श्रीज्ञानेश्वरी सुनते हैं, कहते हैं कि उनका मोह भी नष्ट हो गया है।

गीता को ज्ञानेश्वरी में रूपांतरित करने को श्री ज्ञानेश्वर जी एक दीये से दूसरे दीये को जलाने के समान प्रक्रिया मानते हैं। पहले दीये से दूसरे दीये को जलाने से, पहले दीये का महत्व कम थोड़े ही होता है। पहला दीया प्रज्वलित किया, गीता को कथन करने वाले, भगवान श्रीकृष्ण ने। जहां योगेश्वर कृष्ण व धर्नुधारी अर्जुन हैं। वहां, विजय, ऐश्वर्य और धर्म नीति निश्चित है। श्री ज्ञानेश्वर जी लिखते हैं कि जहां लक्ष्मी वहां लक्ष्मीपति और पांडु का पुत्र अर्जुन जहां पर हैं वहां विजय निश्चय है। वहीं पर भौतिक और आध्यात्मिक उन्नति होगी।

श्रीज्ञानेश्वरी के अंतिम भाग में श्री ज्ञानेश्वर जी कहते हैं:

आता चंदनाच्या तरूवरी। परिमलालागी फुलवरी।
पाउरवणे जियापरी। लागेना की।

चंदन वृक्ष स्वयं सुगंधित है। जिस प्रकार चंदन का सुवास लेने के लिए उसपर फूल लगने तक राह देखना जरूरी नहीं होता है उसी प्रकार मेरी ओवी बद्ध गीता श्रीज्ञानेश्वरी श्रवण करते ही श्रोताओं की भी समाधि लग जाती है। क्या श्रीज्ञानेश्वरी पर प्रवचन सुनने पर श्रोताओं की समाधि नहीं लगेगी?

समाधि अवस्था प्राप्त कर देने वाली श्रीज्ञानेश्वरी को कौन पढ़ना और श्रवण नहीं करना चाहेगा?

अध्याय पहला

अर्जुन विषाद योग

गीता का प्रथम अध्याय मुख्य रूप से युद्ध के मैदान में आने के बाद अर्जुन का युद्ध न करने का निश्चय दर्शाता है। इस अध्याय में गीतोपदेश या गीता का तत्वज्ञान विशद नहीं किया है। लेकिन यह अध्याय इसलिए महत्वपूर्ण है कि ऐसे क्या विचार अर्जुन के मन में आये जिस कारण युद्ध करके राज्य प्राप्ति करने के बजाय–युद्ध न करना वह बेहतर समझता है। क्या अर्जुन कौरवों द्वारा किये हुए अन्याय को भूल गया है? पांडवों को राज्य का हिस्सा न मिलना, कौरवों का पांडवों को मारने का षड्यंत्र, 12 वर्ष का वनवास और एक वर्ष का अज्ञातवास और द्रौपदी का चीरहरण और स्वयं की और भीम की कौरवों को मारने की प्रतिज्ञा, क्या अर्जुन यह सब भूल गया है? युद्ध शुरू होने में कुछ ही समय बाकी है। दोनों तरफ से युद्ध कब शुरू होगा इसके लिए योद्धा और सेनानी उत्सुक हैं। उस समय अर्जुन का युद्ध न करने का निर्णय अचंभित कर देता है। ऐसा क्यों होता है, इसका जवाब अर्जुन गीता के प्रथम अध्याय में देता है।

वयोवृद्ध धृतराष्ट्र अपने राजमहल में इस युद्ध के शुरू होने की प्रतीक्षा में हैं। वे जानने के लिए उत्सुक हैं कि युद्ध भूमि में क्या हो रहा हैं। वयोवृद्ध और अंधेपन के कारण वे स्वयं युद्ध को देख नहीं सकते। लेकिन इसके बारे में सुन जरूर सकते हैं। इसलिए वे श्री व्यासजी के शिष्य संजय से पूछते हैं कि युद्धक्षेत्र में जहाँ कौरव और पांडव आमने-सामने युद्ध के लिए खड़े हुए हैं, वहाँ क्या हो रहा है?

महाभारत का युद्ध कुरूक्षेत्र में (जो भाग हरियाणा में है) हो रहा था। हस्तिनापुर राजधानी से सैकड़ों मील दूर यह भयानक युद्ध होने जा रहा था। कुरूक्षेत्र की ऐसी क्या विशेषता थी कि युद्ध वहीं पर हो रहा था? गीता के पहले ही श्लोक में इसका खुलासा है।

धर्मक्षेत्रे कुरूक्षेत्रे समवेता युयुत्सवः।
मामकाः पांडवाश्चैव किमकुर्वत संजय।।

(गी. अ. 1 शलो 1)

कुरूक्षेत्र को धर्मक्षेत्र कहा जाता है। महाभारत का युद्ध अधर्म के विरूद्ध था।

धर्म की स्थापना होनी है तो धर्म के लिए उचित स्थान भी होना चाहिए। कुरूक्षेत्र गंगा के किनारे का पवित्र स्थान है। उसी भूमि पर कौरव-पांडवों की असंख्य सेना और उनके सेनापति पूर्ण रूप से तैयार हैं। लेकिन यह युद्ध हो ही क्यों रहा है? इसका मूल क्या है जिसके संदर्भ में श्रीकृष्ण भगवान गीता का उपदेश दे रहे हैं?

श्री ज्ञानेश्वर महाराज की ज्ञानेश्वरी का आरंभ ही युद्ध को प्रस्तुत करता है। यही खूबी (विशेषता) ज्ञानेश्वरी की है। यह गीता का शब्दश: भाषान्तर नहीं है। श्री ज्ञानेश्वर जी शुरूआत करते हैं।

तरी पुत्रस्नेहे मोहित। धृतराष्ट्र असे पुसत।
म्हणे संजया-सांग मात। कुरूक्षेत्राची।

(ज्ञा.अ. 1 ओ. 85)

श्री ज्ञानेश्वर महाराज ने धृतराष्ट्र को पुत्रस्नेह से मोहित संबोधित करके युद्ध का कारण ही नहीं बताया बल्कि सभी दुखों का और संघर्ष का कारण भी बताया है। पुत्र मोह के कारण पांडवों को उनका हिस्सा देने में धृतराष्ट्र असमर्थ हैं, लाक्षा गृह में पांडवों को जलाने के षड्यंत्र को नजर अंदाज कर देते हैं, द्रौपदी वस्त्र-हरण समय भी वे असहाय हो कर बैठते हैं। जब दुर्योधन सुई के अग्रभाग जितनी जमीन भी पांडवों को देने से इन्कार करता है तो धृतराष्ट्र कुछ नहीं करते, तथा चुपचाप बैठे रहते हैं। दुर्योधन को मोहवश नियंत्रित न करने के कारण अंतत: महाभारत जैसा महासंग्राम होता है। दो कुल नष्ट होने के मार्ग पर चलते हैं। मोह ही इसका एकमात्र कारण था। उसको बहुत ही सुंदर ढंग से श्री ज्ञानेश्वर जी ने प्रस्तुत किया है। महान संतों के विचार भी बहुत समान होते हैं। गोस्वामी तुलसीदास भी दुखों के कारणों का विवेचन करते हुए कहते हैं:- मोहसकल व्याधिनकर मूला----

मोह से व्यक्ति दुर्बुद्धि होता है और उसी से संघर्ष और शोक उत्पन्न होता है।

आगे संजय धृतराष्ट्र को कुरूक्षेत्र के मैदान में कौन योद्धा लड़ रहे हैं, कौरवों-पांडवों की सेना कैसी है, इसका वर्णन करते हैं। पांडवों की सेना की व्यूहरचना देखकर, दुर्योधन आचार्य द्रोणाचार्य के पास जाकर उन्हें अपनी सेना का वर्णन करते हैं। श्री ज्ञानेश्वरजी इसका वर्णन करते हुए कहते हैं (जो गीता के शब्दश: भाषान्तर में नहीं है) कि आपके शिष्य द्रुपद के पुत्र ने ही (धृश्टधुम्न ने) नाना प्रकार से पांडवों की सेना की रचना की है। वह लिखते हैं-

जो कां तुम्ही शिष्य आपुला। विद्या देवूनि कुरूठा केला। तेणे हा सैन्य सिन्धु पाखरिला। देख देख।

(ज्ञा अ. 1, ओ. 95)

दुर्योधन के मुख में यह शब्द डाले हैं श्री ज्ञानेश्वर जी ने। 'देख-देख' अर्थात देखिये-देखिये आपने जिसे धनुर्विद्या देकर धनुर्धारी बनाया उस द्रुपद राजा के पुत्र ने ही पांडवों की सेना की रचना की है। दुर्योधन के कहने का मतलब यह है कि हमारे तरफ से लड़ने के बजाय द्रुपद पुत्र पान्डवों का साथ दे रहे हैं।

इसके उपरान्त दुर्योधन अपने सेना नायकों के नामों का निर्देश करता है। आप खुद, भीष्म, कृपाचार्य, कर्ण, अश्वत्थामा, विकर्ण और ऐसे अनेक रथी, महारथी जो उसके लिए अपने जीवन को समर्पण करके युद्ध के लिए तैयार हो गये हैं।

ज्ञानेश्वर जी कहते हैं कि :

पतिव्रतेचे हृदय जैसे पति वाचूनी न स्पर्शे। मी सर्वस्व या तैसे। सुभाटांसी

(ज्ञा.अ.1 ओ.1 1 1)

जिस प्रकार से पतिव्रता स्त्री का मन पति के सिवाय किसी और को स्पर्श नहीं करता इसी प्रकार सभी योद्धा मेरे प्रति समर्पित हैं। मेरे लिए उन्होंने जीवन त्यागने की मानो प्रतिज्ञा की है। मैं ही उनके लिए सर्वस्व हूँ।

संजय धृतराष्ट्र को आगे बताते हैं कि उनकी सेना का नेतृत्व भीष्म कर रहे हैं तो पांडवों के सेना के नायक भीम हैं। गीता में भीम और भीष्म की कोई तुलना नहीं है। लेकिन कहां धनुर्धारी सब शस्त्रों में निपुण भीष्म और कहां गदाधारी भीम। दुर्योधन के मन की यह बात श्री ज्ञानेश्वर जी बड़ी कुशलता से श्रोताओं और वाचकों के सामने रखते हैं।

हे पांडव सैन्य कीर थोकड़े। वरचिलेनि पाडे। दिसत असे।
वरी भीम सेन वेथु। तो जाहला असे सेनानाथु।

(ज्ञा. आ. 1 ओ. 1 19, 120)

श्री ज्ञानेश्वर जी कहते हैं कि दुर्योधन द्रोणाचार्य को बता रहे हैं कि पांडवों की सेना बहुत ही कम है। और इस के अलावा युद्ध चातुर्यहीन बलदंड भीम पांडव सेना का नायक है। श्री ज्ञानेश्वर जी बड़े ही अलग ढंग से दुर्योधन के मन की बात को स्पष्ट करते हैं कि बड़ी सेना और भीष्म जैसे सेना नायक के सामने पांडवों की सेना छोटी है और उनका सेनानायक (भीम) भीष्म की तुलना में कुछ भी नहीं है। इसलिए विजय दुर्योधन की ही होगी।

इसके बाद युद्ध में पांडवों को ललकारने के लिए भीष्म और उनके अन्य योद्धा जोर-जोर से शंखनाद करते हैं जिससे दुर्योधन के हृदय में हर्ष उत्पन्न होता है। इस प्रलयकारी ध्वनि के गूंजते ही सफेद घोड़ों वाले बड़े रथ में बैठने वाले श्रीकृष्ण और अर्जुन ने पांडवों की ओर से शंखनाद किया। श्रीकृष्ण ने पांचजन्य नामक, अर्जुन ने देवदत्त, भीम ने और अन्य योद्धाओं ने, शंख ध्वनि की। युद्ध शुरू होने का पूरा वातावरण बन चुका था। सिर्फ सेनानायकों के हमला करने की आज्ञा की देर थी।

श्री ज्ञानेश्वर जी कहते हैं कि श्रीकृष्ण और अर्जुन जिस रथ पर बैठे हैं उसका मैं क्या वर्णन करूँ:

ध्वजस्तंभावरी वानर। तो मूर्तिमंत शंकर। सारथी शारंगधर। अर्जुनेसी।

(ज्ञा अ 1 ओ 141)

अर्जुन के रथ पर बैकुंठ का राजा सारथी बन कर घोड़े हांक रहा हैं, इस रथ की ध्वजा पर मूर्तिमंत शंकर भगवान हनुमान रूप में विराजमान हैं। अर्जुन योद्धा है

और सारथी श्रीकृष्ण हैं। कैसे करूं मैं इस रथ का वर्णन। ऐसे महान बलशाली रथ में बैठे हुए अर्जुन, श्रीकृष्ण को कहते हैं कि रथ दोनों सेनाओं के बीच ले जाकर खड़ा करिये। वह युद्ध के लिए उपस्थित दुर्योधन और अन्य योद्धाओं को देखना चाहता है। श्रीकृष्ण अर्जुन के आदेश के अनुसार रथ को दोनों सेनाओं के बीच खड़ा करते हैं। वहां युद्ध के लिए उपस्थित लोगों को देख कर उनके प्रति अर्जुन के मन में मोह उत्पन्न होता है, मन में शोकाकुल अर्जुन कहते हैं ''मेरे शरीर में कंप निर्माण हो रहा है और मेरा मन भ्रमित हो रहा है। गांडीव धनुष हाथ से फिसल रहा है।''

इस परिस्थिति का वर्णन श्री ज्ञानेश्वर जी इस प्रकार करते हैं।

मग देवा म्हणे देख देख। हे गोत्रबंधु अशेख।
तव कृष्णा मनी नावेक। विस्मीत जाहला।

(ज्ञा अ 1 ओ 177)

अर्जुन श्रीकृष्ण को कहने लगे देखो ये सब गोत्र बंधु और गुरूजन हैं। यह सुनते ही श्रीकृष्ण क्षण भर के लिए आश्चर्यचकित हो गये कि अर्जुन यह क्या कह रहा है? सब कुछ मालूम होते हुऐ भी श्रीकृष्ण कुछ नहीं बोलते। अर्जुन के मन में यह दयावृत्ति कैसे प्रकट हो रही है? इस दयावृत्ति के कारण अर्जुन की वीर वृत्ति लुप्त होने लगी। अर्जुन के इस तरह के परिवर्तन का वर्णन श्री ज्ञानेश्वर जी इस प्रकार करते हैं।

नविये आवडेचनि भरे। कुहो। कामुक निजवनिता विसरे। मग पांडेवीण अनुसरे। भ्रमला जैसा।

(ज्ञा अ 1 ओ 187)

जिस प्रकार किसी नई स्त्री के प्रेम में कभी पुरुष अपनी कुलीन पत्नी को भूल जाता है वह अपने योग्य (नयी स्त्री) है या नहीं इसका विचार न करते हुए भ्रमित होता है। इसी प्रकार अर्जुन भी दयावृत्ति के कारण अपनी वीर वृत्ति को भूल कर भ्रमित हो गये। अर्जुन स्वजनों के मोह से लिप्त हो गये और दया से उनका मन पसीज गया।

लेकिन यह दयावृत्ति युद्ध के मैदान में अर्जुन के मन में कैसे निर्मित हुई। जिस अर्जुन ने अनेक युद्ध किये और योद्धाओं को परास्त किया, वह अर्जुन महाभारत युद्ध में स्वजनों को देख कर डोलायमान क्यों होता है? इस बारे में श्री ज्ञानेश्वर जी लिखते हैं :

जैसे भ्रमर भेदी कोडे। भलतैसे काष्ठ कोरडे।
परि कलिकेभाजी सांपडे कोवलिये।

(ज्ञा अ 1 ओ 201)

श्री ज्ञानेश्वर जी कहते हैं कि जिस प्रकार भ्रमर हर प्रकार की लकड़ी को काटता है लेकिन वही भ्रमर जब कमल की कली में फंस जाता है तो उसे काटता नहीं और वहां फंसा रहता है। इसी प्रकार अर्जुन ने अनेक योद्धाओं को युद्ध में सहज

मार दिया लेकिन जब स्वजन ही योद्धाओं के रूप में सामने खड़े देखे तो उसका मन दयावृत्ति से भर गया। संजय के मुख से श्री ज्ञानेश्वर जी लिखते हैं कि:

हे आदि पुरुषा ची माया। ब्रहमेयाहि नयेची आया।
म्हणूनी भुलविला ऐके राया। संजयो म्हणे

(ज्ञा अ 1 ओ 203)

श्री ज्ञानेश्वर जी कहते हैं की प्रेम ही परमेश्वर की माया है जो ब्रह्म देव भी समझ नहीं पाये। इसलिए अर्जुन को प्रेमरूप माया ने घेर लिया। अपने स्वजनों और गुरूजनों को देख कर ''मैं कौरवों से युद्ध करूंगा'' जो ऐसा अभिमान लेकर अर्जुन युद्ध क्षेत्र में आया था वह अभिमान भी भूल गया और दया से तथा प्रेम से उसका मन भर गया। ''इन स्वजनों को मैं मारूंगा ऐसा मन में विचार आते ही मैं व्याकुल होता हूं और मेरे मुहँ से शब्द ही नहीं निकलते।''

अर्जुन श्रीकृष्ण से कहते हैं ''यदि तीन लोकों का राज भी मुझे मिल जाये तब भी मैं सगे सबंधी और गुरूजनों को नहीं मारूँगा। इन को मार कर मुझे तो पाप ही लगेगा। स्वजनों को मारकर मैं कैसे खुश रहूँगा। इस युद्ध से कुल का नाश होगा। कुल का नाश होने से कुल के धर्म नष्ट होंगे और इसके बाद सनातन धर्म का नाश होने से सब तरफ अधर्म ही फैलेगा।''

श्री ज्ञानेश्वरजी अर्जुन की इस मनः स्थिति का वर्णन करते हैं:

जैसा नरवाग्री व्याल लागे। तो शिखांत व्यापी वेगे।
तेवी आब्रह्म कुल अवधे। आप्लिविजे।

(ज्ञा अ 1 ओ 256)

जिस प्रकार पैर की एक अंगुली को सर्प काटता है तो उसका विष मस्तिष्क तक पहुंचता है, उसी प्रकार कुलधर्म लोप होने से पाप ब्रह्मलोक तक सब पूर्वजों को बाधा पहुंचाते हैं।

अर्जुन कहते हैं कि ''राज्य-सुख प्राप्त मिले इस लोभ से स्वजनों का वध करके मैं तो स्वयं ही पाप करने के लिए प्रवृत हो गया हूं। राज्य सुख तो मेरे लिए नरकवास ही होगा।'' ऐसे कहकर अर्जुन शोकाकुल मन से रथ से उतर कर रथ के पास बैठ जाता है।

श्री ज्ञानेश्वर जी लिखते हैं :-

जैसा राज कुमार पदच्युत। सर्वथा होय उपहत।
कां रवि राहुग्रस्त। क़लाहिन।

(ज्ञा अ। ओ 270)

जिस प्रकार से किसी राजकुमार का राज्य छीन लिया जाय तो वह निस्तेज होता है या सूर्य को राहु ग्रसता है तो उस का तेज नष्ट होता है, उसी तरह अर्जुन दुःख से त्रस्त हुआ और धनुष बाण छोड़कर रथ से उतर गया।

श्री ज्ञानेश्वर जी लिखते हैं कि अर्जुन की इस मनः स्थिति को देखकर भगवान

श्रीकृष्ण अर्जुन के विवेक को जागृत करने के लिये जो उपदेश करते हैं वह अगले अध्याय में सुनो।

श्री ज्ञानेश्वर जी ने पहले अध्याय का विस्तार करके उसका आशय स्पष्ट किया है। गीता के उपदेश की पृष्ठ भूमि को सरल लेकिन परिणाम कारक ढंग से प्रस्तुत किया है। गीता के पहले अध्याय के 47 श्लोकों का विस्तार श्री ज्ञानेश्वर जी ने 275 ओवियों में कर हमारे सामने कुरूक्षेत्र की धर्मभूमि को साकार करते हुए मानो सजीव कर दिया है। यही है श्री ज्ञानेश्वर जी की विशेषता। वाचक या श्रोता ज्ञानेश्वरी को पढ़ने और सुनने के बाद सुहृदय हो जाते हैं। मन में शांति आती है और गीता का अर्थ और उपदेश सत्मार्ग पर ले जाता है। वहीं से शुरू होती है भगवान को प्राप्त करने के लिए महामार्ग पर चलने की शक्ति।

सारांश

प्रश्न–युद्ध क्यों हो रहा है? अर्जुन क्यों नहीं युद्ध करना चाहता?

उत्तर–मोह! धृतराष्ट्र का पुत्र मोह और अर्जुन का अपने बांधवों के प्रति मोह। इस प्रकार हम देखते हैं की मोह कितना भयानक हो सकता है। यह हमको हमारे स्वधर्म से पथभ्रष्ट करता है। धृतराष्ट्र अपने स्वधर्म का पालन नहीं कर सका तथा अर्जुन भी अपने स्वधर्म का पालन नहीं करना चाहता।

मोह को दूर करने के लिए श्रीकृष्ण भगवान, अर्जुन को आगे के अध्यायों में उपदेश देते हैं। अर्जुन प्रश्नों के द्वारा, अपने संशय प्रकट करते हैं और श्रीकृष्ण भगवान उसका निवारण करते हैं। इस प्रकार श्रीकृष्ण भगवान अर्जुन को स्वधर्म के पालन के लिए प्रेरित करते हैं।

अध्याय दूसरा

सांख्य योग

पहले अध्याय में अर्जुन युद्ध न करने का निश्चय कर रथ से नीचे उतरकर बैठ जाते हैं। ऐसा निर्णय लेने का कारण भी वे भगवान श्रीकृष्ण को बताते, व समझाते हैं। भगवान श्रीकृष्ण अर्जुन के इस निर्णय से आश्चर्य चकित होते हैं। युद्ध में अटल रहने वाले अर्जुन आज अचानक डोलायमान क्यों हुए। उनका मोह दूर करने के लिए तथा उसे युद्ध के लिए फिर से उत्साहित और कार्यशील करने के लिए भगवान श्रीकृष्ण जो उपदेश देते हैं वही दूसरे अध्याय का मुख्य विषय है।

गीता के इस अध्याय के 72 श्लोकों को श्री ज्ञानेश्वर जी ने 375 ओवियाँ (पद्य रचना) लिखकर भगवान श्रीकृष्ण के उपदेश को स्पष्ट किया है।

युद्ध भूमि का वर्णन और घटनायें संजय धृतराष्ट्र को बता रहें है। संजय कहते हैं कि स्वजनों के प्रेम के कारण दुखी अर्जुन को भगवान श्रीकृष्ण इस प्रकार संबोधित करते हैं:

श्री भगवानुवाच:-

कुतस्त्वा कश्मलमिदं विषमे समुपस्थितम्।
अनार्यजुष्टमस्वर्ग्यमकीर्तिकरमर्जुन।।

(अध्याय 2 श्लोक 2)

भगवान श्रीकृष्ण कहते हैं कि युद्ध के लिए तैयार होने के बाद हे अर्जुन, यह निंदनीय विचार तुम्हारे मन में कहाँ से आये। ऐसे विचारों से तुम्हारी अपकीर्ति होगी और तुम्हारे लिए स्वर्ग के द्वार बन्द होंगे।

श्री ज्ञानेश्वर जी अर्जुन के पराक्रमी और महान व्यक्तित्व के बारे में आरम्भ में लिखते हैं।

तुवां संग्रामी हर जिंकिला। निवातकवचांचा ठाय फेडिला।
पवाडा तुला केला। गंधर्वासी।

(ज्ञा. अ. 2, ओ 10)

श्री ज्ञानेश्वर जी लिखते हैं: अर्जुन तुमने युद्ध में स्वयं शंकर भगवान को जीत लिया, निवातकवच नामक राक्षस का नामोनिशान मिटा दिया और गंधर्वो को पराजित किया। इसलिए

संग्रामी हे कवण। कारूण्य तुझे।
युद्ध में यह कैसी दयावृत्ति? यह किस काम की?

(ज्ञा. आ. 2. ओ. 18)

श्रीमद्भगवत् गीता में भगवान श्रीकृष्ण अर्जुन को जिस विशेषण से संबोधित करते हैं उसको सुनकर लगता है कि भगवान ने बहुत ही कड़वे शब्दों मे अर्जुन की निंदा की है। भगवान कहते हैं:

क्लैब्यं मा स्म गमः पार्थ नैतत्वय्युपपद्यते।
क्षुद्रं हृदयदौर्बल्यं त्यक्त्वोत्तिष्ठ परंतप।।

(अध्याय 2 श्लोक 3)

'क्लैब्यं' इस संस्कृत शब्द का अर्थ है 'नपुंसक'। भगवान कहते हैं अर्जुन तुम ऐसे नपुंसक न बनो। चित्त की दुर्बलता को त्याग कर युद्ध के लिए तैयार हो। 'क्लैब्यं' शब्द का प्रयोग करके भगवान अर्जुन की प्रताड़ना करते हैं और युद्ध के लिए तैयार होने के लिए कहते हैं। एक ही शब्द में (क्लैब्यं) भगवान अर्जुन के युद्ध न करने के निर्णय की निंदा करते हैं।

श्री ज्ञानेश्वर जी इस श्लोक को सुन्दर ढंग से विस्तारित करते हैं:

हे आतांचि काय सोयरे। जाहले तुज।
तू आधीचि काय नेणसी। की हे गोत्रज नोलरवसी।
वायांचि काय करिसी। अतिशय आता।

(ज्ञा. आ. 2 ओ. 23, 24)

क्या ये कौरव तुम्हारे आज ही संबंधी बने हैं? ये कौरव तुम्हारे स्वजन हैं यह तुम्हें युद्ध के पहले मालूम नहीं था? तुम्हारे लिए क्या यह युद्ध पहला युद्ध है? तुम्हारे और कौरवों के बीच कई बार युद्ध हुए तो अभी तुम युद्ध के बारे में ऐसा विपरीत क्यों सोच रहे हो? श्रीकृष्ण ने अर्जुन को ''क्लैब्यं'' कहकर संबोधित किया है जिसका भाषान्तर प्रायः हिंदी में 'नपुंसक' किया गया है। श्री ज्ञानेश्वर जी इसके बारे में लिखते हैं-

म्हणोनि शोक न करी। तूं पुरता धीर धरी।
हे शोच्यता आह्वेरी। पांडुकुमारा। (ज्ञा. अ. 2 ओ. 21)

अर्जुन! तू शोक मत कर, धैर्य धर। ऐसा शोक करना छोड़ दे। तुझे शोक करना शोभा नहीं देता। श्री ज्ञानेश्वर जी 'क्लैब्य' को धिक्कार के रूप में मानते हैं। क्लैब्यं के लिए 'शोक', ऐसा पर्याय शब्द का प्रयोग करते हैं।

भगवान श्रीकृष्ण से अर्जुन कहते हैं कि पूज्य भीष्म और द्रोणाचार्य पर युद्ध में मैं बाणों का वर्षा कैसे करूं? श्री ज्ञानेश्वर जी कहते हैं:

मी पार्थ द्रोणाचा केला। येणे धनुर्वेद मज दिधला्।
तेणे उपकारे काय आभारैला। वधी तयाते।

(ज्ञा अ. 2 ओ. 37)

गुरू द्रोणाचार्य ने मुझे धनुर्विद्या सिखाकर कीर्तिमान बनाया। क्या इस उपकार का ऋण उनका वध करके चुकाऊँ?

अर्जुन आगे कहते हैं कि पराक्रमी और पूजनीय गुरूजनों को मारने की बजाय मैं भिक्षा मांगकर जीना पसंद करूंगा। गुरूजनों के रक्त से भरे हाथों से मैं क्या अर्थ और काम को भोग सकूंगा? अर्जुन भगवान श्रीकृष्ण से कहते हैं कि मेरे हित में क्या है यह मैं नहीं समझ पा रहा हूँ।

कार्पण्यदोषोपहतस्वभावः पृच्छामि त्वां धर्मसम्मूढचेताः
यच्छ्रेयः स्यान्निश्चितं ब्रूहि तन्मे शिष्यस्तेअहं शाधि मां त्वां प्रपन्नम्।।

(गीता अध्याय 2 श्लो. 7)

'मेरा कल्याण किसमें है, यह आप निश्चित रूप से बताईये। मैं आपका शिष्य हूँ। आपकी शरण में आया हूँ।'

श्री ज्ञानेश्वर जी अर्जुन की इसी विनती के बारे में लिखते हैं :

तूं गुरू बंधु पिता। तूं आमुची इष्टदेवता।
तूंचि सदा रक्षिता। आपदि आमुते।

(ज्ञा.अ. 2, ओ. 59)

अर्जुन कहते हैं, 'हे कृष्ण – तुम हमारे गुरू, भाई, पिता और इष्ट देवता हो। तुम ही संकट काल में रक्षण करने वाले हो।' 'सभी, गुरूजनों और स्वजनों को, युद्ध क्षेत्र में मारने-मरने के लिए उत्सुक देखकर, स्वजनों के प्रति मेरा मोह नष्ट नहीं होगा।'

एथ जिव्हाळा कृपानिधी। कारूण्य तुझे।

(ज्ञा.अ. 2 ओ. 68)

आप की कृपा करने और प्रेग पूर्वक उपदेश करने पर ही यह मोह नष्ट होगा। मोह का नष्ट होना ही मानव के लिए उन्नति और प्रभु प्राप्ति के लिए आवश्यक है। उस परम पद को मोह नष्ट होने के बाद प्राप्त किया जाता है। तभी शान्ति प्राप्त हो सकती है। तुलसीदास जी भी कहते हैं:

.... *मोह गये रामपद। होइ न दृढ़ विश्वास।*

काम, क्रोध, लोभ, मद, मोह और मत्सर ही हमें बांध कर रखते हैं। इन छह विकारों में से बड़ा विकार (शत्रु) मोह है। बाकी पांच को तो काबू में किया जा सकता है। लेकिन मोह को काबू में रखना बहुत मुश्किल है। मोह यानि अपूर्णता। असंतोष की प्रबल भावना है। सब सुख मिलने के बाद भी लोग भ्रष्टाचार करते हैं। मनुष्य के संग्रह करने की वृत्ति, अपने स्वजनों के प्रति आसक्ति ही मोह है। इन स्वजनों के प्रति आसक्ति से अर्जुन में मोह जागृत होता है, वह कर्तव्यों को भूल जाते हैं और अपने धर्म से विचलित होते हैं।

श्रीकृष्ण स्मितहास्य करते हुए दोनों सेनाओं के बीच खड़े रहकर कहते हैं:

अशोच्यानन्वशोचस्त्वं प्रज्ञावादांश्च भाषसे।
गतासूनगतासूंश्च नानुशोचन्ति पंडिताः।।

(गीता अ. 2 श्लो. 11)

भगवान कहते हैं: जिसका शोक नहीं करना चाहिए उसका तुम शोक कर रहे हो और विद्वानों की तरह दिखावा कर बड़ी-बड़ी बातें कर रहे हो। जो सच्चे विद्वान हैं वे मृत हुए, जीवित या, जो आगे मरने वाले हैं उनके लिए शोक नहीं करते हैं।

गीता के इस महान तत्व के बारे में श्री ज्ञानेश्वर जी स्पष्टीकरण देते हैं।

तूं भ्रमे अहंकृति। यासि धात न धरिसी चित्ती।
तरी सांगे कायि हे होती। चिरंतन।

(ज्ञा. अ. 2 ओ. 98)

हे अर्जुन, "तुम कौरवों का वध नही करोगे" ऐसा वृथा अभिमान धारण कर तुम कौरवों को नहीं मारना चाहते। लेकिन यदि तुम उनको नहीं मारोगे तो क्या वह मरेंगे नहीं?

जन्म और मृत्यु तो अनादि है। इनकी न कोई शुरूआत है और न अंत है।

अनादि सिद्ध हे आधवे। होत जात स्वभावे।
तरी तुवां का शोचावे। सांगे मज।

(ज्ञा. 2 ओ. 100)

जन्म मृत्यु अनादि है, जो जन्मेगा वह मरेगा यह स्वाभाविक है। तब अर्जुन इसके लिए क्यों शोक करते हो? तुम व्यर्थ ही चिंता कर रहे हो।

जीवन मृत्यु के परम सत्य को भगवान अगले श्लोक में कहते हैं:-

न त्वेवाहं जातु नासं न त्वं नेमे जनाधिपाः।
न चैव न भविष्यामः सर्वे वयमतः परम्।।

(गी. अ. 2 श्लो. 12)

मैं, तुम और यह सब लोग और राजे पहले नहीं थे ऐसा नहीं है, या आगे नहीं रहेंगे ऐसा भी नहीं है। आत्मस्वरूप दृष्टि से वर्तमान, भूत और भविष्य यह नित्य ही है। जन्म-मृत्यु तो सदैव बदलने वाली अवस्था है। यह तीनों काल में नित्य ही है।

यह गीता का श्लोक बड़ा गहन है। अनित्य को हम नित्य समझते हैं इसी से हम शोक आदि विकारों से भ्रमित हो जाते हैं। जन्म-मृत्यु नित्य बदलती अवस्था है। एक समय वह जन्म है तो दूसरे क्षण वह मृत्यु है। यह भेद समझना जरूरी है।

श्री ज्ञानेश्वर जी इस गहन विषय को समझाने के लिए लिखते हैं:

जैसे पवनें तोय हालविले। आणि तरंगाकार जाहलें।
तरी कवण के जन्मले। म्हणोंये येथ।।
तेचि वायूचे स्फुरण ठेले। आणि उदक सपाट जाहले।
तरी आता काय निमाले। विचारी पां।।

(ज्ञा.अ. 2 ओ. 106, 107)

जिस प्रकार हवा के बहने से पानी हिलता है तो उसपर लहरें उठती हैं। ऐसे लगता है जैसे तरंग का जन्म होता है और जब हवा बहना बंद होती है तो पानी पहले जैसा सपाट हो जाता है, लहरें नष्ट होती हैं। तो किसका नाश हुआ और किसका जन्म

हुआ? लहरों में चैतन्य कहाँ से आया, कहाँ गया? यह तो सब हवा के कारण चैतन्य हुआ और लुप्त हुआ। इसलिए भगवान के चैतन्य से जीवन आता है और चैतन्य जाने से जीवन जाता है। हम कौन जीवन देने वाले हैं और लेने वाले हैं। और हे अर्जुन, इस बात को मूलतः यदि तुम ग्रहण करोगे तो तुम्हारा मोह, शोक, नष्ट होगा।

जन्म-मृत्यु तो शरीर से संलग्न है। शरीर जन्मा व नष्ट हुआ, ऐसा अनुभव होता है। लेकिन यह शरीर की अवस्था है। शरीर चैतन्य (जीवित) रहने पर भी बदलता रहता है। श्री ज्ञानेश्वर जी कहते हैं:-

आइके शरीर तरी एक। परि वयसा भेदे अनेक।
हे प्रत्यक्षचि देख। प्रमाण तूं।

तैसी चैतन्याच्या ठायी। इयें शरीरांतरे होती जाती पाही।
ऐसे जाणे तया नाहीं। व्यामोहदुःख।

(ज्ञा. अ. 2 ओ. 108-110)

हमारा यह शरीर एक ही होता है, लेकिन उमर के बदलने से बचपन तरूणावस्था में नष्ट होता है। इसलिए चैतन्य शक्ति की सत्ता के कारण अनेक प्रकार के देह आते हैं व जाते हैं। इस परम सत्ता के अधिकार को जान लेने के बाद मोहमाया से मुक्ति मिलती है, कोई दुःख नहीं होता। दुःख का मूल मोह है।

लेकिन मानव इस तत्व को क्यों नहीं समझता। इसका कारण है।

एथ नेणावया हेचि कारण। हे इंद्रिया आधीनपण।
तिही आकळिजे अन्तःकरण। म्हणउनि भ्रमे।।

(ज्ञा.अ. 2 ओ. 111)

इस तत्व को न जानने का कारण यह है कि हमारा अन्तःकरण इंद्रियों के आधीन रहता है और इंद्रियाँ अपने-अपने विषयों के सेवन में लगी रहती हैं। इसलिए कभी सुख तो कभी दुःख होता है। तो इससे कैसे छुटकारा पाया जाये?

भगवान श्रीकृष्ण कहते हैं, कि इस सुख-दुःख वगैरह से छुटकारा पाने के लिए विषयों का संयोग अन्तःकरण से नहीं होना चाहिए।

यं हि न व्यथयन्त्येते पुरुषं पुरुषर्षभ।
समदुःखसुखं धीरं सोऽमृतत्वाय कल्पते।।

(गी. अ. 2 श्लोक 15)

हे अर्जुन, जो व्यक्ति विषयों का संयोग अपने चित्त से नहीं होने देता है, वह अपने चित्त को दुःख नहीं होने देता है और सात्विक वृत्ति से, धैर्य से, सुख-दुःख को समान मानता है। वही बुद्धिमान व्यक्ति अविनाशी ब्रह्म को प्राप्त करने में समर्थ होता है।

यह उपदेश समझने में बड़ा कतिन है। सुख और दुःख को समान कैसे माना जाय? जब किसी इच्छित वस्तु की प्राप्ति होती है तो सुख मिलता है और उसके न

मिलने से दुःख होता है। इन दोनों अवस्थाओं को समान कैसे समझना होगा और उससे ब्रह्म की प्राप्ति का सामर्थ्य कैसे मिलेगा?

श्रीज्ञानेश्वर जी इस बारे में लिखते हैं :-

या उपाधिभाजी गुप्त। चैतन्य असे सर्वगत।
ते तत्वज्ञ सतत। स्वीकारिती।।

(ज्ञा. अ. 2 ओ. 126)

इस भौतिक जगत में चैतन्य गुप्तरूप से प्रसारित है। उसका अस्तित्व सर्वत्र है। भौतिक जगत के बाहरी आवरण (शरीर-आदि) से चैतन्य ढक जाता है। शरीर को ही हम सत्य और नित्य मानने लगते हैं। ज्ञानी लोग इस तत्व को जानते हैं। अनाज और भूसा एक ही जगह है लेकिन हम उसे पखारते हैं तो भूसे को अलग करके, हम अनाज का सेवन करते हैं। उसी प्रकार जब चैतन्य को सच्चे रूप में जान लिया जाता है तो शरीर का अस्तित्व निमित्त मात्र है यह समझ में आता है। यही है ब्रह्म का ज्ञान। चैतन्य का नाश नहीं होता तथा वह शरीर के सुख और दुःख से अलिप्त है। जो व्यक्ति, चैतन्य रूपी आत्मा को मारनेवाला या मरनेवाला समझता है, वह चैतन्य को सही रूप से नहीं जानता। कारण न तो चैतन्य मारता है न मरता है। चैतन्य (आत्मा) तो शरीर रूपी वस्त्र बदलता है। भगवान श्रीकृष्ण कहते हैं:

वासांसि जीर्णानि यथा विहाय। नवानि गृहणाति नरोऽपराणी।
तथा शरीराणि विहाय जीर्णान्यन्यानि संयाति नवानि देही।।

(गी. अ. 2 श्लो. 22)

जिस तरह मनुष्य पुराने कपड़े त्याग कर नये वस्त्र धारण करता है उसी तरह जीवात्मा (शरीर में स्थित आत्मा-चैतन्य) पुराने शरीर को छोड़ कर नये शरीर को धारण करता है। शरीर बदलता है आत्मा वही है। शरीर आत्मा का वस्त्र है।

श्री ज्ञानेश्वर जी कहते हैं-

शस्त्रे हाणितलिया छाया। जैसी अंगी न रूपे।

(ज्ञा.अ. 2 ओ. 140)

जिस प्रकार से शस्त्र से यदि हम हमारी छाया पर वार करते हैं तो वह वार न तो छाया को लगता है न तो हमारे शरीर पर। शस्त्र के वार से कोई दुःखी नहीं होता। न छाया मरती है, ना हमारा शरीर। इस प्रकार चैतन्य अमर और अविनाशी है।

यह चैतन्य आत्मा कैसी है? भगवान श्रीकृष्ण कहते हैं-

नैनं छिदंन्ति शस्त्राणि नैनं दहति पावकः।
न चैनं क्लेदयन्त्यापो न शोशयति मारूतः।।

(गीता अ. 2 श्लो. 23)

इस चैतन्य को कोई तोड़ नहीं सकता, अग्नि इसे जला नहीं सकती और वायु इसे सुखा नहीं सकती। मतलब यह की स्थूल शरीर पर तो परिणाम होता है लेकिन इस चैतन्य आत्मा पर नहीं। लेकिन चैतन्य आत्मा है क्या? इसे कैसे जाना जाये।

श्री ज्ञानेश्वर जी कहते हैं-

हा तर्काचिये दिठी। गोचर नोहे किरीटी।
ध्यान याचिये भेटी। उत्कंठा वाहे। (ज्ञ. अ. 2 ओ. 148)

हे अर्जुन, इस चैतन्य को तर्क से ग्रहण नहीं किया जाता। यानि कितना भी आप तर्क कीजिये, बुद्धि की कुशलता से समझने की कोशिश कीजिये, उसके स्वरूप का ज्ञान नहीं होता। इस चैतन्य को समझने के लिए ध्यान करना होगा। ध्यान करने से उसे प्राप्त करने की उत्सुकता और भी बढ़ती है। मन इसे समझ नहीं सकता, अन्य साधनों से इसकी प्राप्ती नहीं होती, इस आत्मा के स्वरूप को समझ लेने से फिर शोक करने जैसा कुछ बचता ही नहीं।

यदि आत्मा नित्य जन्म लेता है, मरता है ऐसा भी समझा जाय तो भी शोक करने का कोई कारण नहीं है। क्योंकि :

जातस्य हि ध्रुवो मृत्युर्ध्रुवं जन्म मृतस्य च।
तस्मादपारिहार्येऽर्थे न त्वं शोचितुमर्हसि।।

(गीता अ. 2 श्लो. 27)

जो प्राणी जन्म लेता है, वह अवश्य मरता है। वह फिर से जन्म लेता है। ऐसा यह जन्म-मृत्यु का चक्र कोई टाल नहीं सकता-इसलिए हे अर्जुन, तुम्हें शोक करना उचित नहीं है।

श्री ज्ञानेश्वर जी कहते हैं कि जिस प्रकार से गंगा का पानी समतल स्थान पर भी है और समुद्र में भी वही पानी है। वही पानी बहते हुए भी दिखाई देता है। यह तो स्वाभाविक स्थिति है। यही 'चैतन्य-आत्मा' को लागू है।

नातरी उदो अस्तु आपै से। अरवंडित होत जात-जैसे।
हे जन्म-मरण तैसे। अनिवार जगी। (ज्ञा. अ. 2 ओ. 160)

जैसे सूर्य का उदय और अस्त चलता रहता है उसी तरह से जन्म और मृत्यु इस जगत में होते रहते हैं। वे होते ही रहेंगे। उसे कोई टाल नहीं सकता। अर्जुन तुझे यह मालूम है तो शोक किस बात का?

इस चैतन्य आत्मा तत्व को कुछ लोग आश्चर्य चकित होकर देखते हैं, तो कुछ उसमें लीन हो जाते हैं। कुछ लोग आत्मा के बारे में सुनकर आश्चर्य करते हैं और उसी में समा जाते हैं। यह महत्वपूर्ण है कि इस चैतन्य को जानने की उत्सुकता होनी चाहिए। इसे जान लेने के बाद शोक करने लायक कुछ नहीं है।

भगवान श्रीकृष्ण कहते हैं कि हे अर्जुन, तुम क्षत्रिय हो और युद्ध करना तुम्हारा धर्म है, स्थायी भाव है। युद्ध में मरण आयेगा, तो तुझे स्वर्ग की प्राप्ति होगी और युद्ध में जीत जाते हो तो पृथ्वी का राज्य भोगोगे। इसलिए युद्ध करने का निश्चय करके युद्ध करने के लिए तैयार हो जाओ। भगवान श्रीकृष्ण ने आत्मा को, चैतन्य को, नित्य और शरीर के नाशवान होने के बारे में बताया। उसके बारे में अर्जुन को ज्ञान दिया। इसमें ध्यान की आवश्यकता है। जो मरता है वह जन्म अवश्य लेता है यह तो सभी जानते हैं। लेकिन मृत्यु

दुःख का कारण क्यों है और जन्म के कारण आनन्द क्यों होता है? यह वास्तविकता है। बुद्धि इसी वास्तविकता को समझती है। मृत्यु के कारण शोक होता है। अर्जुन भी इसी शोक से ग्रस्त है। उसकी बुद्धि जब तक बदलेगी नहीं तब तक गीता का ज्ञान समझना मुश्किल है। यह तो ज्ञान मार्ग हुआ कि आप चैतन्य आत्मा के अविनाशी तत्व को जान ले और दुःख और शोक से मुक्त हो जायें। लेकिन ऐसा संसारी मानव के लिए समझना कठिन है। भगवान श्रीकृष्ण अर्जुन को इतना समझाने के बाद भी अर्जुन कुछ नहीं कहते। चुपचाप खड़े हैं।

भगवान श्रीकृष्ण स्वयं सामने खड़े हैं। इसके बावजूद अब और क्या चैतन्य आत्मा के बारे में जानना जरूरी है। इस अमूर्त और अदृश्य आत्मा के बारे में तो ऋषि-मुनि ही जान सकते हैं। यह ज्ञान मार्ग बहुत ही कठिन है। भगवान श्री कृष्ण अर्जुन के मन को पढ़ लेते हैं। उन्हें लगता है कि इस चैतन्य के बारे में अर्जुन को और समझाने की अवश्यकता है। बुद्धि के परे जाने वाली बातें समझना कठिन है। सांख्य मुनि द्वारा विशद किया हुआ ज्ञानयोग भगवान श्री कृष्ण ने बताया। वह उसे अब बुद्धि योग के बारे में बताते हैं। भगवान श्रीकृष्ण इस बुद्धि को कर्म में लगाते हुए आत्मा का तत्व कैसे जाना जाय, इसके बारे में समझाते हैं। संसारी जीव हर तरह के कर्म में लगा है। उसकी बुद्धि एक जगह स्थित और एकाग्र नहीं है। इसलिए कर्मरत जीव की बुद्धि को स्थिर करना जरुरी है। संसार की चंचलता से बुद्धि विचलित न हो जाय, इसी प्रयोग को भगवान श्रीकृष्ण बुद्धि-योग कहते हैं।

एषा तेऽभिहिता साड.ख्ये बुद्धिर्योगे त्विमां श्रुणु।
बुद्धया युक्तो यया पार्थ कर्मबन्धं प्रहास्यसि।।

(गी. अ. 20 श्लो. 39)

भगवान श्री कृष्ण अर्जुन से कहते हैं कि मैने अभी तक तुम्हे निर्गुण निराकार चैतन्य (ब्रह्म) की पहचान के बारे में यह ज्ञान सुनाया। अब इसकी प्राप्ती के उपाय रूप योग के विषय में उस बुद्धि के बारे में सुनो। इसी को भगवान बुद्धि योग संबोधित करते हैं।

श्री ज्ञानेश्वर जी इस सम्बन्ध में लिखते हैं

जया बुद्धि युक्ता। जालिया पार्थी। कर्म बंधन सर्वथा। बांधू ना पावे।

(ज्ञा. अ. 2 ओ 231)

श्री ज्ञानेश्वर जी कहते हैं बुद्धियोग ही कर्मयोग है। बुद्धि योग से कर्म करने से कर्म बंधन कारक नही होते। यह बुद्धि योग युक्त कर्म क्या है?

तिया परी जे सुबुद्धि। आपु जालिया निरवधि।
हा असताचि उपाधि। आकलूं न शके।।
अर्जुना ते पुण्यवशे। जरी अल्पचि हृदयी बुद्धि प्रकाशे।
तरी अशेषहि नाशे। संसार भय। *(ज्ञा. अ. 2 ओ 235, 237)*

क्या है यह बुद्धियोग? श्री ज्ञानेश्वर जी उसको सरल भाषा में सद्‌बुद्धि कहते हैं।

यह सद्बुद्धि बहुत सूक्ष्म और निश्चल होती है। वह दिखाई देने वाली वस्तु नहीं है। सत्व, रजस और तमस इस त्रिकुट का भी इस सद्बुद्धि पर परिणाम नहीं होता है। हे, अर्जुन पूर्व पुण्य से यह सद्बुद्धि अन्तःकरण में थोड़ी सी भी प्रकट हो जाए तो जन्म मृत्यु का भय नहीं लगता। सद्बुद्धि से किया कर्म, पाप-पुण्य रहित होता है। सद्बुद्धि से किया कर्म भगवान को प्राप्त होता है, मन से भय निकल कर शान्ति मिलती है। मोह शोक से व्यक्ति मुक्त होता है। गोस्वामी तुलसीदास भी कहते हैं कि

जहां सुमति वहां संपति नाना।
जहां कुमति वहां विपति निधाना।

जहां सुमति, सद्बुद्धि है वहां संपत्ति यानि आनन्द है और जहां कुमति यानि दुर्बुद्धि है वहां विपत्ति ही है।

सद्बुद्धि, सुमति ही हमें अच्छे कर्म करने के लिए प्रवृत्त करती है। ऐसे कर्म हमें शोक, मोह में नही बांधते हैं। लेकिन यह हो कैसे? मन की तरह बुद्धि भी निरंतर बदलती है। कभी अच्छा सोचती है तो कभी बुरा। दुर्बुद्धि सद्बुद्धि पर हावी होती है। इस कारण भगवान श्रीकृष्ण के बताये हुए बुद्धि-योग को हम आचरण में नहीं ला सकते, या कठिनाई महसूस करते हैं। भगवान श्रीकृष्ण बुद्धि को स्थिर कैसे करें, उसे अच्छे काम में कैसे लगायें इसके बारे में अर्जुन को बताते हैं।

व्यवसायत्मिका बुद्धिरेकेह कुरूनंदन।
बहुषाखा हयनन्ताश्च बुद्धयोऽव्यवसायिनाम्।।

(गी. अ. 2 श्लो 41)

भगवान कहते हैं कि यह बुद्धि अनेक कार्यों में लगी रहती है। लेकिन तू इसे सत्य (परब्रह्म) की तरफ मोड़ दे। बुद्धि को सत्यकार्य में ही लगा। जिस बुद्धि में सत्य के बारे में निश्चिय है वही सही बुद्धि है। झूठी और बदलने वाली वस्तुओं के लिए बुद्धि का उपयोग करने वाले बहुत लोग हैं। ऐसी बुद्धि की कोई कमी नहीं है।

श्री ज्ञानेश्वर जी कहते हैं कि सद्बुद्धि थोड़ी सी भी क्यों न हो लेकिन वही सत्य की तरफ ले जाती है।

जैसी दीपकलिका धाकुटी। परि बहु तेजाते प्रकटी।
तैसी सद्बुद्धि हे थेंकुटी। म्हणों नये।

(ज्ञा. अ. 2 ओ 238)

दिये की बत्ती यद्यपि छोटी हो, तब भी वह बहुत प्रकाश देती है। इसी तरह सद्बुद्धि आत्म प्रकाश देती है। उसे छोटी बुद्धि नहीं कह सकते। सद्बुद्धि दुर्लभ है। सद्बुद्धि का प्रवाह परमात्मा की तरफ होता है।

तैसे ईश्वरावाचूनि कांही। जिये आणिक लाहाणे नाही।
ते एकचि बुद्धि पाही। अर्जुना जगी। (ज्ञा. अ. 2 ओ 242)

सद्बुद्धि को परमेश्वर के सिवाय कुछ दिखाई नहीं देता। इसे दूसरा कुछ भी पसंद नहीं। यह एक ही प्रकार की बुद्धि है।

लेकिन यह मन और बुद्धि जिस शरीर में रहते हैं उसे ही हम सत्य मानते हैं। इसी भावना से बुद्धि परमात्मा की ओर मुड़ने के बजाय भैतिक सुखों की तरफ क्यों आकर्षित होती है। इस शरीर को हम ठीक तरह से समझ जायें तो बुद्धि का कार्य समझने में आसानी होगी।

श्रीमद्भगवद्गीता में शरीर और आत्मा का विवेचन 13वें अध्याय में दिया है। शरीर क्या है, इसका विवेचन यहां उचित होगा क्योंकि इससे इस दूसरे अध्याय के बुद्धि और उससे संबंधित बातों को ठीक तरह से समझना आसान होगा।

श्री ज्ञानेश्वर जी ने 13वें अध्याय मे किये गये शरीर और अशरीर ऐसे आत्म-तत्व का विश्लेषण बहुत ही सरल ढंग से किया है। इतना सरल स्पष्टीकरण अन्य कहीं पढ़ने को नहीं मिलता। 13वें अध्याय का विषय है क्षेत्र और क्षेत्रज्ञ शरीर (और शरीर को जानने वाला)। दूसरे अध्याय के विषय से यह थोडा विषयांतर जरूर होगा। श्री ज्ञानेश्वर जी कहते हैं कि भगवान श्री कृष्ण अर्जुन को बताते हैं कि इस शरीर को क्षेत्र कहते हैं और इसे जो जानता है उसे क्षेत्रज्ञ। शरीर को क्षेत्र क्यों कहते हैं? वह कैसे उत्पन्न होता है? किस कारण से उसकी वृद्धि होती है? यह शरीर साढ़े तीन हाथ है, उसकी मर्यादा क्या है? इसमें कुछ उगता भी है? और यह शरीर किसका है? इसके बारे में श्री ज्ञानेश्वर जी लिखते हैं:-

एक म्हनी हे स्थल। जीवाचे चि समूल।
मग प्राण है कुल। तयाचे येथ।

(ज्ञा. अ. 13 ओ. 27)

कुछ लोग कहते हैं कि जीव इस शरीर का मालिक है और प्राण यह जीव रूपी मालिक की खेती करता है। जीव देह का मालिक है और जब तक प्राण हैं तब तक शरीर के व्यवहार चलते हैं। इस शरीर रूपी जमीन को जोता जाता है व उत्पादन होता है। श्री ज्ञानेश्वर जी कहते हैं हमारे मन के पास ज्ञानेंद्रियाँ और कर्मेंद्रियाँ रूप दो बैलों की जोड़ी है जिनकी सहायता से हमारा मन दिन रात शब्द, र्स्पशादि, विषयरूप खेत में खूब मेहनत करता है। ज्ञानेंद्रियों और कर्मेंद्रियों को दो बैलों की जोड़ी की उपमा दी है।

मग विधीचे वाफ चुकवी। अन्याय बीज वाफवी
कुकर्माचा करवी राव। जरी। *(ज्ञा. अ. 13 ओ 30)*

खेती करते हुए विषयभोग में लिप्त होने के कारण मन तथा इन्द्रियां निषिद्ध कर्म रूपी बीज को फलित करते हैं। इंद्रियों से कुकर्म करने के लिए श्रम किये जाते हैं। कुकर्मरूपी फसल शरीर में उगती है और इसीलिए जीव दु:ख भोगता है। यदि शास्त्रों के अनुसार सत्कर्म करें तो पुण्य की फसल उगती है और सैकडों जन्मों तक जीव सुख भोगता है—जैसे बीज होते हैं वैसी ही फसल मिलती है, यह सृष्टि का नियम है। यही शरीर रूपी खेती के बारे में भी पूर्ण रूप से लागू है।

अब शरीर रूपी क्षेत्र-जमीन से फसल उगती है, पाप या पुण्य की, तो उसकी कटाई भी करनी पड़ती है।

रचूनी महतत्वाचे जाले। मली एके कालुगेनि पोले
तेथ अव्यक्तांची मिले। सांजभली। *(ज्ञा. अ. 13, ओ 39)*

यह कटनी खलियान में (जीवन में) काल (समय) रूपी अकेला बैल करता है। और यह करते-करते शाम हो जाती है (मृत्यु समय समीप आता है) काल को एक बैल की उपमा दी है जो अकेले कटनी मलनी करता है और तब तक जीवन समाप्त होने का समय आता है, पाप पुण्य की उपज होती रहती है। मनुष्य के शरीर से पाप पुण्य की उपज होती है। पशु पक्षी और अन्य योनियों में पाप-पुण्य की उपज नहीं होती। इन योनियों में पाप पुण्य रूप कर्म नहीं होते। इसलिए सुख-दुःख का फल भी नहीं मिलता। केवल प्रारब्ध रूप, पहले किये हुए पाप-पुण्य कर्म के सुख दुःख रूप फल भोगने वाली योनियाँ हैं।

मनुष्य का शरीर पाँच सूक्ष्म महाभूतों, अहंकार, बुद्धि, दस इंद्रियाँ, मन, इन दस इंद्रियों के दस विषय, सुख, दुःख, द्वेष, संधात, इच्छा, चेतना और धृति से बनता है। पांच महाभूतों के (पृथ्वी, तेज, आग, वायु और आकाश) एकीकरण से देह का आकार व्यक्त होता है। और इस देह को नचाने वाला है अहंकार। अहं की भावना से ही मानव निशिद्ध कर्म करता है। लेकिन इस पर नियंत्रण बुद्धि ही कर सकती है। लेकिन यह बुद्धि क्या है? श्री ज्ञानेश्वर जी लिखते हैं:-

तरी कंदर्पाचेति बळे। इंद्रियें वृत्ती चेनि मेळे। विभांडनि येती पाले। विशयांचे।
जिथे अधमोत्तम सुझे। जिने साने थोर बुजे। जिया दिठी पारखिजे विषो जीवे।
जे तेज तत्वांची आदी।जे सत्व गुणांची वृद्वि।
जे आत्मया जीवाची संधी। वसवित असे (ज्ञा. अ, 13 ओ 84, 87, 88)

बुद्धि को उसके लक्षण से जाना जाता है। जो प्रबल कामवासनामय, वृत्ति को जीतती है, सुख और दुःख का भेद जानती है, (यह सुख है, यह दुख और यह पाप है, इसका निर्णय करती है) वह बुद्धि है। बुद्धि उत्तम कनिष्ठ, ऊँच-नीच का भेद समझाती है। बुद्धि से ही जीव विषयादि की परीक्षा करता है। जो ज्ञानेंद्रियों का कारण है, जो सत्व-गुण की वृद्धि करती है और जो आत्मा और जीव के बीच होती है वही है बुद्धि।

इसी बुद्धि को भगवान श्रीकृष्ण दूसरे अध्याय में व्यवसायात्मिका बुद्धि कहते हैं। परब्रह्म के सिवाय कोई सत्य नहीं। व्यवसाय, यानि पक्का निश्चय, कभी न बदलने वाला निश्चय। परब्रह्म सत्य है और बाकी सब झूठ है ऐसा निश्चय करने वाली बुद्धि को व्यवसायात्मिका बुद्धि कहते हैं। श्रीज्ञानेश्वरजी ने कहा है कि परब्रह्म (परमात्मा) और जीव (शरीर में स्थित आत्मा) के बीच में यह बुद्धि होती है।

लोग अखंड विषय-सुखों की वासना से प्रेरित होते हैं, स्वर्गादि सुखों की इच्छा करते हैं और इस के लिए कर्म करते हैं। भोग और आसक्ति में उनका चित्त लगा रहता है। इस कारण ऐसे लोग विवेक खो देते हैं उनकी निश्चयात्मक बुद्धि परमेश्वर में स्थिर नहीं होती है। संसार सर्व भोगों से और इच्छाओं से भरा हुआ है। जिस प्रकार सर्वत्र पानी फैल जाने

के बाद सर्वत्र जलमय होने के बाद हम उतने ही पानी का उपयोग करते हैं जितना हमें जीवन के लिए आवश्यक है। उसी प्रकार इस भोग-मय संसार से उतने ही भोग लेने हैं जितने हमें जीवन के लिए आवश्यक हैं। जब हम इससे ज्यादा की इच्छा करते हैं तथा उसे अपने जीवन का उद्देश्य बना लेते हैं और उसके लिये आसक्त हो कर कार्य करते हैं तो हममें यह प्रवृति जाग उठती है की जब भी हम कर्म करेगें हमें उसका फल मिलना चाहिए। जब वह फल नहीं मिलता तो हम अशांत होते हैं, असंतोष का निर्माण होता है और फल को प्राप्त करने के लिए बुद्धि निशिद्ध (अवांछित) कर्म करने में लग जाती है। इससे दुःख और भी बढ़ता है। इससे हम कैसे बच सकते हैं? भगवान श्रीकृष्ण इसका उपाय बताते हैं।

भगवान श्रीकृष्ण अर्जुन से कहते हैं

कर्मण्येवाधिकारस्ते मा फलेषुकदाचन। मा कर्मफलहेतुर्भूर्मा ते संगोऽस्तवकर्मणि।।

(गी. अ. 2 श्लोक 47)

भगवान बुद्धि को सदबुद्धि, व्यवसायात्मिक, बनाने के लिए अर्जुन से कहते हैं तू कर्म कर, कर्म का तू अधिकारी है। फल पर तेरा अधिकार नहीं है। तू कर्म के फल की आशा से कर्म मत कर।

यह गीता का संदेश जीवन में उतारना बड़ा कठिन है। हम कर्म फल की इच्छा करके ही कर्म करते हैं। तब हम फल कैसे छोड़ दें? लेकिन जिसकी सद्बुद्धि परमात्मा में लगी है, व्यवसायात्मिक बुद्धि हो गई है, वह व्यक्ति कर्म करेगा और कर्म का फल मिलना या न मिलना भगवान की इच्छा पर छोड़ देगा। ऐसा करने से, कर्म का इच्छित फल नहीं मिलने पर भी, उसका मन विचलित नहीं होगा। वह कर्म करता रहेगा और कर्म फल की आशा न करने से, भगवान से जुड़ा रहेगा। हमें भगवान से जुडे रहना है और कर्म करते रहना है।

कर्म करते रहें लेकिन कर्म फल की आशा न करें ऐसी बुद्धि बनाने के लिए भगवान श्रीकृष्ण बड़ा सरल मंत्र हमें देते हैं। इसके बारे में नवें अध्याय में बताते हैं। लेकिन इस मंत्र को इस संदर्भ में लाते हैं तो कर्म और उसके फल का संबंध हमें स्पष्ट हो जायेगा। यह मंत्र है :-

यत्करोषि यदश्नासि यज्जुहोषि ददासी यत्।
यत्त तपस्यसि कौन्तेय तत्कुरूष्व मदर्पणम्।

(गी. अ. 9 श्लोक 27)

भगवान श्रीकृष्ण कहते हैं कि कर्म फल को त्याग देने के लिए, फल का अधिकार छोड़ने के लिए, तू जो कर्म करता है, तू जो साधना, तपस्या करता है, वह सब तू मुझे अर्पण कर। कर्म करता जा और उसे मुझको अर्पण करता जा। फल के प्रति आसक्ति कम होते-होते, अपने आप नष्ट होगी। कितना सरल मंत्र है। कर्म करो और भगवान को अर्पण करो और कर्म के फल के बारे में भूल जाओ। ऐसा करने से हमारे कर्म, सत्कर्म होंगे क्योंकि भगवान को सब कर्म अर्पण करना है तो हम

कुकर्म भगवान को अर्पण थोड़े ही करेंगे। सत्कर्म अर्पण करेंगे। इससे हमारी सद्बुद्धि बढ़ेगी, दुर्बुद्धि जायेगी। छोटी चीज भी भगवान को अर्पण करो। सब कुछ भगवान है, भक्ति है। सब कुछ भगवान को बता कर करें। उनकी आज्ञा और आशीर्वाद से करने से फल की आशा खत्म होगी। गोस्वामी तुलसीदासजी रामचरित मानस में लिखते हैं

तुमहि निवेदित भोजन करहि। प्रभु प्रताप भूषण पट धरहि।

भगवान हम तुमको भोजन अर्पण करके भोजन करते हैं। आपके ही आशीर्वाद से यह कपड़े, आभूषणों को पहनते हैं। इसलिए भोजन करने के पहले हम भगवान का नाम स्मरण करते हैं, पकाया हुआ भोजन फल आदि भगवान को अर्पण करते हैं। यह भोजन ही भगवान का प्रसाद बन जाता है। नये कपड़े भगवान के सामने रखकर कुंकुम लगाकर भगवान को अर्पण करके, उसे हम पहनते हैं। इसके पीछे बड़ा अर्थ है जो भगवान ने उपर दिये मंत्र के माध्यम से स्पष्ट किया है। फलरहित कर्म के लिए यही मंत्र है। सब कर्म आसान हो जाते हैं। हर समस्या का उत्तर भगवद्गीता में दिया है।

कर्म नहीं छोड़ना चाहिये तथा कर्म फल की इच्छा ना करके सत्कर्मो का ही निष्काम आचरण करना चाहिये।

श्री ज्ञानेश्वर जी कहते है :-

आचरता सिद्वी गेले। तरी काजाचि कीर आले।
परि ठेलयाही सगुण जाहाले। ऐसेचि मानि
देखे जंतुलालें कर्म निपजे। तेतुले अदिपुरुषी समर्पिजे।
तरी पूरीपूर्ण सहजे। जाहले जाणे।
देखे सता सत कर्मी। हे जे सरसेपण मनो धर्मी।
तेचि योग स्थिती उत्तमी। प्रशंसिजे।

(ज्ञा. अ. 2 ओ. 270, 271, 272)

यदि किसी कारण से काम सिद्ध न भी होता हो तो असंतोष करने का कोई कारण नहीं। कर्म किया और वह सिद्ध हुआ तो भी ठीक और कार्य सिद्ध नहीं हुआ तो भी वह सिद्ध हुआ ऐसा मानना चाहिए। हे अर्जुन, जो भी कर्म अपने से बन पाता है उसे भगवान को अर्पण करना चाहिए। कर्म जब भगवान को अर्पण किया जाता है तो वह परिपूर्ण होता है। इस तरह अच्छे बुरे कर्मों के फल के प्रति समान भाव रखने को ही ''योग'' स्थिति कहते हैं।

श्री ज्ञानेश्वर जी ''कर्म'' भगवान को अर्पण करने के बारे में दूसरे अध्याय में ही लिखते हैं, जो गीता के 9वें अध्याय में स्पष्ट किया गया है।

लेकिन मनुष्य यह आसान मंत्र क्यों नहीं समझ पाता है जब की इसके द्वारा योग स्थिति सहज प्राप्त होती है। भगवान श्रीकृष्ण इसका कारण बताते हैं। बुद्धि भ्रष्ट क्यों होती है?

ध्यायतो विषयान्पुंसः संगस्तेषूपजायते।
संगात्-संजायते कामः कामात्क्रोधोऽभिजायते।

क्रोधाद्भवति सम्मोहः सम्मोहात्स्मृति-विभ्रमः।
स्मृतिभ्रंशाद् बुद्धिनाशो बुद्धिनाशात्प्रणश्यति।

(गी. अ. 2 श्लो. 62, 63)

विषय वासना में सुख है ऐसा जब तक मन सोचता है तब तक उसका ध्यान उसी में लगा रहता है। विषय से संबंध होने से विषय सुख भोगने की कामना (इच्छा) जागृत होती है। जब वह पूर्ण नहीं होती है तो कोध आता है। कोध के कारण मनुष्य अपना विवेक खोता है, उसे मोह होता है। विवेक नष्ट होने से स्मृति नष्ट होती है। यानि व्यक्ति भगवान को भूल जाता है। इससे बुद्धि का नाश होता है और बुद्धि नाश के कारण वह स्वयं नष्ट होता है।

श्री ज्ञानेश्वर जी कहते हैं कि विषय वासनाओं के तूफान में विवेक रूपी छोटा दिया बुझ जाता है।

संमोह जालियां व्यक्ती। तरी नाश पावे स्मृति। चंडवाते ज्योति। हत जैसी।
चैतन्याच्या भ्रंशी। शरीरा दशा जैसी। तैसे पुरुषा बुद्धिनाशी– होय देख।

(ज्ञा. अ. 2 ओ 323, 328)

चैतन्य आत्मा के शरीर को छोड़ देने के बाद, देह की जैसी स्थिति होती है वैसी ही स्थिति बुद्धिनाश के कारण होती है।

बुद्धिनाश वाले व्यक्ति की स्थिति जिंदा मृत जैसी ही हो जाती है। अर्थात जिंदा तो है परन्तु मृत के समान। जिस प्रकार से अग्नि की एक चिंगारी सारे घर को जला देती है, नष्ट कर देती है, वैसे ही विषयों में लिप्त व्यक्ति तथा विषयों के बारे में सोचने वाले व्यक्ति का पतन होता है।

कर्म ऐसी कुशलता से किये जायें की जिससे बुद्धि विवेकपूर्ण रहे। कर्म की कुशलता क्या है? भगवान श्रीकृष्ण अर्जुन से कहते हैं :-

बुद्धि युक्तो जहातीह उभे सुकृत-दुष्कृते
तस्माद्योगाय युज्यस्व-योगः कर्मसु कौशलम्॥
श्रुतिविप्रतिपन्ना ते यदा स्थास्यति निश्चला
समाधावचला बुद्धिस्तदा योगमवाप्स्यसि॥

(गी. अ. 2 श्लो 50, 53)

भगवान से जो कर्म जुड़े नहीं है वह कर्म कनिष्ठ हैं। बुद्धियुक्त होकर किये हुए कर्म श्रेष्ठ होते हैं क्योंकि ऐसे कर्म भगवान से जुड़े होते हैं। ऐसी स्थिति में अच्छे बुरे कर्म, अथवा पूरे या अधूरे कर्मों के प्रति समचित्त रहना, यह योग ही तो है, कर्म करने की कुशलता है। सम योग बुद्धि से युक्त पुरुष, अंतःकरण की शुद्धि से और ज्ञान प्राप्ती के द्वारा, पाप पुण्य, दोनों को यहीं त्याग देता है और कर्म बंधन से मुक्त हो जाता है। ''बुद्धि जब समाधि में अर्थात आत्मा में अचल स्थिर हो जायेगी तब तू योग को प्राप्त होगा अर्थात विवेकपूर्ण बुद्धिरुप समाधि निष्ठा को पायेगा।''

श्री ज्ञानेश्वर जी इस संबंध में लिखते हैं :-

म्हणोनि बुद्धि योग सधर। तेथ अर्जुना होई स्थिर। मने करी अह्वेर। फल हेतुचा।

(ज्ञा. अ. 2 ओ 276)

बुद्धि-योग, सदबुद्धि, तो अच्छे कर्माचरण से ही प्राप्त होती है। क्योंकि योग कर्म का ही एक अंग है। इसलिए हे अर्जुन, सिर्फ कर्म करने के बजाय बुद्धि-योग से युक्त हो कर कर्म करे। ऐसा करने से बुद्धि समाधि अवस्था में स्थिर रहेगी। नहीं तो यह बुद्धि विचलित होकर कर्म में लिप्त होकर दु:ख शोक ही निर्माण करेगी।

भगवान श्रीकृष्ण अर्जुन को कर्म ओर बुद्धि का संबंध समझा कर बुद्धि-योग में स्थिर होने के लिये कहते हैं जिससे मोह-शोक नष्ट होंगे। अर्जुन इस उपदेश को ध्यान से सुनते हैं, उस पर मनन भी करते हैं। सिर्फ सुनने से कुछ नहीं होता, मनन यानि बार-बार सोचना चाहिए। भगवान के दर्शन साक्षात्कार का एक क्रम है। पहले श्रवण (अच्छे विचारों को सुनना), फिर मनन, फिर शुद्ध आचरण और इस शुद्ध आचरण से प्रभु दर्शन समाधि अवस्था प्राप्त होती है। सिर्फ सुनने से या पढ़ने से कुछ नहीं होता है। आचरण में परिवर्तन आवश्यक है। अर्जुन भी विद्वान है। इन उपदेशों को वे भलीभांती समझ लेते हैं। वे भगवान श्रीकृष्ण से प्रश्न करते समय ऐसे शब्द का प्रयोग करते हैं कि वह गीता में अमर हो गया।

अर्जुन भगवान श्रीकृष्ण से प्रश्न करते हैं :-

स्थितप्रज्ञस्य का भाषा समाधिस्थस्य केशव।
स्थितधी: किं प्रभाषेत किमासीत व्रजेत किम्।

(गी. अ. 2 श्लो. 54)

बुद्धि-योग में स्थित व्यक्ति को अर्जुन स्थितप्रज्ञ कहते हैं यानि जिसकी बुद्धि इस प्रकार की हो गयी है कि "मैं परमात्मा ही हूँ"। ऐसे समाधि में स्थित हुआ स्थितप्रज्ञ, व्यक्ति बोलता कैसा है। समाधि क्या है? स्थितप्रज्ञ व्यक्ति कैसे बैठता है? कैसे चलता है? अर्जुन ने जो प्रश्न किये हैं वे मानो हम ही कर रहे हैं। जो व्यक्ति स्थितप्रज्ञ, व्यवसायात्मिक बुद्धि हो गया है उस व्यक्ति का व्यक्तित्व, आचरण कैसा होता है? भगवान श्रीकृष्ण कहते हैं :-

प्रजहाति यदा कामान् सर्वान् पार्थ मनोगतान्।
आत्मन्येवात्मना तुष्ट: स्थितप्रज्ञस्तदोच्यते।।

(गी. अ. 2 श्लो 55)

हे पार्थ, जब मनुष्य मन में स्थित सारी इच्छाओं को त्याग देता है, तब वह किसी बाहरी लाभ की आशा ना करके अपने आप में संतुष्ट रहने वाला, तृष्णा रहित पुरुष स्थितप्रज्ञ यानि ज्ञानी कहलाता है।

श्री ज्ञानेश्वर जी कहते है:

तो काम सर्वथा जाये। जयाचे आत्मसंतोषी मन राहे।
तोचि स्थितप्रज्ञ होये। पुरुष जाणे।।

(ज्ञा. अ. 2 ओ 293)

दो तरह के सुख हैं। एक है विषय भोगों से मिलने वाला सुख और दूसरा है आत्म-सुख स्वयं संतुष्ट रहना। यह विषय सुख ही आत्मसुख के आड़े आता है। विषय-सुख में व्यक्ति आसक्त होता है। विषय सुखों की वासना जब नष्ट होती है तभी व्यक्ति आत्म-सुख मे तल्लीन होता है। ऐसे व्यक्ति को स्थितप्रज्ञ कहते हैं। इस परिभाषा के अनुसार क्या हम स्थितप्रज्ञ हैं?

अर्जुन ने प्रश्न किया स्थिर बुद्धि किसे कहते हैं? भगवान श्रीकृष्ण कहते हैं कि दु:ख प्राप्त होने से जिसका मन उदासीन नहीं होता, और विषय सुख मिलना चाहिए ऐसी इच्छा जिसके मन में नहीं होती उसे स्थितधी यानि स्थिर बुद्धि कहते हैं।

श्री ज्ञानेश्वर जी कहते हैं:

अर्जुना तयाच्या ठायी। काम क्रोध सहजे नाही।
आणि भयाते नेणे कांही। परिपूर्ण तो।
ऐसा जो निरवधी। तो जाण पां स्थिर बुद्धी।
जो निरसूनि उपाधी भेदरहित।।

(ज्ञा. अ. 2 ओ. 295, 296)

स्थिर बुद्धि व्यक्ति की जब विषय सुखों की इच्छा विफल होती है, तब भी उसे क्रोध नहीं आता। इसलिए वह भय रहित हो जाता है। ऐसा व्यक्ति स्थितप्रज्ञ कहलाता है। जो किसी से द्वेष नहीं करता उसकी बुद्धि स्थिर होती है। ऐसे स्थितप्रज्ञ व्यक्ति का आचरण कछुऐ जैसा होता है। कछुआ चलते-चलते यदि किसी संकट को महसूस करता है तो वह अपने अवयवों को (पैर, सिर) अंदर की तरफ खींच लेता है और निर्जीव वस्तु की तरह पड़ा रहता है। श्री ज्ञानेश्वर जी वर्णन करते हैं:

कां कूर्म जियापरी। उवाइला अवेवपसरी। ना तरी
इच्छावशे आवरी। आपुले आपण।
तैसी इंद्रिये आपैती। जयाचे म्हणितले करिती।
तयाची प्रज्ञा जाण स्थिती। पावली असे।

(ज्ञा. अ. 2, ओ 301, 302)

स्थितप्रज्ञ व्यक्ति कछुए के तरह अपनी इंद्रियों को नियंत्रण में रखकर कर्म करता है। विषय सुखों को वह अपने पर हावी नहीं होने देता है। इंद्रियों को लगाम देता है। उन्हें नियंत्रित करते हुऐ अपनी बुद्धि को सत्कर्म में लगाता है। ऐसा स्थितप्रज्ञ व्यक्ति, पूर्णीमा के चंद्र जैसा, हर प्राणीमात्र को शीतल प्रकाश देता है। किसी से भेद भाव नहीं करता है।

इंद्रियों को वश में रखना इतना आसान नहीं है। इंद्रियाँ बड़ी बलवान है। मन पर नियंत्रण रखने वाले ज्ञानी पुरुष के मन को भी इंद्रियाँ जबरदस्ती अपने नियंत्रण में ले लेती हैं। विश्वामित्र ने घोर तपस्या की, इंद्रियों को वश में करने का भरसक प्रयत्न किया, लेकिन मेनका के सौंदर्य से वह मोहित हो गये। इंद्रियों ने उन्हे स्थितप्रज्ञ के आसन से खींच कर सामान्य व्यक्ति जैसा बना दिया। यह है इंद्रियों का बल!

भगवान कहते हैं कि "जो इंद्रियों को नियंत्रित करके अपना मन मेरे प्रति एकाग्र करता है, मैं पूर्ण परमात्मा हूँ ऐसा सोच कर एकाग्र मन से मेरा ध्यान करता है, उसकी बुद्धि स्थिर होती है। वही स्थितप्रज्ञ व्यक्ति है।"

श्री ज्ञानेश्वर जी कहते हैं :

जैसा का विषाचालेश। घेतलिया होय बहुबस। मग निभ्रान्त करी नाश।
जीवितासी।
तैसी विषयााची शंका। मनी वसती देखा। धातकरी अशेखा। विवेक जाता।

(ज्ञा. अ. 2, ओ 319, 320)

जिस प्रकार से विष की एक बूंद भी पेट में जाती है तो वह सारे शरीर में फैलती है तथा उससे मृत्यु होती है इसी तरह से "विषय-सुख चाहिए" ऐसी थोडी़ भी इच्छा उत्पन्न होगी तो व्यक्ति विवेक खो देता है। स्थित-प्रज्ञ व्यक्ति सूर्य समान होता है। वह स्वयं प्रकाशित हैं।

श्री ज्ञानेश्वर जी लिखते हैं।

सांगे सूर्याच्या धरी। प्रकाश काय वाती वेप्ही।
कां न लविजे तरी अंधकारी। कोंडेल तो।

(ज्ञा. अ. 2 ओ. 361)

क्या सूर्य के घर कभी दिया जला कर प्रकाश करना पड़ता है? दिया नहीं जलेगा तो क्या सूरज अंधकार में रहेगा? इसी तरह स्थितप्रज्ञ व्यक्ति को तपोबल से ऋद्धि सिद्धि प्राप्त होती है तो भी वह उससे आसक्त नहीं होता। सिद्धी से इंद्रियाँ सुख प्राप्त हो सकते हैं लेकिन स्थितप्रज्ञ व्यक्ति उसे तुच्छ समझता है।

अध्याय के आखिर में भगवान श्रीकृष्ण अर्जुन से कहते हैं

विहाय कामन् यः सर्वान्पुमाश्चरति निःस्पृहः।
निर्ममो निरहंकारः स शान्तिमधिगच्छति।।

(गी. अ. 2 श्लो. 71)

जो व्यक्ति सर्व विषय-कामना को छोड देता है, विषय सुखों की इच्छा नहीं करता है, जिसका अहंकार नष्ट हो गया है उसे परम शांति प्राप्त होती है। स्थित प्रज्ञ व्यक्ति को ही यह चिर स्थायी शांति प्राप्त होती है। ऐसी स्थिति को भगवान श्रीकृष्ण ब्रह्म स्थिति कहते हैं। ऐसी स्थिति प्राप्त होने के बाद कभी मोह, शोक निर्माण नहीं होता। स्थित-प्रज्ञ व्यक्ति ब्रह्म स्वरूप हो जाता है।

भगवान श्रीकृष्ण ने अर्जुन को सांख्य योग, बुद्धि योग और स्थित प्रज्ञ व्यक्ति के बारे में सविस्तार ज्ञान दिया। विषय भोगों के लिए कर्म नहीं करना है। कर्म भगवान के लिए करना है और कर्मों को भगवान को समर्पण करना है जिससे कर्म फल प्राप्ति न होने पर जो असंतोष होता है दुःख होता है, वह नष्ट हो जाता है। इस पर अर्जुन सोचते हैं "मैं भी तो यही करने के बारे में कह रहा हूँ। स्वजनों ओर गुरूजनों को मारकर राज्य सुख नहीं भोगना चाहता, मैं ऐसा कर्म नहीं करूंगा। मैं भिक्षा मांग कर

जी लूंगा। मुझे विषय सुख राज्य आदि नहीं चाहिए। मैं ऐसा करना चाहता हूँ'' परन्तु भगवान कहते हैं ''तुम युद्ध करो। युद्व में मृत्यु होगी तो स्वर्ग मिलेगा और जीत जाऊंगा तो राज्य मिलेगा।'' अर्जुन सोचते हैं कि ''मुझे कुछ नहीं चाहिए फिर भगवान कर्म कर, युद्ध कर, ऐसा क्यों कह रहे हैं। ऐसे परस्पर विरोधी उपदेश क्यों कर रहे हैं।'' इस प्रश्न से ही तीसरे अध्याय का आरम्भ होता है।

सारांश

इस अध्याय में भगवान श्री कृष्ण अर्जुन के मोह को दूर करने के लिए दो प्रकार से अर्जुन को समझाते हैं–

(1) ज्ञान मार्ग–जन्म-मृत्यु तो अनादि है। जो जन्मेगा वह अवश्य मरेगा। जैसे सूर्य का उदय और अस्त चलता रहता है वैसे ही जीवन-मृत्यु इस जगत में होते रहते हैं तथा होते ही रहेंगे। इसलिए शोक कैसा। हवा के बहने से समुद्र में लहरें उत्पन्न होती हैं तथा हवा के बन्द होने से लहरें नष्ट हो जाती हैं तो किसका जन्म हुआ और कौन नष्ट हुआ। हवा के कारण चैतन्य हुआ और लुप्त हुआ। इसी तरह भगवान के चैतन्य से जीवन आता है और चैतन्य के जाने से जीवन जाता है। हम कौन हैं जीवन देने वाले या जीवन लेने वाले। इस परम सत्ता के अधिकार को जान लेने के बाद मोहमाया से मुक्ति मिलती है। क्योंकि हमारा अंतःकरण इंद्रियों के अधीन रहता है और इंद्रिया अपने-अपने विषयों के सेवन में लगी रहती हैं–इसलिए कभी सुख तो कभी दुख होता है। जो व्यक्ति विषयों का संयोग अपने चित्त से नहीं होने देता, वह अपने चित्त को दुखी नहीं होने देता और सुख-दुख को समान मानता है। वही बुद्धिमान व्यक्ति परब्रह्म को प्राप्त करने में समर्थ होता है। जो चेतन्य को इस प्रकार सच्चे रूप में जान लेता है, वह देख पाता है कि शरीर का अस्तित्व निमित मात्र है, चैतन्य का नाश नहीं होता और वह (चैतन्य) सुख/दुख से अलिप्त है। वह न तो मरता है, न मारता है। वह तो सिर्फ शरीर रूपी वस्त्र बदलता है। चैतन्य को सिर्फ 'ध्यान' द्वारा ही समझा जा सकता है। मन बुद्धि आदि द्वारा नहीं।

2. बुद्धि योग–बुद्धि योग को समझाने के लिए श्रीकृष्ण भगवान व्यवसायत्मिक बुद्धि, जिसे श्री ज्ञानेश्वर जी सदबुद्धि कहते है, शब्द का प्रयोग करते हैं। व्यावसायत्मिक बुद्धि वह बुद्धि है जिसमें यह विश्वास है कि परब्रह्म के सिवाए सब असत्य है। बुद्धि अनेक कार्यों में लगी रहती है इसे परब्रह्म की तरफ मोड़ना है। इसे कुछ दूसरा पसंद नहीं होना चाहिए। संसार सब प्रकार की इच्छाओं तथा भोगों से भरा हुआ है इसमें से उतना ही लेना चाहिए जितना जीवन के लिए आवश्यक है। इससे ज्यादा की इच्छा करते हैं और उसके लिए कार्य करते हैं और उसे जीवन का उद्देश्य बना लेते हैं तो हममें कर्म फल की प्रवृत्ति जाग उठती है। और वह फल नहीं मिलने से असंतोष

उत्पन्न होता है। फल प्राप्त करने के लिए बुद्धि निषिद्ध कार्यों में लग जाती है। इसलिए भगवान श्रीकृष्ण कहते हैं की कर्म करते समय कर्म फल की आशा मत करो। इसे सम्भव बनाने के लिए, श्रीकृष्ण भगवान नौवें अध्याय में बताते हैं, कि सब कर्म मुझे अर्पण करो अर्थात भगवान के लिए कर्म करो इससे फल की आसक्ति अपने आप धीरे-धीरे नष्ट हो जाएगी। अर्थात-

(1) कर्म फल की इच्छा छोड़ कर कर्म करने हैं (2) सब कर्म प्रभु को अर्पण करने हैं। तात्पर्य यह है कि कर्म करते समय प्रभु से जुड़े रहना तथा पूरे, अधूरे, अच्छे, बुरे कर्मों के प्रति सम रहना चाहिये। ऐसा व्यक्ति बुद्धि योग में स्थित होता है। अर्जुन इसके लिए स्थितप्रज्ञ शब्द का प्रयोग करते हैं। दुख-सुख में सम तथा आत्म सुख से संतुष्ट, इन्द्रियों पर पूरा नियन्त्रण तथा अहंकार रहित।

अध्याय तीसरा

कर्म योग

अर्जुन के मन की दुविधा यह है कि वह युद्ध करे या ना करे। यह दुविधा और भी बढ़ जाती है क्योंकि बुद्धियोग में सिर्फ कर्म करने के बजाय बुद्धि को भगवान के चिंतन में लगाया जाय तो अन्य कर्म करने उतने आवश्यक प्रतीत नहीं होते। अर्जुन भगवान श्रीकृष्ण से प्रश्न करते हैं:

अर्जुन उवाच

ज्यायसी चेत्कर्मणस्ते मता बुद्धिर्जनार्दन।
तत्किं कर्मणि घोरे मां नियोजयसि केशव॥

(गीता अ. 3 श्लोक 1)

अर्जुन कहते हैं, सिर्फ कर्म करने के बजाय यदि बुद्धियोग (ज्ञान) श्रेष्ठ है तो आप युद्धरूपी भयंकर कर्म करने के लिए क्यों कहते हैं? आपके इस उपदेश से यह मुझे परस्पर विरोधी मालूम पड़ता है और मैं और भ्रमित हो गया हूँ। कर्म और बुद्धि योग इन दोनों में से जिससे मेरा निश्चित कल्याण होगा, वह बताइये।

अर्जुन के इस प्रश्न को सुनकर भगवान श्रीकृष्ण हंसते हुए कहते हैं:

लोकेऽस्मिन्द्विविधा निष्ठा पुरा प्रोक्ता मयानघ।
ज्ञानयोगेन सांख्यानाम् कर्म-योगेन योगिनाम्॥
न कर्मणामनारम्भान्नैष्कर्म्यं पूरुषोऽश्नुते
न च सन्यसनादेव सिद्धि समधिगच्छति

(गीता अ. 3 श्लोक 3,4)

मैंने पहले भी दो तरह की निष्ठा के बारे में कहा है। विचारी (ध्यान धारणा आदि) लोगों के लिए मैंने ज्ञानयोग बताया है और क्रियावान (कर्म करनेवाले) लोगों के लिए मैंने कर्मयोग कहा है। कर्मों को किये बिना (यज्ञादि) संचित पापों का नाश नहीं हो सकता, जिससे अंतःकरण की शुद्धि होती है और जो निष्कर्म भाव-कर्म शून्य स्थिति को प्राप्त करने में मदद करती है तथा जिससे अन्ततः आत्मस्वरुप में स्थित होते हैं।

श्री ज्ञानेश्वर जी सरल तरीके से इसे स्पष्ट करते हैं।

जो बुद्धियोग सांगता। सांख्यमत संस्था। प्रकटली स्वभावता।
प्रसंगे आम्ही। तो उद्धेश तूं नेणसीचि। म्हणोनी शिणलावायाचि
तरी आता जाणं मीचि। उक्त दोन्ही। (ज्ञा. अ. 3 ओ. 33, 34)

भगवान श्रीकृष्ण कहते हैं: "मैं तुम्हें बुद्धियोग ही समझा रहा था लेकिन साथ में मैंने सांख्यमत-निष्ठा भी बताई। मेरा यह उद्धेश्य तुम समझ नहीं पाये इसलिए तुम्हारे मन में शंका निर्माण हुई। तुम्हें व्यर्थ ही तकलीफ हुई। दोनों मार्ग मैंने ही बताऐं हैं। ज्ञानयोग विचार प्रधान व्यक्तियों के लिए है और कर्म योग प्रवृत्ति प्रबल लोगों के लिए है।"

श्री ज्ञानेश्वर जी उदाहरण से इसे स्पष्ट करते हैं। खुद रसोई (भोजन) बनाना या किसी ने भोजन बनवाकर दिया, तो इनमें से किसी भी भोजन को खाने से भूख मिटती है, तृप्ति होती है। उसी प्रकार ज्ञान योग और कर्म-योग दो मार्ग हैं। वे दोनों मार्ग एक ही जगह मिलते हैं यानि भगवान तक पहुंचते हैं।

देखे उत्पलवनासरिसा। पक्षी फलाशी झोंबे जैसा।
सांगे नर केवि तैसा। पावे वेगा। तो हलुहलु ढ़ालेढ़ाले।
के तुलेनि एके वेले। मार्गाचेनि बले। निश्चित ठाकी।

(ज्ञा. अ. 3 ओ. 41, 42)

पेड़ पर लगे फल को देखकर पक्षी तेज गति से उड़कर फल को खाता है। लेकिन कुछ पक्षी पेड़ की एक टहनी से दूसरी टहनी पर उड़ते हुए फल तक पहुँचते हैं और उसे खाते हैं। इसी प्रकार विचार प्रधान पुरुष, ज्ञान मार्ग की साधना कर भगवान को तुरंत प्राप्त कर लेते हैं। कर्म-प्रकृति वाले लोग अपने दिये हुए (विहित) कर्मों का आचरण करते हुए कुछ समय के बाद मेरे तक पहुँचते हैं। इसलिए ज्ञान मार्ग और कर्ममार्ग में कोई विरोधाभास नहीं है।

अर्जुन क्षत्रिय है और क्षत्रिय की प्रकृति कर्म प्रधान है इसलिए वह कर्मयोग निष्ठा का अधिकारी है। लेकिन स्वजनों के मोह के कारण वह कर्म सन्यास लेना चाहता है। यानि युद्ध नहीं करना चाहता है। अर्जुन का धर्म (प्रवृति) कर्म सन्यास नहीं है। इस कारण भगवान श्रीकृष्ण अर्जुन को युद्ध करने के लिए, अपना कर्म करने के लिए कहते हैं:

वाचोनि कर्मारंभ उचित। न करिता सिद्धवत। कर्महीना निश्चित होईजेना। की प्राप्त कर्म सांडिजे। येतुलेनि नैष्कर्म्य होइजे। हे अर्जुन वायां बोलिजे। मुर्खपणे। सांगे पैलतीरा जावे। ऐसे व्यसन का जेथ पावे। तेथ नावेते त्यजावे। घड़े केवी।

(ज्ञा.अ. 3 ओ. 45, 46, 47)

स्थितप्रज्ञ व्यक्ति कर्मरहित होकर ब्रह्म स्वरूप होता है। लेकिन उचित कर्मो को शुरू न करने वाला पुरुष कर्म-रहित ब्रह्म स्वरूप नहीं हो सकता। विहित कर्म करके ही उसे ब्रह्म स्थिति प्राप्त होगी। उसे कर्म का सहारा लेना पड़ता है और ऐसा सहारा क्यों नहीं लेना चाहिए? यदि नदी पार करनी है और आप तैरना नहीं जानते

तो दूसरे तीर पर जाने के लिए नाव में बैठकर जाना होगा। क्या आप नाव का त्याग करेंगें? नाव में बैठकर या तैरना सीखकर दूसरे किनारे पर जा सकेंगे। तैरना जानने वाला व्यक्ति ज्ञानयोगी की तरह है तथा नाव में बैठ कर जानेवाला व्यक्ति कर्मयोगी की तरह है। कर्म करते हुए, भगवान का चिंतन करके, आप कर्मयोगी बनकर भगवान को प्राप्त कर सकते हैं। लेकिन कर्मयोगी को अपनी प्रकृति के अनुसार कर्म करने होंगे। कर्म से सन्यास नहीं ले सकते, जैसा कि अर्जुन कर रहे थे।

मैं कर्म का त्याग कर रहा हूँ, ऐसा कहना भी गलत है। हमारे कहने से कौन से कर्म बन्द होते हैं। श्री ज्ञानेश्वर जी कहते हैं:

देखे विहित कर्म जेतुले। ते सगळे जरी वोसिंडिले।
तरी स्वभाव काय निमाले। इंद्रियांचे।

(ज्ञा. अ. 3 ओ. 54)

हम यदि विहित कर्म (यानि क्षत्रिय का कर्म युद्ध करना, ब्राह्मण का कर्म विद्यादान करना, आदि) को नहीं भी करते हैं तो भी क्या इंद्रियों के स्वाभाविक कर्म नहीं किये जाते? प्यास-भूख क्या बंद हो जाते हैं? सोना, जगना, पैरों से चलना क्या बंद होता है? क्या यह कर्म हम नहीं करते? जो प्रकृति के अधीन है उससे कर्म नहीं छूटते। हमारे स्थिर रहते हुए भी, कर्म न करते हुए भी, कर्म तो होते ही रहते हैं।

देखे रथी अरूढ़ि जे। मग जरी निश्चल बैसिजे।
तरी चल होवोनी हिंडीजे। परतंत्रा।

(ज्ञा. अ. 3 ओ. 60)

हम रथ में स्थिर बैठे हों, कुछ भी कर्म नही करें तो भी रथ के चलने पर एक स्थान से दूसरे स्थान पर जाने का कर्म तो होता ही है।

इसलिए "मैं कर्म नहीं करूंगा, मैं कर्म नहीं करता, ऐसा कहना योग्य नहीं है।" कर्म में इंद्रियों का बडा़ योगदान है जिसे समझना जरूरी है। कर्मेंद्रियों को नियंत्रण में रख कर यदि मन से विषय-वासना का चिंतन होता रहेगा तो "मैं कर्म नही कर रहा हूँ" ऐसा कहना गलत होगा। ऐसा करने से ना आत्म-सुख मिलता है, ना इंद्रियों का सुख मिलता है। एक वैश्या पाप कर्म करते हुए भी भगवान का चिंतन करती है और कहती है कि "भगवान यह मेरा जीवन पापी है, मैं तुम्हारी प्रार्थना मे लीन होना चाहती हूँ।" दूसरी ओर एक पुजारी मंदिर में बैठकर सामने रहने वाली इस वैश्या के घर को देखकर मन में निरंतर सोचता है कि इस वैश्या के घर में आने वाले लोग काम-सुख का आनन्द लेते हैं। मृत्यु के पश्चात वैश्या को स्वर्ग की प्राप्ति होती है तो मंदिर के पुजारी को नरक मिलता है। वैश्या भगवान का आभार मानती है। पुजारी गुस्से से भगवान से आकर पूछते हैं कि "मैं मंदिर में तुम्हारी पूजा करता रहा तो मुझे नरक क्यों और पाप कर्म करने वाली वैश्या को स्वर्ग क्यों?" भगवान कहते हैं कि "तुम मंदिर मे बैठकर विषयवासना में डूबे थे और यह वैश्या पापकर्म करते हुए भी मुझे याद करती रही। इसलिए तुम्हें नरक और उसे स्वर्ग।" मन तथा इंद्रियां क्या कर्म

करती हैं यह महत्व पूर्ण है। कर्मयोगी को इंद्रियों का नियंत्रण पहले करना होगा।

कर्मयोगी व्यक्ति सामान्य व्यक्ति जैसा ही होता है। कर्म करते हुए भी उसका अन्तःकरण गुप्त रूप से भगवान में स्थिर रहता है, उचित कर्म का त्याग नहीं करता, इंद्रियों की अवज्ञा नहीं करता लेकिन उन्हें नियंत्रण में रखता है (मन से और कृति से भी)। ऐसे गुणों से युक्त व्यक्ति को तू योगी समझ। उसके जैसे, हे अर्जुन, तुम भी योगी बनो। भगवान श्रीकृष्ण कहते हैं :

नियतं कुरू कर्मत्वं कर्म ज्यायो ह्यकर्मणा।
शरीर-यात्रापि च ते न प्रसिद्धयेदकर्मणः।

(गीता अ. 3, श्लोक 8)

कर्म त्याग करने से आत्म-स्वरूप की प्राप्ति नहीं होती। कर्म न करने के बजाय कर्म करना अच्छा है। कर्म नहीं करोगे तो यह शरीर का निर्वाह भी नहीं हो सकता।

श्री ज्ञानेश्वर जी लिखते हैं:

पार्था आणिक ही एक नेणसि तू हे कवतिक।
जे ऐसे कर्ममोचक। आपैसे असे।
देखे अनुक्रमाधारे। स्वधर्म जो आचरे।
तो मोक्ष तेणे व्यापारे। निश्चित पावे। (ज्ञा. अ. 3 ओ. 79, 80)

हे अर्जुन एक और बात की ओर ध्यान दो। नित्य कर्म वो है जो रोज़ करने पड़ते हैं और नैमितिक कर्म यानि जो किसी विशेष कारणों से किसी विशेष कार्यो के लिए किए जाते हैं। सबेरे उठकर शरीर और हमारे व्यवसाय से संबंधित कर्म किये जाने वाले कर्म, नित्य कर्म हैं। नित्य और नैमितिक कर्म करने का यह क्रम है। इसका आचरण जो व्यक्ति निष्कामवृति से, अपनी प्रकृति या स्वभाव के अनुरूप करता है, वह ऐसे निष्काम कर्म करने से मोक्ष को प्राप्त होता है।

इस उपदेश के बाद भगवान श्रीकृष्ण, ब्रह्मदेव ने सृष्टि निर्माण करने के बाद स्वधर्म (अपने मूल स्वभाव अनुसार) कर्म करने की जो विधि दी है, उसके बारे में बताते हैं। इसका वर्णन गीता में विस्तृत रूप से दिया है जो वर्णाश्रम कर्म पर अधारित है। मूलभूत कर्मो का अनुसरण करने से व्यक्ति और समाज को लाभ होगा। अपने स्वधर्म और स्वभाव के अनुसार, व्यक्ति और समाज के हित के लिए काम करना भी, एक तरह का यज्ञ करने के बराबर ही है। भगवान की श्रद्धा से की हुई भक्ति भी यज्ञ है। समाज में रह कर भी भक्ति कर सकते हैं और बहुसंख्य लोग ऐसा ही करते हैं।

धर्म के अनुसार आचरण माने, बहुसंख्य लोगों के कल्याण के लिए किये कर्म। ब्रह्म-देव ने सृष्टि निर्मिती के बाद धर्माचरण के जो सूत्र बताये हैं, उसमें सबसे महत्त्वपूर्ण सूत्र जो आज के आधुनिक युग में लागू होता है, उस सूत्र का यदि हम पालन नहीं करते हैं तो सभी का नुकसान होता है। अपने स्वार्थ के लिए व्यक्ति या राष्ट्र ऐसे कर्म करते हैं जिससे बहुसंख्य लोगों का नुकसान होता है। लेकिन मनुष्य प्राणी के लिए ही धर्म पालन के लिए निर्देश या उपदेश दिये हैं। अन्य प्राणी सिर्फ

भोग योनि है। अन्य प्राणी पूर्व कर्म के अनुसार सुख दुख को भोगते हैं। पूर्व कर्म के अनुसार मिलने वाले सुख दुख को बदलने की क्षमता सिर्फ मनुष्य योनि में है। मनुष्य योनि में होने वाला यह प्रयत्न, यही धर्म है। सृष्टि और धर्म, ब्रह्म-देव ने एक साथ ही निर्माण किये हैं।

धर्म की अनेक व्याख्याऐं हैं। जिस कर्म से बहुसंख्य लोगों का कल्याण होता है, वही धर्म है। हमारे कर्मों से किसी को दुख ना हो।

श्रुयताम् धर्म सर्वस्वम्। श्रुत्वा चैवाव धार्यताम्।
आत्मनः प्रतिकुलानी परेषां न समाचरेत।

सर्व धर्म के सार को सुनिए। उसे सुनकर धारण करिये। जो हमें अच्छा नहीं लगता है वह हम दूसरों के साथ न करें। यही धर्म है।

मतलब यह कि हम पर कोई क्रोध ना करे, ऐसा आप चाहते हैं तो आप भी किसी पर क्रोध ना करें। गोस्वामी तुलसीदास जी लिखते हैं:

परहित सरिस धरम नहीं भाई। परपीड़ा सम नहीं अधमाई।

दूसरे का हित करने जैसा कोई धर्म नहीं है। और दूसरे को पीड़ा देने जैसा कोई अधर्म नहीं है।

व्यक्ति का व्यक्ति से और एक समाज का दूसरे समाज से संघर्ष या आक्रमण नहीं होगा तभी समाज का कल्याण होगा। व्यक्ति, समाज व प्रकृतिक संपदा में समता तभी रह पायेगी, जब हर कोई धर्म के अनुसार आचरण करेगा। समाज का एक अंग दूसरे अंग के साथ भेद भाव करेगा तो समाज का कल्याण नही होगा। समाज में संघर्ष होगा। सभी दुखी होंगे।

लेकिन सभी लोग धर्म का पालन कैसे करेंगे, उनका मार्ग दर्शन कौन करेगा? गीता में धर्म-पालन का एक सूत्र दिया है। भगवान श्रीकृष्ण कहते हैं:

यद्यदाचरति श्रेश्ठस्तत्तदेवेतरो जनः। स यत्प्रमाणं कुरूते लोकस्तदनुवर्तते

(गीता, अ. 3, श्लोक. 21)

श्रेष्ठ पुरुष जैसा आचरण करते हैं उसे देखकर लोग भी आचरण करते हैं यह सामान्य नियम है क्योंकि श्रेष्ठ लोगों के आचरण समाज के लिए माप-दंड होते हैं। लोग उन्हीं का अनुकरण करते हैं।

श्री ज्ञानेश्वर जी कहते हैं:

एथ वडील जे जे करिति। तथा नाम धर्म ठेवती। तेचि येर अनुष्ठिती। सामान्य सकल। हे ऐसे असे स्वभावे। म्हणोंनि कर्म न संडावे। विशेषे आचरावे। लागे संती।

(ज्ञा. अ. 3, ओ 158, 159)

इस दुनिया में श्रेष्ठ व्यक्ति, उच्च-पदस्थ व्यक्ति, जैसा आचरण करते हैं वही धर्म है ऐसा अज्ञानी या कनिष्ठ लोग समझते हैं। सामान्य लोग भी वैसा ही आचरण करते हैं। व्यक्ति अनुकरण शील होता है। इसलिए श्रेष्ठ लोगों को धर्माचरण करना चाहिए।

आज समाज के लिए यह विशेष रूप से लागू है।

भगवान श्रीकृष्ण अर्जुन को उपदेश देते हुए कहते हैं कि श्रेष्ठ व्यक्ति का धर्म का मार्गदर्शक होना ही काफी नहीं है। जो लोग कर्म में लगे हैं, पैसा कमा रहे हैं उनका बुद्धि-भेद ना करें।

श्री ज्ञानेश्वर जी इसे समझाते हुए लिखते हैं

तैसी कर्मी अयोग्यता। तया प्रति नैष्कर्म्यता। न प्रगटावी खेलता। अदिकरूनी।
तेथे सत्क्रियाचि लावावी। तेचि एकी प्रशंसाची। निष्कर्मे ही दावावी। आचरोनी।
तया लोक संग्रहलागी। वर्तता कर्मसंगी। ते कर्मबंध आंगी। वाजेलना।

(ज्ञा. आ. 3, ओवी 173, 174, 175)

जिन व्यक्तियों को, भगवान प्राप्ति के लिए कर्म कैसे करने चाहिए इसकी समझ नहीं है उन्हें मजाक में भी कर्मरहित होने का उपदेश ना करें। व्यापारी और अन्य व्यापार करने वाले धन, संपत्ति बढ़ाने में लगे हैं उन्हें तुम "कर्म मत करो" ऐसा मत कहो। उनके कर्मों की प्रशंसा करो, उन्हें उत्साहित करो। अपने कर्म से उन्हें प्रभावित करके उन्हें भी भगवान के प्रति आकर्षित करो। ऐसा आचरण करने से कर्म बंधनकारक नहीं होते। महात्मा गांधी गीता उपदेश के अनुसार आचरण करने से एक योगी बन गये थे। बहुत सारे कर्म में रत धनवान व्यक्तियों से उनके संबंध थे। उन्होंने, ऐसे धनवान व्यक्तियों को, "कर्म मत करो" ऐसा नहीं कहा। उनकी राष्ट्र की संपत्ति बढ़ाने के लिए प्रशंसा की। उन्हें धर्म-कार्य, मंदिर, समाज-सेवी संस्था वगैरहा बनवाने जैसे सत्कर्म में लगाया। उन्होंने समाज के सामने उच्च आचरण के आदर्श रखे। ऐसे उच्च आदर्श और आचरण वहीं लोग कर सकते हैं जो अपने स्वभाव के अनुसार कर्म करते हैं। दूसरों के धर्म कितने भी अच्छे हों हमें अपने ही धर्म के अनुसार चलना चाहिए, अपने ही धर्म में, कर्म में स्थिर रहना चाहिए।

भगवान श्रीकृष्ण इस सबंध में निर्देश देते हैं। यह सिर्फ उपदेश ही नहीं बल्कि आज्ञा जैसा ही है।

श्रेयांस्वधर्मो विगुणः परधर्मात्स्वनुष्ठितात्।
स्वधर्मे निधनं श्रेयः परधर्मो भयावहः।

(गीता अ. 3, श्लोक 35)

दूसरे का धर्म आचरण में लाने के लिए आसान है और अपना धर्म आचरण के लिए कठिन हो तब भी दूसरे के धर्म का आचरण करने की अपेक्षा अपना धर्म श्रेयकर है। अपने धर्म का आचरण करते हुए मृत्यु भी होगी तब भी कल्याण ही होगा, दूसरे का धर्म हमारे लिए अनर्थकारी ही होगा।

श्री ज्ञानेश्वर जी इस निर्देश को सरल भाषा में समझाते हैं:

तरी लोकांची धवळारे। देखोनिया मनोहरे। असती आपुली
तणारे। मोडावी केवी।

हे असो वनिता आपुली। कुरूप जरी जाहली। तऱ्ही भोगितां तेचि भली। जियापरी।

(ज्ञा. आ. 3, ओवी 223, 224)

दूसरे का सात मंजिला मकान देखकर क्या हम अपनी झोपड़ी को तोड़ देंगे। अपनी पत्नी कुरूप, सुन्दर ना हो, तब भी उसी के साथ रहना अपने हित में होता है।

इस तरह अपना धर्म आचरण कठिन है, तब भी दूसरे का आचरण में आसान धर्म नहीं स्वीकार करना चाहिए। अर्जुन मोहवश अपना क्षत्रिय धर्म छोड़ देना चाहते हैं। क्षत्रिय के युद्धरूपी स्वधर्म को छोड़कर अर्जुन ब्राह्मण का क्षमाशान्ती का रूप, सन्यास धर्म, स्वीकार करके कल्याण होगा ऐसा सोचकर युद्ध नहीं करना चाहते। क्षत्रिय की तुलना में ब्राह्मण का आचरण-धर्म आसान मालूम पड़ता हो तब भी क्षत्रिय को युद्ध करने का धर्म नहीं छोड़ना चाहिए। ऐसा निर्देश भगवान श्रीकृष्ण अर्जुन को देते हैं। भगवान श्रीकृष्ण के निर्देश मे बड़ा गहन अर्थ भरा है और सामाजिक संतुलन के लिए यह बहुत उपयोगी है।

भगवान श्रीकृष्ण का यह निर्देश अर्जुन ध्यान से सुनते हैं। अर्जुन के मन में प्रश्न उठता है। क्या कारण है कि ना चाहते हुए भी कई बार ज्ञानी व्यक्ति और अन्य व्यक्ति भी पापाचरण करते हैं, अपने स्वधर्म को छोड़ते हैं? अर्जुन पूछते हैं :

अर्जुन उवाच

अथ केन प्रयुक्तोऽयं पापं चरति पुरुषः।
अनिच्छान्नपि वार्ष्णेय बलादिव नियोजितः।

(गीता अ. 3 श्लोक 36)

अर्जुन कहते हैं: हे कृष्ण फिर यह पुरुष बलात्कार से लगाये हुए सदृश न चाहते हुए भी किससे प्रेरित हुआ पाप का आचरण करता है।

इस संदर्भ में श्री ज्ञानेश्वर जी लिखते हैं:-

तरी देवा! है कैसे। जे ज्ञानियांची ही स्थिति भ्रंशे!
मार्गसोडूनि अनारिसे। चालतदेखो।
सर्वज्ञ ही जे होती। हे उपाय ही जाणती।
तेहि परधर्मे व्यभिचरती। कवणेगुणे।
ऐसा बलात्कार एक दिसे। तो कवणाचा एथ आग्रहो असे।
हे बोलवे हृषीकेशे। पार्थ म्हणे (ज्ञा. अ. 3, ओ. 232, 233, 238)

यह भी आश्चर्य है कि जो अपने आप को ज्ञानी कहते हैं वे भी अपने विहित कर्मों को छोड़कर अन्य मार्ग पर चलते हैं। अपने मार्ग से भ्रष्ट हो जाते हैं। जो सर्वज्ञ हैं और कल्याण का मार्ग जानते हैं वे भी स्वधर्म को छोड़कर परधर्म स्वीकार कर आचरण करते हैं। ऐसा वे क्यों करते हैं? यह तो एक तरह से बलात्कार, जबरदस्ती ही है। यह किसका आग्रह है?, कौन करता है यह बलात्कार? अर्जुन कहते हैं

"भगवान मुझे इसके बारे में विस्तार से बताएें"।

श्रीकृष्ण भगवान अर्जुन को स्वधर्म, स्वधर्माचरण और भ्रष्ट होने का कारण बताते हैं। वे कहते हैं :

काम एश क्रोध एष रजोगुण समुद्भवः।
महाशनों महापाप्मा विद्धयेनमिह वैरिणम्।।

(गीता अ. 3 श्लोक 37)

भटक जाने का, भ्रष्ट होने का कारण है रजोगुण से उत्पन्न होने वाले काम और क्रोध। काम और क्रोध ऐसी अवस्था है जिसमें व्यक्ति की भूख व भोग प्रवृति बढ़ती ही जाती है। तृप्ति होती ही नहीं। काम, क्रोध बड़ा पापी है और पाप कर्म करने के लिए प्रवृत्त करता है। अर्जुन तू इसे दुनिया का सबसे बड़ा शत्रु समझ।

श्री ज्ञानेश्वर जी गीता के इस एक श्लोक को 21 ओवियो में विस्तारपूर्वक समझाते हैं।

श्री ज्ञानेश्वर जी कहते हैं:

हे देह दुर्गीचे धोंड। इंद्रियाग्रामीचे कोंड। यांचे व्यामोहादिक बंड़। जगावारी।
इही संतोषवन खांडिले। धैर्य दुर्ग पाडिले। आनंद रोप सांडिले। उपडूनिया।

(ज्ञा. अ. 3, ओ. 242, 253)

काम, क्रोध कैसे हैं? काम क्रोध बड़े भारी किले की तरह मजबूत हैं। और देह बुद्धि को पक्का करने वाले हैं। देह ही सब कुछ है। हमारे शरीर के अन्दर जो इंद्रियां रूपी गांव बसे हैं, उसको काम क्रोध संरक्षण देते हैं, जैसे गांव के पहरेदार हों। काम, क्रोध सद्बुद्धि, सत्कर्म को अंदर नहीं आने देते है। उन्हें मार भगाते हैं। हमारे मन के संतोष रूपी बगीचे को पूरी तरह से नष्ट करते हैं। हमारे मनोधैर्य को मिटा देते हैं। ज्ञानरूपी वृक्षों को नष्ट करते हैं। और हृदय में जो आत्मशांती है उसे पूरी तरह से मिटा देते हैं। काम, क्रोध जिसके कारण व्यक्ति भ्रष्ट होता है उसकी और क्या ताकत है?

श्री ज्ञानेश्वर जी लिखते हैं:

हे आंगा तंव घडले। जीवीचि आथि जडले। परी नातुडती गिंवसले। ब्राम्हादिका।
हे शस्त्रेवीण साधिती। दोरे वीण बांधती। ज्ञानिया सी तरी वधिती। पैज धेवूनी।

(ज्ञा. अ. 3, ओ. 255, 258)

काम, क्रोध हमारे शरीर में उत्पन्न हुए हैं व चित्त में मजबूती से बैठे हैं। ब्रह्मा आदि देव भी इन्हे खोज नहीं पाते। काम, क्रोध शस्त्र का प्रयोग किये बिना ही हमें मार डालते हैं। बिना रस्सी के बांध कर रखते हैं और ज्ञानी व्यक्तियों को शर्त लगाकर मारकर दिखाते हैं। काम क्रोध अति प्रभावशाली हैं जो व्यक्ति को पाप कर्म और भ्रष्ट करने में लगे रहते हैं।

लेकिन श्रीकृष्ण समझाते हैं कि आत्म-ज्ञान, काम क्रोध को क्यों नियंत्रित नहीं कर सकता? भगवान श्रीकृष्ण कहते हैं कि जैसे धुंऐं के कारण अग्नि दिखाई नहीं

देती है या आईने पर धूल जम जाने से मुख नहीं दिखाई देता, उसी तरह से आत्मज्ञान, काम क्रोध से ढक जाता है। इस काम क्रोध ने आत्मज्ञान को छुपा दिया है। इसी कारण व्यक्ति पापा-चरण करता है। भ्रष्ट होता है। इसका कारण यह है कि काम, क्रोध हमारी इंद्रियों को ऐसा कर्म करने के लिए प्रवृत्त करते हैं कि व्यक्ति अपना विवेक खो बैठता है। यही है काम, क्रोध की शक्ति। इसे तभी नियंत्रण में लाया जा सकता है जब हम काम क्रोध को जीत पायें। काम क्रोध ने हमारे ज्ञान को बंदी बना रखा है। लेकिन काम क्रोध रहते कहाँ हैं और आत्मा को बंदीखाने से कैसे छुड़ाया जाये?

इन्द्रियाणि पराण्याहुरिंद्रियेभ्यः परं मनः।
मनसस्तु परा बुद्धियों बुद्धे परतस्तु सः।।

(गीता अ. 3, श्लोक 42)

इंद्रियाँ (ज्ञानेन्द्रियां और कर्मेंद्रिय), मन, बुद्धि, काम, क्रोध के निवास स्थान हैं। इनके सहारे काम क्रोध आत्मज्ञान को घेर लेते हैं। उसे ढककर भ्रमित कर देते हैं। इस स्थूल शरीर के भोग विषय के परे इंद्रियाँ हैं। इंद्रियों के परे मन है, मन के परे बुद्धि है और बुद्धि के परे आत्मा है। इसलिए यदि आत्मा को काम क्रोध से छुड़वाना है तो पहले इंद्रियों को काबू में रखना है।

श्री ज्ञानेश्वर जी इस संबंध में लिखते हैं:

तैसे उपाय कीजती जे जे। ते यासीच होती विरजे।
म्हणोनि हटियाते जिणिजे। इहीचि जगी।
इयांचा पहिला कुरूठा इंद्रिये। एथूनि प्रवृति कर्माते विये।
आधी निर्दळू धाली तिये। सर्वथैव।

(ज्ञा. अ. 3, ओ. 266, 268)

काम को जीतने के जितने भी उपाय करते हैं उतना ही वह काम बढ़ता है। उपाय भी काम की ही मदद करते हैं। इसलिए "मैं" काम जीत लूँगा, जो ऐसा सोचता है उसको ही काम जीत लेता है। काम इतना प्रभावशाली है। इसमें से निकलने का एक ही उपाय है। वह है काम की मूलस्थान इंद्रियाँ। इसलिए सर्वप्रथम इंद्रियों पर नियंत्रण करना आवश्यक है।

मग मनाची धाव पारूषेल। आणि बुद्धिची सोडवण होईल।
इतुकेनि थारा मोड़ेल। या पापियांचा।
हे अंतरीहूनि जरी फिटेल। तरी निभ्रांत जाण निवटले।
जैसे रश्मी विण उरले। मृगजल नाही।

(ज्ञा. अ. 3, ओ. 269, 270)

इंद्रियों के वश में मन होता है। इंद्रियों को जीतने से मन विषयों की तरफ दौड़ने से रूक जाता है। मन विषयों के तरफ आकर्षित नहीं होगा। बुद्धि मन के अधीन है। इसलिए जब मन विषय वासनाओं के तरफ नहीं जायेगा तो बुद्धि स्थिर होगी, स्वतंत्र

हो जाएगी, मन की गलत बात नहीं मानेगी। काम-क्रोध को अपने ऊपर हावी नहीं होने देगी। जब काम का आश्रय स्थान इंद्रियाँ काबू में हो जायें तो काम क्रोध रूपी पापी का नामोनिशान मिट जायेगा। सूर्य जब अपने पूरे तेज से प्रकाशित होता है, गरमी बढ़ जाती है तो दूर-दूर तक पानी ना होने से भी पानी का आभास होता है। इसे मृगजल कहते हैं। क्योकि मृग (हिरण) प्यास लगने के कारण ऐसे जल की तरफ भागता है। लेकिन उसके समीप पहुँचने पर उसे मालूम होता है कि वहाँ जल नहीं, सिर्फ जल का आभास था। सूर्य की किरणें और तापमान जब खत्म होता है, तब मृग को जल कहीं पर भी नहीं दिखाई देता है। इसी तरह इंद्रियाँ जब काम-क्रोध के अधीन होती हैं तो व्यक्ति उनसे तृप्त हो जाता है और वह विषय सुखों के तरफ वैसे ही भागता है जैसे मृग जल की तरफ भागता है। जैसे ही सूर्य किरण लुप्त होती हैं यानि इंद्रियों को नियंत्रण में रखा जाता है, काम-क्रोध अपने आप मिट जाते हैं।

श्री ज्ञानेश्वर जी कहते हैं:

तैसे राग द्वेष जरी निभाले। तरी ब्रम्हीचे स्वराज्य
आले। मग तोभोगी सुख आपुले। आपणचि।

(ज्ञा. अ. 3, ओ 271)

काम-क्रोध का नाश होने से राग और द्वेष का भी नाश होता है। ऐसा होते ही परब्रह्म स्थिती प्राप्त होती है। ऐसा व्यक्ति अपने आप में ही आनन्दित होता है।

भगवान श्रीकृष्ण कहते हैं:

एवं बुद्धे परम्बुद्धवा संस्तभ्यात्मानमात्मना।
जहि शत्रुं महाबाहो कामरूपं दुरासदम्।

(गीता अ. 3, श्लोक 43)

हे महा बाहो अर्जुन, इस प्रकार से बुद्धि के परे आत्मा है यह जान लेने के बाद बुद्धि से उसे पकड़ रखना। ऐसा करने से तुम कामरूपी शत्रु को मार सकोगे। अर्शात शुद्ध मन से अच्छी तरह आत्मा को समाधिस्थ करके "काम" का त्याग हो सकता है।

अगले अध्याय का आरंभ कैसा होगा इसके बारे में श्री ज्ञानेश्वर जी सूचनात्मक लिखते हैं:

ऐसे सकल सिद्धीचा रावो। देवी लक्ष्मीयेचा नाहो।
राया ऐके देवे देवे। बोलता जाहला।
आता पुनरपि तो अनंत। आद्य एकी मात।
सांगेल तेथे पंडुसुत। प्रश्न करिल।

(ज्ञा. अ. 3, ओ 273, 274)

श्री ज्ञानेश्वर जी संजय धृतराष्ट्र को युद्ध का हाल बताते हैं, इसका संदर्भ देकर, कहते हैं कि इसके बाद भगवान श्रीकृष्ण सृष्टि के आरंभ के बारे में फिर से बतायेगें। श्रोताओं को आनंदित करने वाला उपदेश भगवान श्रीकृष्ण निवेदन करेंगे।

सारांश

दूसरे अध्याय में श्रीकृष्ण भगवान बताते हैं कि बुद्धि को हर समय भगवान में लगाने से अन्ततः प्रभु की प्राप्ती होती है। तब अर्जुन पूछते हैं कि यदि बुद्धियोग श्रेष्ठ है तो युद्ध जैसा भयंकर कर्म क्यों करें?

श्रीकृष्ण भगवान कहते हैं कि (1) विचारी लोगों के लिए ज्ञानयोग है तथा क्रियावान लोगों के लिए कर्मयोग

(2) कुछ प्रकार के कर्मों (यज्ञादि) के बिना संचित पापों का नाश नहीं होता क्योंकि ऐसे कर्मों से अंत:करण की शुद्धि होती है जो कर्म शून्य स्थिति को प्राप्त करने में मदद करती है। स्थित प्रज्ञ व्यक्ति कर्म रहित होकर ब्रह्मस्वरूप होता है परन्तु उचित कर्मों को शुरू न करने वाला व्यक्ति कर्म रहित ब्रह्म स्वरूप नहीं हो सकता– परन्तु कर्मयोगी को अपनी प्रकृति के अनुसार कर्म करने होंगे।

(3) हम सब प्रकृति के आधीन हैं अत: हमसे कर्म नहीं छूट सकते–इंद्रियों के स्वाभाविक कर्म तो होते ही रहते है जैसे भूख, प्यास, नींद, पैरों से चलना आदि। कर्म में इन्द्रियों का बड़ा योगदान है। उन्हें वश में रखकर, मन में यदि विषय-वासना रहेगी तो "मैं कर्म नहीं कर रहा"–यह कहना गलत होगा।

भगवान श्री कृष्ण समझाते हैं कि कर्मयोगी सामान्य व्यक्ति जैसा होता है पर कर्म करते समय उसका मन गुप्त रूप से भगवान में स्थिर रहता है। **उचित कर्म का त्याग नहीं करता** इन्द्रियों की अवज्ञा नहीं करता लेकिन उन्हें नियंत्रण में रखता है।

अब अर्जुन एक और प्रश्न पूछते हैं–क्या कारण है कि कई बार, न चाहते हुए भी, ज्ञानी व्यक्ति तथा अन्य, पापाचरण करते हैं? अपने स्वधर्म को छोड़ते हैं?

श्रीकृष्ण भगवान कहते हैं कि उसका कारण है काम/क्रोध। यह दोनों सदबुद्धि को अन्दर नहीं आने देते, सन्तोष को नष्ट करते हैं, ज्ञान का विनाश तथा आत्मशांती को खत्म करते हैं। इन्हें जीतने के लिए इन्द्रियों को वश में करना जरूरी है जिससे मन पर नियंत्रण होता है। ऐसा होने से राग द्वेश का भी नाश होता है तथा व्यक्ति आनन्दित होता है।

अध्याय चौथा

ज्ञान-कर्म-सन्यास योग

चौथे अध्याय का विस्तार करने से पहले श्री ज्ञानेश्वर जी कुछ ओवीयाँ लिखते हैं। भगवान श्रीकृष्ण का अर्जुन पर कितना प्रेम था इसके बारे में वर्णन करते हैं। श्री ज्ञानेश्वर जी कहते हैं कि सच्चा सुख भगवान श्रीकृष्ण और अर्जुन का गीतारूपी संवाद है। इसे सुनना और पढ़ना श्रोताओं का महाभाग्य है।

संजय धृतराष्ट्र को कहते हैं कि अर्जुन सब देव गुणों से सम्पन्न है अधिष्ठान रूप है। इसलिए श्रीकृष्ण बहुत ही प्रेम से अर्जुन से संवाद करने लगे। क्या ऐसा संवाद भगवान श्रीकृष्ण ने और किसी से नहीं किया? गीता का ज्ञान बहुत गहन ओर गुह्य है जो भगवान ने अर्जुन को ही बताया।

श्री ज्ञानेश्वर जी कहते हैं:

जे न सांगेचि पितया वसुदेवासी। जे न सांगेचि माते देवकीसि।
जे न सांगे बंधु बलभद्रासे। ते गुह्य अर्जुनेसी बोलत।

(ज्ञा. अ. 4, ओ 8)

श्री ज्ञानेश्वर जी लिखते हैं कि यह गीता ज्ञान बहुत गहन है। यह ज्ञान भगवान ने अपने पिता वासुदेव और माता देवकी और भाई बलराम को भी नहीं दिया। अपने अन्त:करण का यह ज्ञान-रूपी धन उन्होने अर्जुन को ही दिया।

श्रीज्ञानेश्वर जी आगे लिखते हैं:

देवी लक्ष्मी ये एवढ़ी जवळीक। तेहि न देखे या प्रेमाचे सुख।
आजि श्रीकृष्ण प्रेमाचे बिक। यातेचि आथी।
सनकादिकांचिंया आशा। वाढ़ीनल्या कीर बहुवसा।
परी त्याही येणेमाने यशा। येतीचिना।
या जगदिश्वराचे प्रेम। एथ दिसतसे निरूपम।
कैसे पार्थे येणे सर्वोत्तम। पुण्य केले।

(ज्ञा.अ. 4, ओ. 9, 10, 11)

देवी लक्ष्मी, भगवान के पास रहती हैं। लेकिन उन्हें भी यह प्रेम (गीता ज्ञान सुनने का) सुख नहीं मिला। सनकादि ऋषि को भी भगवान से यह प्रेम नहीं मिला

यद्यपि वह ऐसी बहुत दिनों से आशा लगाये बैठे थे। लेकिन अर्जुन की आशा सफल हुई। अर्जुन का कितना पुण्य है कि उन्हें भगवान श्रीकृष्ण ने गीता ज्ञान दिया। श्री कृष्ण का अर्जुन पर अत्यन्त प्रेम था।

गीता ज्ञान को और स्पष्ट करते हुए भगवान श्रीकृष्ण कहते हैं

इमं विवस्वते योगं प्रोक्तवानहमव्ययम्।
विवस्वान्मनवे प्राह मनुरिक्ष्वाकवेऽब्रवीत।
एवं परंपराप्राप्तमिमं राजर्षयो विदु:।
स कालेनेह महता योगो नष्ट: परन्तप।
स एवायं मया तेऽद्य-योग: प्रोक्त: पुरातन:
भक्तोऽसी में सखा चेति रहस्यं ह्येतदुत्तमम्

(गी. अ. 4, श्लो. 1, 2, 3)

भगवान श्रीकृष्ण कहते हैं कि "इसके पहले मैने यह योग विवस्वान (सूर्य) को बताया था। उसे विवस्वान ने मनु को और मन ुने राजा इक्ष्वाकु को बताया। परंपरा से प्राप्त हुआ योग ज्ञान, समय की धारा में नष्ट हो गया। आज मैं इस योग के बारे में फिर से बता रहा हूँ क्योंकि हे अर्जुन! तुम मेरे परम भक्त ही नही हो तुम तो मेरे मित्र भी हो।"

यह योग ज्ञान नष्ट क्यों हुआ इसके बारे में श्रीज्ञानेश्वरजी लिखते हैं।

जे प्राणियाँ कामी भर। देहचिवरी आदर।
म्हणोनि पडिला विसर।
आत्मबोधाचा। अहकांटलिया आस्था बुद्धि।
विषय सुखचि परभावधि।
जीव तैसा उपाधि। आवडे लोकां।

(ज्ञा. अ. 4 ओ 20, 21)

यह योग नष्ट हुआ क्योंकि मनुष्य प्राणी शरीर पर ही प्रेम करने लगा। विषयसुख में आसक्त हो गया। विषयसुख को ही परम ध्येय समझने लगा। इसलिए आत्म-ज्ञान को मनुष्य प्राणी भूल गया। ऐसा बहुत समय तक होता रहा और यह योग ज्ञान लुप्त हो गया। इसे मैं आज तुम्हे बता रहा हूँ।

तूं अनुसंगाचा ठावो। आता तुज काय वंचो जावो।
जन्ही संग्रामारूढ आहो। जाहालो आम्ही।
तरी नावेक हे साहावे। गाजाबज्यही न धरावे।
परी तुझे अज्ञानत्व हरावे। लागे आधी।

(ज्ञा. अ. 4 ओ 30, 31)

श्रीकृष्ण कहते हैं कि "इस समय तो हम युद्ध की पूरी तैयारी करके लड़ने के लिए तैयार हैं। लेकिन इस अवस्था में भी क्योंकि तुम मेरे सखा हो, विश्वास-पात्र हो, फिर मैं तुमसे क्या छुपाऊं। इसलिये युद्ध को नजरअंदाज करके और मन पर

परिणाम न करते हुए तुम्हारे मन में जो कर्तव्य के बारे में गलत फहमी हुई है उसको दूर करना चाहता हूँ।'' इतना सुनने के बाद अर्जुन के मन में फिर से शंका उत्पन्न होती है कि भगवान ने यह योगज्ञान विवस्वान, मनु, बगैरह को कब बताया जब कि अब वह मेरे सामने इस समय खड़े हैं। अर्जुन को भगवान श्रीकृष्ण ने विवस्वान को यह उपदेश दिया यह कहना विसंगत लगता है। वह इसके बारे में समझना चाहता है।

भगवान श्रीकृष्ण अर्जुन की इस शंका को दूर करने के लिए कहते हैं:

बहूनि में व्यतीतानि जन्मानि तव चार्जुन।
तान्यहं वेद सर्वाणि न त्वं वेत्थ परन्तप।।

(गी. अ. 4 श्लो. 5)

हे अर्जुन मेरे और तुम्हारे बहुत जन्म हो चुके हैं। मुझे मेरे सब जन्म याद हैं लेकिन तुम अनेक जन्मों को नहीं जानते। इसलिये तुम्हारे मन में यह शंका हुई कि मैने विवस्वान, मनु और इक्ष्वाकु को यह गीता उपदेश पहले कब दिया।

श्री ज्ञानेश्वर जी कहते हैं कि ऐसा विसगंत इसलिए लगता है क्योंकि भगवान श्रीकृष्ण अपने विगत जन्मों के बारे में जानते हैं और अर्जुन नहीं जानते।

मी येणे जाणे अवसरे। जे जे होऊनी अवतरे।
ते ते समस्तही स्मरे। धर्नुधरा।
म्हणोनि हे आधवे। मागील मज आठवे।
मी अजहि संभवे। प्रकृति योगे। (ज्ञा. अ. 4 ओ. 43, 44)

श्रीकृष्ण कहते हैं ''मैं जिस समय और जिस रूप में अवतीर्ण हुआ उसका मुझे स्मरण है। इसलिए विवस्वान को मैने जो उपदेश दिया उसका मुझे पूर्ण रूप से स्मरण है।''

श्री ज्ञानेश्वरजी कहते है।

की एकचि दिसे दुसरे। ते दर्पणा चेनि आधारे।
येफ्हवी काय वस्तुविचारे। दुजे आहे। तैसा अमूर्तचि मी करीटी।
परी प्रकृति जै अधिष्ठी। ते साकारपणे नटनटी। कार्या लागी।

(ज्ञा. अ. 4, ओ 47, 48)

एक वस्तु आईने में देखने पर दो लगती है क्योंकि आईने में उसका प्रतिबिंब होता है। लेकिन वास्तव में वह एक ही वस्तु है। इसी प्रकार मै निराकार हूँ और मानव कल्याण के हेतु मैं प्रकृति का आधार लेकर साकार होता हूँ। यानि हाड़ माँस का शरीर धारण करता हू। यही तो है भगवान की माया। पंच महाभूतों का देह मैं धारण करता हूँ।

यह पंच भूत देह भगवान कब धारण करते हैं और क्यों? यहीं पर भगवान श्रीकृष्ण अपने गीतोपदेश का महान और अवस्मरणीय श्लोक गाते हैं।

यदा यदा हि धर्मस्य ग्लानिर्भवति भारत।
अभ्युत्थानमधर्मस्य तदात्मानं सृजाम्यहम्।।

परित्राणाय साधूनां विनाशाय च दुष्कृताम्।
धर्म-संस्थापनार्थाय सम्भवामि युगे युगे।।
(गी. अ. 4 श्लो 7 व 8)

जब जब धर्म का ह्रास होता है तब तब मैं अधर्म का नाश करने और धर्म की पुनः स्थापना के लिए प्रकट होता हूँ। मैं उस समय माया से अपने स्वरुप को रचता हूँ अर्थात देह धारण करता हूँ जब साधु सज्जनों का संरक्षण करना और दुष्टों का नाश करना होता है। युगों-युगों में इस तरह धर्म के संस्थापन के लिए देह धारण करता हूँ।

श्रीकृष्ण भगवान ने अपने अवतार लेने के समय और परिस्थिति के बारे में बताया। यह उनके सभी अवतारों के बारे में लागू है। जब राजा हिरण्यकश्यपु भगवान के भक्त प्रहलाद को पीड़ा देता है, दु:ख पहुँचाता है, सज्जनों और साधु संतो का छल करता है, किसी को भी भगवान का नाम तक नहीं लेने देता है, तब भगवान नरसिंह का अवतार लेकर हिरण्यकश्यपु को मार कर धर्म की पुनः स्थापना करते हैं। गोस्वामी तुलसीदास रामचरित मानस में अपने शब्दों में अवतार के बारे में लिखते हैं:

जब जब होय धरम की हानि, बाढ़ई असुर अधम अभिमानी।
तब तब प्रभु धरी विविध शरीरा।।

अधर्म से जब समाज का नाश होता है तब प्रभु शरीर धारण करके दुष्टों का नाश करते हैं।

जब भगवान अवतार लेते हैं तब क्या होता है? इसके बारे में श्री ज्ञानेश्वर जी लिखते हैं।

तै पापांचा अचळ फिटे। पुण्याची पहांट फुटे।
जै मूर्ति माझी प्रकटे। पंडुकुमरा। ऐसेया काजा लागी।
अवतरे युगी युगी। परी हे चि ओळखे जो जगी।
तो विवेकिया। (ज्ञा. अ. 4, ओ 56, 57)

भगवान का जब अवतार होता है तब पापों के पर्वत नष्ट होते हैं और पुण्य का उदय होता है। दुनिया में आनन्द का वातावरण निर्मित होता है। ऐसी आनंदमय स्थिति के लिए युगों-युगों में अवतार होते हैं। इस बारे में विचारी विवेकी व्यक्ति जानते हैं।

जब पूरा समाज नितिमानता खो देता है, व्यभिचार बढ़ जाता है, श्रेष्ठ व्यक्ति अविवेकी हो कर अन्याय करते हैं, अपने उच्च आचरण से गिर जाते हैं और समाज में आचरण का कोई मानदंड नही रहता, धर्म का नाश होता है, तब भगवान अवतार लेते हैं। धृतराष्ट्र, भीष्म, द्रोणाचार्य आदि श्रेष्ठ पुरुषों के सामने, दुर्योधन द्रोपदी का वस्त्रहरण करने को दुशासन को कहता है, दुशासन उसे निर्वस्त्र करना शुरू करता है। तब भी श्रेष्ठ व्यक्ति कुछ नहीं कहते, चुपचाप बैठे रहते हैं। उस समय राजमहल के आचरण का स्तर झोंपड़ी में रहने वाले समाज से भी घृणास्पद हो जाता है। अनीति चरम सीमा लाँघ जाती है। तब भगवान अदृश्य रूप से द्रोपदी की लज्जा रक्षण करते हैं। भगवान श्रीकृष्ण का वह अनदेखा अवतार ही था। महाभारत का युद्ध न होने के

लिए भगवान मध्यस्थ बनते हैं, कौरव पांडवों में समझौता कराने की कोशिश करते हैं, परन्तु दुर्योधन सभी प्रस्तावों को ठुकरा देते हैं।

जब समाज में नितिमानता का संपूर्ण नाश होता है तब धर्म कैसे बच पायेगा। धर्म और नीति में एक्य जरूरी है।

अवतार लेने के तीन कारण है: साधों का संरक्षण, दुर्जनों का नाश और धर्म की स्थापना। साधों का संरक्षण उनके सत्कर्मों से होगा, दुष्टों का नाश उनके अधर्म के कारण भगवान करते हैं। लोगों की अधर्म प्रवृत्ति को नाश करना और हर तरफ धर्म की प्रवृत्ति निर्माण, अवतार के कारण हैं। समाज में धर्म की पुनः स्थापना करना यह अवतार का प्रमुख प्रयोजन है।

श्रीकृष्ण, कौरव और पांडवों के सामने खड़े हैं। वे स्वंय भगवान हैं यह दोनो नहीं जानते। वे समझते हैं श्रीकृष्ण द्वारका के राजा हैं अपने सगे संबंधियों में से एक हैं। गीता उपदेश के अन्त में अर्जुन जान जाते हैं कि श्रीकृष्ण स्वंय भगवान हैं तब अर्जुन भगवान श्रीकृष्ण को कहते हैं:-

सखेति मत्वा प्रसभं यदुक्तं हे कृष्ण हे यादव हे सखेति।
अजानता महिमांन तवेदं मया प्रमादात्प्रणयेन वापि।।

(गी. अ. 11, श्लो. 41)

अर्जुन कहते हैं कि आप स्वयं भगवान हैं इस वस्तुस्थिति को मैं नहीं जान पाया। मैं तुम्हें अपना सखा-मित्र मानता रहा। आपको, हे कृष्ण! हे सखा! हे यादव! कर के संबोधित करता रहा। इस गलती के लिए मुझे क्षमा कीजिए। श्रीकृष्ण अवतार को वैसे भी समझ पाना कठिन है। इस अवतार में भगवान एक सामान्य व्यक्ति की तरह व्यवहार करते हैं। कभी कोई चमत्कार करके अपना प्रभाव नहीं दिखाते हैं। महाभारत के युद्ध में वे एक सारथी का साधारण सा काम करते हैं। संग्राम में शस्त्र भी नहीं उठाते।

ऐसे श्रीकृष्ण अवतार में समाज में फिर धर्म की पुनः स्थापना कैसे होगी? इसके बारे में श्रीकृष्ण भगवान कहते हैं:

वीतरागभयक्रोधा मन्मया मामुपाश्रिता।
बहवो ज्ञानतपसा पूता मद्‌भावमागता:।।

(गी. अ. 4, श्लो. 10)

मेरे इस अवतार कार्य के कारण बहुत लोग विषय वासना, भय, क्रोध से परे होकर ज्ञान संपन्न होकर अर्थात परमशुद्धि को प्राप्त हो कर, मोक्ष को प्राप्त हो गये हैं। इसे समझाने के लिए श्री ज्ञानेश्वर जी इसे और विस्तारित करते हैं:

येऽ्हवी तरी पाही। जे जैसे माझे ठायी।
भजती तयां मीही। तैसाचि भजे।
देखे मनुष्य जात सकल। हे स्वभावता भजनशील।
जहाले असे केवळ। माझ्या ठायी। *(ज्ञा. अ. 4, ओ 66, 67)*

जो व्यक्ति मेरा भजन करते हैं यानि मुझसे जुड़ते हैं वैसे मैं भी उनसे जुड़ता हूँ। मेरे सिवाय इस विश्व में अन्य कोई चीज़ नहीं है इसलिए मनुष्य स्वभावतः मेरे प्रति भजन शील होते हैं। इससे लोग धर्मशील होते हैं। समाज में धर्म की स्थापना होती है। लेकिन समाज में सभी लोग एक जैसे नहीं होते। कर्मों की भिन्नता तो होती है। उसे सुव्यवस्थित करने से समाज में संतुलन बना रहता है और धर्म का अनुसरण बहुसंख्य लोग करते हैं। इसलिए श्रीकृष्ण भगवान कहते हैं।

चातुर्वर्ण्यं मया सृष्टं गुणकर्मविभागशः।
तस्य करतारमपि मां विद्धयकर्तारमव्ययम।
न मां कर्माणि लिम्पन्ति न में कर्मफले स्पृहा
इति मां योऽभिजानाति कर्मभिर्न स बध्यते

(गी. अ. 4, श्लो. 13, 14)

समाज में संतोष बनाऐ रखने के लिए और उन्नति के लिए व्यक्ति के गुणों और कर्म के आधार पर वह चार वर्णों में बंटे हैं। यह वर्णभेद मुझसे हुआ है, फिर भी मैंने उसे नहीं किया। यह बात जो जानता है, वही कर्मतीत हो गया।

श्री ज्ञानेश्वर जी कहते हैं।

आता याचिपरी जाण। चाफ्ही हे वर्ण। सृजिले म्या गुण।
कर्म विभागे।
जे प्रकृतीचेनि आधारे। गुणाचेनि व्यभिचारे। कर्मे तदनुसारे।
विवंचिली। एथ एकचि हे धनुष्यपाणी। परी जाहले गा चहूँवर्णी।
ऐसी गुणकर्मकडसणी। केली सहजे। (ज्ञां अं 4, ओं 77, 78, 79)

चार वर्ण, गुणकर्म के विभागनुसार मेरे से ही उत्पन्न हुऐ हैं। ब्राह्मण आदि के प्रकृति के आधार पर उनके कर्म निश्चित किये हैं। मनुष्य तो एक ही है फिर भी मनुष्यों को चार वर्णो में उनके गुण व कर्म के आधार पर विभाजित किया गया है।

इसके बारे में श्रीकृष्ण भगवान कहते हैं:

कर्मणों ह्यपि बोद्धव्यं बोद्धव्यं च विकर्मणः।
अकर्मणश्च बोद्धव्यं गहना कर्मणो गतिः।।

(गी. अ. 4, श्लो. 17)

कर्म की गति बडी़ गहन है तथा इसे जानना कठिन है। इसलिये कर्म, विकर्म और अकर्म का स्वरूप जानना आवश्यक है।

श्री ज्ञानेश्वर जी कहते हैं:

तरी कर्म म्हणिजे स्वभावे। जणे विश्वाकार संभवे।
ते सम्यक आधी जाणावे। लागे ऐथ।
मग वर्णाश्रमासि उचित। जे विशेष कर्म विहित।
तेहि वोळरवावे निश्चित। उपयोगेसी।
पाठी जे निशिद्व म्हणिपे। तेहि बुझावे स्वरूपे।

येतुलेनि कांही न गुंफे। आपैसेचि। येष्हवी जग हे
कर्माधीन।
ऐसियाची व्याप्ति गहन। परी ते असो आइके चिन्ह।
प्राप्तांचे। *(ज्ञा. अ. 4, ओ 89, 90, 91, 92)*

जिस कारण से स्वाभाविक रूप से सृष्टि की उत्पत्ति होती है उसे कर्म कहते हैं। स्वाभाविकरूप से मनुष्य रोज के कर्म करता है। जिससे सृष्टि का व्यवहार चलता है वह समान्य कर्म है। निषिद्ध कर्म यानि शास्त्रों ने जिसे करने से मना किया है। रावण ने सीता हरण किया या बाली ने तारा को अपनी पत्नी बनाया जो उसके भाई की पत्नि थी। यह शास्त्रों और नीति की दृश्टि से निषिद्ध कर्म हैं। विद्यादान का कर्म करने वाला शिक्षक यदि गुणों के बजाय विद्यार्थी को अन्य किसी कारण से उत्तीर्ण करता है तो वह निषिद्ध कर्म है। ब्राह्मण होकर सुरापान, वैश्यागमन जैसे कर्म करना निषिद्ध कर्म हैं। सारा विश्व कर्म में बंधा है। इसका विस्तार बड़ा है और इसलिए समझने में कठिन है।

ऐसा उपदेश करने के बाद भगवान श्रीकृष्ण अर्जुन कों कर्म करते हुए भगवान को प्राप्त करने के उपाय बताते हैं। इसे भगवान ब्रम्हार्पण कहते हैं। इसको विस्तारित और स्पष्ट करते हुए व्यक्ति के शरीर को किस प्रकार से आसनादि से भगवान में स्थिर करना चाहिए इसके बारे मे बताते हैं। ज्ञानेंद्रिय और कर्मेंद्रिय को ब्रह्मरूप में कैसे स्थिर करते हैं इसकी प्रकिया बताते हैं। शब्दों के आधार से इसका पूर्ण स्पष्टीकरण नहीं होता है। कुंभक, प्राणायाम आदि को नियमित रूप से करने के बाद, मन स्थिर होने के बाद भगवान की प्राप्ति होती है। इसलिए कुंभक प्राणायाम जानने वाले श्रेष्ठ गुरू के पास जाकर सीखना होगा। इसके बारे में सिर्फ पढ़ना पर्याप्त नही हैं।

ब्रह्मार्पण अवस्था प्राप्त करने के लिए सद्गुरू की आवश्यकता होती है प्राणायाम, कुंभक इनके द्वारा शरीर को नियंत्रित करने का तरीका कुशल गुरू ही सिखा सकते हैं।

भगवान श्रीकृष्ण कहते हैं:
श्रेयान्द्रव्यमयाद्यज्ञानयज्ञः परंतप। सर्वकर्माखिंल पार्थ ज्ञाने परिसमाप्यते।
तद्विद्धि प्रणिपातेन परिप्रश्नेन सेवया। उपदेक्ष्यंन्ति ते ज्ञानं ज्ञानिनस्तत्त्वदर्शिनः।
यथैधांसि समिद्धोऽग्निर्भस्मसात्कुरूतेऽर्जुन।ज्ञानाग्निःसर्वकर्माणि भस्मसात्कुरूते तथा
(गी. अ. 4, श्लो. 33, 34, 37)

द्रव्यरुप साधनों से सिद्ध होने वाले यज्ञों के मुकाबले में ज्ञानयज्ञ बेहतर है, क्योंकि द्रव्यमय यज्ञ फलदायक है परन्तु ज्ञानयज्ञ से फल की प्राप्ती नहीं होती, क्योंकि सब कर्म ज्ञान में मिल कर समाप्त हो जाते हैं। आत्म-तत्व को जानने वाले ज्ञानी पुरुष ही तुम्हें यह ज्ञान दे सकेंगें। इनसे यह ज्ञान प्राप्त करने लिए ऐसे ज्ञानी पुरुष की सेवा करके, अत्यन्त नम्र भाव से उनके पैरों पर सिर रखकर उनसे निष्कपट

भाव से प्रश्नोत्तर करके इस ज्ञान को प्राप्त करना चाहिए। जैसे अग्नि लकड़ियों को भस्म कर देती है, वैसे ही ज्ञान कर्मों को समाप्त कर देता है।

श्री ज्ञानेश्वर जी विस्तार से लिखते हैं:

ते गा ज्ञान पै बरवे। जरी मनी आथि जाणावे।
तरी संतांते भजावे। सर्वस्वेसी।
जे ज्ञानाचा कुरूठा। तेव्थ सेवा हा दारिवंठा।
तो स्वाधीन करी सुभटा। वोलगोनी। (ज्ञा. अ. 4, ओ 165, 166)

हे अर्जुन यदि तुम्हें उत्तम आत्मज्ञान प्राप्त करना है तब जिन्हें आत्मज्ञान प्राप्त हुआ ऐसे ज्ञानी सत्पुरुष की सेवा करो। ज्ञानी व्यक्ति ज्ञान का भंडार है, उन की सेवा उस ज्ञान भंडार की दहलीज है। सेवा करके उसे तुम प्राप्त करो। इस ज्ञान भंडार में प्रवेश करने के लिए क्या करना चाहिए?

तरी तनुभन जीवे। चरणासी लागावे।
आणि अगर्वता करावे। दास्य सकळ।
मग अपेक्षित जे आपुले। तेहि सांगतील पूसिले।
जेणे अंत:करण बोधले। संकल्पा नये।
(ज्ञा. अ. 4, ओ. 167, 168)

इस ज्ञान को प्राप्त करने के लिए शरीर, मन और अपना जीव संतो को अर्पण करना चाहिए, उनके चरणों पर अपना सिर रखो। नम्र होकर उनकी सेवा करो और अंहकार को त्याग दो। ऐसे प्रेम से की हुई सेवा से प्रसन्न होकर ज्ञानी संत तुम्हे इच्छित ज्ञान देंगे।

जायाचेनि वाक्य उजिवडे। जाहाले चित्त निधडे। ब्रम्हाचेनि पाडे।
नि:शंक होय। ते वेळी आपणपेयां सहिते। इये अशेषेंहि भूतें।
माझ्या स्वरूपी अखंडिते। देखसी तूं। (ज्ञा. अ. 4, ओ 169, 170)

आत्म-ज्ञान देने वाले ज्ञानी संतके वचनों से तुम्हारा चित्त निर्भय होगा और तुम्हारे मन में कोई संशय, आशंका नहीं रहेगी। इस अवस्था में हे अर्जुन तुम भगवान से एक रूप हो जाओगे।

ऐसी है गुरू कृपा की महिमा। बिना ज्ञान के इस दुनिया में कुछ भी पवित्र नहीं है। ज्ञान ही अमृत है। अमृत की दूसरी उपमा नहीं हैं। अमृत की मधुरता और अमरता अमृत में ही है। इसी प्रकार आत्मज्ञान से मिलने वाली शांति और भगवान से होने वाली एक रूपता आत्मज्ञान से ही हो सकती है। लेकिन यह आत्मज्ञान किसे प्राप्त होता है? कौन इसका अधिकारी है?

भगवान श्रीकृष्ण कहते हैं:

श्रद्धावाँल्लभते ज्ञानं तत्पर: संयतेंद्रिय:।
ज्ञानं लब्ध्वा परां शांतिमचिरेणाधिगच्छति।।
(गी. अ. 4, श्लो. 39)

आत्म-ज्ञान की प्राप्ति में तत्पर (जो मंद प्रयत्नवाला नहीं है) और गुरू की सेवा में मगन ऐसे श्रद्धावान व्यक्ति को ज्ञान की प्राप्ति होती है। सिर्फ श्रद्धावान होना यही पर्याप्त नहीं है इंद्रियों को वश में रखने वाले श्रद्धावान व्यक्ति को ही ज्ञान की प्राप्ति होती है। लेकिन ज्ञानप्राप्त हुआ व्यक्ति कैसे पहचानें?

श्री ज्ञानेश्वर जी कहते हैं:

तयातेचि गिंवसित। ते ज्ञान पावे निश्चित। जयामाजि अचुंबित।
शांती असे। ते ज्ञान हृदयी प्रतिष्ठे। आणि शांतीचा अंकुर फुटे।
मग विस्तार बहु प्रकटे। आत्म बोधाचा। मग जेउती वास पाहिजे।
तेउती शांतीचि देखिजे। तेथे आप पर नेणिजे। निर्धारिता।
ऐसा हा उत्तरोत्तर। ज्ञानबीजाचा विस्तार। सांगता असे अपार।
परि असो आता। (ज्ञा. अ. 4, ओ. 189, 190, 191, 192)

ज्ञानी-गुरू की सेवा में रत और इंद्रियों पर संयम रखनेवाला श्रद्धावान व्यक्ति ही भगवान से एकरूप होकर परम शांति पा सकता है। श्री ज्ञानेश्वर जी कहते हैं, जब व्यक्ति श्रद्धावान और इंद्रियों पर नियंत्रण करके ज्ञानीगुरू से ज्ञान प्राप्त करता है, तब ब्रह्मज्ञान अपने आप उस व्यक्ति को खोजते हुए उसके पास पहुंच जाता है। व्यक्ति को स्वाभाविक शांति मिलती है। ऐसे व्यक्ति के दिल में आत्म-ज्ञान पक्का होता है। तब शांति का अंकुर उगता है। इस अंकुर के साथ आत्मज्ञान और विस्तारित होता है व फैलता है। ऐसे व्यक्ति जिस ओर और जिस को भी देखता है वहाँ शांत-आत्मा ही दिखाई देती है, ऐसा अनुभव आता है। सब भेदभाव मिट जाते हैं।

श्री ज्ञानेश्वर जी कहते हैं कि व्यक्ति कितना ही बुद्धिमान क्यों ना हो जब तक ज्ञानी और अनुभवी संत के मुख से आत्मरूप का संशयरहित परिचय नहीं कर पाता तब तक सिर्फ अपनी बुद्धि से इस ज्ञान को प्राप्त नही कर सकता। महाराष्ट्र के महान संत श्री समर्थ रामदास जी, शिवाजी के गुरू, भी यही कहते हैं:

असो जयास मोक्ष ह्वावा। तेणे सद्‌गुरू करावा।
सदगुरूविणे मोक्ष पावावा। हे कल्पांती न घड़े।

(दासबोध दशक 5 समास 1)

श्री समर्थ रामदास स्वामी अपने दासबोध ग्रंथ में लिखते हैं कि व्यक्ति को मोक्ष प्राप्ति करनी है तो उसे सद्‌गुरू के पास जाकर ही इसका ज्ञान लेना होगा। सदगुरू के सिवाय मोक्ष प्राप्ति हो ही नहीं सकती।

श्री ज्ञानेश्वर जी कहते है कि आत्म-ज्ञान यानि मोक्ष, पेड़ पर लगे हुए फल जैसा है। फल बहुत ऊपरवाली टहनी पर है। इस फल को पेड़ पर चढ़ कर या पत्थर मार कर या लम्बी लकड़ी लेकर ही प्राप्त किया जा सकता है। इसी प्रकार मोक्ष रूपी फल (आत्मज्ञान) गुरू के मुख से निश्चित हुए आत्म-स्थिति का अनुभव, कोई व्यक्ति ध्यान करके, विचार करके या कर्म-योग के माध्यम से प्राप्त कर सकता है। गुरू मुख से मिले ज्ञान से शिष्य को आत्म-ज्ञान का अनुभव आता है। आत्म-ज्ञान अनुभव से

जानने वाली चीज है। फूल की सुगंध अनुभव करने की चीज है वह दिखाई देने वाली चीज़ नही है।

भगवान श्रीकृष्ण कहते हैं:

अज्ञश्चाश्रद्दधानश्च संशयात्मा विनश्यति।
नायं लोकोऽस्ति न परो न सुखं संशयात्मनः।

(गी. अ. 4, श्लो. 40.)

भगवद्गीता के इस अध्याय के श्लोक में भगवान श्रीकृष्ण कहते हैं कि अज्ञ (आत्मज्ञान रहित)श्रद्धाहीन और संशयी यह तीनों नष्ट हो जाते हैं। संयशयात्मक सबसे ज्यादा पापी है उसे ना तो मनुष्यलोक मिलता है, ना परलोक मिलता है और ना ही सुख मिलता है।

श्री ज्ञानेश्वर जी कहते हैं:

वाचूनि ज्ञानाची गोठी कायसी। परिते आस्थाही न धरी मानसी।
तरी तो संशयरूप हुताशी। पडिला जाण। (ज्ञा. अ. 4, ओ 196)

आत्मज्ञान की बात ही मत सोचिए। आत्मज्ञान की इच्छा भी जो व्यक्ति मन में नहीं रखता, वह व्यक्ति संशय रूप अग्नि में जलता है। उसकी बुद्धि कहीं पर भी स्थिर न होने से, संशय के घेरे में रहने के कारण, कहीं भी उसे सुख प्राप्त नहीं होता। इस तरह का व्यक्ति उन्मत्त होकर, आत्म-ज्ञान को तुच्छ समझता है। आत्मज्ञान और भगवान के प्रति अश्रद्धा भयंकर पाप है।

जै अज्ञानाचे गडद पड़े। तै का बहुवस मनी वाढ़े।
म्हणोनि सर्वथा मार्ग मोडे। विश्वासाचा।
हृदयी हाचि न समाये। बुद्धीतें गिवसूनि ठाये।
तेथे संशयात्मक होये। लोकत्रय। (ज्ञा. अ. 4, ओ 204, 205)

जहां आज्ञान रूपी अंधकार है वही संशय की वृद्धि होती है। इससे व्यक्ति कहीं पर विश्वास नही करता। यह संशय, श्रद्धा को टिकने ही नही देता। यह बढ़ता ही रहता है और फिर मन में भी नहीं समा पाता है। वह बुद्धि को व्याप्त करता है, घेर लेता है। हर जगह ऐसा व्यक्ति संशय ही करता है। इससे उसका विनाश होता है।

लेकिन इस संशय को कैसे मिटाया जाय? भगवान श्रीकृष्ण कहते है

तस्मादज्ञानसम्भूतं हृत्स्थं ज्ञानासिनात्मनः।
छित्त्वैनं संशयं योगमातिष्ठोत्तिष्ठ भारत।।

(गी. अ. 4, श्लो. 42)

भगवान श्रीकृष्ण कहते हैं, ज्ञान दो प्रकार के हैं। संतो के मुख से परब्रह्म का स्वरूप समझ लेना, इसे वेदान्त में परोक्ष ज्ञान कहते हैं। ज्ञानी गुरू से प्राप्त हुआ आत्मज्ञान परोक्षज्ञान है। आत्मज्ञान को समझकर उसे अभ्यास से अपने चित्त में दृढ़ करके उस आत्मज्ञान को अनुभव करने को अपरोक्ष ज्ञान कहते हैं। भगवान श्रीकृष्ण, अर्जुन से कहते हैं कि परोक्ष रूपी ज्ञान के हथियार से तुम अपने हृदय में बसे संशय

को नष्ट करो और ब्रह्म स्वरूप अपरोक्ष ज्ञान से आत्मज्ञान का अनुभव लेने के लिए कर्मयोग को अपनाओ। संशय को नष्ट कर युद्ध के लिए तैयार हो जाओ।

श्री ज्ञानेश्वर जी इस संबध में लिखते हैं:

जे शांतचि अभिनवेल। ते परियसा मफ्हाटे बोल।
जे समुद्राहूनी सरवोल-अर्थभरित। जरी मंत्रेचि वैरी मरे।
तरी वाया कां वाधावे कुटारे। रोग जाय दुधेसारवरे।
तरी निंब का पियावा। तैसा मनाचा मार न करिता।
आणि इंद्रियां दु:ख न देता। एथ मोक्ष असे आयता।
श्रवणचिमाजि। *(ज्ञा. अ. 4, ओ. 214, 223, 224)*

मराठी में विस्तारित की हुई गीता शांतरस प्रकट कर रही है। समुद्र से भी गहरा अर्थ इसमें प्रकट किया है। इसके पढ़ने से सब सांसारिक दु:ख दूर होंगं। और साधना करने की जरूरत ही क्या है? यदि गीता-ज्ञानेश्वरी के श्रवण और पढ़ने से सब रोग, भय दूर हो जाते हैं तो बाकी साधनों की क्या जरूरत है? बैरी (दुश्मन) को यदि मंत्र से ही मार सकते हैं तो शस्त्र से मारने की क्या जरूरत है? दूध और चीनी पीने से रोग दूर होता है, तो नीम का कड़वा रस पीने की क्या आवश्यकता? मन को मार कर, भूखा रखकर व इंद्रियों कों दु:ख न दे कर श्रीकृष्ण-अर्जुन संवाद श्रवण करने से मोक्ष प्राप्त होता है। इसलिए गीता संवाद अत्यंत प्रसन्न चित्त से सुनिए।

सारांश

(1) भगवान श्रीकृष्ण कहते हैं कि गीता ज्ञान मैंने पहले सूर्य को दिया, फिर सूर्ग ने मनु को और मनु ने राजा इक्ष्वाकु को। परन्तु काल के साथ यह ज्ञान लुप्त हो गया परन्तु अब फिर यह मैं तुम्हें बता रहा हूँ। अर्जुन के पूछने पर वह बताते हैं कि तुम्हारे भी और मेरे भी कई जन्म हो चुके हैं परन्तु तुम्हें वह सब याद नहीं पर मुझे सब याद है। इसी सन्दर्भ में भगवान बताते हैं कि जब-जब धर्म का नाश होता है, तब-तब मैं अधर्म का नाश करने के लिए, धर्म की पुन: स्थापना के लिए प्रकट होता हूँ तथा शरीर धाारण करके साधुओं का संरक्षण करता हूँ तथा दुष्टों का नाश करता हूँ।

(2) श्रीकृष्ण भगवान यह भी बताते हैं कि समाज में संतोष बनाए रखने के लिए और उन्नति के लिए व्यक्ति के गुणों और कर्म के आधार पर वह चार वर्णों में बँटे हैं। यह वर्णभेद मुझसे हुआ है फिर भी उसे मैंने नहीं किया है।

(3) इस अध्याय में यह भी बताते हैं कि ज्ञान यज्ञ सब यज्ञों से बेहतर है क्योंकि दूसरे यज्ञ फलदायक हैं परन्तु ज्ञान यज्ञ में फल प्राप्ति नहीं होती क्योंकि सब कर्म, ज्ञान में मिलकर समाप्त हो जाते हैं।

परन्तु आत्म तत्त्व को जानने वाले ज्ञानी पुरुष ही यह ज्ञान दे सकेंगे–उनकी सेवा करके, अत्यन्त नम्र भाव से उनके पैरों पर सिर रखकर, उनसे निष्कपट भाव से प्रश्नोत्तर करके, इस ज्ञान को प्राप्त करना चाहिए। आत्मज्ञान प्राप्ती के लिए श्रद्धा तथा इन्द्रियों पर नियंत्रण जरूरी है।

(4) भगवान श्रीकृष्ण कहते हैं कि अज्ञ, श्रद्धाहीन और संशयी तीनों नष्ट हो जाते हैं परन्तु संशयात्मक सबसे पापी है–क्योंकि वह संशय की आग में जलता है, उसकी बुद्धि कहीं पर भी स्थिर नहीं होती और ऐसा व्यक्ति उन्मत्त होकर, आत्मज्ञान को तुछ समझता है।

अध्याय पांचवाँ

सन्यास योग

भगवान श्रीकृष्ण अर्जुन से संशय न करने की सलाह देते हैं। संशय करने से व्यक्ति की बुद्धि कहीं भी स्थिर नहीं होती। कर्मयोगी बनने का उपदेश भगवान, अर्जुन को करते हैं। अर्जुन के मन में फिर भी प्रश्न उपस्थित होता है। अर्जुन कहते हैं आपने तो कर्म सन्यास की प्रशंसा की है, और कर्म अनुष्ठान की भी प्रशंसा कर रहे हो। इसमें से कौन सा मार्ग कल्याणकारी है यह मुझे निश्चित बताईए?

इस प्रश्न के उत्तर में भगवान श्रीकृष्ण अर्जुन को समझाते हैं। इसे विस्तारित करते हैं श्री ज्ञानेश्वर जी –

तो म्हणे गा कुंतीसुता। हे सन्यास योग विचारिता।
मोक्षकर तत्वता। दोनी ही होती।
तरी जाणोनेणां सकला। हा कर्ममार्ग कीर प्राजांळ।
जैसी नांव स्त्रियां बाळा। तोय तरणी। (ज्ञा. अ. 5, ओ. 15, 16)

हे पांडुसुत अर्जुन, सन्यास व कर्मयोग दोनों मोक्ष साधक हैं। जिस प्रकार नाव में बैठकर स्त्री और बच्चे भी नदी पार कर सकते हैं उसी प्रकार कर्मयोग सबके लिए आसान है। इसी मार्ग से सन्यासमार्ग से मिलने वाला फल मिलता है। लेकिन इसके लिए सच्चे सन्यासी के लक्षण क्या होते हैं, इसे समझो।

तरी गेलियाची से न करी। न पवतां चाड़ न धरी।
जो सुनिश्चळ अंतरी। मेरू जैसा।
आणि मी माझे ऐसी आठवण। विसरते जयाचे अंत:करण।
पार्थाते सन्यासी जाण। निरंतर। (ज्ञा. अ. 5, ओ. 19, 20)

सन्यासी के लक्षण समझने से, सन्यास और कर्मयोग दोनों मोक्ष रूपी फल की प्राप्ति की दृष्टि से एक जैसे हैं, यह तुम समझों। जो व्यक्ति बीती हुई बातों का कभी स्मरण नहीं करता, जो चीज़ प्राप्त नहीं हुई उसकी इच्छा नहीं करता और अन्त:करण में मेरू पर्वत की तरह अटल रहता है, ऐसे व्यक्ति को तू सन्यासी जान। "मैं देहधारी हूँ, मेरा यह है, वह है," इसके बारे में अन्त:करण से स्मरण नहीं करता ऐसा व्यक्ति निरंतर सन्यासी है। जब मन की अवस्था ऐसी होती है तो मोक्ष प्राप्ति के लिए घर

का, संसार का त्याग नहीं करना पड़ता है। जिसकी बुद्धि में ''मैं कर्ता हूँ'' आदि, अभिमान नहीं होता है वह शरीर-इंद्रियाँदि होते हुए भी कर्मबंधन में नहीं रहता। इसलिए जब 'मैं', और 'मेरा' ये भावनायें नष्ट होती हैं, तभी सन्यास प्राप्त होता है और इसी कारण से कर्म त्याग और सन्यास एक समान हैं।

श्री ज्ञानेश्वरजी कहते हैं:

तैसा आसतेनि उपाधी। नाकळिजे तो कर्मबंधी।
जयाचिये बुद्धि। संकल्प नाहीं।
म्हणोनि कल्पना जै सांडे। तेचि गा सन्यास घड़े।
इये कारणे दोनी सांगडे। सन्यास योग। (ज्ञा. अ. 5, ओ. 24, 25)

इसलिए कर्म करते हुए भी व्यक्ति उसमें बद्ध नहीं होता। किसी भी वस्तु के लिए बुद्धि से वह कोई इच्छा या संकल्प नहीं करता। जब संकल्प और कर्म के फल की आसक्ति नष्ट होती है तो यह सन्यास ही है और इस दृश्टि से सन्यास और कर्म योग एक ही है।

ज्ञानी व्यक्ति सन्यास और कर्मयोग को भिन्न मार्ग नहीं मानता।

भगवान श्रीकृष्ण कहते हैं:

यत्सांख्यैः प्राप्यते स्थानं तद्योगैरपि गम्यते।
एकं सांख्यं च योगं च यः पश्यति स पश्यति।।

(गी. अ. 5, श्लोक 5)

सन्यास मार्ग से जो फल मिलता है वही कर्मयोग से भी मिलता है। इसलिए सांख्य मुनि का बताया हुआ सांख्ययोग और कर्मयोग एक ही जगह यानि मोक्ष को, भगवान को, प्राप्त करते हैं। ऐसी ही योगों की एकता जो जानता है वही व्यक्ति सांख्य योग को सही तरह से जानता है।

श्री ज्ञानेश्वर जी लिखते हैं:-

देखे आकाशा आणी अवकाशा। भेद नाहीं जैसा।
तैसे ऐक्य योग सन्यासा। वोलके जो।
तयासीचि जगी पाहले। आपणपे तेणेचि देखिले।
जया सांख्ययोग जाणवले। भेदेविण।
जो युक्तिपंथे पार्थां। चढे मोक्ष पर्वता।
तो महासुरवा निमथा। वहिला पावे।

(ज्ञा. अ. 5, ओ. 30, 31, 32)

जिस प्रकार से आकाश और अवकाश में कोई भेद नहीं है उसी तरह से कर्म-योग और सन्यास-मार्ग एक ही है। यह जानने वाला व्यक्ति सांख्य-योग की एकता को भी अनुभव करता है। ऐसा व्यक्ति ज्ञानरूप प्रकाश में अपने सच्चे स्वरूप को पहचानता है। अर्जुन यही है कर्मयोग के गुप्त मार्ग को जानना। ऐसा व्यक्ति मोक्षरूपी पर्वत पर चढ़ता है।

अन्य व्यक्ति कर्ममार्ग को छोड़कर सन्यास मार्ग को खोजने में व्यर्थ परिश्रम करते हैं। ना उन्हें कर्ममार्ग सही तरह से निभाना आता है और सन्यास मार्ग की प्राप्ति भी नहीं होती। कर्मयोग और सन्यास-योग की एकता उसी व्यक्ति को समझ में आती है जिसमें विषयों के प्रति वैराग्य और सत्वगुण का उत्कर्ष होता है।

योग-युक्त पुरुष सामान्य व्यक्ति की तरह ही कर्म करता है–बोलता है, चलता है, सोता है लेकिन "मैं यह सब करता हूँ" ऐसी कर्तव्य बुद्धि उस पुरुष में नहीं होती। वह अपने को कर्म-रहित चैतन्य-रूप ही समझता है।

श्री ज्ञानेश्वर जी इसे स्पष्ट करते हुए लिखते हैं:

दीपाचेनि प्रकाशे। गृहीचे व्यापार जैसे। देहि कर्मजात तैसे।
योगयुक्ता। ती कर्मे करी सकले। परी कर्मबंधा नाकले।
जैसे ने सिंपे जलीजले। पद्‌मपत्र। (ज्ञा. अ. 5, ओ. 49, 50)

जिस प्रकार दीपक के प्रकाश में हम घर में सब व्यवहार करते हैं लेकिन दिये पर उसका कोई प्रभाव नहीं होता, उसी तरह से भगवान में चित्त स्थिर हुआ व्यक्ति कर्म करता है परन्तु उन कर्मों का उसे स्पर्श नहीं होता, उसपर परिणाम नहीं होता है। योगयुक्त व्यक्ति कर्म करता दिखाई देता है लेकिन वास्तव में कर्मरहित है क्योंकि कर्मों का उसपर कोई परिणाम नहीं होता जैसे कमल के पत्ते को पानी नहीं चिपकता।

स्वप्नावस्था में किये गये कर्मों का शरीर पर कोई परिणाम नहीं होता। योगयुक्त व्यक्ति जागृतावस्था में कर्म करते हुए भी कर्म रहित ही रहता है क्योंकि उन कर्मों का उसपर परिणाम नहीं होता। "मैं, मेरा, मेरा कतृत्व" ऐसा कोई भाव उसके मन में नहीं होता है। कर्म सिर्फ इंद्रियाँ करती हैं।

भगवान श्रीकृष्ण कहते हैं:

कायेन मनसा बुद्धया केवलैरिंद्रिन्यैरपि।
योगिनः कर्म कुर्वन्ति संगड.त्यक्त्वात्मशुद्धये।

(गीता अ. 5, श्लोक 11)

कर्मयोगी अहंकार का त्याग करते हैं, केवल शरीर से, मन से, बुद्धि से और केवल इंद्रियों से कर्म करते हैं। तात्पर्य यह है कि कर्म करते हुए अहंकार (मैं कर रहा हूँ) थोड़ा सा भी मन में नहीं होता।

कर्मयोगी कर्म किस प्रकार करता है इसके बारे में श्री ज्ञानेश्वर जी कहते हैं:

हे असो काजेविण। जे जे कांही करणे।
ते केवल कर्म जाण। इंद्रियांचे। मग सर्वत्र जे जाणते।
ते बुद्धिचे कर्म निरूते। वोल अर्जुनाते-श्रीहरी।

(ज्ञा. अ. 5, ओ. 59, 60)

किसी भी प्रकार का उद्देश्य (फल की आशा रखकर) मन में न रखते हुए जो कर्म होते हैं वे केवल इंद्रियों के किये हुए कर्म हैं ऐसा उसे समझो। इसके बाद किसी

चीज का ज्ञान प्राप्त करना है, वह कर्म बुद्धि का कर्म है ऐसा समझो। लेकिन यह बुद्धि का कर्म क्या है जो इंद्रियों के कर्मो से अलग है।

ते बुद्धि धुरे करूनी। कर्म करिती चित्त देवूनी।
परि ते कर्मा पासूनी। मुक्त दिसती।
जे बुद्धिचि ये ठावूनि देही। तया अहंकाराची सेचि नाही।
म्हणोनि कर्म करिता पाही। चोरवाळले।
अगा करितेनवीण कर्म। तेचि ते निष्कर्म।
हे जाणता सुवर्म। गुरूगम्य जे। (ज्ञा. अ. 5, ओ. 61, 62, 63)

जो बुद्धि को इंद्रियों से आगे रखकर व चित्त में शांती रखकर, कर्म करते हैं, ऐसे व्यक्ति कर्म से मुक्त होते हैं। क्योंकि 'मैं' की भावना आत्मस्वरूप भगवान के पास स्थिर होती है। इसलिए उनका अहंकार (मैं की वृत्ति) बुद्धि से लेकर शरीर के किसी भी तत्व में नहीं होता है। मतलब यह है कि ऐसे व्यक्ति को ना तो अपने शरीर का, ना बुद्धि का अहंकार होता है। इस प्रकार से कर्म करता हुआ कर्मयोगी निष्काम होता है। जो कर्म अहंकार रहित किये जाता है वे निष्कर्म हैं। यह निष्कर्म का अनुभव क्या है? वह गुरू के उपदेश से, उनके मुखारविंद से, लिया जाता है। लेकिन ऐसे कर्मयोगी को कैसे पहचाना जाये, उस के क्या लक्षण हैं?

भगवान श्रीकृष्ण इसके बारे में बताते है:-

युक्तः कर्मफलं त्यक्त्वा शांतिमाप्नोति नैश्ठिकीम्।
अयुक्तः कामकारेण फले सक्तो निबध्यते।
सर्वकर्माणि मनसा संन्यस्यास्ते सुखं वशी।
नवद्वारे पुरे देही नैव कुर्वन्न कारयन्।
(गी. अ. 5, श्लो. 12, 13)

कर्मफल की इच्छा छोड़कर (अर्थात सब कर्म ईश्वर के लिये ही है) जिसका चित्त भगवान में स्थिर हो गया है, ऐसा योगयुक्त व्यक्ति शांती अनुभव करता है। जो व्यक्ति विषयसुख के पीछे भागता है, कर्म के फल की इच्छा करता है, वह इस संसार में पड़ा रहता है। सर्वकर्म को मन से छोड़कर व इंद्रियों पर नियंत्रण रखकर विषय-सुख की इच्छा न करते हुए, कर्म करने वाला संयमी व्यक्ति इस नव-द्वार वाले (दो आँख, दो कान, दो नाक-पुड़ी, एक मुंह, गुदाद्वार और लिंग) शरीर में आनंद से रहता है।

इस आनन्द की अवस्था तक कर्मयोगी कैसे पहुंचता है?

श्री ज्ञानेश्वर जी लिखते हैं:-

एथ ईश्वर एक अकर्ता। ऐसे मानले जरी चित्ता।
आणि तोचि मी हे स्वभावता। आदीचि आ हे।
ऐसेनि विवेके उदो चिती।
तयासी भेद कैसा त्रिजगती। देखे आपुलिया प्रतीति।

जगचि मुक्त। जैसी पूर्व दिशेच्या राउली।
उदया येतांचिसूर्य दिवाली।
कीं येरीही दिशां तियेचि काळी। कालिमा नाहीं।

(ज्ञा. अ. 5, ओ. 84, 85, 86)

ईश्वर अकर्ता है, तथा ऐसा जब चित्त मानता है, कि सृष्टि की उत्पत्ति नहीं हुई और सृष्टि है ही नही, ''मैं'' और ईश्वर एक ही हैं ऐसा अनुभव होता है, ऐसा विवेक जब चित्त में प्रकट होता है, तब तीनों लोकों में ऐसे व्यक्ति को किसी भी चीज में भिन्नता नहीं दिखाई देती। ऐसा व्यक्ति, हर किसी को अपने जैसा ही मुक्त मानता है। जिस प्रकार से पूर्व दिशा में उगता हुआ सूरज सभी दिशा में प्रकाश फैलाकर अंधकार को नष्ट करता है, उसी प्रकार कर्मयोगी अपने जैसा अन्य लोगों को मुक्त ही समझता है। सब कुछ सच्चिदानंद ब्रह्म स्वरूप ही है, कर्मयोगी ऐसा अनुभव करता है।

श्री ज्ञानेश्वर जी इसे स्पष्ट करते हुए लिखते हैं:

हे असो संताप कैसा। चंद्र न स्मरे जैसा। भूतीभेद नेणती तैसा।
ज्ञानियेते। मग हा मशुक, हा गज। की श्वपज हा द्विज।
पैल इतर हा आत्मज। हे उरले के। नातरी हे धेनु हे श्वान।
एक गुरू एक हीन। हे असो कैचे स्वप्न। जागतया।

(ज्ञा. अ. 5, ओ. 92, 93, 94)

ज्ञानी व्यक्ति को, ब्रह्म से यह सृष्टि अलग है, ऐसा भेद नहीं दिखाई देता। लोगों के प्रति भी वह भिन्नता नहीं देखता। गाय, हाथी, कुत्ता व चांडाल में ज्ञानी व्यक्ति भेद नहीं करता। उसकी दृष्टि सबके प्रति एक जैसी ही होती है। इसलिए ज्ञानी पुरुष हर समय 'समचित्त' होता है। ऐसे व्यक्ति अद्वैत ब्रह्म स्वरूप होते हैं और यही समदृष्टि का लक्षण है।

ज्ञानी व्यक्ति के और क्या लक्षण हैं? समदृष्टि ब्रह्मस्वरूप व्यक्ति को कैसे पहचाना जाए?

श्री ज्ञानेश्वर जी लिखते हैं:

तरी मृग जला चेनि पूरे। जैसे न लोटिजे का गिरि वरे।
तैसा शुभाशुभी न विकरे। पावलिया जो। तोचि तो निरूता।
समदृष्टि तत्वता। हरिम्हणे पंडुसुता। तोचि ब्रह्म।

(ज्ञा. अ. 5, ओ. 103, 104)

मृगजल (बहुत कड़ी धूप में जल का आभास होना) की बाढ़ आने से जिस प्रकार पर्वत नहीं बहते, उसी प्रकार प्रिय या अप्रिय की प्राप्ति से जिसके मन में हर्ष-शोक नहीं होता, हे अर्जुन ! ऐसा व्यक्ति समदृष्टि है व ऐसा व्यक्ति ब्रह्मस्वरूप हो गया ऐसा तू जान ले। ज्ञानी व्यक्ति विषय-सुख में रममाण नहीं होता। विषय वासना में सुख है ऐसा कहना योग्य नहीं। लेकिन जग में व्यक्ति वासना तृप्ति के लिए साधन क्यों जुटाता है?

श्री ज्ञानेश्वर जी कहते हैं:

येऱ्हवी विषयी सुख आहे। हे बोलणेचि सारिखे नोहे।
तरी विद्युत्स्फुरणे कां न पाहे। जगामाजी।
सांगे वातवर्ष आतपधरे। ऐसे अभ्रच्छायाचि जरी सरे।
तरी त्रिमालिके धवलारे करावी कां। (ज्ञा. अ. 5, आ. 113, 114)

विषय यानि शरीर को सुख देने वाले कर्म में सुख नहीं है तो इस संसार में लोग थोड़ी बिजली चमकने से होनेवाले प्रकाश में व्यवहार क्यों नहीं करते? क्यों और प्रकाश निर्माण के साधन की व्यवस्था करते हैं। हवा, पानी आदि से संरक्षण करने के लिए बादल की छाया पड़ती है, अगर वही काफी है तो लोग तीन मंजिल घर क्यों बनाते हैं?

इसका कारण है कि ऐसे व्यक्ति आत्म-सुख और विषय-सुख में जो फर्क है उसे नहीं जानते। विषय सुख भोगते हुए वे दु:ख पाते हैं तब भी विषय भोग को नहीं छोड़ते। यदि ऐसे व्यक्ति विषय सुख का त्याग करें तो विषय सुख के कारण जो महादोष निर्मित होते हैं वे कहाँ जायेंगे?

श्री ज्ञानेश्वर जी इस विरोधाभास को स्पष्ट करते हैं:

म्हणोनि अविद्याजात नाथिले। ते तिहींचि साच दाविले।
जिही सुख बुद्धी घेतले। विषय दु:ख।
याकारणे गा सुभटां। हा विचारिता विषय वोखटा।
तू झणे कही या वाटा। विसरोनि जाशी।
पै याने विरक्त पुरुष। त्यजती कां जैसे विष।
निराशा तथा दु:ख। दाविले नावड़े।

(ज्ञा. अ. 5, आ. 126, 127, 128)

जिन्होंने, विषयभोग से होने वाले दु:ख से सुख मिलता है, ऐसी बुद्धि बनाई है वे ही संसार पूर्ण रूपसे मिथ्या (झूठ) होते हुए भी सुख के भ्रम का निर्माण करते हैं। हे अर्जुन, वास्तव में विषय भोग दु:ख दायक है। हो सकता है तुम भी इसी मार्ग पर चलो। लेकिन विरक्त ज्ञानी व्यक्ति विषयसुख विष है ऐसा सोचकर उसका त्याग करता है। ज्ञानी पुरुष को विषयसुख दुखदायक लगता है। इसलिए सुख का भ्रम देनेवाला दु:ख ज्ञानी व्यक्ति को अच्छा नहीं लगता। श्री ज्ञानेश्वर जी ने 'सुख का भ्रम देने वाला दु:ख' ऐसा स्पष्टीकरण देकर विषय-सुख इतना प्रबल क्यों है, इसके बारे में हमें सावधान किया है। 'सुख का भ्रम देने वाले दु:ख' को मत अपनाईये। विषय वासना में और भी डूबते जाओगे।

ज्ञानी को सर्वत्र ब्रह्म ही क्यों दिखाई देता है? भगवान श्रीकृष्ण कहते हैं:

कामक्रोधवियुक्तानां यतीनां यतचेतसाम्।
अभितो ब्रह्मनिर्वाणं वर्तते विदितात्मनाम्।।

(गी. अ. 5, श्लोक 26)

जिन व्यक्तियों ने अन्तःकरण में निग्रह किया है, काम, क्रोध आदि विकारों से रहित हैं और आत्मस्वरूप को जिन्होंने जाना है, ऐसे ज्ञानी व्यक्तियों को सर्वत्र मुक्त अवस्था ही दिखाई देती है। सारे जग को ज्ञानी अपनी तरह मुक्त देखता है। ज्ञानी पुरुष प्राणायाम, श्वासोश्वास, आदि क्रियाओं से इंद्रियों, मन और बुद्धि का निरोध करता है। ऐसा ज्ञानी व्यक्ति सदा ही मुक्त होता है (अर्थात जीवित रहते हुए भी और मरने पर भी)।

श्री ज्ञानेश्वर जी लिखते हैं:

तैसी वासनांन्तराची विवंचना। मग आपैसी पारूखे अर्जुना।
जे वेली गगनी लयो मना। पवने कीजे।
जेथ हे संसारचित्र उमटे। तो मनरूप पट फाटे।
जैसे सरोवर आटे। मग प्रतिभा नाही।
तैसे मन एथ मुदल जाये। मग अहंभावादिके हे आहे।
म्हणोनि शरीरेचि ब्रह्म होये। अनुभवी तो।

(ज्ञा. अ. 5, ओ. 155, 156, 157)

ज्ञानी व्यक्ति प्राणायाम के माध्यम से मन को आकाश में विलीन कर देता है तब सब तरह की वासनायें नष्ट होती हैं। मनोरूप वस्त्र पर जब संसार के चित्र का आभास होता है तो लगता है की संसार ही सच है। लेकिन मन रूपी वस्त्र फटता है, आकाश में विलीन होता है तब उसकी स्थिति सूखे हुए जलाशय में जिस प्रकार सूर्य का प्रतिबिम्ब नहीं दिखाई देता उसी तरह होती है। इस तरह मन के कारण ही संसार का आभास होता है। लेकिन जब मन ही ना रहे तो अहंकारादि भाव कैसे रह पायेंगे? इस प्रकार अनुभवी ज्ञानी पुरुष शरीर रहते हुए भी ब्रह्मरूप को प्राप्त होता है।

लेकिन यह कैसे संभव है? भगवान श्रीकृष्ण कहते हैं कि यह संभव तभी है जब तुम मुझे सच्चे रूप से जानो।

भोक्तारं यज्ञतपसां सर्वलोकमहेश्वरम्।
सुहृदं सर्वभूतानां ज्ञात्वा मां शान्तिमृच्छति।।

(गी. अ. 5, श्लो. 29)

मुझे (भगवान को) जो व्यक्ति, यज्ञ, तप, इन कर्मो का भोक्ता, सब कर्मों के फल का स्वामी सर्व लोगों पर शासन करनेवाले और सबका कल्याण करने वाला, सबके दिलो में स्थित, ऐसा जानता है, वही व्यक्ति परम शान्ति को प्राप्त होता है।

यह श्लोक बहुत आसान लगता है। लेकिन इसमें गंभीर अर्थ छुपा है। अहंकार नष्ट हुए बगैर मन की यह अवस्था नहीं बनती। जो भी यज्ञ, तप, साधना हम करते हैं तो समझ लेते हैं कि हम ही कर रहे हैं। इन कर्मों का भोक्ता हम अपने आप को समझते हैं तो भगवान को नहीं देख पाते। लोगों पर शासन किसका है? सबका कल्याण करने वाला कौन है? अर्थात् भगवान कृष्ण। यह भावना जब हमारे मन में

स्थिर होती है तभी परम शान्ति प्राप्त होती है। यही इस अध्याय का मुख्य संदेश और उपदेश है।

इस पर अर्जुन की क्या प्रतिक्रिया हुई होगी इस विषय में श्री ज्ञानेश्वर जी कहते हैं:

ते देखिलिया कृष्णे जाणितले। मग हांसोनि प्रार्थाते म्हणितले।
काइ पां चित्त उवाइले इये बोली तुझे। तव अर्जुन म्हणे देवो।
पर चित्त लक्षणाचा रावो। भला जाणितला जी भावो।
मानस माझा। म्या जे कांही विवरूनि पुसावे।
ते आधीचि जाणितले देवे। तरी बोलिले तेचि सांगावे।
विवल करूनि। (ज्ञा. अ. 5, ओ 162, 163, 164)

अर्जुन को यह उपदेश देने के बाद कि परमशान्ति कैसे प्राप्त होती है यह बताने के बाद भगवान श्रीकृष्ण अर्जुन से कहते हैं: हे अर्जुन ! इस वार्तालाप से तुम्हारा चित्त आनंदित हुआ की नहीं? अर्जुन कहते हैं, ''भगवान आप तो अन्तर्यामी हैं, दूसरे के मन में क्या है यह आप जानते हैं। आपसे कुछ भी छुपा नहीं है। मैं जो कुछ आपको कहने वाला था, पूछनेवाला था, वह तो आपने पहले ही जान लिया। जलाशय को तैर कर जाने के बजाय, पास की पगडंडी से चल कर जलाशय पार किया जा सकता है। इसी प्रकार ज्ञानमार्ग की तुलना में हमें कर्म-मार्ग आसान लगता है। इतना जरूर है कि इसमें समय ज्यादा लगता है, सिद्धी देर से प्राप्त होती है। लेकिन इस देर को हम सहन कर लेंगे। इसलिए आप हमें कर्म मार्ग के बारे में पुनः और विस्तार से बताने की कृपा करें।''

सारांश

इस अध्याय में अर्जुन पहला प्रश्न पूछते हैं की संन्यास तथा कर्मयोग, इन दोनों में से कौन सा मार्ग कल्याणकारी है।

उत्तर में भगवान कहते हैं की दोनों ही मार्ग मोक्ष साधक हैं। जो व्यक्ति बीती हुई बातों का कभी स्मरण नहीं करता, जो नहीं मिला उसकी इच्छा नहीं करता, यह 'मेरा' है, ऐसा नहीं कहता, जिसकी बुद्धि में 'मैं कर्त्ता' का अभिमान नहीं होता। ऐसा व्यक्ति कर्म बन्धन में नहीं रहता और वह संन्यासी ही है।

कर्मयोग और संन्यास योग की एकता उसी व्यक्ति को समझ में आती है जिसमें विषयों के प्रति वैराग्य तथा सत्वगुण का उत्कर्ष होता है। कर्मयोगी को कर्मों का स्पर्श नहीं होता क्योंकि उसका चित्त प्रभु में स्थिर होता है तथा वह अहंकार रहित होता है। ऐसा योगयुक्त व्यक्ति शांति का अनुभव करता है।

दूसरी बात जो इस अध्याय में बताई गई है, वह है कि ज्ञानी को यह भेद दिखाई

नहीं देता कि ब्रह्म से यह सृष्टि अलग है। वह भेद नहीं करता की गाय, कुत्ता, चिड़िया आदि अलग हैं। वह अद्वैत ब्रह्मस्वरूप होता है।

तीसरी बात जो यहां बताई गई है कि व्यक्ति जग में वासना तृप्ति के लिए साधन क्यूँ जुटाता है? कारण है कि व्यक्ति आत्म सुख और विषय सुख में जो अन्तर है उसे नहीं जानते। ज्ञानी व्यक्ति विषयसुख विष है, ऐसा सोचकर उसका त्याग करते हैं। वह सिर्फ सुख का भ्रम देनेवाले दुख हैं। ज्ञानी व्यक्ति प्राणायाम के द्वारा मन को आकाश में विलीन कर देता है। क्योंकि मन के कारण ही संसार का आभास होता है। मन के ना रहने से अहंकार आदि विकार नहीं रहते। भगवान कहते हैं की जो व्यक्ति मुझे सच्चे रूप से जानता है (भगवान ही सब कर्मों के भोक्ता हैं, सब कर्मों के फल के स्वामी, सब पर शासन करने वाले, सब का कल्याण करने वाले, सब के दिलों में स्थित) वही परम शक्ति प्राप्त करता है।

अध्याय छठा

आत्मसंयम योग

पांचवें अध्याय में कर्मसन्यास योग का जो स्पष्टीकरण भगवान श्रीकृष्ण ने किया। उसे इस अध्याय में और विस्तार से दिया है। श्री ज्ञानेश्वर जी इस अध्याय में गीता को विस्तारित करने से पहले कुछ और ओवियाँ लिखते हैं। इस अध्याय की यह एक तरह से प्रस्तावना है। श्री ज्ञानेश्वर जी अपने अनोखे ढंग से कुछ संवाद-रूप से, मन की बाते भी लिखते हैं। श्री ज्ञानेश्वर जी के मन की बातें पढ़ने से गीता की पृष्ठभूमि और भी स्पष्ट होती है।

श्री ज्ञानेश्वर जी धृतराष्ट्र और संजय के संवाद के माध्यम से मन की बातें लिखते हैं।

सहजे ब्रह्मरसाचे परगुणे। केले अर्जुनालागी नारायणे।
की तेचि अवसरी पाहुणे। पातलो आम्ही।
तैसे आम्हा तुम्हा जाहले। जे आडमुठी तत्व फावले।
तव धृतराष्ट्र म्हणितले। हे न पुसो तू ते।
तया संजया येणे बोले। रायाचे हृदय चोजवले।
जे अवसरी आहे घेतले। कुमारांचिया।
हे जाणोनि मनी हांसिला। म्हणे म्हातारा मोहे नाशिला।
येप्हवी बोल तरी मला जाहला। अवसरी इये।

(ज्ञा. अ. 6, ओ. 2, 4, 5, 6)

संजय धृतराष्ट्र से कहते हैं, ''भगवान श्रीकृष्ण योग मार्ग का निरूपण बताने वाले हैं उसे आप सुनिये। राजन्, भगवान श्रीकृष्ण अर्जुन को युद्ध करने के लिए प्रवृत्त कर रहे हैं। इस गीतारूपी ब्रह्मानंद की दावत में हम भी समय पर अतिथि की तरह पहुंच गये हैं। ऐसी कोई कल्पना या इच्छा भी नहीं थी लेकिन अकस्मात इस आत्मतत्व की प्राप्ति हुई है''। लेकिन इस बात को सुन कर धृतराष्ट्र संजय को कहते हैं ''तुमने जो कहा उसके बारे में मैंने तुमसे पूछा नहीं।'' ऐसा सुनने के बाद संजय को राजा के अन्त:करण में क्या है, यह मालूम हुआ। राजा का ध्यान इस समय अपने पुत्रों की ओर है, आत्मतत्व की ओर नहीं। संयज मन ही मन में कहने लगे, यह वृद्ध

राजा (पिता) पुत्र-मोह के कारण भगवान श्रीकृष्ण के उपदेश की तरफ ध्यान न देकर आत्मघात कर रहा है। जन्म से अंधे धृतराष्ट्र को भगवान के उपदेश का प्रकाश कैसे मिल सकता है। लेकिन संजय भगवान के उपदेश से बहुत संतुष्ट होते हैं।

श्री ज्ञानेश्वर जी मराठी भाषा में लिखी गीता के बारे में कहते हैं:

तो अध्याय सहावा। वरि साहित्याचिया वरवा।
सांगिजेल म्हणोनि परिसावा।
चित्त देवूनी। माझा मराठा बोल कौतुके।
परि अमृताते ही पैजा जिकें।
ऐसी अक्षरे रसिके। मेळ्वीन। (ज्ञा. अ. 6, ओ. 13, 14)

श्री ज्ञानेश्वर जी कहते हैं कि यह छठा अध्याय जिसमें ब्रह्म-स्थिति का अनुभव प्राप्त होगा उसकी भाषा उत्तम अलंकारिक है। उसे समझना कठिन होगा। इसलिए एकाग्र चित्त से सुनो। मेरी मराठी भाषा प्राकृत है, उतनी अलंकारी नहीं है, लेकिन अमृत को जीत लेने में समर्थ है। ऐसी मधुर शब्दों की रचना मैंने मराठी में की है। ब्रह्म स्वरूप का वर्णन सुनते समय शब्द महत्त्वपूर्ण नहीं होते, शब्दों के पीछे छुपे अर्थ पर दृष्टि होनी चाहिए। तभी चित्त ब्रह्माकार होगा। जो उपदेश अब सुनने जावोगे उसके लिए चित्त की एकाग्रता आवश्यक है।

श्री ज्ञानेश्वर जी लिखते हैं:

ते बुद्धिही आकिळता सांकड़े।
म्हणुनि बोली विपाये सांपड़े।
परि श्रीनिवृत्ति कृपादीप उजियेडे। देखेन मी।
जे विठीहि न पविजे। ते दिठी वीण देखिजे।
जरी अतींद्रिय लाहिजे। ज्ञानबल। (ज्ञा. अ. 6, ओ. 32, 33)

जिसे बुद्धि भी नहीं समझ पाती उसे शब्द के माध्यम से शायद ही स्पष्ट किया जा सकता है। लेकिन मैं, मेरे भाई और गुरू निवृत्ति नाथ की कृपा रूपी दीप के प्रकाश में सब कुछ देख सकता हूँ। यदि इंद्रियों के परे आत्मा में निरंतर ज्ञान दृष्टि का बल है तो इंद्रियों की दृष्टि से भी जो नहीं दिखाई देता वह इंद्रियों के बिना भी देखा जा सकता है। यदि गुरू की कृपा हो तो प्रयत्न करने से क्या नहीं प्राप्त हो सकता। मेरे गुरू श्री निवृत्ति नाथ की मुझ पर अपार कृपा है।

भगवान श्रीकृष्ण अर्जुन को संबोधित करते हुए सन्यासी और योगी के बारे में फिर से बताते हैं।

अनाश्रितः कर्मफलं कार्यं कर्म करोति यः।
स सन्यासी च योगी च न निरग्निर्न चाक्रियः।।

(गी. अ. 6, श्लोक 1)

हे अर्जुन! कर्मफल की इच्छा न करते हुए जो विहित कर्म करता है, वही सन्यासी है और वही योगी भी है। अग्नि-होम करके कर्म को छोड़ देने वाला सन्यासी होता है ऐसा नहीं है।

श्री ज्ञानेश्वर जी लिखते हैं:

सांडिजे दुजया नामाचा आभास। तरी योग तोचि सन्यास।
पाहता ब्रह्मी नाही अवकाश। दोहीमाजि। जैसे नामाचेनि अनारिसेपणे।
एका पुरुषाते बोलवणे। का दोन्ही मार्गी जाणे। एकाचि ठाया।
नातरी एकचि उदक सहजे। परि सिनाना घटी भरिजे।
तैसे भिन्नत्व जाणिजे। योग सन्यासाचे।

(ज्ञा. अ. 6, ओ 40, 41, 42)

योग और सन्यास की भिन्नता नाममात्र है। अद्वैत ब्रह्म-स्वरूप के संदर्भ में दोनों में कोई भिन्नता नहीं है। जिस प्रकार से एक ही व्यक्ति को दो नामों से पुकारा जाता है या एक ही गांव की तरफ जाने के दो मार्ग होते हैं, उसी तरह योग और सन्यास दो मार्ग हैं, उनका गंतव्य स्थल एक ही यानि ब्रह्म स्वरूप को प्राप्त करना है। पानी को अलग प्रकार के बर्तनों में भरने से पानी में कोई भिन्नता थोड़े ही होती है। जो व्यक्ति कर्म फल की इच्छा न करते हुए कर्म करता है वह योगी है। जिसे सन्यास कहते हैं वही योग है।

संकल्प माने कर्मफल की इच्छा का त्याग। सन्यासी और योगी दोनों कर्मफल की इच्छा का त्याग करते हैं। इसलिए सन्यासी और योगी एक ही हैं। कर्मयोगी का चित्त जैसे-जैसे भगवान में स्थिर होता है तब 'मैं कर्म रहित हूँ' उसे ऐसा अनुभव होता है। सन्यासी और योगी दोनों अपनी कर्मरहित आत्म-रिथति का अनुभव करते हैं। इसलिए भगवान कहते है कि दोनो मार्ग एक ही हैं।

कर्म रहित आत्म-स्थिति कैसे प्राप्त की जाती है? श्री ज्ञानेश्वर जी लिखते हैं:

आता योगाचळाचा निमथा। जरी ठाकावा आथि पार्थी।
तरी सोपाना या कर्मपथा। चुका क्षणी।
येणे यमनिमाचेति तलवटें। रिगे आसनाचिये पाउलवाटे।
येई प्राणायामाचीनि आठकाठे। वरौता गा।

(ज्ञा. अ. 6, ओ. 54, 55)

योगरूपी पर्वत का शिखर यानि परब्रह्म तक पहुँचना है तो कर्ममार्ग की सीढ़ियां चढ़नी पड़ेगी। यम नियम के पायदानों से चढ़ना शुरू करके प्राणायाम करना होगा।

यह यम-नियम क्या है? योग-शास्त्र में अहिंसा, सत्य, अस्तेय, ब्रह्मचर्य और अपरिग्रह इन्हें यम कहते हैं। अहिंसा यानि मन से वाचा या शरीर से किसी भी प्राणी को दुःख न देना, सत्यः, काया (शरीर) वाचा (वाणी) और मन से झूठ न बोलना, अस्तेयः काया, वाचा, मन से किसी दूसरे की वस्तु की इच्छा न करना ब्रह्मचार्य, काया, वाचा, मन से स्त्रीसंग की इच्छा न करना और अपरिग्रहः किसी भी वस्तु का संग्रह न करना। निष्काम कर्म के अनुष्ठान से 5 यम साध्य होते हैं।

नियम पांच प्रकार के होते हैं:- शौचः-पानी और मिट्टी से शरीर को साफ रखना, संतोषः दैव से जो भी मिला है उसमें संतुष्ट रहना, तपः व्रत वगैरा करके शरीर

को कृश (पतला) रखना, स्वध्याय: वेदाध्ययन: अच्छे विचारों के ग्रन्थ पढ़ना ईश्वर प्राणिधान: परमेश्वर का नामस्मरण और ध्यान करना।

यम नियम के पायदानों से गुजर कर योग रूपी पर्वत शिखर यानि पर-ब्रह्म की प्राप्ति के लिए प्रयत्न करना होता है।

श्री ज्ञानेश्वर जी कहते हैं इसके बाद प्रत्याहार यानि इंद्रियों को बुद्धि के अधीन करना यानि नियंत्रण करना। बुद्धि इंद्रियों के आधीन (वश में) होती है। उस बुद्धि को इस पारतंत्र से मुक्त करना। इंद्रियां बड़ी प्रबल हैं। वे बुद्धि को अपनी ओर खींचती हैं उससे बुद्धि को छुड़ाना जरूरी है।

लेकिन यह कैसे संभव है? श्री ज्ञानेश्वर जी कहते हैं:

तरी अभ्यासाचे नि बळे। प्रत्याहारी निराळे।
नखी लागेल ढाळे ढाळे वैराग्याची।

(ज्ञा. अ. 6, ओ. 57)

यम नियम और प्रत्याहार के बल से धीरे-धीरे वैराग्य वृत्ति जागृत होती है और परब्रह्म तक पहुँचना आसान हो जाता है। बड़े किले पर पहरा है और फिर भी किले को जीतना है, तो ऐसे किले पर बाहर से घोरपड़ (छिपकली) रस्सी समेत ऊपर फेंकते हैं। यह घोरपड़ अपनी नखों से किले की दीवार को पकड़ लेती है और फिर अपनी ताकत से चिपकी रहती है। इसकी सहायता से मनुष्य किले पर चढ़ जाता है। इसी प्रकार अभ्यास के बल से और वैराग्य रूपी नखों (नाखूनों) से मनुष्य प्रत्याहार रूपी किले की दीवार पर चढ़ सकता है।

इस वैराग्य के बाद की स्थिति के बारे में श्री ज्ञानेश्वर जी कहते हैं:

ऐसा पवनाचेनि पाठारे। येता धारणेचेनि पैसारे।
क्रमी ध्यानाचे चवरे। सांडे तंव। (ज्ञा. अ. 6, ओ. 58)

इस प्रकार बुद्धि को इंद्रियों के पकड़ से निकालकर, वैराग्य के रास्ते पर चलते हुए चित्त को स्थिर करना चाहिए। चित्त स्थिर होने की क्रिया को 'धारणा' कहते हैं। इस प्रकार परमेश्वर स्वरूप में, चित्त के प्रवाह को स्थिर करके, व्यक्ति ध्यान मग्न होता है। ध्यान, धारणा अवस्था तक पहुँचने का अंतिम पड़ाव है। ऐसी ध्यान स्थिति में "मैं" ध्यान कर रहा हूँ ऐसा महसूस नहीं होता। यह ध्यान स्थिति ही समाधी है। इस समाधी स्थिति तक पहुँचने का मार्ग है यम नियमों का पालन, प्रत्याहार, वैराग्य और ध्यान। अब ऐसे योग में स्थित (योगारूढ़) व्यक्ति के लक्षण सुनो।

योगारूढ़ कौन है?

इंद्रिये कर्माचिया ठायी। वाढनली परि कांही।
फलहेतूची चाड नाही। अन्त:करणी।
असतेनि देहे गेतुला। जो चेतुचि दिसे निदेला।
तोचि योगारूढ़ भला। वोळखे तूं। (ज्ञा. अ. 6, ओ. 64, 65)

इंद्रियां कर्म करने के लिए प्रवृत हुई तब भी अन्तःकरण में कर्म के फल भोगने की इच्छा नहीं होती। आत्मस्वरूप के लिए जागृत अवस्था में है, लेकिन विषय-सुखों के बारे में निद्रा अवस्था में है, ऐसे व्यक्ति को योगारूढ़ कहते हैं। और यह तभी सब प्राप्त होता है जब विषय, इंद्रियाँ और मन इन तीनों से बुद्धि अलग होती है।

लेकिन ऐसी स्थिति योगी को कौन प्राप्त कराता है? अर्जुन के मन में आये इस प्रश्न को जानकर भगवान श्रीकृष्ण कहते हैं–

उद्धरेदात्मनाऽत्मानं नात्मानमवसादयेत्।
आत्मैव ह्यात्मनो बन्धुरात्मैव रिपुरात्मनः।।
बन्धुरात्मात्मनस्तस्य येनात्मैवात्मन जितः।
अनात्मनस्तु शत्रुत्वे वर्तेतात्मैव शत्रुवत।

(गी. अ. 6, श्लो. 5, 6)

योगारूढ़ या योग-स्थिति कोई दूसरा व्यक्ति प्राप्त करा नहीं सकता। आत्मबल के द्वारा ऊंचा उठा कर अपना उद्धार खुद ही करना होता हैं। हम ही अपने बंधु हैं और हम ही अपने शत्रु हैं। लेकिन हम ही हमारे बंधु हैं और शत्रु है इसका क्या मतलब?

जिन्होंने अपने अन्तःकरण को जीत लिया है (जो जितेन्द्रिय है) वह जीवात्मा के मित्र हैं। जिन्होंने अन्तःकरण को नहीं जीता है वह स्वंय ही उससे शत्रु जैसा बर्ताव करते हैं।

इस कठिन तत्वज्ञान को, उपदेश को श्री ज्ञानेश्वर जी बहुत ही सरल शब्दों में समझाते हैं:

जैसी शुकाचेनि आंगभारे। नलिका भोवाळाली एरी मोहरे।
तरी नेणे उडावे परी न पुरे। मनशंका।
वायाचि मान पिळी। अटुवे हिए आंवळी। टिटांतु नळी।
धरूनि ठाके। ब्रह्मणे बांधला मी फुडा।
ऐसिया भावनेचिया पड़े खोड़ा।
की मोहळिया पायांचा चवडा।
गोवी आधिके। ऐसा काजेविण आतुंडला।
तो सांग पा काय आणिके बांधला-मग
न सोडिजे जय्ही नेला।
तोडूनि अर्धा। म्हणूनि आपणया।
आपणचि रिपु। जेणे वाढविला हा संकल्पु।
येर स्वयंबुद्धि म्हणे बापु। जो नाथिले नेघे।

(ज्ञा. अ. 6, ओ. 76, 77, 78, 79, 80)

तोते को पकड़ने के लिए नली के बीच में रस्सी निकाल कर दोनों छोरों पर बांध दी जाती है। इस, लटकाई नली पर तोता फल खाने के लिए बैठता है तो उसके वजन

से नली झुकती है व घूमती है। ऐसे वक्त तोते को उड़ जाना चाहिए। लेकिन गिरने के डर से तोता नलिका को और पक्का पकड़ता है व उसके साथ घूमने लगता है। तोता समझता है कि वह बंध गया है, मानो किसी ने उसे बांध रखा है। इस प्रकार तोता व्यर्थ ही खुद फंस जाता है। हे अर्जुन ! क्या उस तोते को किसीने बांध रखा है? उसे पकड़ कर खींचने वाला तोते की गर्दन तोड़ डालता है। तब भी वह उस नली को नहीं छोड़ता। इसी प्रकार जब ''मैं देह हूँ'' यह कल्पना होती है तब हम खुद ही अपने बैरी हो जाते हैं जिस प्रकार वह तोता नली को पकड़े रहता है। लेकिन जो व्यक्ति झूठा देहाभिमान नहीं करता, तो वह आत्मबुद्धि होता है। वही आत्मा उसका बंधु हो जाता है।

श्री ज्ञानेश्वर जी लिखते हैं:

हा घटाकर जैसा। निमालिया तया अवकाशा।
न लगे मिळो जाणे आकाशा। आना ठाया।
तैसा देहाहंकार नाथिला। हा समूळ जयाचा नाशिला।
तोचि परमात्मा संचला। आधाचि आहे।

(ज्ञा. अ. 6, ओ. 83, 84)

मिट्टी का बर्तन फूट जाने पर, जिस प्रकार मिट्टी के बर्तन में स्थित आकाश को बाहर के आकाश के साथ मिलन करने के लिए कहीं ले जाना नहीं पड़ता है, उसी प्रकार देह का झूठा अहंकार नष्ट होता है तो व्यक्ति परमात्मा स्वरूप होता है। ऐसे व्यक्ति को योग युक्त कह सकते हैं। योग युक्त व्यक्ति के लिए कोई श्रेष्ठ नहीं, कोई कनिष्ठ नहीं। शुद्ध सुवर्ण का मेरू पर्वत या मिट्टी का ढ़ेर, एक योगी के लिए एक जैसे ही होते हैं।

लेकिन यह समदृष्टि कैसे प्राप्त होती है? श्री ज्ञानेश्वर जी स्पष्ट करते हैं:

घापे परामाजी दृष्टी। दिसे तंतुची सैंध सृष्टी।
परी तो एक वाचूंनी गोष्टी। दुजी नाही।
ऐसेनि प्रतीती हे गवसे।
ऐसा अनुभव जयाते असे। तोचि समबुद्वी हे अनारिसे।
नन्हे जाण। (ज्ञा. अ. 6, ओ 100, 101)

वस्त्र वास्तव मे क्या हैं? वस्त्र धागों का विस्तार ही हैं उसी प्रकार सर्व सृष्टि, परमेश्वर का केवल विस्तार ही है। दूसरा कुछ भी नहीं है ऐसा अनुभव जिसे प्राप्त होता है वही समबुद्धि व्यक्ति है।

ऐसे समबुद्धि का सार्मथ्य बहुत प्रचंड होता है। उसके दर्शन मात्र से ही समाधान प्राप्त होता है।

श्री ज्ञानेश्वर जी लिखते हैं:

जयाचें नाव तिर्थरावी। दर्शे प्रशस्तीसि ठावी। जायचेनि संगे ब्रम्हभावो।
भ्रांतासहि। जयचेनि बोले धर्म जिये। दिठी महासिद्धीते विये।

देखे स्वर्ग सुखादि इये। खेळ जयाजा। विपाये जरी आठवला चित्ता।
तरी दे आपुली योग्यता। हे असो तयाते प्रशंसितां। लाभ आथि।

(ज्ञा. अ. 6, ओ. 102, 103, 104)

समबुद्धि तीर्थों का तीर्थराज है। उसके दर्शन से संपूर्ण समाधान प्राप्त होता है और मन की भ्रांती नष्ट होती है, ब्रह्म स्थिति प्राप्त होती है। उसके बोलने से धर्म जीवित होता है। मतलब यह की उसका सहज बोलना भी धर्म के अनुसार होता है। समबुद्धि व्यक्ति की दृष्टि मात्र से ही महासिद्धी प्राप्त होती है। उनके कहने से तो स्वर्ग भी प्राप्त हो सकता है। ऐसे ज्ञानी महात्मा की कीर्ति का गायन करने से बहुत लाभ होता है।

अर्जुन यह सुनकर क्या सोचते हैं? इसका अनुमान लगाते हुए श्री ज्ञानेश्वर जी कहते हैं:

हे असो कथा सांगे वेगी। मग अर्जुन म्हणे सलगी।
देवा इये संतचिन्हे आंगी। न ठकती माझ्या।
येप्हवी या लक्षणांचिया निजसारा। मी अपाडे कीर अपुरा।
परि तुमचेनि बोले अवधारा। थोरावे जरी।

(ज्ञा. अ. 6, ओ. 139, 140)

अब आगे क्या हुआ यह श्री ज्ञानेश्वर जी बताते हैं। अर्जुन भगवान से प्रेम-पूर्वक कहते हैं भगवान जो आपने संत ज्ञानी व्यक्ति के लक्षण व गुण बताये वे तो मेरे में नहीं हैं ऐसे लक्षणों व गुणों से भरपूर व्यक्ति के साथ मेरी क्या तुलना होगी? मैं तो अपूर्ण हूँ। आप इसे साध्य करने का उपदेश करें तो मैं उनके जैसा बन सकूंगा। ऐसा कुछ बताईये।

भगवान श्रीकृष्ण कहते हैं यह तो तुमने पूछ लिया। मैं भी तुम्हें यह अवस्था कैसे प्राप्त की जाती है इसके बारे में बताना चाहता हूँ। इसके लिए बहुत अभ्यास की आवश्यकता है। इन सभी क्रियाओं को सूक्ष्म रीति से ग्रहण करो और अभ्यास करो। भगवान श्रीकृष्ण इस क्रिया को सुनाते हैं। श्री ज्ञानेश्वर जी ने इसका विस्तृत वर्णन किया है।

भगवान श्रीकृष्ण कहते हैं।

शुचौ देशे प्रतिश्ठाप्य स्थिरमासनमात्मनः।
नात्युच्छ्रितं नातिनीचं चैलजिनकुशोत्तरम्।

(गी. अ. 6 श्लो 11)

ध्यान आदि क्रिया शुरू करने से पहले शुद्ध, पवित्र स्थल को चुनिए। फिर आसन को रखिये, जो जमीन से सटा न हो और बहुत ऊंचा भी न हो। ऐसे आसन पर कुशा, फिर हिरन का चमड़ा बिछाकर उसके उपर वस्त्र को डालिये।

श्री ज्ञानेश्वर जी योगाभ्यास के इस एकांत स्थल का वर्णन करते हैं:

म्हणोनि तैसे ते जाणावे। मन राहते ते पाहावे।
राहेल तेथ रचावे। आसन ऐसे। वरि चोखट मृग सेवडी।
माजी धूत वस्त्राची घडी। तलवटी अमोडी। कुशांकुर।
परिसावियाचीं ऊंच होइल। तरी आंग हन डोलेल।
नीच तरी पावेल। भूमीदोष। (ज्ञा. अ. 6, ओ. 181, 182, 184)

योगाभ्यास के लिए एकांत स्थान होना चाहिए। ऐसे जगह का निरीक्षण कर लीजिए। इस एकांत जगह में मन आनंदित रहेगा ऐसा अनुभव होने पर वहाँ पर आसन लगाइये। आसपास हरिण के कोमल चमड़े को रखिये और उस पर धोये हुए वस्त्र को तह करके डालिये। आसन बहुत ऊंचा ना हो क्योंकि उससे शरीर हिल सकता है। आसन ज़मीन पर सटा भी न हो, नहीं तो गीली ज़मीन या कीड़े आदि के कारण स्थिर बैठना मुश्किल होगा।

आसन को स्थापित करने के बाद क्या करना होगा इसके बारे में भगवान श्री कृष्ण कहते हैं:

तत्रैकाग्रं मनः कृत्वा यतचित्तेंन्द्रिय क्रियः।
उपविश्यासने युंज्याद्योगमात्मविशुद्वये।।

(गी. अ. 6 श्लो. 12)

आसन पर बैठ कर आत्मशुद्धि के लिए मन इंद्रियों के व्यापार का निरोध करके और मन को एकाग्र करके योगाभ्यास करना चाहिए।

इस योगाभ्यास को शुरू कैसे करना चाहिए, शरीर की कौन सी क्रियायें इसमें महत्व-पूर्ण हैं, इसके बारे में श्री ज्ञानेश्वर जी विस्तार से लिखते हैं। इसका वर्णन गीता के श्लोकों में नहीं है। श्री ज्ञानेश्वर जी कहते हैं कि शरीर-क्रिया शुरू करने से पहले मन को एकाग्र करने के लिए सद्गुरू का प्रेम से स्मरण करना चाहिए, उसका अनुभव लेना चाहिए। इससे सात्विक भाव जागृत होता है। अहंभाव नष्ट होता है।

ऐसे ऐक्य हे सहजे। फावे तंव राहिजे।
मग तेणेचि बोधे बैसिजे। आसनावरी।

(ज्ञा. अ. 6, ओ. 189)

इस तरह मन, इंद्रियां और अन्तःकरण जब तक एक रूप ना हो जाए, तब तक सद्गुरू का स्मरण करते रहें। इसके बाद ही आसन पर बैठें। श्री ज्ञानेश्वर जी कहते हैं कि एकदम से आसन पर बैठना उचित नहीं। पहले मन की ऐसी अवस्था बनाइये। सद्गुरू का प्रेमपूर्वक स्मरण कीजिए।

इसके बाद श्री ज्ञानेश्वर जी योग मुद्रा के बारे में सविस्तार कहते हैं। आसन पर बैठते समय पैर, घुटने, शरीर के अन्य भागों से कैसे संलग्न करें

इसका एक शास्त्र है।

मुद्रेची प्रौढ़ी ऐसी। तेचि सांगिजेल आता परियेसी।
तरी उरु या जघनसासी। जड़ोनि घाली।

चरण तळे देव्हडी। आधारद्रुमाच्या बुडी।
सुघटिते गाढी। संचरी पां। (ज्ञा. अ. 6, ओ. 192, 193)

जिस मुद्रा के द्वारा यह अभ्यास किया जाता है उसके बारे में सुनो। अपने जाँघ सट कर लगावो। फिर एक पैर के तलवे पर दूसरे पैर का तलवा तिरछा रख कर उसे गुदा द्वार के स्थान पर स्थिर रखिये। उस दाहिनी पैर की ऐडी़ नीचे रखकर उस ऐड़ी से गुदा और शिशन के बीच में जो चार उंगली जगह होती हैं उसमें डेढ़ अंगुली जगह दोनों तरफ से दबायें। इससे शरीर ऊपर की ओर उठता है। इससे कुंडलिनी जागृत होती है और ब्रह्म स्थिति प्राप्त होती है। ये सभी क्रियायों का अभ्यास किसी योगी से प्रत्यक्ष रुप में सिखनी चाहिए।

भगवान श्रीकृष्ण संक्षेप में आसन पर बैठने के बाद क्या करना है इसके बारे में बताते हैं।

समं कायशिरोग्रीवं धारयन्नचलं स्थिर:।
सम्प्रेक्ष्य नासिकाग्रं स्व दिशश्चानवलोकयन्।।

(गी. अ. 6, श्लो. 13)

अत्यंत निश्चल होकर शरीर गर्दन व सिर एक रेखा में रख कर इधर उधर न देखते हुए नाक की सीध (अग्रभाग) में देखें। आसन करने वाला व्यक्ति, अपने मन को विषय वासना से पूर्णतया हटाकर, सब तरह का डर दूर कर के, मेरे में चित्त को स्थिर करके, मेरे स्वरूप मत्परायण मुझमें समर्पित हो जायेगा।

श्री ज्ञानेश्वर जी इस तरह के योगाभ्यास का वर्णन करते हुए ब्रह्म स्थिति प्राप्त करने के लिए भिन्न-भिन्न आसनों के बारे में सूचना देते हैं। योग साधना में कुशल व्यक्ति से इस तरह की साधना कैसे की जाती है, इसको प्रत्यक्ष देखना होगा तथा उसका अभ्यास करते रहना होगा।

लेकिन इस तरह का योग और योगस्थिति किसे प्राप्त होती है। श्री ज्ञानेश्वर जी अर्जुन के मन को पढ़ते हुए लिखते हैं:

ना तरी देव जैसे सांगतील। तैसे आपण पे जरी न ठकेल।
तरी योग्यतेवीण होईल। तेचि पुसो।हां ही जी अवधारिले।
जे हे साधन तुम्ही निरोपिले। ते आवडतयाहि अभ्यासिले।
फावो शके। की योग्यतेवीण नाही।
ऐसे हन आहे कांही। तेथ श्रीकृष्ण म्हणती काई। धनुर्धरा।

(ज्ञा. अ. 6, ओ, 335, 337, 338)

अर्जुन कहते हैं "देवा आपने जो भी बताया क्या वह मैं कर पाऊँगा? मेरे में योग्यता नहीं है ऐसा जानकर, मैं आपको किसी अन्य साधन से कैसे प्राप्त करूं इसके बारे में पूछता हूँ? आपने जो कहा वह मेरी समझ में आया है। अभ्यास करने से किसी भी व्यक्ति को यह योग प्राप्त हो सकता है। योग्यता के बगैर यह साध्य नहीं हो सकता।" इस पर भगवान श्रीकृष्ण कहते हैं "हे धनुर्धर अर्जुन ! यह तुम क्या कह

रहे हो? योग्यता के सिवाय कोई कार्य सिद्ध नहीं हो सकता है। कार्य के लिए योग्य होने के बाद ही प्रयत्न सफल होते हैं। योगाभ्यास के लिए योग्यता प्राप्त करनी होगी। क्या हैं ऐसी योग्यता के लक्षण?

भगवान श्रीकृष्ण कहते हैं:

नात्यश्नतस्तु योगोऽस्ति न चैकान्तमनश्नतः।
न चाति स्वप्नशीलस्य जाग्रतो नैव चार्जुन।।
युक्ताहारविहारस्य युक्तचेष्टस्य कर्मसु।
युक्तस्वप्नावबोधस्य योगो भवति दुःखहा।

(गी. अ. 6, श्लो. 16, 17)

बहुत ज्यादा अन्न खाने वाले, बिल्कुल ही भोजन न करने वाले, बहुत निद्रा करने वाले या बिल्कुल ना सोनेवाले व्यक्ति को यह योग प्राप्त नही होता। समतोल आहार विहार और नियमित रूप से योग्य निद्रा और जागृतावस्था और अपने शरीर को व्यवस्थित रखने वाले व्यक्ति और कर्मों में यथायोग्य चेष्टा करने वाले व्यक्ति को योग प्राप्त हो कर, दुख का नाश होता है। कहीं पर भी बैठे, कुछ भी खा रहे हैं, सोने का नियम नहीं, जागने का नियम नहीं ऐसे व्यक्ति को योग साधना नहीं हो सकती।

श्री ज्ञानेश्वर जी इसे स्पष्ट करते हैं:

जैसे भाग्याचिये भडसे। उद्यमाचेनि मिषे।
मग समृद्धिजात आपैसे।
घर रिघे। तैसा युक्तिमंत कौतुके। अभ्यासाचिया मोहरा ठाके।
आणि आत्मसिद्धीचि पिके। अनुभव तयाचा।
म्हणोनि युक्ति हे पांडवा।
घड़े जया सदैवा। तो अपवर्गीचिये राणिवा। आकंकरिजे।

(ज्ञा. अ. 6, ओ. 354, 355, 356)

जिस प्रकार से जब भाग्योदय का समय नज़दीक आता है, तब भाग्य से ही सब कुछ मिलता है। उस वक्त प्रयत्न सिर्फ निमित मात्र होते हैं और घर संपत्ति से भर जाता है। इसी तरह उपयुक्त मात्रा में जो व्यक्ति आहार, निद्रा इत्यादि शारीरिक क्रियाऐं करता है तो सहज ही सिद्धी को प्राप्त करता है। उपयुक्त आहार विहार, योगाभ्यास के लिए एक तरह से सिद्धी प्राप्त करने का मंत्र है।

तरि पार्था हे झणे। सायास घेशी हो मने।
वाया बागुल दुर्जने। इंद्रिये करिती।
पा हे पां आयुष्याते अढळ करी। जे सरते जीवित वारी।
तया औधधाते वैरी। काय जिह्वा न म्हणे।
ऐसे हितासि जे जे निके। ते सदाचि या इंद्रियां दुखे।
येऱ्हवी सोपे योगा सारिखे। कांही आहे।

(ज्ञा. अ. 6, ओ. 361, 362, 363)

श्री ज्ञानेश्वर जी कहते हैं:

हे अर्जुन! ब्रह्म स्थिति प्राप्त होनी चाहिए, ऐसा तुम चाहते हो लेकिन योगाभ्यास करने से कतराते हो? योग-मार्ग में कष्ट है इससे डरते हो? योग मार्ग कष्टदायक है, ऐसा मन ही मन तुम सोचते हो। लेकिन सच में दुर्जन इंद्रियाँ तुम्हें योगाभ्यास कठिन है, ऐसा कहकर डराती हैं। जिस औषधि के खाने से जीवन फलता-फूलता है, क्या हमारी जीभ उसे खाने से मना करेगी? योगाभ्यास भी हमें स्थिरता देता है। वास्तव में योगाभ्यास जैसा आसान कुछ भी नही है। योगाभ्यास कल्याणकारी है। जब योगाभ्यास से इंद्रियाँ नियमित रूपसे काम करने लगती हैं, तब चित्त अपने मूल रूप में आत्मस्वरूप होता है। भगवान भक्ति में मन लीन होता है।

योगाभ्यास एकदम से आत्मसात नहीं होता, धीर-धीरे धीरज रख कर बुद्धि को नियंत्रण में रखकर, उसे ब्रह्म स्वरूप में स्थिर करना आवश्यक है। इसमें समय लगता है, लेकिन कठिन नहीं है। यदि ऐसा करना भी कठिन लगता है, तो और भी मार्ग हैं।

भगवान श्री कृष्ण कहते हैं:

यतो यतो निश्चरति मनश्चंचलमस्थिरम्।
ततस्ततो नियम्यैतदात्मन्येव वशं नयेत्॥
यो मां पश्यति सर्वत्र सर्वं च मयि पश्यति।
तस्याहं न प्रणाश्यामि स च मे न प्रणश्यति॥

(गी. अ. 6, श्लो. 26, 30)

चंचल और अस्थिर मन जिस विषय-वासना की ओर दौड़ता है, उसे उन विषयों से पीछे मोड़िये खींचिये और वैराग्य की भावना से मन को आत्मा में स्थिर करिये। सर्व भूतों में (प्राणियों में) भगवान है और 'मेरे' में ही सब प्राणी मात्र हैं, ऐसा जो देखता है या सब चराचर सृष्टि में एक ही ब्रह्म है, ऐसे व्यक्ति का अन्तःकरण आत्मस्वरूप में स्थिर होता है। "जो मुझे सर्व वस्तुओं में देखता है, मैं उससे कभी दूर नहीं हूँ और वह भी मुझसे दूर नहीं है अर्थात उसका और मेरा स्वरुप एक है।"

श्री ज्ञानेश्वर जी स्पष्ट करते हैं कि

जेणे एक्याचिये दिठी। सर्व मातेचि किरीटी।
देखिला जैसा पटी। तंतु एक।
कां स्वरूपे तरी बहुते आहाती। परि तैसी सोनी बहुवे न होती।
ऐसी एक्याचळाची स्थिती। केली जेणे।
ना तरी वृक्षांची पाने जेतुसी।
तेतुली रोपे नाही लाविली। ऐसी अद्वैत दिवसे पाहली।
रात्री जया। (ज्ञा. अ. 6, ओ. 398, 399, 400)

जिस प्रकार से पूरे वस्त्र में धागे ही होते हैं उसी प्रकार से मैं सर्वत्र व्याप्त हूँ। यही मेरा अद्वैत रूप है। मैं, मेरी सृष्टि एक ही है। स्वर्ण से बने गहने बहुत प्रकार के होते हैं, लेकिन स्वर्ण एक ही है। उसी प्रकार जिस व्यक्ति ने मुझे अपनी बुद्धि से एक ही रूप से यानि 'मैं और तुम' ऐसा द्वैत नही है, इसे समझ लिया है, वही

ज्ञानी है। पेड़ की जड़ एक ही होती है। उसी प्रकार भगवान ही मूल है और यह संसार उन पत्तों की तरह है।

भगवान श्रीकृष्ण समझाते हैं:

आत्मौपम्येन सर्वत्र समं पश्यति योऽर्जुन।
सुखं वा यदि वा दुःखं स योगी परमो मतः।।

(गी. अ. 6 श्लो. 32)

जो सर्व प्राणीमात्र व सुख-दुख को सम दृष्टि से आत्म-स्वरूप देखता है, वही परम योगी है। अर्थात जो सुख मुझे प्रिय है वह दूसरे प्राणियों को भी प्रिय है और जो मुझे अप्रिय हैं वह दूसरों को भी अप्रिय हैं। जो ऐसे सब प्राणियों में अपने समान ही सुख, दुख को तुल्यभाव से अनुकूल और प्रतिकूल देखता है और जो किसी के प्रति हिंसक नहीं है, वह परम योगी है।

श्री ज्ञानेश्वर जी इसको स्पष्ट करते हुए कहते हैं कि हमारे शरीर के अनेक अवयव हैं (हाथ, पैर, सिर, कान, आदि) इनको मिलाकर ही यह हमारा शरीर बना हुआ है, यह हम जानते हैं। और यह शरीर उन अवयवों के सहित मेरा है इसी सोच के कारण हम शरीर से प्रेम करते हैं। इसी प्रकार से सृष्टि के सभी पदार्थ मिलकर अद्वैत वस्तु है जब ऐसा बुद्धि समझती है तब वह ब्रह्मस्वरूप हो जाती है।

श्री ज्ञानेश्वर जी लिखते हैं:

म्हणोनि आपण पां विश्व दिखिजे। आणि आपण
विश्व होइ जे।
ऐसे साम्यचि एक उपसिजे। पांडवा गा। हे तूं ते
बहुतीं प्रसंगी।
आम्ही म्हणों याचिलगी जे साम्यापरोती जगी।
प्राप्ति नाही। (ज्ञा. अ. 6, ओ. 409, 410)

आत्म स्वरूप होने के लिए पूरी सृष्टि को अपने में देखो या हम ही पूरा विश्व हैं ऐसी समदृष्टि से चिंतन करो। हे अर्जुन! साम्यस्थिति, सब के प्रति समदृष्टि, जैसी कोई श्रेष्ठ वस्तु इस जगत में नहीं है। यही मैं बार-बार तुम्हें बता रहा हूँ।

अर्जुन इस पर कहते हैं कि यह तभी हो सकता है जब कोई इसको माने व समझे। लेकिन मन तो बड़ा चंचल है। तो इस साम्य दृष्टि को, आत्म स्वरूप को कैसे प्राप्त करें?

अर्जुन कहते हैं।

योऽयं योगस्त्वया प्रोक्तः साम्येन मधुसूदन।
एतस्याहं न पश्यामि चंचलत्वात्स्थितिं स्थिराम्।।
चंचल हि मनः कृष्ण प्रमाथि बलवद्दृढम्।
तस्यांह निग्रहं मन्ये वायोरिव सुदुष्करम्।।

(गी. अ. 6, श्लो. 33, 34)

अर्जुन कहते हैं, हे मधुसुदन! आपने जिस साम्य-बुद्धि रूप योग के बारे में बताया, वह मन चंचल होने के कारण स्थिर कैसे रह पायेगा? यह मन अति चंचल है, शरीर और इंद्रियों को यह मन परवश करता है, उकसाता है। यह बड़ा बलवान है और काबू में नहीं आता। ऐसे मन का निग्रह करना हवा का निग्रह करने जैसा दुष्कर है, वायु एक बार नियंत्रण में आ जाये लेकिन मन पर नियंत्रण पाना आसान नहीं है।

श्री ज्ञानेश्वर जी मन की चंचलता के बारे में लिखते हैं:

हे मन कैसे केवढे। ऐसे पाहो म्हणों तरी न सापडे।
येऱ्हवी राहाटवया थोडे। त्रैलोक्य यया।
म्हणोनि ऐसे कैसे घडेल। जे मर्कट समाधी येईल।
कां राहा म्हणितलिया राहेल। महावात। जे बुद्धीते सळी।
निश्चयाते टाळी। धैर्ये सी हातफळी। मिळऊनि जाय।

(ज्ञा. अ. 6 ओ 412, 413, 414)

यह मन कैसा है? कितना बड़ा है? देखते हैं तो कहीं दिखाई नहीं देता। लेकिन यह मन त्रेलोक्य में भटकता है। मन एक बंदर की तरह चंचल है। वो कैसे स्थिर होगा? क्या तूफान को हम कह सकते हैं की तुम रूक जाओ? या क्या हमारे कहने से वह रूक जायेगा? यह मन बुद्धि को छलता है, कोई निश्चय करने नहीं देता। धीरज को टिकने नही देता, संतोष समाधान मिलने पर और इच्छाऐं उत्पन्न करता है। जितना हम मन को नियंत्रित करने की कोशिश करते हैं उतना वह और उछलता है, उफनता है। मन स्थिर होना दुष्कर है।

भगवान श्रीकृष्ण अर्जुन से कहते हैं:

असंशयं महाबाहो मनो दुर्निग्रहं चलम्।
अभ्यासेन तु कौन्तेय वैराग्येण च गृह्यते।।
असंयतात्मना योगो दुश्प्राप इति मे मतिः।
वश्यात्मना तु यतता शक्योऽवाप्तुमुपायतः।।

(गी. अ. 6, श्लो. 35, 36)

हे महाबाहो अर्जुन ! इसमें काई संशय नहीं कि मन अत्यंत चंचल है और उसको निग्रह करना बहुत कठिन है। लेकिन अभ्यास और वैराग्य के द्वारा उसे नियंत्रित कर सकते हैं। जो व्यक्ति अभ्यास और वैराग्य से मन नियंत्रित नहीं करना चाहता है वह साम्य बुद्धि रूप योग प्राप्त नहीं कर सकता। ऐसा मेरा मत है, लेकिन जो व्यक्ति अभ्यास और वैराग्य को अपनाता है, वह व्यक्ति इस योग को प्राप्त कर सकता है।

लेकिन ऐसे कैसे हो सकता है? श्री ज्ञानेश्वर जी समझाते हैं:

कां जे यया मनाचे एक निके। जे देखिले गोड़ीचिया
ठाया सोके।
म्हणोनि अनुभव सुखचि कवतिके। दावीत जाइजे।

येप्हवी विरक्ति जयासि नाही। जे अभ्यासी रिघती कही।
तया नाकळे हे आम्ही ही। न मनूं कायी।

(ज्ञा. अ. 6 ओ 420, 421)

श्री ज्ञानेश्वर जी कहते हैं कि मन चंचल अवश्य है। लेकिन इस मन का एक स्वभाव बहुत अच्छा है वह यह कि जहाँ भी मन की रुचि होती है तो फिर उसी से चिपकाता है, वही स्थिर होता है। यह मन का गुण बहुत अच्छा है। इसलिए इस मन को आत्म-सुख के आनन्द के बारे में बताते रहिए। मन को हर वक्त विषय-सुखों में डुबाये रखोगे, कभी वैराग्य के बारे में सोचोगे नहीं तो मन स्थिर कैसे होगा? इसलिए यम, नियम, प्रत्याहार, ध्यान करने की शुरूवात करिए, अभ्यास में लग जाइये फिर मन स्थिर कैसे नहीं होगा। मन स्थिर अवश्य होगा।

अर्जुन इसे ध्यान से सुनते हैं। अभ्यास का महत्व समझते हुए उनके मन में एक शंका उपस्थित होती है। वे सोचते हैं कि यदि भगवान के द्वारा बताई हुई ध्यान धारणा शुरू की जाए व अभ्यास करना भी शुरू किया जाये, लेकिन यदि इस बीच जीवन समाप्त होता है, मृत्यु होती है तो ऐसे व्यक्ति की क्या गति होगी? न बुद्धि स्थिर हुई न योग सिद्धि प्राप्त हुई।

अर्जुन भगवान श्रीकृष्ण से कहते हैं:

अयतिः श्रद्धयोपेतो योगाच्चलितमानसः।
अप्राप्य योगसंसिद्धिं कां गतिं कृष्ण गच्छति।।
कच्चिन्नोभयविभ्रश्टशिछन्नाभ्रमिव नश्यति।
अप्रतिश्ठो महाबाहो विमूढो ब्रह्मणः पथि।।
एतन्में संशयं कृष्ण छेत्तुमर्हस्यपेशतः।
त्वदन्यः संशयस्यास्य छेत्ता न ह्युपपद्यते।।

(गी. अ. 6 श्लो 37, 38, 39)

हे कृष्ण! यदि व्यक्ति योग मार्ग में यत्न करने वाला नहीं है, परन्तु श्रद्धा (आस्तिक बुद्धि) से युक्त है, और अन्तकाल में जिसका मन योग से हट जाता है, ऐसे योग-सिद्धि प्राप्त न होने वाले व्यक्ति की क्या गति होती है? क्या उसके प्रयत्न, अभ्यास व्यर्थ जाता है? नष्ट होते हैं?

अर्जुन द्वारा किया गया प्रश्न हमारे मन में भी आता है। श्री ज्ञानेश्वर जी इस प्रश्न को स्पष्ट करते हैं:

म्हणोनि सांगे श्री गोविंदा। कवण एक मोक्षपदा।
झोंवत होता श्रद्वा। उपायेविण। इंद्रियग्रामोनि निगाला।
आस्थेचिये वाटा लागला। आत्मसिद्धीचिया पुढिला।
नगरा यावया। तव आत्मसिद्धि नं ठकेचि।
आणि मागुने न येववेचि। ऐसा अस्तु गेला माझारीचि। आयुश्यभानु।

(ज्ञा. अ. 6, ओ. 431, 432, 433)

अर्जुन कहते हैं कोई व्यक्ति इंद्रियों का विरोध न करते हुए, केवल श्रद्धा के बल से योगाभ्यास के द्वारा, मोक्ष प्राप्त करने का प्रयत्न करता है। इंद्रियां नाम के गांव से वह निकलता है और सिद्धि नाम के नगर को जाने के लिए श्रद्धा के रास्ते चल पड़ता है। लेकिन आत्म-सिद्धि प्राप्त नहीं होती, थक जाने के कारण चल भी नहीं सकता और जीवन रूपी सूर्यास्त होता है। (मृत्यु होती है) आत्म प्राप्ति दूर रह जाती है। ऐसे श्रद्धावान व्यक्ति श्रद्धाभावना के साथ मरता है तो उसका क्या होता है? उसकी क्या गति होगी?

यही शंका हमारे जैसे सामान्य व्यक्ति के मन में भी आती है। पूजा, अर्चना, भजन, कीर्तन, अच्छे ग्रंथो को पढ़ना, ध्यान धारणा, इंद्रियों के निग्रह करने के प्रयत्न भी हम करते रहते हैं। श्रद्धावान भी हैं लेकिन योग सिद्धि प्राप्त होने के पहले ही मृत्यु होती है। क्या जो हमने किया व्यर्थ हुआ? इसका कोई उपयोग नहीं हुआ? व्यर्थ जाता है तो यह सब कुछ क्यों करें? इसी शंका के कारण हम योग मार्ग की तरफ नहीं मुड़ते।

लेकिन भगवान श्रीकृष्ण हमें आश्वस्त करते हैं, हमें दृढ़ता से बताते हैं कि

पार्थ नैवेहनामुत्र विनाशस्तस्य विद्यते।
न हि कल्याणकृत्कश्चिद्दुर्गतिं तात गच्छति।।
प्राप्य पुण्यकृताँ लोकानुशित्वा शाश्वती: समा:।
शुचीनां श्रीमतां गेहे योगभ्रष्टोऽभिजायते।।
अथवा योगिनामेव कुले भवति धीमताम्।
एतद्धि दुर्लभतरं लोके जन्म यदीदृशम्।।

(गी. अ. 6 श्लो. 40, 41, 42)

हे अर्जुन ! इस लोक में और परलोक में ऐसे श्रद्धावान व्यक्ति की अधोगति नहीं होती। कारण, पुण्य-कर्म करने वाला व्यक्ति कभी दुर्गति की ओर नहीं जाता, उसकी दुर्गति नहीं होती। ऐसे पुण्यवान लोग पवित्र और धनवान अथवा बुद्धिमान योगियों के कुटुम्ब में जन्म लेते हैं। बुद्धिमान योगियों के घर जन्म अपेक्षाकृत दुर्लभ है।

श्री ज्ञानेश्वर जी इस तत्व को अलग ढंग से प्रस्तुत करते हैं।

ऐके कवतिक हे कैसे। जे शतमखा लोक साया से।
ते तो पावे अनायासे। कैवल्यकाम। मग तेथिचे जे अमोघ।
अलौकिक भोग। भोगिता ही सांग। कंटाळे मन।
हा अंतराय अवचिता। कां वोढवला श्रीभगवंता।
दिविभोग भोगितां। अनुतापी नित्य।
पाठी जन्मे संसारी। परि सकळ धर्मांचिया माहेरी।
लांबा उगने आगरी विभवश्रियेचा।

(ज्ञा.अ. 6 ओ 441, 442, 443, 444)

श्री ज्ञानेश्वर जी लिखते हैं कि भगवान आश्वस्त करते हुए कहते हैं कि ऐसे योग-भ्रष्ट व्यक्ति को स्वर्ग सुख प्राप्त होते हैं जो सुख 100 यज्ञ करने वाले को नहीं

मिलते। ऐसे सुखों का उपयोग लेते हुए, ऐसा योग-भ्रष्ट व्यक्ति, उन सुखों से ऊब जाता है। ऐसे सुखों को भोगते वक्त यह व्यक्ति कहता है "हे भगवान! आपकी प्राप्ति के बीच में यह स्वर्ग सुखों का विघ्न कैसे डाल दिया?" यह प्रार्थना सुनकर भगवान ऐसे योग-भ्रष्ट को धर्म परायण, पवित्र और धनवान कुटुम्ब में जन्म देते हैं।

भगवान की प्राप्ति एक ही जन्म में नहीं होती है। सिद्धार्थ से गौतम बुद्ध का प्रवास और प्रयास करना पड़ता है। गौतम बुद्ध भी योग-भ्रष्ट व्यक्ति होंगे। इसलिए उनका जन्म पवित्र व धनवान राजा के घर होता है। धनवान से पवित्रता का स्थान ज्यादा महत्त्वपूर्ण है और उससे भी ज्यादा साधुसंतों का सहवास, उनसे भेंट इत्यादि। रत्नाकर डाकू बाल्मीकी तब बनता है, जब उसे नारद जैसे संत के दर्शन होते है। राम नाम का मंत्र सैंकड़ों पापों को नष्ट कर देता है। यदि योग साधना करते हुए, योग पूरा नहीं होता, तब भी ऐसे योग भ्रष्ट व्यक्ति के पुण्य कर्म नष्ट नहीं होते। यह प्रत्यक्ष श्रीकृष्ण भगवान का आश्वासन है। हिंदू धर्म मे एक जन्म, दूसरे जन्म से, कर्म के माध्यम से जुड़ा है। जन्मों की एक माला है और इसी माला में हम कितने पुण्य करते हैं, इसका हिसाब होता है।

भगवान श्रीकृष्ण अर्जुन से कहते हैं:

तत्र तं बुद्धिसंयोगं लभते पौर्वदेहिकम्।
यतते च ततो भूयः संसिद्धौ कुरूनंदन।।
पूर्वाभ्यासेन तेनैव ह्रियते ह्यवशोऽपि सः।
जिज्ञासुरपि योगस्य शब्दब्रह्मातिवर्तते।।

(गी.अ. 6, ओ 43, 44)

योगभ्रष्ट व्यक्ति को पहले की सात्विक बुद्धि, इस नये जन्म में प्राप्त होती है। इस सात्विक बुद्धि व संस्कार से ऐसा व्यक्ति फिर से मोक्ष प्राप्ति के लिए और अधिक प्रयत्न करता है। शरीर में आत्मज्ञान का उदय होता है। उम्र बड़ी होने तक उसे रूकना नहीं पड़ता। छोटी उम्र में भी सात्विक बुद्धि से वह ज्ञान प्राप्ति की ओर बढ़ता हैं। छोटी उम्र में ही उसे योग की प्राप्ति होती है। लेकिन यह तभी होगा, अगर उसने अच्छे संस्कारों की अपेक्षा अधिक बलवान अधर्म आदि कर्म ना किये हो क्योंकि उस स्थिति में उसके योगजन्य संस्कारों को अधिक बलवान अधर्म किये कर्म दबा देते हैं।

श्री ज्ञानेश्वर जी कहते हैं:

आणि मागील जे सद्बुद्धि। जेथ जीवित्वा
जाहली होती अवधि।
मग तेचि पुढती निरवधि। नवी लाहे।
तैसे दुर्भेद जे अभिप्राय। कां गुरूगम्य हन ठाय।
तेथ संसरेवीण जाय। बुद्धि तयाची।

बळिये इंद्रिये घेती मना। मन एकवटे पवना।
पवन सहजे गगना। मिळोचिं लागे।

(ज्ञा. अ. 6, ओ. 457, 459, 460)

पूर्वजन्म की योगप्रवृतबुद्धि मृत्यु के कारण जो नष्ट हो गयी, ऐसे मालूम पड़ रहा था वह फिर जीवित और सीमारहित हो जाती है। योग-भ्रष्ट की बुद्धि बहुत सूक्ष्म हो जाती है। बुद्धि अंतिम सत्य जानने के योग्य होती है। साधारण बुद्धि को जो दिखाई नहीं देता है वह योगभ्रष्ट व्यक्ति तुरंत देख पाता है। ऐसे व्यक्ति को योगाभ्यास आसानी से प्राप्त होता है। श्री ज्ञानेश्वर जी कहते हैं कि ऐसे योगाभ्यासी की सात्विक बुद्धि से प्रसन्न होकर मानो समाधी उसके मन को खोजते हुए उसके पास पहुँच जाती है।

भगवान श्रीकृष्ण कहते हैं

प्रयत्नाद्यतमानस्तु योगी संशुद्ध किल्बिषः।
अनेकजन्मसंसिद्धस्ततो याति परां गतिम्।।
तपस्विभ्योऽधिको योगी ज्ञानिभ्योऽपि मतोऽधिकः।।
कर्मिभ्यश्चाधिको योगी तस्माद्योगी भवार्जुन।।
योगिनामपि सर्वेषां मद्‌गतेनांतरात्मना।
श्रद्धावान्भजते यो मां स में युक्तमो मतः।।

(गी.अ. 6 श्लो. 45, 46, 47)

योगाभ्यास करने वाला योगी अनेक जन्मों में थोड़े-थोड़े संस्कारों को एकत्रित कर अनेक जन्मों में योगाभ्यास से अत्यन्त शुद्ध और पापरहित होता है। वह सिद्ध पुरुष होकर अन्त में ब्रह्म गति को प्राप्त होता है। हे अर्जुन! योगी, तपस्वी, ज्ञानी (ज्ञानी का मतलब यहां शास्त्र विषयक पांडित्य है तथा कर्म का मतलब अग्निहोत्रादि कर्म से है) और कर्म करने वाले व्यक्ति से भी श्रेष्ठ होता है। इसलिए अर्जुन तुम योगी बनो। सर्व योगियों में जो श्रद्धायुक्त हुआ मुझ में स्थित मन से ही मुझे भजता है, वह मुझसे एक रूप होता है।

श्री ज्ञानेश्वर जी गीता के इस श्लोक का अर्थ एक ही ओवी में कहते हैं:

अगा योगी जो म्हणिजे। तो देवाचा देव जाणिजे।
आणि सुख सर्व माझे। चैतन्य तो।

(ज्ञा. अ. 6, ओ. 482)

हे अर्जुन! जो योगी है वह देवो का देव है ऐसा तू समझ। ऐसा योगी ही मेरा चैतन्य है व आत्म-सुख ही है।

योग के बारे में संक्षेप से फिर से ध्यान-पूर्वक सुनना जरूरी है। श्री ज्ञानेश्वर जी कहते हैं योग, यानि भगवान में चित्तस्थिर करके उसके द्वारा भगवान में एक रूप साधना। कर्म द्वारा भगवान में चित्त वृत्ति स्थिर करना इसे कर्म-योग कहते हैं। ज्ञान के द्वारा भगवान से एक होना यह हुआ ज्ञान-योग और प्रेम के द्वारा भगवान में

चित्तवृत्ति स्थिर करना इसे भक्ति योग कहते हैं। योग माने भगवान से जुड़ना। योग के यह भिन्न प्रकार हैं लेकिन भगवान से एक रूप होना यहो उद्देश्य है। भगवान श्रीकृष्ण कहते हैं कि अर्जुन तुम योगी बनो।

श्री ज्ञानेश्वर जी कहते हैं कि अगले अध्याय में भगवान श्रीकृष्ण ने इस योग के विज्ञान के बारे में स्पष्टीकरण दिया है। श्री ज्ञानेश्वर जी लिखते हैं:

परि ते मनाच्या कानी ऐकावे। बोल बुद्धीच्या
डोळा देखावे।
हे सांटोवारी ध्यावे। चित्ताचिया। हे स्वहितात नीववितीं।
परिणामाते जीववितीं। सुखाची वाहती। लाखोली जीवा।

(ज्ञा. अ. 6 ओ 494, 496)

श्री ज्ञानेश्वर जी कहते हैं कि इस योग विज्ञान को समझने के लिए संपूर्ण मन कान के पास लेकर सुनिए। मेरा कहना बुद्धिरूपी आंखो से देखिए। मतलब यह कि मेरे शब्द सुनते ही उसके अर्थ स्पष्ट होगें। तुम अपना चित्त मुझे दोगे तो उसके बदले में मैं तुम्हें योग विज्ञान दूंगा। इसलिए एकाग्र होकर विज्ञान योग के बारे में सुनो।

सारांश

कर्म योगी और संन्यासी दोनों अपनी कर्म-रहित आत्म-स्थिति का अनुभव करते हैं। परब्रह्म को पहुंचने के लिए, यम, नियम, प्राणायाम करना पड़ता है। यह सब क्या हैं–

(1) यम–अहिंसा, सत्य, अस्तेय (दूसरे की वस्तु की इच्छा ना करना), ब्रह्मचर्य अपरिग्रह (संग्रह ना करना)

(2) नियम–शौच (सफाई), संतोष, तप (व्रत करके शरीर को पतला रखना) वेदाध्ययन, नाम स्मरण, और ध्यान

(3) प्रत्याहार–इन्द्रियों को बुद्धि के अधीन रखना

(1), (2), (3) से वैराग्य वृत्ति जाग्रत होती है और चित्त धीरे-धीरे स्थिर होता है। और अन्त में ध्यान जिससे समाधी लगती है।

ऐसी योग-स्थिति कोई दूसरा व्यक्ति नहीं प्राप्त करवा सकता। आत्मबल के द्वारा ऊंचा उठकर अपना उद्धार खुद ही करना होता है। जो जितेन्द्रिय है वह अपना (जीवात्मा का) मित्र है जिसने अंतःकरण नहीं जीता, वह अपना शत्रु।

जब तक यह कल्पना होती है कि 'मैं देह हूँ' तब तक हम अपने बैरी हो जाते हैं लेकिन जब झूठा देह अभिमान टूटता है तो मनुष्य आत्मबुद्धि होता है। वह योग युक्त हो जाता है–तथा उसे समझ आ जाता है कि सारी सृष्टि प्रभु का ही विस्तार है। प्रभु में प्रेम से चित्त स्थापित करके ध्यान लगाना जरूरी है विषयों से मन को पीछे

खींचये और वैराग्य की भावना से मन को आत्मा में स्थिर कीजिए। पूरी सृष्टि को अपने में देखो या हम ही पूरा विश्व हैं ऐसी समदृष्टि से चिंतन करना चाहिए।

मन चंचल अवश्य है पर इसकी एक खास बात है। यह वहीं चिपकता है जहां इसकी रुचि होती है। इसलिए इस मन को आत्मसुख के आनन्द के बारे में बताते रहिए। सदा विषयों के बारे में सोचने से मन स्थिर नहीं होगा। यम नियम आदि से वैराग्य पैदा करके ध्यान की शुरुआत करिए। अभ्यास करें तो मन स्थिर हो जाएगा। और अंत में, योगाभ्यास के बीच में मृत्यु होने से कोई फर्क नहीं पड़ता। ऐसी योगी अनेक जन्मों में थोड़े-थोड़े संस्कारों को एकत्रित करके, अत्यन्त शुद्ध और पापरहित हो जाता है और अन्त में सिद्ध पुरुष होकर ब्रह्म-गति को प्राप्त होता है।

अध्याय सात

ज्ञान-विज्ञान योग

इस अध्याय में भगवान श्रीकृष्ण अर्जुन को योग का विज्ञान कथन कर रहे हैं। ईश्वर प्राप्ति एक विज्ञान है। बोलचाल की भाषा में जिसे विज्ञान कहते हैं वह तो जड़ सृष्टि में क्या है, क्यों है, कैसे है इसके बारे में खोज करते हैं। लेकिन सही खोज तो वह है कि इस जड़ सृष्टि का निर्माता कौन है और हमारे जीवन का लक्ष्य क्या है?

भगवान श्रीकृष्ण कहते हैं।

मय्यासक्तमनाः पार्थ योगं युञ्जन्मदाश्रयः।
असंशयं समग्रं मां यथा ज्ञास्यसि तच्छृणु।
ज्ञानं तेऽहं सविज्ञानमिदं वक्ष्याम्यशेषतः।
यज्ज्ञात्वा नेह भूयोऽन्यज्ज्ञानव्यमविशिष्यते।

(गी. अ. 7 श्लो. 1, 2)

मेरे दो रूप हैं। एक निराकार और दूसरा आकार-सहित। पहले को निर्गुण तो दूसरे को सगुण रूप कहते हैं। ईश्वर के स्वरूप में चित्त प्रेम से लगाने के लिए, सिर्फ मेरा ही आश्रय लेना होगा। तब तुम इस रूप को बिना किसी संशय के समझ सकोगे। मैं अब तुम्हें इसका विज्ञान, विशेषज्ञान क्या है इसके बारे में बताता हूँ। इसे सुनने के बाद जानने को कुछ नहीं बचता क्योंकि इसे जानने वाला सर्वज्ञ हो जाता है।

श्री ज्ञानेश्वर जी इस विज्ञान के बारे में लिखते हैं:

एथ विज्ञाने काय करावे। ऐसे घेसी जरी मनोभावे।
तरी पै आधी जाणावे। तेचि लागे।
मग ज्ञानाचिये वेळे। झाकती जाणिवेचे डोळे।
जैसी तीरी नाव न ढळे। टेकली सांती।
तैसी जाणीव जेथ न रिंगे। विचार मागुता पाउली निघे।
तर्क आयणी नेघे। आंगी जयाच्या।
अर्जुना तया नांव ज्ञान। येर प्रपंच हे विज्ञान।
तेथ सत्यबुद्धि ते अज्ञान। हें ही जाण।

(ज्ञा. अ. 7 ओ 3, 4, 5, 6)

श्री ज्ञानेश्वर जी कहते हैं, जिस प्रकार किनारे पे लगी सभी नाव निश्चय स्थिर रहती हैं, उसी प्रकार ज्ञान प्राप्त होने के बाद कुछ भी महसूस नहीं होता। जहाँ पर विचारों के द्वारा पहुंचा नहीं जाता व तर्क लंगड़ा हो जाता है वहीं है भगवान का स्वरूप। इसे ही ज्ञान कहते हैं। बाकी संसारी वस्तुओं का विशेष ज्ञान, विज्ञान है। इस संसार को ही सत्य मानना इसे अज्ञान कहते हैं। अज्ञान का नाश होना चाहिए। विज्ञान भी सूखी लकडी़ की तरह नि:शेष होना चाहिए, तब सब ज्ञानरूप होता है। संसार भगवान द्वारा निर्माण की हुई एक वस्तु है और वही (संसार) सत्य है, ऐसा, समझना अज्ञान है।

लेकिन इसके बारे मे कौन सोचता है?

भगवान श्रीकृष्ण कहते हैं:-

मनुष्याणां सहस्त्रेशु कश्चिद्यतति सिद्धये।
यततामपि सिद्धानां कश्चिन्मां वेत्ति तत्वत:।

(गी. अ. 7, श्लो 3)

हजारों मनुष्यों में से कोई व्यक्ति परमेश्वर प्राप्ति का प्रयत्न करता है और ऐसे प्रयत्न करने वाले व्यक्तियों से कोई एक व्यक्ति मुझे यथार्थ सच्चे स्वरूप में जानता है।

श्री ज्ञानेश्वर जी कहते हैं कि परमेश्वर को जानने के लिए व्यक्ति को तैयारी करनी पड़ती है। वह कहते हैं:

की तया ही पाठी। जे वेळी लोहमासाने घांटी।
ते वेळी विजयश्रियेच्या पाटी। एकचि बैसे।
तैसे आस्थेच्या महापुरी। रिघताती कोटिवरी।
परी प्राप्तीच्या पैलतीरीं विपाइला निगे।
म्हणऊनि सामान्य गा नोहे। हे सांगता वडिल गोठी गा आहे।
परी ते बोले येईल पाहे। आता प्रस्तुत ऐके।

(ज्ञा. अ. 7 ओ 12, 13, 14)

परमेश्वर प्राप्ति के प्रचंड बाढ़ में कोटि-कोटि लोग तैर कर जाने के लिए श्रद्धा से उतरते हैं लेकिन दूसरे किनारे पर, परमेश्वर प्राप्ति, मुश्किल से एक व्यक्ति को प्राप्त होती है। इसलिए परमेश्वर प्राप्ति का परमार्थ मार्ग सहज है ऐसा मत समझें।

परमेश्वर प्राप्ति बहुत कठिन है। लेकिन इसके पहले इस जड़ संसार के बारे में सुनो। इससे तुम्हे पता चलेगा कि वास्तव में यह जड़ संसार क्या है?

भगवान श्रीकृष्ण कहते हैं:-

भूमिरापोऽनलो वायु: खं मनो बुद्धिरेव च।
अहंकार इतीयं मे भिन्ना प्रकृतिरश्टधा।
अपरेयमितस्त्वन्यां प्रकृतिं विद्धि मे पराम्।
जीवभूतां महाबाहो ययेदं धार्यते जगत्।

एतद्योनीनि भूतानि सर्वाणीत्युपधारय।
अहं कृत्स्नस्य जगत: प्रभव: प्रलयस्तथा।

(गी. अ. 7 श्लो 4, 5, 6)

भगवान श्रीकृष्ण कहते हैं कि पृथ्वी, आग, पानी, वायु, आकाश, मन, बुद्धि और अहंकार, यह आठ प्रकार की भिन्न-भिन्न प्रकृति, अपरा या कार्य प्रवृति हैं, जिससे जगत को धारण किया जाता है। हे अर्जुन! यह आठ प्रकार की प्रकृति मेरे से ही उत्पन्न हुई है। इसमें दूसरी जीवरुपा अर्थात प्राणधारण का कारण बनी हुई परा प्रकृति प्रविष्ट होती है-जिससे यह सारा जगत धारण किया जाता है।

इस कठिन तत्व को श्री ज्ञानेश्वर जी सरल शब्दों में समझाते हैं। वे कहते हैं प्रकृति यानि कारण। इस आठ प्रकार की प्रकृति से कार्य-रूप ब्रह्मांड की निर्मिती होती है। इसलिए इसे अपरा प्रकृति कहते हैं, अपरा यानि कार्यरूप प्रकृति कहते हैं। प्रकृति यानि इसके आगे की स्थूल सृष्टि। प्रकृति के आठ भिन्न-भिन्न भाग हैं। यह ऊपर दिये हैं। इन आठ भागों की साम्यावस्था यानि एक दूसरे से जुड़ जाना, इसे अव्यक्त दशा कहते हैं-वह मेरी परा-प्रकृति है। श्री ज्ञानेश्वर जी कहते हैं:-

ते सूक्ष्म प्रकृति कोडे। जै स्थूळाचिया आंगा घड़े।
तै भूत सृष्टीची पड़े टांकसाल।
चतुर्विध ठसा। उमटो लगे आपैसा। मोला तरी सरिसा।
परि थरचि आनान।
होती चौन्यांशी लक्ष थरा। येरा मिती नैणिजै भांडारा।
भरे आदिशून्याचा गाभारा नाणेयासी।

(ज्ञा. अ. 7 ओ 22, 23, 24)

यह सूक्ष्म प्रकृति जब स्थूल सृष्टि को जन्म देती है तो सब प्राणियों की निर्मिती होती है। श्री ज्ञानेश्वर जी कहते हैं कि जिस प्रकार से टकसाल से पैसे निकलते हैं उसी तरह चार प्रकार के प्राणी (जारज, अंडज, स्वेदज और उद्बिज) अपरा प्रकृति की टकसाल से निकलते हैं। सब प्राणियों का मोल एक जैसा होता है। क्योंकि सभी पंच महाभूतों के एकीकरण से बनते हैं। सिर्फ आकार की भिन्नता होती है। ऐसे 84 लाख प्राणियों के प्रकार हैं। इन सबकी गणना करना भी कठिन है। इस प्रकार से पंचमहाभूतों से बने सिक्के अपरा प्रकृति की टकसाल से निकलते रहते हैं। यह सब विस्तार प्रकृति करती है। लोग अज्ञानवश, यह सब मेरे से उत्पन्न हुआ है ऐसा समझते हैं। लेकिन यह झूठ भी नहीं है क्योंकि मैं ही इस जगत का आदि, मध्य और अन्त हूँ।

भगवान श्रीकृष्ण अपने इस अद्वैत रूप को स्पष्ट करते है:-

मत्त: परतरं नान्यत्किञ्चिदस्ति धनंजय।
मयि सर्वमिदं प्रोंत सूत्रे मणिगणा इव।

(गी. अ. 7 श्लो. 7)

हे धनंजय! मेरे सिवाय दूसरा कोई इस जगत में नहीं है। यही मेरा अद्वैत रूप है। जिस प्रकार धागे में मणि पिरोये जाते हैं, उसी प्रकार सब मेरे में ही है। मैंने सब जगत को धारण किया है। सोने की मणियों को, सोने के ही सूत्र में बांधने से जैसे दो एकरूप होते हैं इसी प्रकार अंदर से और बाहर से मैं ही जगत धारण करता हूँ। भगवान श्रीकृष्ण स्वयं इस जगत में कहां रहते हैं व उनका आस्तित्व कहा हैं, इसके बारे में वर्णन करते हैं–

रसोऽहमप्सु कौन्तेय प्रभास्मि शशिसूर्ययोः। प्रणवः सर्ववेदेषु शब्द्ध खे पौरूषं नृषु।
पुण्योगंधः पृथिव्यां च तेजश्चास्मि विभावसौ। जीवनं सर्वभूतेषु तपश्चास्मि तपस्विषु।
बीजं मां सर्वभूतानां विद्धि पार्थ सनातनम्। बुद्धिर्बुद्धिमतामस्मि तेजस्तेजस्विनामहम्।
बलं बलवतां चाहं कामरागविवर्जितम्। धर्माविरूद्धो भूतेषु कामोऽस्मि भरतर्षभ।
(गी. अ. 7 श्लो 8, 9, 10, 11)

श्रीकृष्ण भगवान कहते हैं:–

हे अर्जुन! पानी में जो रस है वो मैं हूँ, चंद्र सूर्य में मैं प्रकाश हूँ और मैं ही मनुष्य का पौरूष हूं। पृथ्वी में जो शुद्ध गंध है, अग्नि का तेज सर्व प्राणीमात्र जिस से जीते हैं, और तपस्वियों का तप भी मैं हूँ। हे अर्जुन! सर्व प्राणी-मात्र का अनादि और शाश्वत बीज मैं ही हूँ। बुद्धिमानों की बुद्धि और तपस्वियों का तेज मैं हूँ। बलवानों का बल, विषय-कामना वालों की कामना भी मैं ही हूँ। सब कुछ मेरे ही कारण है।

भगवान श्रीकृष्ण कहते हैं:–

ये चैव सात्विका भावा राजसास्तामसाश्च ये।
मत्त एवेति तान्विद्धि न त्वहं तेषु ते मयि।
त्रिभिर्गुणमयैर्भावैरेभिः सर्वमिदं जगत्। मोहितं नाभिजानाति मामेभ्यः परमव्ययम्।
दैवी हयेषा गुणमयी मम माया दुरत्यया। मामेव ये प्रपद्यन्ते मायामेतां तरन्ति ते।
(गी. अ. 7 श्लो. 12, 13, 14)

सात्विक, राजस और तमस भाव मुझसे ही प्रकट होते हैं ऐसा तुम जान लो। यह भाव मेरे में हैं, ऐसा आभास होता है। लेकिन मैं उनमें नहीं हूं, उनके वश में नहीं हूँ। इस त्रिगुणात्मक भाव से सब प्राणी मोहित हैं। इसलिए वे मुझे समझ नहीं पाते। मेरी त्रिगुणात्मक माया को जीव अपने सामर्थ्य से पार नहीं कर सकता। इसलिए भक्तिभाव से जो मुझे भजते हैं, मेरी शरण में आते हैं, वे ही इस माया को पार करते हैं।

भगवान श्रीकृष्ण की इस त्रिगुणात्मक माया को श्री ज्ञानेश्वर जी विस्तार से समझाते हैं:-

जैसी रसाचीच सुधट। बीज कणिका धनवट। परि तियेस्तव होय काष्ठ। अंकुर द्धारे।

मग तया काष्ठाच्चा ठायी। सांग पां वीजपण असे काई। तैसा मी विकारी नोहे। जरी विकारला दिसे।

पै गगनी उपजे आभाळ। परी तेथ गगन नाही केवळ। अथवा आभाळी होय सलिल। तेथ अभ्र नाही।

मग त्या उदकाचेनि आवेशे। प्रकटले तेज जे लखलरवीति दिसे। तेथे विजूमाजि असे। सलिल कायि। (ज्ञा. अ. 7, ओ 55, 56, 57, 58)

हे अर्जुन! सात्विक, राजस, और तामस भाव मेरे कारण उत्पन्न हुए हैं। लेकिन उन भावों में मैं नहीं हूँ। यह विधान समझने में बड़ा कठिन है। श्री ज्ञानेश्वर जी इसे सरल भाषा में समझाते हैं। एक छोटा सा बीज, रस से ही बना होता है। फिर बीज से अंकुर निकलता है और उसके पश्चात उसकी लकड़ी बनती है। क्या जो लकड़ी उत्पन्न हुई उसमें बीज हैं? लकडी में बीज नहीं होता, बीज में लकड़ी होती है। इसी प्रकार भगवान से ही त्रिगुणात्मक भाव निर्माण होते हैं लेकिन जैसी लकड़ी में बीज नहीं होता, उसी तरह भगवान उस भाव मे नहीं हैं। आकाश में बादल होते हैं लेकिन बादल में आकाश नहीं होता, बादल से बारिश होती है लेकिन बारिश में बादल नहीं होता। पानी से भरे हुए बादलों के आपसी टकराव से बिजली चमकती है, लेकिन क्या बिजली में पानी होता है? इसी प्रकार त्रिगुणात्मक सृष्टि कार्य भगवान में है, ऐसा भास निर्माण होता है लेकिन वह ठीक नहीं है।

इसी के बारे में श्री ज्ञानेश्वर जी और उदाहरण देकर स्पष्ट करते हैं:-

तैसी हे माझीच बिंबली। त्रिगुणात्मक सावली।
की मजचि आड वोडवली। जवनिका जैसी।
म्हणुऊनि भूते गाते नेणती। माझीच परी मी नहूती।
जैसी जळीजी जळी न विरती। मुक्त। फळे।
पै पृथ्वीचेच घट कीजे। सर्वेचि पृथ्वीसि मिळे जरी मेळविजे।
येप्हवी तोचि अग्निसंगे सिजे। तरी वेगला होय।
तैसे भूतजात सर्व। हे माझेचि कीर अवयव।
परि माया योगे जीव। दशे आले।
म्हणोनि माझेचि मी नव्हती। माझेचि मज
नोळखती। अहंमता भ्रांती। विषयांध झाले।

(ज्ञा. अ. 7 ओ 63, 64, 65, 66, 67)

आंख पर परदा (मोतीयाबिंद) आता है तो वो भी आंख से ही उत्पन्न होता है। लेकिन इस कारण आंख से देख नहीं पाते। इसी प्रकार शुद्ध शक्ति के ऊपर त्रिगुणात्मक माया, छाया होकर उसे ढक देती है यानि ईश्वर का अनुभव व्यक्ति को नहीं होने देती। पानी से ही मोती बनते हैं लेकिन मोती फिर से पानी में घुल नहीं जाते। इसी तरह "मेरे" निर्मित प्राणी "मुझे" नहीं पहचानते। "मुझसे" एक रूप नहीं होते। मिट्टी से बना घड़ा मिट्टी में मिलाया जाए तो उसमे मिल जाता है। लेकिन यह घड़ा आग में डालने के बाद जब पक्का होता है तो वह मिट्टी से अलग होता है तथा वह मिट्टी में घुलता नहीं। इसी प्रकार सभी प्राणी वास्तव में मेरे ही अंश हैं लेकिन

त्रिगुणात्मक माया के कारण अपने आप को मुझसे अलग समझते हैं। देह, यानि मैं और स्त्री, पुत्र, आदि मेरे हैं, इस अहंकार से "मुझसे" अलग रहते हैं। परमेश्वर की माया शक्ति व परमेश्वर से एकता को भूल जाने को ही आज्ञान या मायाभ्रांती कहते हैं।

इस माया नदी का उगम कैसा होता है और उसके क्या परिणाम हैं, इसके बारे में श्री ज्ञानेश्वर जी लिखते हैं:-

जे सृष्टि विस्ताराचेनि वोधे। चढत काळकलनेचेनि वेगे।
प्रवृति निवृत्तीची तुंगे। तटे सांडी।
जे गुण धनाचेनि वृष्टिभरे। भरली मोहाचेनि महापूरे।
घेवूनी जात नगरे। यम नियमाची।
जेथ प्रपंचाची कवणे। कर्माकर्माची वोभाणे।
वरी तरताती वोसाणे। सुख दुःखाची।
रतिचिया बेंटा। आदळती कामाचिया लाटा।
जेथ जीव फेन संधारा। संध द्विसे।

(ज्ञा. अ. 7 ओ 70, 71, 73, 74)

इस माया नदी में बाढ़ कैसे आती है? त्रिगुणरूपी मेघों से भ्रांती की सिंचाई होती है। तत्पश्चात विषय-सुख रूपी बड़ी बड़ी लहरें उठती हैं और माया नदी के तट को तोड़ती हुई आगे बढ़ती हैं। विषय वासना की लहरें इतनी शक्तिशाली होती हैं कि वे यम, नियम आदि नाम के नगरों को बहा कर ले जाती हैं। विषय-वासना, यम नियमों को तहस नहस कर देती है। माया नदी में द्वेष के भंवर और मत्सर निर्माण होते हैं। ऐसे में, जान बूझ कर शास्त्र के विरूद्ध वर्तन करती हुई बड़ी बड़ी मछलियां दिखाई देती हैं।

इस माया नदी मे संसार के टेड़े मेड़े मोड़ बनते हैं। पाप-पुण्य की बडी़ बडी़ लहरें निर्मित होती हैं और उस पर सुख-दुख रूपी कूड़ा करकट जमता है। विषय सुख के द्वीप पर काम वासना की लहरें उछलती हैं। धन, विद्या और शक्ति के मद की बड़ी बड़ी लहरें जोर से उठती हैं। सूर्य उदय और सूर्यास्त के साथ, जन्म और मृत्यु के बड़े बड़े पत्थर इस माया नदी में गिरते हैं। देह के बुदबुदे उत्पन्न होते हैं और नष्ट होते हैं। देहादि विषय सत्य हैं, इस सोच के कारण माया नदी के बहने की आवाज स्वर्ग लोक तक पहुंचती है।

इस मायानदी में तमो-गुण के बड़े प्रवाह, लहरें आती हैं। इसमें सत्वगुण स्थिर रहता है। ऐसी महानदी को पार करना मुश्किल है। इस सत्वगुण के बंधन से मुक्त होना भी कठिन है। सत्व-गुणी व्यक्ति, सत्वगुण का अहंकार करने लगता है। "मैं लोगों की सेवा करता हूँ, बाकी लोग पूजा अर्चना नहीं करते हैं" ऐसा अहंभाव होने लगता है। सत्वगुण जबतक है तबतक निर्विकल्प समाधी भी नहीं हो पाती है। 'सात्विक गुण भी नहीं चाहिए', ऐसी परम वैरागी अवस्था होनी चाहिए। त्रिगुणात्मक

माया की वर्षा से माया रूपी नदी में और बाढ़ आती है। यह बाढ़ जब तक कम नहीं होगी तब तक आत्म-स्वरूप का ज्ञान नहीं होता।

श्री ज्ञानेश्वर जी ने इस त्रिगुणात्मक माया नदी का सुंदर वर्णन किया हैं। श्री ज्ञानेश्वर जी कहते हैं कि जिन्हें अपनी बुद्धि पर भरोसा है, अहंकार है, वे माया नदी को पार करने का प्रयत्न करते हैं। लेकिन वे कहाँ गये, इसका कोई पता तक नही चलता। वह सब कुछ जानते हैं, ऐसा उन्हें गर्व होता है। बुद्धि से आत्मस्वरूप को नहीं जान सकते।

इस माया नदी को पार करने के लिए कैसे-कैसे प्रयत्न करते हैं इसका श्री ज्ञानेश्वर जी ने बड़ा सुंदर और सरल वर्णन किया है।

एकी वयसेचे जाड बांधले। मग मन्मथाचिये कासे लागले।
ते विषय नगरी सांडिले। चघळूनिया।
आता वार्धक्याच्या तरंगा। माजिमति भ्रंशाचा जरंगा।
तेणे कवळि जताति पैगा। चहूं कडे।
आणि शोकाचा कड़ा उपड़त। क्रोधाच्या आवती दाटत।
आपदानिधी चुंचिजत। उधवला ठायी।
मग दुःखाचे नि बरबटे बोंबले। पाठी मरणाचे रेंवे रेवले।
ऐसे कामाचे कासे लागले। ते गेले वाया।

(ज्ञा. अ. 7 ओ 85, 86, 87, 88)

माया नदी को पार करने के लिए युवावस्था में कमर कस ली, लेकिन वे काम देव के अधीन हो गये और विषय-वासना रूपी मगरमच्छ ने उन्हें खा डाला। कुछ बुढ़ापे की लहर में पकड़े गये और बुद्धि-भ्रम के जाल में फंस गये, और जो भी दिखाई दिया उससे लिपटते रहे, शोक के किनारे पर पटकते गये, क्रोध भंवर में फंसकर थक गये। थोड़ा सा ऊपर उठने की कोशिश की तो दुःख रूपी गिद्ध उन्हें चोंच मार कर घायल कर गये। दुःख रूपी कीचड़ से ढ़क गये और मृत्यु रूपी दलदल में फंस गये। इस प्रकार से विषय सुख वासना में डूबने वाले व्यक्तियों के प्रयत्न व्यर्थ गये।

श्री ज्ञानेश्वर जी कहते हैं

जेथे वैराग्याची नाव न रिगे। विवेकाचा तागा न लगे।
वरि कांही तरी ये योगे। तरी विपाय तो।
ऐसे तरी जीवाचिये आंगवणे। इये मायानदीचे तरणे।
हे कासया सरिखे बोलणे। म्हणावे पां।
म्हणऊन गा पंडुसुता। जैसी सकामा न जिणवेचि वनिता।
तेवी मायामय हे सरिता। न तरवे जीवां।
येथ एकचि लीला तरले। जे सर्वभावे मज भजले।
तया ऐलीच थडी सरले। मायाजाळ।

(ज्ञा. अ. 7 ओ 91, 92, 96, 97)

इस माया नदी में वैराग्य की नाव प्रवेश नहीं कर सकती। विवेक टिक नहीं सकता और किसी और उपाय से पार करने की कोशिश की जाय तो वह भी व्यर्थ है। हे अर्जुन! जिस प्रकार कामी पुरुष स्त्री को जीत नहीं सकता उसी प्रकार माया नदी को जीव अपने सामर्थ्य से पार नहीं कर सकता। जो सर्वभाव से (पूरी तरह समर्पित हो कर) मेरे को भजता है, उसे इस तीर पर खड़े रहते हुए, माया नदी तो सूख गयी है, ऐसा अनुभव होता है। माया नदी तो है ही नहीं। हम ही उसे पार करने की कोशिश में लगे हैं। न नदी है न पानी है। फिर तैरना किस लिए? कितना सुंदर स्पष्टीकरण हमें श्री ज्ञानेश्वर जी ने दिया है। लेकिन यह कैसे हो सकता है?

श्री ज्ञानेश्वर जी कहते हैं:

जया सद्गुरू तारू फुड़े। जे अनुभवाचे कासे गाढे।
जया आत्मनिवेदन तरांड़े। आकळे ले।
येणे उपाये मज भजले। ते हे माझी माया तरले।
परि ऐसे भक्त विपाइले। बहुवस नाही। (ज्ञा. अ. 7 ओ 98, 102)

ईश्वर के सगुण-निर्गुण रूप का जिसे अनुभव है, ऐसा सद्गुरू जिसे खिवैया के रूप में मिल जाय, तो उस के लिये माया नदी पार करना आसान है। सद्गुरू नाव को किनारे पर पहुँचा देंगे। इस प्रकार जो ईश्वर का भजन करते हैं, वे माया को पार कर जाते हैं। लेकिन हे अर्जुन ! ऐसे ज्ञानीभक्त बहुत थोड़े हैं।

भगवान श्रीकृष्ण अर्जुन को कहते हैं कि उनका भजन करनेवाले चार तरह के भक्त हैं

न मां दुश्कृतिनो मूढाः प्रपद्यन्ते नराधमाः।
माययाहृतज्ञाना आसुरं भावमाश्रिताः।
चतुर्विधा भजन्ते मां जनाः सुकृतिनोऽर्जुन।
आर्तो जिज्ञासुरर्थार्थी ज्ञानी च भरतर्षभ।

(गी. अ. 7 श्लो. 15, 16)

मेरे संबंध में यथार्थ ज्ञान न होने के कारण और हिंसा आदि आसुरी भावों में लिप्त पापी अविवेकी और अत्यन्त दुष्ट व्यक्ति मेरी शरण में नहीं आते। हे अर्जुन! मेरे भक्त चार तरह के हैं। (1) आर्त यानि रोग आदि से दुखी, (2) भगवान के स्वरूप को जानने की इच्छा रखने वाले: (3) अर्थाथी, धन की प्राप्ति की इच्छा करने वाले और (4) ज्ञानी यानि बिना किसी इच्छा के मेरे आत्मस्वरूप को जानने वाले।

श्री ज्ञानेश्वर जी कहते हैं:

तेथ आर्त तो आर्तीचेनि व्याजे। जिज्ञासु तो
जाणवयालागी भजे। तिजेनि तेणे इच्छिगे। अर्थ सिद्धि।
मग चौथियाच्या ठायी। कांहीचि करणे नाही।
म्हणोनि भक्त एक पाही। ज्ञानिया जो।

(ज्ञा. अ. 7 ओ 110, 111)

आर्त भक्त अपने दु:ख निवारण के लिए मेरा भजन करता है। जिज्ञासु भक्त मेरे बारे में जानने के लिए भजता है। और तीसरा, अर्थाथी भक्त धनके लिए मेरा भजन करता है। मन में कामना (इच्छा) रखकर भजन करने वाले व्यक्तियों को भगवान उन्हें अपना भक्त क्यों कहते हैं? श्री ज्ञानेश्वर जी कहते हैं कि कामना से प्रेरित उनकी भक्ति गौण है लेकिन उनकी यह भक्ति पूर्ण मन से होती है। मुझे छोड़ वह किसी दूसरे देवताओं की शरण में नहीं जाते। इस एकनिष्ठता के कारण, कुछ समय के बाद काम वासना (इच्छाऐं) नष्ट होती हैं और अंत में यह भक्त निष्काम ज्ञानीभक्त होते हैं। काम भक्ति करने वाले की कामवासना क्रमश: नष्ट होती है। जो ज्ञानी है वह काम वासना से मेरी भक्ति नहीं करता इसलिए वह ज्ञानी भक्त है। यह व्यक्ति मेरा सच्चा भक्त है।

भगवान श्रीकृष्ण कहते हैं :

तेशां ज्ञानी नित्ययुक्त एकभक्तिर्विशिष्यते।
प्रियो हि ज्ञानिनोऽत्यर्थमंह स च मम प्रिय:।
उदारा: सर्व ऐवैते ज्ञानी त्वात्मैव मे मतम्।
आस्थित: स हि युक्तात्मा मामेवानुत्तमां गतिम्।
बहूनां जन्मनामन्ते ज्ञानवान्मां प्रपद्यते।
वासुदेव: सर्वमिति स महात्मा सुदुर्लभ:।

(गी. अ. 7 श्लो 17, 18, 19)

ज्ञानी भक्त मेरा अखंड भजन करता है। मेरे पर प्रेम करने के सिवाय वह कुछ नहीं जानता। इसलिए वह सबसे श्रेष्ठ भक्त है। ज्ञानी मुझे प्रिय समझता है और मुझे वह अत्यन्त प्रिय है। चारों ही भक्त मुझे प्रिय हैं। लेकिन ज्ञानी भक्त मेरी आत्मा है, कारण उसका चित्त मेरे में स्थिर रहता है। वह मुझे प्राप्त होता है। बहुत जन्मों के बाद मेरे स्वरूप का साक्षात्कार उसे होता है। ऐसा महात्मा बहुत दुर्लभ है।

ज्ञानी भक्त को, भगवान श्रीकृष्ण, महात्मा कहते हैं। ज्ञानी भक्त और भगवान की परस्पर प्रेम भावना को श्री ज्ञानेश्वर जी स्पष्ट करते हैं:

पाहे पां दुभतेयाचिया आशा। जगधेनूसि करीतसे फांसा।
परी दोरेविण कैसा। वत्साचा बळी।
कां जे तनुमनप्राणे। ते आणिक कांहीचि नेणे।
देखतसांते म्हणे। हे माय माझी।
ते येणे माने अनन्यगतीं। म्हणऊनि धेनूही तैसीचि प्रीति।
तयालागी लक्ष्मीपति बोलिऐ साचे।

(ज्ञा. अ. 7 ओ 120, 121, 122)

अपने कल्याण के लिए सभी मुझे प्रेम करते हैं। लेकिन जो सिर्फ प्रेम के कारण ही मुझे प्रेम करता है वह ही ज्ञानी भक्त होता है। हे अर्जुन! गाय का दूध निकालने के लिए उसे रस्सी से बांधते हैं लेकिन गाय फिर भी अपने बछड़े के पराधीन रहती

है। बछड़ा अपना तन, मन और प्राण अपनी मां गाय में लगाता है। गाय के सिवाय बछड़ा दूसरी किसी चीज़ को नहीं जानता। इसी प्रकार गाय भी बछड़े से अनन्य प्रेम करती है। ऐसा ही प्रेम ज्ञानी भक्त और भगवान के बीच होता है। इसलिए लक्ष्मीपति भगवान ने जो कहा है, वह सच है।

भगवान श्रीकृष्ण, भक्तों के बारे में, अर्जुन को कहते हैं :

कामैस्तैस्तैर्हृतज्ञाना: प्रपद्यन्तेऽन्य देवता:।
तं तं नियममास्थाय प्रकृत्या नियता: स्वया।
यो यो यां यां तनुंभक्त: श्रद्धयार्चितुमिच्छति।
तस्य तस्याचलां श्रद्धा तामेव विद्धाम्यहम्।
स तया श्रद्धया युक्तस्तस्याराधनमीहते।
लभते च तत: कामान्मयैव विहतान्हि तान्।
अन्तवत्तु फलं तेंषा तदभ्वत्यल्पमेधसाम्।
देवान्देवयजो यान्ति मदभक्ता यान्ति मामपि।
(गी.अ. 7 श्लो. 20, 21, 22, 23)

पुत्र, धन, विषय-सुख की वासना से जिनका विवेक, सद्बुद्धि नष्ट हो गये हैं ऐसे व्यक्ति, अपनी प्रकृति के आधीन होकर नियमपूर्वक अपनी कामनापूर्ति के लिए मुझे छोड़कर भिन्न-भिन्न देवताओं की शरण में जाते हैं। जो-जो उपासक श्रद्धापूर्वक देवों की अर्चना करने की इच्छा करते हैं, उनकी श्रद्धा उन देवों के प्रति दृढ़ करता हूँ। जब तक उनकी इच्छा पूर्ति नहीं होती तब तक श्रद्धा से उस देवता का पूजन करते हैं। उन्हें उसका फल मिलता है। लेकिन यह फल भी उन्हें मेरे कारण ही मिलता है। इन मंदबुद्धि उपासकों को जो फल मिलता है वह नाशवान होता है। देवताओं का भजन करने वाले को उन देवों की प्राप्ति होती है और जो मेरा भजन करते हैं, वे मुझे मिलते हैं।

भगवान श्रीकृष्ण कहते हैं:

अव्यक्तं व्यक्तिमापन्नं मन्यंते मामबुद्धय:।
परं भावमजानंतो ममाव्ययमनुत्तमम्।
नाहं प्रकाश: सर्वस्य योगमाया समावृत:।
मूढोऽयं नाभिज़ानाति लोको मामजमव्ययम्।
वेदाहं समतीतानि वर्तमाननि चार्जुन।
भविश्याणि च भूतानि मां तु वेद न कश्चन। (गी.अ. 7 श्लो. 24, 25, 26)

कभी भी नष्ट न होने वाले मेरे स्वरूप को, इंद्रियों से अनुभव न होने के कारण, मूर्ख लोग मुझे समझते नहीं। योग-माया के कारण ढके होने के कारण, मैं सब को प्रकाशमान नहीं होता (दिखाई नहीं देता)। मैं जन्म-रहित और अविनाशी हूँ यह अज्ञानी व्यक्ति नहीं जानते। मैं भूतकाल की प्राणी सृष्टि, वर्तमान और भविष्य की प्राणी-सृष्टि को जानता हूं। लेकिन मेरे शरणागत भक्त को छोड़कर और मुझे कोई नहीं जानता।

लेकिन लोग अविवेकी क्यों होते हैं?
भगवान श्रीकृष्ण कहते हैं।

इच्छाद्वेशसमुत्थेन द्वन्द्वमोहेन भारत।
सर्वभूतानि सम्मोंह सर्गे यान्ति परन्तप।
येशां त्वन्तगंत पापं जनानां पुण्यकर्मणाम्।
ते द्वन्द्वमोहनिर्मुक्ता भजन्ते दृढव्रताः।

(गी. अ. 7 श्लोक 27, 28)

सर्व प्राणी सृष्टि उत्पत्ति के समय राग द्वेष से उत्पन्न शीत ऊष्ण, सुख-दुःख के कारण अविवेकी होते हैं। जिन पुण्यवान लोगों के पाप नष्ट होते हैं वे द्वदंमोह से मुक्त होते हैं।

श्री ज्ञानेश्वर जी, इच्छा द्वेष क्यों उत्पन्न होते हैं, इसके सम्बन्ध में सुंदर विवेचन करते हैं। जिस कारण से संसार सत्य लगता है इसके बारे में सुनोः

तरी तेचि आता थोडी सी। गोठी सांगीजेल परियेसी।
जेथ अहंकार तनूंसी। वालभ पडिले।
तेथ इच्छा हे कुमारी जाली। मग ते कामाचिया
तारूण्या आली। तेथ द्वेषेसी मांडिली। वराडिक।
तया दोघास्तव जन्मला। ऐसा द्वंद्व मोह जाला।
मग ते आजेयाने बाढविला। अहंकारे। (ज्ञा. अ. 7, ओ 165, 166, 167)

द्वंदमोह यानि सुख-दुःख के अधीन होने से जब विचार करने की शक्ति नष्ट होती है, उसे द्वंद मोह कहते हैं। यह द्वंद मोह कैसे निर्माण होता है? श्री ज्ञानेश्वर जी कहते हैं कि पहले देह और अहंकार से प्रेम होता है। देह और अहंकार के समागम से इच्छा नाम की पुत्री उत्पन्न होती है और विषयवासना रूपी युवावस्था में पदार्पण करती है। फिर इस इच्छा नामक पुत्री का द्वेष नामक व्यक्ति से विवाह होता है यानि इच्छा और द्वेष एक दूसरे के पति पत्नी जैसे सहायक होते हैं। इच्छा और द्वेष के इस संगम से द्वन्द मोह का जन्म होता है और अहंकार इसे और बढ़ाता है। जैसे-जैसे द्वंदमोह पक्का होता जायेगा, अविचार बढ़ेगा।

श्री ज्ञानेश्वर जी इसके बाद क्या होता है, इसके बारे में लिखते हैं:

तो धृतीसि सदा प्रतिकूल। नियमाही नागवे सबळ।
आशारसे दोंदिल। जाता सांता।
असंतुष्टीचिया मदिरा। मत होवोनि धनुर्धरा।
विषयाचे वोवरा। विकृतीसी असे।
तेणे भाव शुद्धिचिया वाटे। विखुरले विकल्पाचे कांटे।
मग विरिले अह्मांटे। अप्रवृतीचे।
तेणे भूते भांबावली। म्हणोनि संसाराचिया आडवामाजि पडिली।
मग महादुःखाच्या घेतली दांडेवरी।

(ज्ञा. अ. ज्ञा.अ. 7 ओ 168, 169, 170, 171)

द्वंद मोह आशा रूपी रस को पी कर तगडा़ बनता है। वह किसी भी नियम से काबू में नहीं आता और सोचता है कि उसकी आशा की पूर्ति होनी ही चाहिए। उसमें धीरज नहीं होता। हे अर्जुन! इतना ही नहीं यह द्वंद्व मोह असंतोष रूपी मदिरा का सेवन करके धुत यानि मस्त हो जाता है। ऐसी मस्त अवस्था में विषय-वासना रूपी कमरे में विकार रूपी स्त्री के साथ रहता है। इसी कारण से ऐसे व्यक्ति के जीवन में शुद्ध श्रद्धा के मार्ग में अश्रद्धा के कांटे ही कांटे बिखरे होते हैं। मन स्थिर न होने से कई अविचार मन में आते हैं। उससे बचने के लिए कई मार्ग दिखाई देते हैं। लेकिन विवेक खो देने के कारण प्राणी असमंजस में पड़ जाता है। इस कारण ऐसा व्यक्ति संसार रूपी घने जंगल में फंस जाता है और परम दुख के डंडे से उसकी पिटाई होती है।

लेकिन जिन पुण्यवान लोगों के पाप, भगवान में श्रद्धा रखने से नष्ट होते हैं वह इस द्वंद्वमोह से मुक्त होते हैं। भगवान का भजन करने का वह दृढ़ निश्चय करते हैं, वे संसार रूपी महासागर को पार करते हैं।

भगवान श्रीकृष्ण कहते हैं कि द्वंद मोह नष्ट होने से क्या होता है, इसके बारे में सुनो।

जरामरणमोक्षाय मामाश्रित्य यतंति ये।
ते ब्रह्मतद्विदुः कृत्स्त्रमध्यात्मं कर्म चाखिलम्।
साधिभूताधि-दैवं मां साधियज्ञं च ये विदुः।
प्रयाण-कालेऽपि च मां ते विदुर्युक्तचेतसः।

(गी. अ. 7 श्लो 29, 30)

जो व्यक्ति मेरे सगुण स्वरूप का आश्रय लेकर, (अर्थात मुझ में चित समाहित करके प्रयत्न करते हैं) जन्म-मरण से मुक्त होने का प्रयत्न करते हैं वे संपूर्ण ब्रह्म को जानते हैं, अध्यात्म और संपूर्ण कर्म को जानते हैं। इस सम्बंध में अधिभूत, अधिदैव और अधियज्ञ मैं ही हूँ। ऐसा मुझे जो जानते हैं उनका चित्त मुझ में स्थिर होता है। मरण समय भी वह मुझे ही याद करते हैं।

अधिभूत, अधिदैव, और अधियज्ञ, किसे कहते है, इसके बारे में भगवान श्रीकृष्ण अगले अध्याय में स्पष्ट करते हैं।

श्री ज्ञानेश्वर जी इस सम्बंध में लिखते हैं :

ते वेळी कृतकृत्यता जग भरे। तेथ अध्यात्माचे नवलपण पुरे।
कर्माचे काम सरे विरमे मन।
ऐसा अध्यात्म लाभ तया। होय गा धनंजया।
भांडवल जया। उद्यमी मी।
तयाते साम्याचिये वाढी। ऐक्याची सांदे कुळवाडी
तेथ भेदाचिया दुबळवाडी। नेणिजे तया।

(ज्ञा. अ. 7 ओ 177, 178, 179)

श्री ज्ञानेश्वर जी कहते हैं कि जो व्यक्ति जन्म-मरण की कथा फिर से सुनना

नहीं चाहते और उसके लिऐ प्रयत्न शुरू करते हैं, तो यह उनकी सदइच्छा ब्रह्म हो जाती है। ऐसा उन्हें अनुभव होता है ओर वे अपने को पूर्ण समझते हैं। कहीं भी अधूरापन नहीं रहता। एक तरह से कृतकृत्यता का अनुभव होता है। जीवन सफल होने का अनुभव होता है। यह व्यक्ति को संतुष्ट बनाती है। व्यक्ति पूर्णता का सुख महसूस करता है। माँ पार्वती श्री शंकर भगवान के मुख से प्रभु राम की कथा सुनती है तो वे भी कृतकृत्यता का अनुभव करती हैं। गोस्वामी तुलसीदास जी राम चरित मानस में लिखते हैं:

मैं कृतकृत्य भयउ तव प्रसाद विश्वेश। उपजी राम भक्ति दृढ़, बिते सकल कलेश।

मां पार्वती कहती हैं कि रामकथा सुनकर मैं कृतकृत्य हो गयी हूँ। मेरे मन में राम के प्रति दृढ़ भक्ति उत्पन्न हुई है। और मेरे सब क्लेश दु:ख नष्ट हो गये हैं।

श्री ज्ञानेश्वर जी भी कृतकृत्य शब्द का प्रयोग करके भगवान के प्रति भक्ति दृढ होने के बारे में लिखते हैं:

श्री ज्ञानेश्वरजी लिखते हैं:

येप्हवी आयुष्याचे सूत्र विघडतां। भूतांची उमटे खडाडता।
काय न मर तायाहि चित्ता। युगांत नोहे।
परि नेणों कैसे पैगा। जे जडोनि गेले माझिया आंगा।
ते प्रयाणाचिया लगबगा। न संडितीच माते।

(ज्ञा. अ. 7 ओ 182, 183)

"जब मृत्यु होती है तब पांच महाभूतों में एक दूसरे को छोड़ने के लिए, एक दूसरे से अलग होने की जल्दी मच जाती है। उस समय जो व्यक्ति मृत्यु को देखते हैं, उनके मन में क्या दु:ख नहीं होता? हे अर्जुन! जो व्यक्ति मेरे से एकरूप हो गये हैं ते इस गृत्यु के प्रलय काल में भी मुझसे कैसे जुड़े रहते हैं यह मैं समझ नहीं पाता।"

श्री ज्ञानेश्वर जी कहते हैं ऐसे व्यक्ति की भगवान कैसी तारीफ करते हैं। दूसरे का मरण देखकर और पंच महाभूतों का एक दूसरे से अलग होने की हड़बड़ी में भी ऐसा व्यक्ति, भगवान के प्रति एकनिष्ठ रहता है। यह भगवान तक समझ नहीं पाते।

सारांश

प्रकृति दो प्रकार की है–

(1) अपरा या कार्य प्रवृत्ति–यह 8 प्रकार की है–पृथ्वी आग पानी, वायु, आकाश, मन, बुद्धि और अहंकार

(2) परा–जीवरूपा अर्थात प्राणधारण का कारण बनी हुई

इन दोनों के जुड़ने से जगत का निर्माण होता है। यह दोनों 'मेरे' से ही उत्पन्न हुए हैं। श्रीकृष्ण भगवान कहते हैं कि 'मेरे' सिवाए इस जगत में दूसरा कोई नहीं है। सब कुछ 'मेरे' ही कारण है। सत, रज, तम भाव भी मुझसे ही प्रकट होते हैं लेकिन 'मैं' उनके वश में नहीं हूँ। इस त्रिगुणात्मक माया के कारण ही, व्यक्ति को ईश्वर का अनुभव नहीं हो पाता तथा परमात्मा से निर्मित प्राणी परमात्मा को नहीं पहचानते। देह अहंकार की वजह से वह भगवान से दूर हो जाते हैं। कोई व्यक्ति इस माया को अपने सार्मथ्य से पार नहीं कर सकता। इसे वही पार कर सकता है जो पूरी तरह समर्पित होकर प्रभु को भजता है। सदगुरु की सहायता से माया को पार कर सकते हैं।

भगवान कहते हैं चार तरह के लोग उनके भक्त हैं–

(1) अति-दुखी (2) भगवान के स्वरूप को जानने की इच्छा रखने वाले (3) अर्थाथी (4) बिना किसी इच्छा के भगवान को भजने वाले, उसे जानने वाले। चारों ही तरह के भक्त भगवान को प्रिय हैं परन्तु जो बिना किसी कामना के भगवान को भजता है (ज्ञानी) वह उन्हें सबसे ज्यादा प्रिय है क्योंकि वह सिर्फ प्रेम के कारण ही उनसे प्रेम करता है।

विषय-वस्तु की वासना से जिसका विवेक नष्ट हो गया है, वह व्यक्ति अपनी प्रकृति के आधीन होकर अपनी कामना पूर्ति के लिए, 'मुझे' छोड़कर, भिन्न-भिन्न देवताओं की शरण में जाते हैं। उसे जो फल मिलता है वह नाशवान होता है। देवताओं के भजन करने वाले को उन देवों की प्राप्ती होती है जो 'मेरा' भजन करता है वह मुझे प्राप्त होता है।

अन्त में भगवान बताते हैं कि मनुष्य अविवेकी क्यूँ होता है? सारे प्राणी सृष्टि उत्पत्ति के समय, रागद्वेष से उत्पन्न सुख-दुख के अधीन होते हैं। इससे विचार करने की शक्ति नष्ट होती है तथा अविचार बढ़ता है तथा दुख बढ़ता है। लेकिन जिनके पाप, भगवान में श्रद्धा तथा प्रेम के कारण नष्ट होते हैं वह इससे (अविवेक) से मुक्त होते हैं तथा संसार-रूपी महासागर पार करते हैं।

अध्याय आठवाँ

अक्षर ब्रह्म योग

भगवान श्री कृष्ण ने पिछले अध्याय में ''अधिभूत, अधिदैव और अधियज्ञ मैं ही हूँ'' ऐसा अर्जुन को बताया। अर्जुन ने पूछा इन सब शब्दों का क्या अर्थ है?

भगवान श्रीकृष्ण इन शब्दों का अर्थ बताते हैं:

अक्षरं ब्रह्म परमं स्वभावोऽध्यात्ममुच्यते।
भूतभावोभ्दवकरो विसर्गः कर्म संज्ञितः।।
अधिभूतं क्षरो भावः पुरूष श्चाधिदैवतम्।
अधियज्ञोऽहमेवात्र देहे देहभृतां वर।।

(गी. अ. 8, श्लो. 3, 4)

संक्षेप में इन शब्दों का अर्थ है।

1. ब्रह्म : जो कभी नष्ट नहीं होता, वह परमात्मा ही ब्रह्म है।

2. अध्यात्म : शरीर को आश्रय बनाकर आत्मा शरीर में अन्तरात्म भाव से रहती है जिसे स्वभाव कहते हैं। वह स्वभाव ही अध्यात्म कहलाता है।

3. कर्म : जीवों की उत्पत्ति का मूल कारण माया ही है। इसमें कोई कर्ता नहीं है तथा बिना किसी कारण के, इनकी वृद्धि होती है। बिना कर्ता के, आकार उत्पन्न होने की प्रक्रिया को कर्म कहते हैं।

4. अधिभूत : नष्ट होने वाले भाव को अधिभूत कहते हैं। इसे पंच महाभूत मिल कर रूप प्रदान करते हैं। इसका अस्तित्व नष्ट होने वाला अर्थात दिखावटी है। जो भी उत्पत्तिशील पदार्थ हैं वह सब अधिभूत हैं।

5. अधिदैव : पांच महाभूतों से बने शरीर का देवता जो वास्तव में ब्रह्म ही है परन्तु जो शरीर में रहने के कारण पुरुष कहलाता है और सब प्राणियों की इंद्रियों आदि का संचालक व अनुग्राहक है।

6. अधियज्ञ : यज्ञ का शरीर से गहरा संबंध है क्योंकि शरीर से ही यज्ञ सिद्ध होता है। भगवान श्री कृष्ण कहते हैं कि ''इस शरीर में जो यज्ञ है उसका स्वामी मैं ही हूँ।''

श्री ज्ञानेश्वर जी इन्हें स्पष्ट करते हुए कहते हैं:

आणि आकाराचेनि जालेपणे। जन्मधर्मात नेणे।
आकारलोपी निमणे। नाही कही।
ऐसिया आपलियाचि सहजस्थिति।
जया ब्रह्माची नित्यता असती।
तया नाम सुभद्रापति। अध्यात्म गा।

(ज्ञा. अ. 8, ओ. 18, 19)

आकार उत्पन्न होने के साथ जो आकार के साथ उत्पन्न नहीं होता और जब आकार नष्ट होता है, तब उसके साथ नष्ट नहीं होता, ऐसे परब्रह्म की शरीर में जो अविनाशी सत्ता है उसे अध्यात्म कहते हैं।

ऐसे अविनाश परब्रह्म से निर्मित सृष्टि में कर्म क्या है?

तैसे समविशमत्व नेणो कैचे। वायाची चरा चर रचे।
पाहता प्रसवतिया योनीचे। लक्ष दिसती।
येरी जीवभावचिये पालवियें। कांही मर्यादा करू नये।
पहिजे कवण हे आघवे वियें। तवमूल ते शून्य।
म्हणूनि कर्ता मुदल न दिसे। आणि सेखी कारण
ही कांही नसे।
माजीकार्यचि आपैसे। वाढोचि लागे।
ऐसा करितेनवीण गोचर। अव्याती हा आकार।
निपजे जो व्यापार। तया नाम कर्म।

(ज्ञा. अ. 8, ओ. 26, 27, 28, 29)

परब्रह्म से निर्मित सृष्टि सम-विशम महसूस होती है, यह समझ में नही आती। लेकिन सजीव और निर्जीव सृष्टि का भास होता है। लाखों योनियाँ निर्मित होती हैं, ऐसे दिखाई देता है। इस जीवन रूपी अंकुर की मर्यादा भी निश्चित करना मुश्किल है और इसका क्या कारण है यह भी पता नही चलता इसलिए इस सृष्टि का मूल निर्माता कौन हैं और सृष्टि निर्माण का कारण भी नहीं समझ आता। लेकिन इस सृष्टि का कार्य बढ़ता हुआ दिखाई देता है। इस प्रकार अव्यक्त (जो दिखाई नहीं देता है) ब्रह्म स्वरूप, सृष्टि का व्यापार तो करता है लेकिन कर्ता के बिना ही आकार निर्माण होता है। इस व्यापार को कर्म कहते हैं।

अधिभूत क्या है? श्री ज्ञानेश्वर जी कहते हैं।

आता अधिभूत जे म्हणिपे। तेंहि सांगो संक्षेपे।
तरी होय आणि हारपे। अभ्र जैसे।
तैसे असते पण आहाच। नही होईजे हे साच।
जयाते रूपा आणिती पांच पांच। मिळोनियां।
भूतातें अधि करूनी असे। आणि भूतसंयोगे तरि दिसे।
जे वियोगवेळे भ्रंशे। नामरूपादिक।

तयाते अधिभूतम्हणिजे। मग अधिदैवत पुरुष जाणिजे।
जेणे प्रकृतीचे भोगिजे। उपाजिले। (ज्ञा. अ. 8, ओ. 30, 31, 32, 33)

आकाश में बादल आते हैं और फिर नष्ट होते हैं। इनके आस्तित्व का भास होता है। उनका अस्तित्व नहीं है यही सच है। पंच भूतों के मिलन से शरीर बनता है। पांच महाभूतों के संयोग से जो दिखाई देता है और पांच महाभूतों के अलग होने से जो अदृश्य (दिखाई नहीं देता) होता है, ऐसे इस शरीर को अधिभूत कहते हैं। प्रकृति के द्वारा किया हुआ कर्म मैंने किया और इसलिए मैं उससे निर्मित फल को भोगता हूँ ऐसा कहने वाला जीव पुरुष अधिदेवता है।

श्री ज्ञानेश्वर जी अधियज्ञ के संबंध मे लिखते हैं:

जीव येणे नांवे। जयाते आळविजे स्वभावे।
ते अधिदैवत जाणावे। पंचायतनीचे।
आता इयेचि शरीर गामी। जो शरीर भावाते उपशमी।
तो अधियज्ञ एथ गामी। पंडुकुमारा। (ज्ञा. अ. 8, ओ. 36, 37)

जिसे हम जीव कहते हैं वह जीव ही पंचमहाभूतों से बने शरीर का अधिदेवता है। इस शरीर में रहते हुए भी जिसे पांच महा-भौतिक शरीर का शरीर भाव नहीं है या जिसके कारण जीव का पांच भौतिक शरीर भाव नष्ट होता है वह मैं हूँ। मैं ही शरीर स्थित अधियज्ञ हूँ।

इस स्थिति का स्पष्टीकरण श्री ज्ञानेश्वर जी इस प्रकार करते हैं:

पै केशांचा गुडावा। वरि ठेविली स्फटिकशिला।
ते जंव पाहिजे डोळा। तंव भेदली गमती।
पाठी केश परोते नेले। आणि भेदले पण
काय नेणों जाहाले।
तरि डांक देऊनि सांदिले। शिकेळे काई। (ज्ञा. अ. 8, ओ. 42, 43)

स्फटिक के पत्थर के नीचे यदि हम अपने (सिर के) बालों को रखते हैं तो ऐसा मालूम होता है कि स्फटिक टूट गया है। वे बाल स्फटिक के नीचे से निकाल लेते है तो स्फटिक पहले जैसा अखंड दिखाई देता है। इसी प्रकार से हमारे अहंकार से हम भगवान से अलग हैं ऐसा लगता है, लेकिन अहंकार नष्ट होता है तो जीव ब्रह्म से एकरूप होता हैं।

सारांश रूप से परब्रह्म नाशवान नहीं है। परब्रह्म का अस्तित्व जब शरीर में रह कर मर्यादित होता है वह अध्यात्म है, सर्व प्राणीमात्र का अस्तित्व में आना और उनके व्यवहार, कर्म है। शरीर ही अधिभूत है। जीव को, जो शरीर भाव से ग्रसित है, अधिदेवता और शरीर में रहने वाले जीव जिसका शरीर भाव नष्ट हो गया है, अधियज्ञ कहते हैं।

भगवान के इस स्वरूप को, प्राणीमात्र की उत्पति और उनके कर्म को जानते हुए जो अपने व्यवहार को करता है, वह व्यक्ति भगवान के अस्तित्व को सही अर्थ में

जानता है। ऐसा व्यक्ति ही भगवान में मन और बुद्धि स्थिर करता है। इससे क्या होता है?

भगवान श्रीकृष्ण कहते हैं:

अन्तकाले च मामेव स्मरन्मुक्त्वा कलेवरम्।
यः प्रयाति स मद्भावं याति नास्त्यत्र संशयः।।
यं यं वापि स्मरन्भावं त्यजत्यन्ते कले वरम्।
तं तमेवैति कौन्तेय सदा तद्भावभावितः।।
तस्मात्सर्वेशु कालेशु मामनुस्मर युध्य च।
मयर्पितमनोबुद्धिर्मामिवैश्यस्यसंशयम्।। (गी. अ. 8, श्लो. 5, 6, 7)

भगवान श्रीकृष्ण कहते हैं कि जो व्यक्ति मरते वक्त मेरा स्मरण करते हुए शरीर छोड़ता है वह मेरे स्वरूप से एक रूप होता है। इसमें कोई संशय नहीं। जो व्यक्ति मेरे सिवाय जिस वस्तु को निरंतर स्मरण करता है और ऐसी वस्तु का ध्यान करते हुए शरीर छोड़ता है तो वह उसी वस्तु को प्राप्त होता है। मतलब यह की उस वस्तु की प्राप्ति की इच्छा से फिर से जन्म लेता है। वह मुझे प्राप्त नहीं होता। हे अर्जुन ! यदि मुझे प्राप्त करना है तो सदैव मेरा स्मरण कर और युद्ध करते हुए अपनी मन और बुद्धि मुझे अर्पण कर। तू मुझे अवश्य प्राप्त करेगा। इसमें कोई संशय नहीं।

भगवान का स्मरण महीना पंद्रह दिन में कभी मंदिर में जाकर या किसी धार्मिक दिन या तीर्थ यात्रा करके, एक बार में करने से, भगवान का स्मरण चित्त में स्थिर नहीं होता। श्री विनोबाभावे जी कहते हैं की शंकर भगवान के पिंड पर एकदम से एक बाल्टी पानी डाल देना और उस पर बूंद बूंद पानी घड़े से गिरते रहता है, इससे जो अंतर है वही अंतर कभी एकदम से पूजा करके भगवान को स्मरण करना और निरंतर दिन-रात भगवान का स्मरण करने में है। भगवान का स्मरण बूंद बूंद पानी गिरने की तरह निरंतर होना चाहिए।

श्री ज्ञानेश्वर जी कहते हैं:

डोळा जे देखावे। कां कानी हन ऐकावे।
मनी जे भावावे। बोलवे वाचे।
ते आत बाहेरि आघावे। मीचि करूनि घालावे।
मग सवी काळी स्वभावे। मीचि आहे।
अर्जुना ऐसे जाहालिया। मग न मरिजे देह गेलिया।
मा संग्राम केलिया। भय काय तुज।
तूं मन बुद्धि साचेसी। जरी माझिया स्वरूपि अर्पिसी।
तरी मातेचि गा पावसी। हे माझी भाक।

(ज्ञा. अ. 8, ओ. 76, 77, 78, 79)

आँखों से जो देखना है, कानों से सुनना, मन से चिंतन करना या मुख से बोलना, वह सब कुछ मेरे लिए कर। ऐसे करने से हे अर्जुन ! तुम हर वक्त आसानी से मेरा अनुभव करोगे। ऐसा होने पर तुम्हें किस बात का डर होगा? तुम यदि मन और बुद्धि

से मेरा स्मरण करोगे तो मुझे प्राप्त करोगे। लेकिन यदि इस प्राप्ति के बारे में तुम्हें कुछ शंका हो तो तुम इसका अभ्यास करो।

भगवान श्रीकृष्ण कहते हैं:

अभ्यासयोगयुक्तेन चेतसा नान्यगामिना।
परमं पुरूषं दिव्यं याति पार्थनुचिन्तयन्।।
यदक्षरं वेदविदो वदन्ति विशन्ति यद्यतयो वीतरागा:।
यदिच्छन्तो ब्रह्मचर्यं चरन्ति तत्ते पदं संड.ग्रहेण प्रवक्ष्ये।।

(गी. अ. 8, श्लोक 8, 11)

योग का अभ्यास करते हुए मन को कहीं भी न भटकने से, और चित्त से परम दिव्य पुरुष का स्मरण करने से व्यक्ति, परम पुरुष को प्राप्त होता है। मरण समय में स्थिर चित्त हो कर, योग बल से दोनों भृकुटी के मध्य में प्राण को स्थिर करते हुए, भगवान का चिंतन करने से भगवान प्राप्त होते हैं। जिसे वेद जानने वाले पुरुष अक्षर (नष्ट न होने वाला) कहते हैं, वैरागी योगी जिसे प्राप्त होते हैं और जिसकी इच्छा करके ब्रह्मचारी पुरुष ब्रह्मचर्य का पालन करते हैं उस क्रिया के बारे में तुम्हे बताता हूँ।

परम पद प्राप्त करने के लिए योग साधना कैसे होती है इस बारे में भगवान श्रीकृष्ण कहते हैं:

सर्वद्वाराणि संयम्य मनो हृदि निरूध्य च।
मूर्ध्न्याधायात्मन: प्राणमास्थितो योगधारणाम्।।
ओमित्येकाक्षरं ब्रह्म व्यावहरन्मामनुस्मरन्।
य: प्रयाति त्यजन्देंह स याति परमां गतिम्।।

(गी. अ. 8, श्लो. 12, 13)

अपनी इंद्रियों और मन का निग्रह करके, अपनें प्राण सुशुम्मना नाड़ी द्वारा मस्तिश्क में स्थापना करते हुए, योग धारण के लिए प्रवृत्त योगी 'ॐ' इस एक अक्षर ब्रह्म का उच्चारण करते हुए, मेरा नाम स्मरण करते हुए, जो देह को छोड़ता है वह परम गति को प्राप्त होता है। इस श्लोक में जो शारीरिक आसनात्मक क्रिया के बारे में कहा है, उसे अनुभवी योगी से सीखना होगा। सामान्य व्यक्ति इसे नहीं कर सकता।

श्री ज्ञानेश्वर जी कहते हैं:

तरी मना बाहेरिली कड़े। येयाची सविया सवे मोडे।
हे ह्रदयाचिया डोही बुडे। तैसे कीजे। परि हे तरीच घड़े।
जरी संयमाची अखंडे। सर्व द्वारी कवाड़े। कळासती।
तरी सहजे मन कोडिंले। ह्रदयीचि असेल उगले।
जैसे करचरणी मोडले। परिवर न संडी।
तैसे चित्त रहिल्या पाडंवा। प्राणांचा प्रणवचि करावा।
मग अनुवृत्ति पंथे आणावा। मूर्ध्नि वरी।

(ज्ञा. अ. 8, ओ. 112, 113, 114, 115)

मन को बाहर की और दौड़ने की वृत्ति को नष्ट करना जरूरी है और हृदय रूपी गहरे समुद्र में डूब जाना चाहिए। लेकिन यह तभी होगा जब इंद्रिय रूपी दरवाजों को पक्का बंद किया जायेगा। मन को इस प्रकार नियंत्रण करने से मन सहज ही हृदय में स्थिर होगा। हे अर्जुन! चित्त इस प्रकार से स्थिर होने पर प्राण को मस्तिष्क में स्थिर करते हुए प्राण को क्रमशः ब्रह्म रंध्र पर्यंत लाकर, ऊँकार का उच्चारण करते हुए जो देह छोड़ता है, वह मुझे (भगवान को) प्राप्त होता है।

भगवान श्रीकृष्ण कहते हैं यह सुलभ है, आसान है। कैसे?

अनन्यचेताः सततं यो मां स्मरति नित्यशः।
तस्याहं सुलभः पार्थ नित्ययुक्तस्य योगिनः।।
मामुपेत्य पुनर्जन्म दुःखालयमशाश्वतम्।
नाप्नुवन्ति महात्मानः संसिद्धिं परमां गताः।।
आब्रह्मभुवनाल्लोकाः पुनरावर्तिनोऽर्जुन।
मामुपेत्य तु कौन्तेय पुनर्जन्म न विद्यते।।

(गी. अ. 8, श्लो. 14, 15, 16)

भगवान श्रीकृष्ण कहते हैं कि मेरे में ही चित्त लगाते हुए, जो मेरा निरंतर (जीवन पर्यन्त) स्मरण करता है, ऐसे योगी को मुझे पाना बहुत सुलभ है। मुझे प्राप्त हुए और परम गति को पहुंचे महात्मा को दुःख से भरा क्षणिक पुर्नजन्म नहीं मिलता। वह अमर हो जाता है। अन्य लोगों का ब्रह्मलोक से लेकर सत्य लोक पर्यन्त बार बार जन्म होता है किन्तु हे अर्जुन! जो मुझे प्राप्त होते है, उन्हें पुनर्जन्म नही लेना पड़ता।

श्री ज्ञानेश्वर जी इस विषय को समझाते हुए कहते हैं:

तेथ अर्जुना जरी विपाये। तुझ्या जीवी हन ऐसे जाये।
ना हे स्मरण मग होये। कायसयावरी अंती।
इंद्रिया अनघड़ पडिलिया। जीविताचे सुख बुडालिया।
आंत बाहेरि उधडलिया। मृत्यु चिन्हे।
ते वेळी वैसावेचि कवणे। मग कवण निरोधी करणे।
तेथ काहयाचेनि अंतः करणे। प्रणव स्मरावा।
तरी गा ऐशिया हो ध्वनी। क्षणे थारा देशी गा मनी।
पै नित्य सेविला मी निदानी। सेवक होय।

(ज्ञा. अ. 8, ओ. 120, 121, 122, 123)

हे अर्जुन ! तुम्हारे मन में शंका उपस्थित हो सकती है कि अतंकाल में मृत्यु के समय तुम्हारा स्मरण कैसे हो सकता है? इंद्रियों की क्रिया बंद हो गयी है और जिन्दा रहते हुए मिला हुआ सुख भी नष्ट होता है, अंदर और बाहर से मृत्यु के लक्षण दिखायी देते हैं। कौन इंद्रियों का निरोध करेगा और किस अन्तःकरण से "ऊँ" का चिंतन करते हुए "ऊँ" का उच्चारण कर सकोगे? हे अर्जुन ! तुम्हें यह शंका सताती होगी लेकिन मुझे नित्यस्मरण करने वाले का मैं सेवक हूँ।

श्री ज्ञानेश्वर जी कहते हैं कि निरंतर भगवान का स्मरण करने वाले का भगवान स्वयं सेवक हैं। क्या मृत्यु समय में भक्त भगवान का स्मरण करेगा, जिसकी राह भगवान देखते हैं? जब भक्त मेरा स्मरण करेगा तब ही मैं उनके पास दौड़ कर जाऊँगा ऐसा क्यों सोचते हो? श्री ज्ञानेश्वर जी भगवान के प्रेम की महिमा का वर्णन करते हैं।

तथा देहावसान जै पावे। तै तिही माते स्मरावे।
मग जरी पावावे। तरी उपास्ति ते कायसी।
पै रंक एक आडले पणे। काकुळती धांव गा धांव म्हणे।
तरि तयाचियेग्लानि धावणे। काय न धडे मज।
अणि भक्ताहीं तेचि दशा। तरी भक्तीचा सोस काय सा।
म्हणूनि हा ध्वनी ऐसा। न वाखाणावा।
तिही जे वेळी मी स्मरावा। ते वेळी स्मरिला कीं पावावा।
तो आभार ही जीवा। साहवेचिना।
ते ऋणवैपण देखोनि आंगी।
मी आपुलियाचि उत्तीरणत्वा लागी।
भक्तांचिया तनुत्यागी। परिचर्या करी।

(ज्ञा. अ. 8, ओ. 127, 128, 129, 130, 131)

श्री ज्ञानेश्वर जी कहते हैं कि भगवान बहुत दयालु और अपने भक्तों से प्रेम करते हैं। भगवान कहते हैं की जब भक्त का मरण समय निकट आता है और वे उनका स्मरण करें और तब वह दौड़कर जाएं तो उनकी भक्ति का क्या मोल होगा? कोई भिखारी भी किसी संकट में अत्यंत दुखी दीन होकर उन्हें पुकारता है तो क्या वह उसकी मदद के लिए दौड़कर नहीं जाते? मेरा भक्त जब मेरा स्मरण करेगा तब ही मैं दौड़कर जाऊँगा तो मेरा यह कहना क्या लालची व्यक्ति जैसा नहीं लगेगा? मैं भक्त की भक्ति का लोभी नहीं हूँ। भक्त की निष्काम भक्ति का मुझ पर ऋण (कर्ज़) है इसलिए इस ऋण को कुछ मात्रा में लौटाने के लिए मैं भक्त की मृत्यु के समय स्वयं ही उसकी सेवा करता हूँ।

मृत्यु के समय तकलीफ होती है। मेरे सुकुमार प्रेमी भक्त को तकलीफ का स्पर्श ना हो इसलिए मैं उसे पहले ही आत्मज्ञान के पिंजर में रखता हूँ। ऐसे भक्त को मैं अपने सगुण स्वरूप के स्मरण की ढंडी छाया देता हूँ जिससे देह आदि का उसे विस्मरण होता है।

श्री ज्ञानेश्वर जी ने, भक्त के प्रति भगवान कितने दयालु हैं और उसे प्रेम करते हैं, इसका बहुत ही सुंदर वर्णन किया है। श्री ज्ञानेश्वर जी इसे और स्पष्ट करते हैं। भक्त के मरण के समय भगवान स्वयं ही उसके पास पहुंचते हैं तथा मरण एक तरह से उत्सव होता है।

आणि भक्त तरी देही। विशेष एकबंकीचा ठाव नाही।
म्हणऊनि अहूर करिता कांहीं। वियोग ऐसा न वाटे।
ना तरी देहांतीचि मिया यावे। मग आपणा याते न्यावे।
हेही नाही जे स्वभावे। ते आधीचि मज निमले।
येरी शरीराचिया सलिली। असते पण हे चि साउली।
वांचूनि चंद्रिका ते ठेली। चंद्रीच आहे।

(ज्ञा. अ. 8, ओ. 136, 137, 138)

मेरा भक्त अपनी देह के संबंध में ''मैं देह हूँ'' ऐसा नहीं मानता इसलिए उसे देह को छोड़ते समय देह से अलग होने का दु:ख नही होता। भक्त की मृत्यु के समय मुझे आना चाहिए और फिर मैं भक्त में एकरूप हो जाऊँगा ऐसा भी नही है। क्योंकि ज्ञानभक्ति योग के कारण भक्त मरने के पहले ही मुझे मिलता है व मुझसे एकरूप हो जाता है। चंद्र का प्रकाश पानी में गिरता हैं तब चंद्र पानी में नही होता। चंद्र तो अपने ही स्थान पर होता है। इस तरह जीव चैतन्य शरीर रूप पानी में दिखाई देता है। जीव चैतन्य का शरीर में रहना एक छाया की तरह होता है। मतलब यह की जीव चैतन्य (देह में स्थित परमात्मा का अंश) और परमेश्वर चेतन इस दोनों का कभी वियोग नहीं होता। इसलिए भक्त मुझे ही प्राप्त होता है यह निश्चित है।

मेरे ऐसे भक्त चिरंजीव हो जाते हैं। अमर होते हैं। जो मुझे प्राप्त होते हैं वे भक्त ब्रह्मलोक की प्राप्ति होने वाले भक्त से भी श्रेष्ठ होते हैं। ब्रह्मलोक की प्राप्ति होने वाले भक्तों का जन्म मरण चलता रहता है।

भगवान श्रीकृष्ण कहते हैं:

सहस्रयुगपर्यन्तमहर्यद्ब्रह्मणो विदु:।
रात्रिं युग सहस्रान्तां तेऽहोरात्रविदो जना:।।
अव्यक्ताद्व्यक्तय: सर्वा: प्रभवन्त्यहरागमे।
रात्र्यागमे प्रलीयन्ते तत्रैवाव्यक्तसंज्ञके।।
भूतग्राम: स एवायं भूत्वा भूत्वा प्रलीयते।
रात्रायगमेऽवश: पार्थ प्रभवत्यहरागमे।।
परस्तस्मात्तु भावोऽन्योऽव्यक्तोऽव्यक्तात्सनातन:।
य: स सर्वेशु भूतेशु नश्यत्सु न विनश्यति।।

(गी. अ. 8, श्लो. 17, 18, 19, 20)

भगवान श्रीकृष्ण इन श्लोकों में समय की गिनती के बारे में स्पष्टिकरण देते हैं। ब्रह्मदेव का एक दिन सहस्त्र युगों का है, एक हजार युगों की रात्री होती है। ब्रह्मदेव का दिन शुरू होता है तब ब्रह्मदेव में लीन सृष्टि फिर से व्यक्त होती है व ब्रह्मदेव की जब रात होती है तब सृष्टि फिर से ब्रह्मदेव में लीन होती है। जो पहले कल्प में था, वही भूतों का समुदाय ब्रह्म के दिन के आरम्भ में , बार-2 उत्पन्न हो हो कर रात के शुरु होने पर बार-2 लीन हो जाता है। यह क्रम चलता रहता है। परन्तु पर ब्रह्म परमात्मा का नाश नहीं होता। वह सदा रहता है।

श्री ज्ञानेश्वर जी कहते हैं कि भगवान के भक्त जो उन्हें प्राप्त होते हैं वे कितने समय तक इस सृष्टि को देखते हैं।

जे चौकडिया सहस्त्र जाये। तै ठाये ठावो विलचि होये।
आणि तैसेचि सहस्त्रवरिये पाहे। रात्री जेथ।
येवढे अहोरात्र जेथिचे। तेणे न लोटती जे भाग्याचे।
देखती ते स्वर्गीचे। चिरंजीव। (ज्ञा. अ. 8, ओ. 156, 157)

सतयुग, त्रेता, द्वापर और कलयुग इन चार युगों की चौकड़ी है। इन हजार चौकड़ियों को मिलाकर ब्रह्मदेव का एक दिन होता है। इसी तरह इतने ही समय की ब्रह्मदेव की रात होती है। इतने लम्बे दिन और रात जहां पर है उसमें भगवान श्रीकृष्ण के भक्तों की मृत्यु नहीं होती। ऐसे भाग्यवान पुरुष ब्रह्मदेव की रात्री और दिन को देखते हैं। ऐसे भक्त स्वर्ग के चिरंजीव कहलाते हैं। ऐसे भक्त जन्म-मरण के चक्कर से मुक्त होते हैं। इस विश्व की वास्तविकता जानते हुए ऐसे भक्त भगवान में समर्पित होते हैं।

श्री ज्ञानेश्वर जी कहते हैं:

ते तरी व्यक्त ना अव्यक्त। नित्य ना नाशवंत।
या दोन्ही भावां अतीत। अनादिसिद्व।
जे हे विश्वचि होऊनि असे।
परि विश्वपण नालिलेनि न नासे।
अक्षरे पुसिल्या न पुसे। अर्थ जैसा।

(ज्ञा. अ. 8, ओ. 175, 176)

सनातन ब्रह्म-वस्तु व्यक्त भी नहीं होती और अव्यक्त भी नहीं होती। ना वह नित्य है, ना नाशवान है। इन दोनों भावों से वह अलग है। ऐसी वह वस्तु अनादि और सिद्ध वस्तु है। जिस प्रकार शब्द का अर्थ समझने के बाद हम शब्द को मिटा भी दें, तो भी उसका अर्थ नहीं जाता है उसी प्रकार जगत नष्ट होने पर वह ब्रह्म-वस्तु नष्ट नही होती। जगत की इस अव्यक्त स्थिति पर भी परब्रह्म अपनी सत्ता से आधारभूत होते हैं।

अक्षर परब्रह्म क्या है? और परम गति क्या है इसके संबंध में भगवान श्रीकृष्ण कहते हैं:

अव्यक्तोऽक्षर इत्युक्तस्तमाहुः परमां गतिम्।
यं प्राप्य न निर्वतन्ते तद्धाम परमं मम।।
पुरूषः स परः पार्थ भक्त्या लभ्यस्त्वनन्यया।
यस्यान्तः स्थानि भूतानि येन सर्वमिदं ततम्।।
यत्र काले त्वनावृत्तिमावृत्ति चैव योगिनः।
प्रयाता यान्ति तं कालं वक्ष्यामि भरतर्शभ।।

(गी. अ. 8, श्लोक 21, 22, 23)

भगवान श्रीकृष्ण कहते हैं जिसे अव्यक्त अक्षर कहते हैं जिससे यह सारा संसार व्याप्त है, वह मेरी परम गति है। यही मेरी स्वरूप स्थिति है, जिसे प्राप्त करने के बाद व्यक्ति पुनः इस संसार में नहीं आता। जिस स्थिति में योगी लोग देह छोड़ कर संसार में जन्म नहीं लेते हैं, और वह समय जब देह छोड़ कर जाने के बाद तथा पुनः जन्म लेने से पहले की अवस्था के बारे में हे, अर्जुन तुम सुनो।

श्री ज्ञानेश्वर जी कहते हैं:

जयाते अव्यक्त म्हणों ये कोडे।
म्हणता स्तुति है ऐसे नावडे।
जे मन बुद्धि न सांपड़े। म्हणऊनिया।
आणि आकारा आलिया जयाचे। निराकारपण न वचे।
आकारलोपे न विसंचे। नित्यता गा।
म्हणोनि अक्षर हे म्हणिजे। तेवीचि म्हणता बोधही उपजे।
जया परौता पैस न देखिजे। या नाम परमगती।

(ज्ञा. अ. 8, ओ. 179, 180, 181)

अक्षर, परब्रह्म बुद्धि से नहीं समझा जाता इसलिए इसे अव्यक्त (न दिखाई देनेवाला) कहते हैं। ऐसे अव्यक्त की आकार प्राप्त होने पर भी अव्यक्तता कम नहीं होती और आकार नष्ट होने पर भी, उसमें कमी नहीं आती। इसलिए इसे अक्षर (कभी नष्ट होने वाले) कहते हैं। इसके परे कुछ नहीं है तथा उसे परमगति कहते हैं।

इसे और स्पष्ट करते हुए श्री ज्ञानेश्वर जी लिखते हैं:

अर्जुना तया परी। सुतला ऐसा आहे शरीरी।
म्हणोनि पुरुष गा अवधारी।
म्हणिपे जयाते। आणि प्रकृति पतिव्रते।
पडिला एक पत्नीव्रते। येणे ही कारणे जयाते।
पुरुष म्हणो ये। (ज्ञा. अ. 8, ओ. 188, 189)

हे अर्जुन! अक्षर पुरुष देह के अंदर निंद्रा में है ऐसा लगता है इसलिए इसे पुरुष कहते हैं। इसे पुरुष कहने का और एक कारण है। प्रकृति पतिव्रता है। यह प्रकृति अक्षर पुरुष को क्षणभर के लिए भी स्वतंत्र नहीं रहने देती। इसलिए पतिव्रता प्रकृति से पुरुष भी एक पत्नीव्रत की तरह रहता है। (उत्तम पुरुष एक पत्नीव्रती होता है) अक्षर पुरुष की अवस्था को प्राप्त होने के बाद जन्ममरण रूपी संसार के चक्कर खत्म हो जाते हैं।

श्री ज्ञानेश्वर जी इसे उदाहरण देकर समझाते हैं:

तरी अग्निमाजी आले। जैसे इंधनचि अग्नि जाहाले।
पाठी न निवडेचि कांही केले। काष्ठपण।
न तरी साखरेचा माघौता।
बुद्धिमंतपणे ही करिता। परि ऊंस नहे पंडुसुता।

जिया परी। लोहाचे कनक जाहले। हे एके परसेचि केले।
आता आणिक कैचे ते गेले। लोहत्व आणी।
म्हणोनि तूप होवोनि माधौते।
जेवी दुधपणा न येचि निरूते।
तेवि पावोनिया जयाते। पुनरावृत्ति नाही।

(ज्ञा. अ. 8, ओ. 199, 200, 201, 202)

लकड़ियाँ को अग्नि में डालने से अग्निरूप हो जाती हैं। अग्नि से लकड़ियां अलग नही हो सकती हैं। व्यक्ति कितना ही बुद्धिमान क्यों ना हो, एकबार गन्ने से चीनी बनने के बाद उस चीनी से फिर गन्ना नहीं बनाया जा सकता। पारस (पत्थर जिसके स्पर्श से सुवर्ण बनता है) के स्पर्श से लोहे का सुवर्ण बनता है लेकिन सुवर्ण का फिर लोहा नहीं बनता है। दूध से घी बनाने के बाद घी फिर से दूध नहीं बन सकता। इसी प्रकार जब भक्त अक्षर पुरुष को प्राप्त होता है, वह फिर जन्म-मरण रूपी संसार में वापस नहीं जाता। स्वेच्छा से योग के द्वारा जो भक्त अपने शरीर को छोड़ते हैं तो उसके लिए कौन सा समय योग्य और शुभ होगा इसके बारे में भगवान श्रीकृष्ण अर्जुन को समझाते हैं।

श्री ज्ञानेश्वर जी इसे सविस्तार निवेदन करते हैं। शरीर की स्थिति कैसी होनी चाहिए इसके संबंध में लिखते हैं। ब्रह्म स्वरूप में विलीन होने के लिए आखिरी क्षण तक शरीर स्वस्थ होना आवश्यक है। वह ठंडा नहीं होना चाहिये। उसमें गरमी होनी चाहिए।

श्री ज्ञानेश्वर जी लिखते हैं:

ते वेळी प्राणसि प्राण नाही।
तेथ बुद्रि असोनि करील काई।
म्हणोनि अग्निवीण देही। चेतना न थारे।
अगा देहांचा अग्नि जरी गेला।
तरी देह नहे चिखल बोला। वाया आयुष्य
वेळ आपुला। आंधारे गिवसी।
आणि मागील स्मरण आघवे। ते तेणे अवसरे सांभाळावे।
मग देह त्यजूनी मिळावे। स्वरूपी की।
तव तया देहश्लेष्माचे चिखली। चेतनाचि बुडोनि गेली।
तेथ मागिली पुढिलीही ठेली। आठवण।
म्हणोनि आधी अभ्यास जो केला।
तो मरण नयेता निमोनि गेला।
जैसे ठेवणें न दिसता मालवला। दीप हातीचा।

(ज्ञा. अ. 8, ओ. 214, 215, 216, 217, 218)

मरण समय में, जब प्राण शक्ति नहीं रहेगी, तब बुद्धि होते हुए भी वह बुद्धि क्या करेगी? इसलिए शरीर स्थित अग्नितत्व (पंच भूतों में से एक) के बिना चैतन्य

शक्ति नहीं रह सकती। देह में अग्नि यानि ऊष्णता, गरमी ,जब नष्ट होगी तो शरीर निर्जीव होता है। ऐसा देह गीले कीचड़ की तरह होता है। ऐसे अंधेरे में जीवन समाप्त होने की राह देखता है। पहले प्राप्त किया ब्रह्म भाव का स्मरण यदि कायम है तब ही देह त्याग करते हुए योगी ब्रह्म स्वरूप में विलीन होता है। जिस तरह हमारी रखी हुई कोई वस्तु को ढूंढते समय उस वस्तु को पाने के पहले यदि दिया बुझ जाता है, तो हम उस वस्तु को ढूंढ नहीं पाते। इसी तरह योगी ने पहले जो अभ्यास किया है, वह देह त्याग के पहले ही वह यदि भूल जाता है, यदि शरीर में अग्नि की उष्मा समाप्त हो जाती है तब मरते समय पूरे शरीर और शरीर स्थिति बुद्धि तत्वों को ताकत नहीं मिलती है। और बिना इस ताकत के ब्रह्म स्वरूप प्राप्त नहीं किया जा सकता।

ऐसी ताकत या सामर्थ्य किस समय प्राप्त हो सकता है? योगी को देह छोड़ने का प्रयत्न कब करना चाहिए? इसके बारे में भगवान श्रीकृष्ण मार्ग दर्शन करते हैं।

अग्निर्ज्योतिरहः शुक्ल शण्मासा उत्तरायणम्।
तत्र प्रयाता गच्छन्ति ब्रह्म ब्रह्मविदो जनाः।।
धूमो रात्रिस्तथा कृष्णः शण्मासा दक्षिणायनम्।
तत्र चान्द्रमसं ज्योतिर्योगी प्राप्य निवर्तते।।
शुक्लकृष्णे गती ह्येते जगतः शाश्वते मते।
एकया यात्यनावृत्तिमन्ययावर्तते पुनः।।
नैते सृती पार्थ जानन्योगी मुह्यति कश्चन।
तस्मात्सर्वेषु कालेषु योगयुक्तो भवार्जुन।।

(गी. अ. 8, श्लो. 24, 25, 26, 27)

शरीर में अग्नि और ज्योति का प्रकाश, दिन का समय, शुक्लपक्ष उत्तरायण के किसी भी महीने में (जनवरी से जून तक) ब्रह्म का अनुभव जिसे प्राप्त हुआ है ऐसे योगी की जब मृत्यु होती है, तब वह ब्रह्म स्वरूप को प्राप्त होता है। जो योगी धूआँ, रात, कृष्णपक्ष, दक्षिणायन के (जुलाई से दिसंबर तक) छः महिने में किसी भी महीने में देह त्याग (मृत्यु) करता है तो वह कर्मयोगी चंद्रलोक को प्राप्त होता है और कर्मफल को भोगकर फिर इस संसार में जन्म लेता है। शुक्ल यानि ज्ञान का प्रकाश और कृष्ण यानि अज्ञान का अंधकार यह दो गती हैं। पहले अवस्था में व्यक्ति फिर से संसार में जन्म नहीं लेता है परन्तु दूसरी अवस्था में फिर जन्म होता है। यहां यह समझना जरुरी है कि यह दोनों मार्ग उनके लिये हैं जो इस गती के अधिकारी हैं। सारे संसार के लिए यह गती संभव नहीं। इन दोनों मार्गो को जानने वाला, किसी भी मोह का शिकार नहीं होता। इसलिये हे अर्जुन! आत्मस्वरूप का विचार करते हुए सदा सर्वदा अपनी चित्त वृत्ति मेरे में स्थिर रखो।

श्री ज्ञानेश्वर जी उत्तरायण और दक्षिणायन का स्पष्टीकरण करते हुए लिखते हैं:

एथ अग्नि हे पहिले पायतरे। ज्योतिर्मय हे दुसरे।
दिवस जाणे तिसरे।

चौथे शुक्ल पक्ष। आणि सामास उत्तरायण।
ते वरचील गा सोपान।
तेणे सायुज्य सिद्धिसदन। पावती योगी।
हा उत्तम काल जाणिजे।
याते अर्चिरादि मार्ग म्हणिजे। आता अकाळ
तोहि सहजे। सांगेन आईक। (ज्ञा. अ. 8, ओ. 223, 224, 225)

उत्तरायण के 6 महीने का काल शुभ और सामर्थ्यवान हैं। यहां तक पहुँचने के लिए पहली पायदान है (शरीर की) अग्नि, दूसरी प्रकाश, तीसरी दिन और शुक्लपक्ष चौथी पायदान है। आखिरी पायदान है उत्तरायण के 6 महीने में से कोई भी महीना। इस मार्ग से योगी मोक्षरूप गृह तक पहुँचते हैं। यह समय मृत्यु के लिए उत्तम समय है। इसके बाद मृत्यु के लिए अयोग्य काल के बारे में सुनो।

तरि प्राणाचिया अवसरे। वातश्लेष्मां सुभरे।
जेणे अन्तः करणी आंधारे।
कोदले ठाके। सर्वेंद्रिया लाकुड़ पड़े।
स्मृति भ्रमामाजी बुड़े।
मन होय वेडे। कोंडे प्राण। कां मरे ना सावध।
ऐसे जीवितासि पड़े स्तब्ध। आयुष्य मरणाची मर्यादि।
वेळ ठाकी। ऐसी मन बुद्धि करणी।
सभोवती धूम कुळाची कोंडणी। तेथ जन्मे
जोडलिए वाहणी। युगची बुड़े।
ऐसी देहाआंत स्थिती। बाहेरि कृष्ण पक्ष वारि राती।
आणि सामासहि बोडवती। दक्षिणायन।

(ज्ञा. अ. 8, ओ. 226, 227, 230, 231, 233)

मरण समय में कफ वात की वृद्धि के कारण अन्तःकारण में सब तरफ अंधकार छा जाता है। सब इंद्रियां लकडी़ जैसी निर्जीव होती है, किसी चीज़ का स्मरण नहीं रहता। मन कुछ नहीं सोच पाता, प्राण का गला घोट दिया है ऐसी स्थिति होती है। ऐसा व्यक्ति न मरा है न जीवित है और जीवन मृत्यु के द्वार तक पहुँचता है। मन, बुद्धि और इंद्रियों की स्थिति इस प्रकार होती है। जो भी अभ्यास किया वह सब व्यर्थ होता दिखाई देता है। देह के अंदर ऐसी स्थिति हो जाए और बाहर कृष्ण पक्ष की रात्रि और 6 महिने का दक्षिणायन का समय हो तो ऐसा योगी चंद्रलोक तक पहुंचता है। वह फिर इस संसार में जन्म लेता है।

भगवान श्रीकृष्ण उत्तरायण और दक्षिणायन में मृत्यु प्राप्त होने वाले दोनो व्यक्तियों को योगी कहते हैं। उत्तरायण का योगी मोक्ष प्राप्त करता है जिसे जन्म नही है। लेकिन दक्षिणायन का योगी चंद्रलोक में रहने के बाद फिर पृथ्वी पर जन्म लेता है। दोनों भक्त भगवान से जुड़े होने से योगी ही कहलाते हैं।

भगवान श्रीकृष्ण कहते हैं कि वेदाध्ययन आदि से मिलने वाले पुण्य से भी भगवान में चित स्थिर करना श्रेष्ठ है।

वेदेषु यज्ञेषु तपःसु चैव दानेषु यत्पुण्यफलं प्रदिष्टम्।
अत्येति तत्सर्वमिदं विदित्वा योगी परं स्थानमुपैति चाद्यम्।।

(गी. अ. 8, श्लोक 28)

वेदाध्ययन, यज्ञ, तप, दान आदि से बहुत पुण्य प्राप्त होता है ऐसा वेदों में बताया है। लेकिन इससे भी ज्यादा पुण्य भगवान में निरंतर चित्त स्थिर होने से मिलता है जो वेदाध्ययन आदि के पुण्य से श्रेष्ठ हैं। ऐसा योगी ब्रह्म पद को प्राप्त करता है।

श्री ज्ञानेश्वर जी लिखते हैं:

जरी वेदाध्यनाचे जाले। अथवा यज्ञाचे शेत पिकले।
की तपदानाचे जोडलें। सर्वस्व हन जे।
तथा आधवा पुण्याचा मेळा। भार आंतोंनि जया ये फला।
ते परब्रम्हा निर्मळा। सांठि न सरे।
जे नित्यानंदाचेनि माने। उपमेचा कांटाळां न दिसे साने।
पाहा पां वेद यज्ञादि साधने। जया सुखा।
जे विटे ना सरे। भोगतियाचेनि पवाडे पुरे।
पुढती महा सुखाचे सोयरे। भांवडचि।

(ज्ञ. अ. 8, ओ. 261, 262, 263, 264)

वेदाध्यन से पुण्य मिला, यज्ञ आदि से पुण्य रूपी बड़ी फसल प्राप्त हुई और तप दान से भी पुण्य मिला। इन सबके मिलने के बाद भी इसकी बराबरी परब्रह्म प्राप्ति के लाभ के बराबर नहीं हो सकती। परब्रह्म का लाभ इन पुण्यों से श्रेष्ठ है। यह लाभ या सुख कभी नष्ट नहीं होता। और योगी जितना इस को सुख भोगना चाहते हैं भोग सकते हैं।

अक्षर ब्रम्हयोग अध्याय बहुत गहन है। इस अध्याय में दिये गये उपदेश का अभ्यास किसी योग्य योगी के मार्गदर्शन में करना उचित होगा। इसमें अभ्यास महत्वपूर्ण है। देह और मन का संतुलन करने का अभ्यास ब्रह्मपद प्राप्त करने के लिए आवश्यक है।

सारांश

इस अध्याय में श्रीकृष्ण भगवान पहले कुछ परिभाषाएँ बताते हैं–

1. परब्रह्म–जो नित्य भी नहीं और नाशवान भी नहीं है। वह अनादि और सिद्ध वस्तु है

2. अध्यात्म–स्वभाव ही अध्यात्म है

3 कर्म–जिसके कारण प्राणी अस्तित्व में आते हैं और उनके व्यवहार
4. अधिभूत–शरीर ही अधिभूत है
5. अधिदेवता–जीव जो शरीर भाव से ग्रसित है
6. अधियज्ञ–वह जीव जिसका शरीर भाव नष्ट हो गया है।

ऊपर दी गई परिभाषाएँ समझने से पता चलता है कि–(i) शरीर नाशवान है (ii) शरीर भाव (मैं कर्त्ता आदि) से ग्रसित होने से, जीव का स्वरूप बदल जाता है और शरीर का एक स्वभाव बन जाता है जिससे शरीर से स्वाभावनुसार कर्म होते हैं और अंततः संसार में उत्पत्ति वृद्धि आदि होती रहती है। परब्रह्म इस सबसे अलग है। कहने का तात्पर्य है की जीव के शरीर भाव से ग्रसित होने के बहुत दुष्परिणाम हैं क्योंकि इससे मन तथा बुद्धि की स्थिरता खत्म होती है तथा वह संसार में लगे रहते हैं और जीव को भगवान से दूर ले जाते हैं। जीव के शरीर भाव को समाप्त करने के लिए कर्म का कर्तापन तथा कर्मफल भगवान को अर्पण करना जरूरी है। तभी बुद्धि और मन भगवान में स्थिर हो सकते हैं। भगवान यह भी बताते हैं की जो व्यक्ति मरते वक्त 'मेरा' स्मरण करते हुए शरीर छोड़ता है वह 'मुझे' प्राप्त होता है। उसे दुखभरा क्षणिक पुर्नजन्म नहीं मिलता। वह अमर हो जाता है। अन्त में भगवान बताते हैं कि यज्ञ, तप, दान वेदों के अध्ययन से भी ज्यादा पुण्य, भगवान में निरंतर चित्त स्थापित करने से होता है।

अध्याय नौवाँ

राजविद्या राजगुह्य योग

भगवान श्रीकृष्ण अर्जुन को ब्रह्म-विद्या के बारे में विस्तार से समझाने के बाद उससे भी गहन राजविद्या और राज-गुह्य योग के बारे में नौवें अध्याय में उसका वर्णन करते हैं। इस संसार में मुक्ति पाने के लिए राजविद्या का वर्णन भगवान करते हैं।

श्रीकृष्ण भगवान कहते हैं:

इदं तु ते गुह्यतमं प्रवक्ष्याम्यनसूयवे।
ज्ञानंविज्ञानसहितं यज्ज्ञात्वा मोक्ष्यसेऽशुभात्।।
राजविद्या राजगुह्यं पवित्रमिदमुत्तमम्।
प्रत्यक्षावगमं धर्म्यं ससुखं कर्तुमव्ययम्।।
अश्रद्धाना: पुरूषा धर्मस्यास्य परन्तप।
अप्राप्य मां निर्वतन्ते मृत्युसंसारवर्त्मनि।।

(गी. अ. 9, श्लोक 1, 2, 3)

भगवान कहते हैं "हे अर्जुन ! अब मैं तुम्हें उस गहन विद्या के बारे में बताता हूँ, जिससे तुम्हें मोक्ष प्राप्ति होगी। यह विद्या राजविद्या है। मतलब यह ज्ञान सर्व विद्यायों का राजा है। इसके जानने से धर्म का आचरण सहज होगा और इस विद्या का नाश नहीं होता। जो व्यक्ति इस धर्म पर श्रद्धा नहीं रखते वे मोक्ष प्राप्त नहीं कर सकते और मृत्यु रूपी संसार में ही रहते हैं।

श्री ज्ञानेश्वर जी इस राजविद्या के बारे में लिखते है:

मोटके गुरूमुखे उदैजत दिसे।
आणि हृदयी स्वयंभचि असे।
प्रत्यक्ष फावो लागे तैसे। आपैसयाचि।
तेवीचि गा सुखाच्या पाउटी।
चढता येईजे जयाच्या भेटी।
मग भेटल्या कीर मिठी।
भागणेंयाहि पडे।

(ज्ञा. अ. 9, ओ. 49, 50)

श्री ज्ञानेश्वर जी कहते हैं, यह ज्ञान विद्यायों का राजा है, ऐसा श्रीकृष्ण भगवान बतातें हैं। लेकिन गुरू के (श्रीकृष्ण भगवान) मुख से प्रकट होने वाला ज्ञान तो हमारे ह्रदय में शुरू से ही विराजमान है। इसका अनुभव हमें सहज ही होता है। भगवान की प्राप्ती के पायदान पर चलते हुए चित्त सुख से भर जाता है। इतना ही नहीं यहाँ भोग ही समाप्त होता है।

तैसा ह्रदया मध्ये मी राम। असता सर्व सुखाचा आराम।
की भ्रांतासी काम। विषयावरी।
येप्हवी मी तरी कैसा। मुखाप्रति भानु कां जैसा।
कें ही नसे न दिसे ऐसा। वाणीचा नोहे।

(ज्ञा. अ. 9 ओ 60, 63)

सब सुखों का विश्राम स्थान, जो मैं स्वयं 'श्रीराम' तुम्हारे ह्रदय में स्थायी रूप से वास करता हूँ उसे भजने के बजाय मूर्ख लोग विषय सुखों की इच्छा करते हैं। भगवान स्वयं सूर्य की तरह हमारे सामने ही हैं। लेकिन सूर्य जैसे दिन में दिखाई देता है और रात को नहीं दिखाई देता, यह कमी भगवान में नहीं है।

यह विश्व और संसार क्या है, जिसमें भगवान निवास करते हैं? भगवान की व्याप्ति सर्वत्र है।

श्रीकृष्ण भगवान कहते हैं:

मया ततमिदं सर्व जगद्व्यक्तमूर्तिना।
मत्स्थानि सर्वभूतानि न चाहं तेश्ववस्थित:।।
न च मत्स्थानि भूतानि पश्य मे योगमैश्वरम्।
भूतभृन्न च भूतस्थो ममात्मा भूतभावन:।।
यथाकाशस्थितो नित्यं वायु: सर्वत्रगो महान्।
तथा सर्वाणि भूतानि मत्स्थानीत्युपधारय।।
सर्वभूतानि कौन्तेय प्रकृतिं यान्ति मामिकाम्।
कल्पक्षये पुनस्तानि कल्पादौ विसृजाम्यहम्।।

(गी. अ. 9, श्लोक 4, 5, 6, 7)

श्रीकृष्ण भगवान कहते हैं कि "अव्यक्त रूप से मैं इस जग में सर्वत्र हूँ। सब प्राणीमात्र मेरे में हैं अर्थात मुझ परमात्मा से आत्मवान हो रहे हैं लेकिन मैं उनमे नहीं हूँ, क्योंकि साकार वस्तुओं की तरह मुझ में संसर्ग दोष नहीं है। संगहीन वस्तु कहीं भी, आधेयभाव से स्थित नहीं होती। भगवान कहते हैं मेरा ऐश्वर्य देखिये। मेरे में सब प्राणी मात्र हैं, अपनी भावनाओं से मैं उन्हें धारण करता हूँ, लेकिन मैं उनमें स्थित नहीं हूँ। जिस प्रकार आकाश में वायु सर्वत्र विचरण करती है इसी प्रकार सर्व प्राणीमात्र मुझ में ही रहते हैं। सृष्टि के लय के समय सब प्राणी मेरी अपरा प्रकृति में विलीन होते हैं और फिर सृष्टि के आरंभ गें मैं उन्हें पुन: उत्पन्न करता हूँ।"

भगवान श्रीकृष्ण के इस महान तत्व को समझाते हुए श्री ज्ञानेश्वर जी लिखते है:

माझिया विस्तारलेपणाचेनि नांवे। हे जगचि नोहे आघवे।
जैसे दूध मुराले स्वभावे। तरि तेची दही।
हे अव्यक्तपणे थिजले। तेचि मग विश्वाकारे वोथिजले।
तैसे अमूर्तमूर्ति मियां विस्तारले। त्रैलोक्य जाणे।

(ज्ञा. अ. 9, ओ. 64, 66)

क्या यह सृष्टि मेरा विस्तार नहीं है? जैसे दूध से दही बनता है या बीज ही पेड़ का रूप धारण करता है उसी प्रकार यह सृष्टि मेरे अकेले का ही विस्तार है। मैं इस सृष्टि में अव्यक्त रूप से विस्तारित हूँ और तीनों लोकों में मैं ही हूँ।

सांगे पडिसादाची प्रत्युत्तरे।
कां आरिसां जे आविष्कारे।
ते आपले की साचोकारें। तेथेचि होते।
हे असो आंगी भरलिया भवंडी।
जैशा भोंवत दिसती अरडीदरडी।
तैशी आपलिया कल्पना अखंडी। गमती भूतें।

(ज्ञा. अ. 9, ओ. 78, 81)

शब्द उच्चारण के बाद उसकी प्रतिध्वनि सुनाई देती है या शीशे में हमारा प्रतिबिंब दिखाई देता है। अपना रूप अपना है। क्या वह प्रतिध्वनि शब्द के अन्दर व रूप शीशे के अंदर है? यदि हम ज़ोर से अपने ही शरीर को तेजी से घुमाते रहें तो सारी सृष्टि घूम रही है ऐसा भास होता है। इसी प्रकार अखंड परमात्मा में हमें अपनी कल्पना से असंख्य प्राणीमात्र दिखाई देते हैं।

श्री ज्ञानेश्वर जी लिखते हैं:

जिये नांव गा प्रकृति। जे द्विविध सांगीतली तुजप्रति।
एकी अष्टधा भेद व्यक्ति। दुजी जीवरूपा।
हा प्रकृतिविखो आघवा। तुवां मागां परिसिलासे पांडवा।
म्हणोनि असो काइ सांगावा। पुढतपुढती। (ज्ञा. अ. 9, ओ. 98, 99)

जिसका नाम प्रकृति है उसके बारे में पहले ही बताया है। एक प्रकृति आठ तरह की है और दूसरी जीव रूपा। इसके बारे में पुनः बताना जरूरी नहीं है।

महाकल्प के अन्त में सभी प्राणीमात्र मेरी अव्यक्त प्रकृति में लीन होते हैं। ग्रीष्म काल की तेज़ धूप में, बीज सहित घास का, ज़मीन में लय होता है। वर्षा ऋतु में बरसने के बाद मेघ जैसे लुप्त होते हैं उसी प्रकार से ''मैं ही सृष्टि की निर्मिती करता हूँ और विलय भी करता हूँ।''

प्रकृति को अपने वश में रखते हुए प्रकृति के अधीन संपूर्ण भूत सृष्टि प्रकृति के स्वभाव के अनुसार पुनः-पुनः किस प्रकार निर्मित होती है। इसके संबंध में भगवान श्रीकृष्ण कहते हैं:

प्रकृतिं स्वामवष्टभ्य विसृजामि पुनः पुनः।
भूतग्राममिमं कृत्स्नमवशं प्रकृतेर्वशात्।।
न च मां तानि कर्माणि निबध्नन्ति धनंजय।
उदासीनवदासीनमसक्तं तेषु कर्मसु।।
मयाध्यक्षेण प्रकृतिः सूयते सचराचरम्।
हेतुनानेन कौन्तेय जगद्विपरिवर्तते।।
अवजानंन्ति मां मूढा मानुषीं तनुमाश्रितम्।
परं भावमजानन्तो मम भूतमहेश्वरम्।।
(गी. अ. 9, श्लो. 8, 9, 10, 11)

जड़ और विनाशी जग की उत्पत्ति, स्थिति और लय के संबंध में भगवान श्रीकृष्ण कहते हैं कि वे उदासीन पुरुष की तरह हैं, वे सिर्फ इस क्रिया के साक्षी मात्र है इसलिए उन्हें कर्म बांध नहीं सकते। भगवान श्रीकृष्ण प्रकृति के अध्यक्ष हैं, प्रमुख हैं लेकिन प्रकृति ही सर्व चराचर सृष्टि को उत्पन्न करती है। भगवान निमित्त मात्र हैं। ''मैंने मनुष्य रूप धारण किया तो भी मैं सर्व ब्रह्मांण्ड का स्वामी हूँ यह मूर्ख लोग इसे समझ नहीं पाते इसलिए ऐसे लोग मेरे शरीर रूप को तुच्छ या हीन समझते हैं।''

इन श्लोकों में भगवान श्रीकृष्ण ने अपने सच्चे स्वरूप के बारे में समझाया है जो सामान्य व्यक्ति कई बार समझ नहीं पाता।

श्री ज्ञानेश्वर जी इस कठिन तत्व को समझाने के लिए लिखते हैं:

मग तिये विणावणीचनि आधारे।
लाहाना चौकडिया पटत्व भरे।
तैसी पंचात्मक आकारे प्रकृतीचि होय।
जैसे विरजणियाचे नि संगे।
दूधचि आटेजों लागे। तैसी प्रकृती
आंगा रिगे। सृष्टीपणाचिया। (ज्ञा. अ. 9, ओ. 107, 108)

श्री ज्ञानेश्वर जी कहते हैं कि भगवान सृष्टि के मूल है, लेकिन उनका संबंध वस्त्र में जो धागे होते हैं उसके समान है। जिस प्रकार से वस्त्र बुनने वाले छोटे-छोटे चौकोनों से वस्त्र बनाता है उसी प्रकार यह पंच महाभूतों की सृष्टि बनती है। जैसे दूध में दही डालने से दही बनता है, उसी प्रकार प्रकृति ही सृष्टि रूप में प्रकट होती है।

लेकिन यह कैसे संभव है? भगवान का इससे कोई कार्य या संबंध नहीं है? श्री ज्ञानेश्वर जी कहते हैं:

अगा नगर हे राये केले। या म्हणणया
साचपण कीर आलें।
परि निरूते पाहता काय शिणले। यायाचे हात।
आणि मी प्रकृति अधिष्ठी ते कैसे।
जैसा स्वप्नी जो असे।
मग तोचि प्रवेशे। जागृतावस्थे। (ज्ञा. अ. 9 ओ. 110, 111)

हे अर्जुन ! हम कहते हैं कि राजा ने शहर की स्थापना की, लेकिन शहर की स्थापना में क्या राजा को कुछ करना पड़ता है? और मैं प्रकृति का मूल हूँ यह कैसे है, इसे भी समझ लो। जैसे स्वप्नावस्था का व्यक्ति जागता है तब नींद में उसे दूर से चलकर आने का कोई कष्ट जागृतवस्था में होता है। मेरा प्राणीमात्र से (भूत सृष्टि) संबंध नहीं है। लेकिन यह कैसे संभव है?

जैसे राये अधिष्ठिली प्रजा। व्यापारे आपुलिया काजा।
तैसा प्रकतीसंग माझा। येर करणे ते इयेचें।
पाहे पां पूर्णचंद्राचिये भेटी। समुद्रा अपार भरती दाटी।
तेथ चंद्रासि काय किरीटी। उपखा पड़े।
जड़ परि जवळिका। लोह चले तरी चळो कां।
तरी कवण शीण भ्रामका। सन्निधानाचा।

(ज्ञा. अ. 9, ओ. 114, 115, 116)

जिस प्रकार राजा है तो प्रजा अपना अपना व्यवहार करती है उसी प्रकार मेरा और प्रकृति का सम्बध है। सब कार्य प्रकृति ही करती है। पूर्णिमा को चांद से समुद्र में ज्वार आता है इसके लिए चंद्रमा को कोई कष्ट थोड़े ही होता है? लोहे का टुकड़ा चुंबक के नजदीक होता है तो उस तरफ खींचा जाता है लेकिन इसके लिए चुंबक को कोई श्रम थोड़े ही करने पडते हैं? मैं प्रकृति का अंगीकार करता हूँ यह स्वीकार करता हूँ लेकिन प्रकृति वा पुरुष (परा प्रकृति और अपरा प्रकृति) के मिलन से ही भूत सृष्टि अपने आप निर्मित होने लगती है।

इसी गहन तत्व को जिसको भगवान श्रीकृष्ण ने राजविद्या राजगुह्य कहा है, स्पष्ट करते हुए श्री ज्ञानेश्वर जी कहते हैं:

जो हा भूतग्राम आघवा। असे प्रकृती अधीन पांडवा।
जैसी बिजाचिया बेलपालवा। समर्थ भूमी।
ना तरी वाळादिका वयसा। गोसावी देह संग जैसा।
अथवा घनावळी आकाशा। वार्षिये जेवी।
कां स्वप्नासि कारण निद्रा। तैसी प्रकृती हे नरेंद्रा।
आणि अशेषाहि भूत समुद्रा। गोसाविणी गा।
स्थावरा अणि जंगमा। स्थूळा अथवा सूक्ष्मा।
हे असो भूत ग्रामा-प्रकृतीचि मूळ।

(ज्ञा. अ. 9, ओ. 118, 119, 120, 121)

जिस प्रकार बीज से पत्तों आदि को निर्माण करने की शक्ति भूमि में होती है, उसी प्रकार सर्व प्राणी मात्र की सृष्टि प्रकृति के अधीन होती है। या देह के कारण ही वाल्यावस्था, यौवन और बुढ़ापा होते हैं। या वर्षा ऋतु के कारण ही पर्जन्य, वर्षा करने वाले बादल आकाश में होते हैं और स्वप्नावस्था के लिए नींद ही कारण है इसी प्रकार हे नरश्रेष्ठ अर्जुन! इस जीव की कल्पना रूप प्रकृति ही इस भूतसृष्टि का

कारण है। स्थावर, जंगम, स्थूल और सूक्ष्म ऐसे प्राणी के निर्मिती के लिए प्रकृति ही कारण है। ऐसी स्थिति का कारण क्या है?

म्हणोनि भूते हन सृजावी। कां सृजिली प्रति पाळावी।
इये करणी न येती आधवी। आमुचिया आंगा।
जळी चंद्रिकेचिया पसरती वेली।
ते वाढी चंद्रे नाही केली। तेंवि माते पावोनि ठेली।
दूरी कर्मे।

(ज्ञा. अ. 9, ओ. 122, 123)

भूतसृष्टि का निर्माण करना और सृष्टि का पालन करना इस कर्म का कर्तव्य मेरा नहीं है। जिस प्रकार पानी में चंद्रमा के प्रकाश का विस्तार दिखाई देता है लेकिन यह विस्तार चंद्रमा नहीं करता इसी प्रकार अज्ञानी व्यक्ति को मेरा संबंध कर्म से है ऐसा दिखाई देता है लेकिन वास्तव में ''मेरा'' उससे कोई संबंध नहीं है।

अब यह परिस्थिति है कि भगवान का अस्तिव होते हुए भी उनका संबंध इस सृष्टि से क्यों नहीं है। क्या है यह परिस्थिति?

श्री ज्ञानेश्वर जी इसे स्पष्ट करते हैं:

जैसा दीप ठेविला परिवरी। कवणाते नियमी ना निवारी।
आणि कवण कवणिये व्यापारी। राहाटे तेहि नेणे।
तो जैसा कां साक्षिभूतु। गृहव्याापार प्रवृति हेतु।
तैसा भूतकर्मी अनासक्तु। मी भूती असे।

(ज्ञा. अ. 9, ओ. 128, 129)

घर में दीपक है लेकिन यह दीपक किसी को कर्म करने के लिए नहीं कहता या किसी कर्म को रोकने की कोशिश भी नहीं करता। वहाँ क्या व्यापार हो रहा है, क्रिया हो रही है उसे भी वह दीपक नहीं जानता। यह दीपक जिस प्रकार सिर्फ साक्षी है और घर में होने वाले व्यापार के लिए निमित्त मात्र है इसी प्रकार ''मैं सब प्राणीयों का कारण हूँ, लेकिन मैं उनके कर्मों के प्रति अनासक्त हूँ और सिर्फ साक्षीभूत हूँ।''

अज्ञानी व्यक्ति समझते हैं कि ''मैं देहधारी हूँ, मैं ही सब कर्म करता हूँ या करवाता हूँ। वास्तव में यह उनकी भूल है, मूर्खता है। वे मेरे सगुण रूप में भी दोष निकालते हैं।''

यह दोष अज्ञानी लोग किस प्रकार से देखते हैं? भगवान का सही रूप कैसे भूल जाते हैं?

इसका बहुत ही सुंदर वर्णन श्री ज्ञानेश्वर जी ने किया है:

मज अनावरण प्रावरण। भूषणातीतासि भूषण।
मज सकळा कारणा कारण। देखती ते।
मज सहजाते करिती। स्वयंभाते प्रतिष्ठिती।
निरंतराने आव्हानिती। विसर्जिती गां।

मी सर्वदा स्वतः सिद्ध। तो की बाळ तरूण वृद्ध।
मज एक रूपा संबंध। जाणती ऐसे।
मज अद्वैतासी दुजे। मज अकर्तयासि काजे।
मी अभोक्ता की भुंजे। ऐसे म्हणती।

(ज्ञा. अ. 9, ओ. 162, 163, 164, 165)

भगवान कहते हैं कि "मैं सदैव अनावरण (बिना वस्त्र) हूँ लेकिन मुझे वस्त्रों से ढकते हैं। बिना गहने वाले मेरे सुन्दर रूप को गहनों की आवश्यकता है ऐसे मानते हैं। मैं स्वयं सिद्ध हूँ लेकिन मेरी उत्पत्ति माता-पिता से हुई है ऐसा समझते हैं। मैं स्वयंभू हूँ लेकिन मेरी प्राण प्रतिष्ठा करते हैं और मेरे अखंड रूप को विसर्जित करते हैं। मैं अविनाशी हूँ लेकिन मेरी मृत्यु हुई है ऐसे मानकर दुःखी होते हैं।"

किंबहुना ऐसे समस्त। जे हे मानुषधर्म प्राकत।
तयाचि नांव मी ऐसे विपरीत। ज्ञान तयांचे।
जव हा आकार एकपुढा देखती। तंव हा देव येणे
भावे भजती। मग तेचि विघडळिया टाकिती।
नाही म्हणोनि। माते येणे येणे प्रकारे।
जाणति मनुष्य ऐसेनि आकारे। म्हणऊनि ज्ञानचि ते आंधारे। ज्ञानासि करी।

(ज्ञा. अ. 9, ओ. 169, 170, 171)

मैं जीव हूँ और मेरा देह पंच-भौतिक है ऐसा मानना मेरे स्वयं सिद्ध रूप से विपरीत (विरूद्ध) है। सामने मेरी मूर्ति, प्रतिमा रख कर उसे भगवान (देव) मानकर भजन करते हैं और जब मेरी मूर्ति टूट जाय तो (भंग हो जाय) मुझे भगवान नहीं मानते और उसे फेंक देते हैं। इसलिए हे अर्जुन ! मुझे लोग मनुष्य के आकार का ही मानते हैं और इस कारण इनका यह अज्ञान मेरे मूल स्वरूप को ढक देता है। मेरा सही ज्ञान उन्हें नहीं होता।

मेरे सही स्वरूप को ठीक से न समझने वाले को क्या होता है इसके बारे में भगवान श्रीकृष्ण कहते हैं:

मोघाशा मोघकर्माणो मोघज्ञाना विचेतसः।
राक्षसीमासुरीं चैव प्रकृतिं मोहिनीं श्रिताः।।
महात्मानस्तु मां पार्थ देवीं प्रकृतिमाश्रिताः।
भजन्त्यनन्यमनसो ज्ञात्वा भूतादिमव्ययम्।।
सततं कीर्तयन्तो मां यतन्तश्च दृढ़व्रताः।
नमस्यन्तश्च मां भक्त्या नित्ययुक्ता उपासते।।
ज्ञानयज्ञेन चाप्यन्ये यजन्तो मामुपासते।
एकत्वेन पृथक्त्वेन बहुधा विश्वतोमुखम्।।

(गी. अ. 9, श्लोक 12, 13, 14, 15)

अन्तरात्मारुप भगवान को हीन समझ कर, उस पर चित्त केंद्रित न करने वाले,

राक्षसी वृत्ति का आश्रय लेते हैं। इसलिए उनकी मनोकामनायें व्यर्थ होती हैं, उनके कर्म फलहीन होते हैं और उनका ज्ञान भी व्यर्थ ही होता है। लेकिन महात्मा वो होते है जो सात्विक और दैवी प्रकृति का आश्रय लेकर भगवान को आदिकारण और अविनाशी मानते हुए, तथा कुछ उसे एक रुप और कुछ अनेक रूप मानते हुए उसका शुद्ध अन्तःकरण से भजन करते हैं तथा पूजा उपासना करते हैं।

श्री ज्ञानेश्वर जी कहते हैं कि राक्षसी प्रवृति के मूर्ख लोगों का वर्णन करना व्यर्थ है। अपनी जीभ को भ्रष्ट करना ही है। जो महात्मा हैं उनका भगवान विशेष ध्यान रखते हैं।

तरी जयाचे चोखटे मानसी।
मी होऊनी असे क्षेत्र सन्यासी।
जया निजेल्याते उपासी। वैराग्य गा।
जया भक्तीची येतुली प्राप्ती।
जे कैवल्याते परते सर म्हणती।
जयाचिये लीलेमाजि नीती। जियाली दिसे।

(ज्ञा. अ. 9, ओ. 188, 192)

महात्मा-पुरुषों के निर्मल अन्तःकरण में मैं 'क्षेत्र सन्यासी' बन कर रहता हूँ। और जब महात्मा सोते हैं तो भी वैराग्य उनकी उपासना करता है। श्री ज्ञानेश्वर जी 'क्षेत्र सन्यासी' शब्द का प्रयोग करते हैं। क्षेत्र सन्यासी का अर्थ है भगवान महात्माओं के चित्त में सगुण रूप में अखंड निवास करते हैं। भगवान खुद सन्यासी बनकर उनके ह्रदय में रहते हैं। क्योंकि महात्माओं का आचरण सदैव धर्म के अनुसार होता है और मन में अखंड विवेक जागृत रहता है। महात्मा भगवान के सगुण रूप को प्रेम करते है, पूजते हैं। उन्हें मोक्ष भी व्यर्थ ही लगता है। उन्हीं के कारण धर्म जीवित रहता है। धर्म संगत ही उनका आचरण होता है।

भगवान श्रीकृष्ण स्वयं क्या हैं? इसके बारे में विस्तार से अर्जुन को समझाते हैं।

अहं क्रतुरहं यज्ञः स्वधाहमहमौशधम्।
मन्त्रोऽहमहमेवाज्यमहमग्निरहं हुतम्।।
पिताहमस्य जगतो माता धाता पितामहः।
वेद्यं पवित्रमोंङकार ऋक्साम यजुरेव च।।
गतिर्भर्ता प्रभुः साक्षी निवासः शरणं सुहृत्।
प्रभवः प्रलयः स्थानं निधानं बीजमव्ययम्।।
तपाम्यहमहं वर्षं निगृह्णाम्युत्सृजामि च।
अमृतं चैव मृत्युश्च सद्सच्चाहमर्जुन।।

(गी. अ. 9 श्लोक 16, 17, 18, 19)

मैं ही यज्ञ हूँ, पितरों को दिये जाने वाला अन्न हूँ, मैं ही औषधि हूँ और सब प्राणियों का भक्ष स्थान हूँ। मैं मंत्र हूँ, मैं अग्नि और यज्ञ का हवन द्रव्य मैं ही हूँ।

मैं ही इस विश्व को उत्पन्न करने वाला माता-पिता हूँ और मैं ही प्राणियों के कर्मफल का विधान करने वाला विधाता और पितामह हूँ। ओंकार मैं हूँ और ऋग्वेद, सामवेद, यजुर्वेद मैं ही हूँ। प्रकृति का अंत, सृष्टि का पोषण करने वाला, विश्व का स्वामी, सब कर्मो का साक्षी, सब सृष्टि को व्याप्त करने वाला मैं ही हूँ। सर्व प्राणी मात्र का हित करने वाला, सृष्टि की उत्पत्ति का कारण और जिसमें सब विलीन हो जाते हैं वह प्रलय भी मैं हूँ। मैं ही सूर्य बन कर सब को तपाता हूँ, गरमी इन सूर्य किरणों से होती है। इस उष्णता से मैं पानी को सोख लेता हूँ व इस पानी को वर्षा के रूप में जमीन पर गिराता हूँ। अमरत्व, मृत्यु, सत्, असत, कार्य, कारण स्वरूप मैं ही हूँ। यहां यह ध्यान रखना चाहिये कि भगवान स्वंय असत नहीं हैं। सत और असत का अर्थ यहां कार्य और कारण समझना चाहिये अर्थात जो जिसके संबंध से विद्यमान है वह और उसके विपरीत वह भगवान ही है।

भगवान श्रीकृष्ण हमारी अज्ञानता को दूर करने के लिए अपने मूल रूप के बारे में अर्जुन को इस प्रकार से समझाते हैं।

''इस विश्व में मैं सब कुछ हूँ'' इस तत्व को श्री ज्ञानेश्वर जी अपनी शैली में प्रस्तुत करते हैं।

भगवान की शक्ति और स्वामित्व का वर्णन करते हुए कहते हैं:

आकाशो सर्वत्र वसावे। वायूने नावभरी उगे नसावे।
पावके दाहावे। वर्षाचे जळे।
पर्वती वेयका न संडावी। समुद्राने रेखा नोलांडावी।
पृथ्वीया भूते वाहावी। हे आज्ञा माझी। (ज्ञा. अ. 9, ओ. 281, 282)

आकाश सर्व सृष्टि को व्याप्त करेगा, वायु क्षण भर भी रूकेगा नहीं अग्नि प्रकाश देगा, बादल वर्षा करेगा, पर्वत अपने जगह से हिलेगा नहीं, समुद्र अपनी मर्यादा का उलंघन नहीं करेगा और पृथ्वी सर्व प्राणी मात्र का भार उठायेगी यह सब ''मेरी'' आज्ञा से होता है। इतना ही नहीं।

म्या बोलिविल्या वेद बोले। म्या चालनविल्या सूर्य चाले।
म्या हालिविल्या प्राण हाले। जो जगाते चालिता।
मियाँचि निचमिला सांता। काल ग्रसिनसे भूतां।
इये म्हणियागते पांडुसुता। सकळे जयाची।
जो ऐसा समर्थ। तो मी जगाचा नाथ।
आणि गगना ऐसा साक्षिभूत। तोहि मीचि।

(ज्ञा. अ. 9, ओ. 283, 284, 285)

मेरे कहने से ही वेद बोलता है, मैं चलाता हूँ इसलिए सूर्य चलता है, सर्व जग को कार्यक्षम करने वाले प्राण को मैं गति देता हूँ इससे वह चलायमान होता है। मेरी आज्ञा से ही मृत्यु प्राणियों को खाती है, वे सब मेरी आज्ञा का पालन करते हैं। ऐसा मैं समर्थ हूँ, बलवान हूँ। मैं विश्व का स्वामी हूँ। और कुछ न करते हुए भी मैं साक्षी बनकर रहता हूँ।

भगवान श्रीकृष्ण कहते हैं कि मेरे इस सामर्थ्य को समझ कर ज्ञानी पुरुष मुझे भजते हैं।

त्रैविद्या मां सोमपा: पूतपापा यज्ञैरिष्ट्वा स्वर्गति प्रार्थयन्ते।
ते पुण्यमासाद्य सुरेद्रलोकमश्नंति दिव्यान्दिवि देवभोगान्।।
ते तं भुक्त्वा स्वर्गलोकं विशालं क्षीणे पुण्ये मर्त्यलोंक विशन्ति।
एवं त्रयीधर्मनुप्रपन्ना गतागतं कामकामा लभन्ते।।
अनन्याश्चिन्तयन्तो मां ये जना: पर्युपासते।
तेषां नित्याभियुक्तानां योगक्षेमं वहाम्यहम्।।

(गी. अ. 9, श्लोक 20, 21, 22)

जिन्होंने तीन ही वेदों का अध्ययन किया है और जो निष्पाप हो गये हैं, ऐसे सकाम पुरुष मेरा भजन करते हुए स्वर्ग प्राप्ति करते हैं। ऐसे पुण्यवान लोग स्वर्ग लोक जाते हैं तथा इनके पुण्य क्षीण (कम) होते हैं तब वे फिर मृत्यु लोक में वापिस आते हैं। तीन वेदों में बताये हुए वैदिक धर्म का पालन करने वाले विषय-सुखों की इच्छा करने वाले सकाम पुरुष इस प्रकार स्वर्ग और मृत्यु में जाते आते रहते हैं। लेकिन जो व्यक्ति सभी चीज़ों का आश्रय छोड़कर व पूर्ण रूप से मुझमें समर्पित रहते हैं और मेरी ही उपासना और भजन करते हैं। ऐसे निष्ठावान भक्तों की देख भाल मैं स्वयं करता हूँ।

श्री ज्ञानेश्वर जी इस तत्व को समझाते हुए लिखते हैं:

जैसे कल्पतरूतरूळवटी। वैसोनि झोळिये देतसे गांठी।
मग निदैव निधे किरीटी। दैन्यचि करू।
तैसे शतक्रतु यजिले माते। की इप्सिताति स्वर्गसुखाते।
आता पुण्य की हे निरूते। पाप नोहे।
म्हणोनि मजवीण पाविजे स्वर्गा। तो अज्ञानाचा पुण्य मार्ग।
ज्ञांनिये तयाते उपसर्गा। हानि म्हणती।

(ज्ञा. अ. 9, ओ. 311, 312, 313)

श्री ज्ञानेश्वर जी कहते हैं 100 यज्ञ करके स्वर्ग सुख की कामना रखना, कल्प वृक्ष के नीचे बैठ कर भीख मांगने की तरह है। भगवान प्राप्ति के बजाय स्वर्ग के भोग मांगना क्या इसे पुण्य कहा जायेगा? यह तो पाप ही है। अज्ञानी लोग इसे पुण्य कहते हैं लेकिन इससे भगवान की प्राप्ति नहीं होती। इसलिये वह वास्तव में पाप ही है। इस पुण्यरूप पाप से अज्ञानी स्वर्ग में जाते हैं लेकिन इस पुण्यमय-पाप के कारण फिर मृत्युलोक में वापिस आ आते हैं। जिस योग से मेरी प्राप्ति होती है वही शुद्ध पुण्य है। स्वर्ग प्राप्त करने वाले व्यक्तियों की स्थिति कैसी होती है?

इसके बारे में श्री ज्ञानेश्वर जी कहते है:

मग तया पुण्याची पाउटी सरे।
सवेचि इंद्रपणाची उटी उतरे।

आणि येऊ लागती माधारे। मृत्युलोकां।
जैसा वेश्याभोगी कवडा वेचे।
मग दाराही चेपूं न ये तियेचे।
तैसे लजिरवाणे दीक्षिताचे। काय सांगो। (ज्ञा. अ. 9, ओ. 328, 329)

अज्ञानी व्यक्ति पुण्यरूपपायदान से स्वर्ग जाता है और जब पुण्य रूपी पायदान नष्ट होता है उसी क्षण इंद्र के जैसा वैभव भी नष्ट होकर आज्ञानी मृत्यु लोक में वापिस आता है। उसकी स्थिति वैश्या के पास जा कर, पूर्ण धन खत्म होने के बाद वैश्या अपने घर पर दस्तक भी नहीं देने देती है, ऐसे व्यक्ति के समान होती है। अज्ञानी पुण्य-वान लोगों की ऐसी दुर्दशा होती है।

भगवान की भक्ति करने वाले भक्तों की भक्ति का फल उन्हें किस रूप में मिलता है? इसके बारे में विस्तृत स्पष्टीकरण दिया है।

येऽप्यन्यदेवता भक्ता यजन्ते श्रद्धयान्विताः।
तेऽपि मामेव कौन्तेय यजन्त्यविधिपूर्वकम्।।
अहं हि सर्वयज्ञानां भोक्ता च प्रभुरेव च।
न तु मामभिजानन्ति तत्वेनातश्च्यवन्ति ते।।
यान्ति देवव्रता देवान्पितृन्यान्ति पितृव्रताः।
भूतानि यान्ति भूतेज्या यान्ति मद्याजिनोऽपि माम्।।
(गी. अ. 9, श्लोक 23, 24, 25)

जो भक्त श्रद्धायुक्त होकर दूसरे देवताओं की भक्ति करते हैं वे भी मेरी भक्ति करते हैं लेकिन यह भक्ति मेरी विधिपूर्वक की हुई भक्ति नहीं है। मैं ही सर्व यज्ञों का भोक्ता हूँ, स्वामी हूँ लेकिन इस तत्व को लोग नहीं जानते इसलिए वे मुझे प्राप्त नहीं होते यद्यपि उनको भक्ति का फल अवश्य मिलता है। भगवान श्रीकृष्ण कहते हैं कि देवों की भक्ति करने वाले देवों को प्राप्त होते हैं, पितरों की भक्ति करने वाले पितरों को, भूतों की भक्ति करने वाले भूतों को प्राप्त होते हैं और मेरी भक्ति करनेवाले मुझे प्राप्त होते हैं। कहने का मतलब है कि परिश्रम होने पर भी अज्ञान के कारण भक्त परमेश्वर को नहीं भजते इसीसे अल्प फल के भोगी होते हैं।

भगवान की भक्ति करने वाले और अन्य-अन्य देवताओं की भक्ति करने वालों में क्या फर्क है?

इसे श्री ज्ञानेश्वर जी पेड़ की उपमा देकर स्पष्ट करते हैं:

पाहे पां शाखा पल्लव रूखाचे।
हे काय नव्हती एकाचि बीजाचे।
परि पाणी घेणे मूळाचे।
ते मूळचि घापे।
कां दहाहि इंद्रियें आहाती।

इये जरी एकेचि देहीची होती।
आणि इये सेविले विषय जाती। एकाची ठाया।

(ज्ञा. अ. 9, ओ. 346, 347)

श्री ज्ञानेश्वर जी कहते हैं पेड़ पर शाखा, टहनी, पत्ते वगैरह होते हैं। वे सब एक ही बीज से उत्पन्न होते हैं। लेकिन पानी ग्रहण करने का काम सिर्फ पेड़ का मूल ही करता है। इसलिए पानी पेड़ के मूल ही में देना चाहिए। टहनी और पत्ते बगैरह में नहीं। दस इंद्रियां देह की ही हैं और इनके द्वारा विषयों का भोग किया जाता है। वे भोग एक ही जगह मिलते हैं। कहने का तात्पर्य यह है कि अच्छा भोजन कोई कान से थोड़े ही खाता है। फल की सुवास आँखों से थोड़े ही लेते हैं। सुवास नाक से ही लिया जाता है। इसलिए मेरा भजन मेरे ही नाम से लेना चाहिए। इसको छोड़कर और मुझे भूलकर दूसरे को सामने रखकर मेरा भजन किया जायेगा तो वह व्यर्थ ही होगा। इसलिए कर्म करना चाहिए लेकिन ज्ञानरूपी कर्म की आँखें साफ व स्वच्छ होनी चाहिए।

लेकिन भगवान श्रीकृष्ण का ही भजन क्यों? उनकी श्रेष्ठता अन्य देवों से ज्यादा है? सब अहंकार त्याग कर इस भक्ति को समझना चाहिए।

करिता तापसाची कडसणी। कवण जवळा ठेविजे शूळपाणी।
तोहि अभिमान सांडूनी पायवणी माया वाहे।
ना तरी आथिलेपणेसरिसी। कवणी आहे लक्ष्मिये ऐसी।
श्रिये सारिखिया दासी। घरी जियेते। मग सर्वस्वे करूनि सेवा।
अभिमान सांडूनि पांडवा। ते पाय धुवावयचिया देवा।
पात्र जाहाली। म्हणोनि थोरपण पहा सांडिजे।
एथ व्युत्पत्ति आघवी विसरिजे। जै जगा धाकुटे होइजे।
तै जवळीक माझी।

(ज्ञा. अ. 9, ओ. 372, 373, 377, 378)

भगवान श्रीकृष्ण ही श्रेष्ठ क्यों? श्री ज्ञानेश्वर जी कहते हैं तपस्वियों में श्रेष्ठ हैं भगवान शंकर। क्या उनकी कोई बराबरी कर सकता है? लेकिन श्री शंकर भगवान ने भी अभिमान त्यागकर ''मेरे'' चरण की तीर्थ गंगा को मस्तक पर धारण किया। श्री लक्ष्मी से कोई और संपन्न हो सकता है? हे अर्जुन! जब श्री महालक्ष्मी अपने अभिमान को छोड़ कर ''मेरी'' सेवा करने लगी तब वह ''मेरे'' पैर धोने के लिए योग्य हुई। इसलिए अपना बड़प्पन छोड़ देना चाहिए, सब होशियारी छोड़नी होगी और अपने को बहुत छोटा समझोगे तो ''मेरी'' प्राप्ति होगी।

भगवान श्रीकृष्ण को प्राप्त करने के लिए भगवान की भक्ति के लिए भगवान को क्या देना होगा जिससे भगवान प्रसन्न होकर हमें प्राप्त हो सकेगें।

भगवान श्रीकृष्ण इसका सुलभ उपाय बताते हैं:

पत्रं पुष्पं फलं तोयं यो मे भक्त्या प्रयच्छति।
तदहं भक्त्युपहृतमश्नामि प्रयतात्मनः।।
यत्करोशि यदन्श्रासि यज्जुहोशि ददासि यत्।
यत्तपस्यसि कौन्तेय तत्कुरूश्व मदर्पणम्।।
शभाशुभफलैरेवं मोक्ष्यसे कर्मबन्धनैः।
सयासयोगयुक्तात्मा विमुक्तो मामुपैश्यसि।।
समोऽहं सर्वभूतेशु न मे द्वेश्योऽस्ति न प्रियः।
ये भजन्ति तु मां भक्त्या मयि ते तेशु चाप्यहम्।

(गी. अ. 9, श्लोक 26, 27, 28, 29)

भगवान श्रीकृष्ण कहते हैं पत्तें, फूल, फल और पानी भी यदि कोई मुझे भक्ति भाव से अर्पण करता है तो मैं उसका सेवन (ग्रहण) करता हूँ। यह अर्पण करने का मंत्र भगवान बताते हैं, जिससे अर्पण की हुई वस्तु पवित्र हो जाती है। मुझे वह प्राप्त होती है तथा भक्त की फल की आशा भी छूट जाती है। इस अर्पण क्रिया के बारे में भगवान कहते हैं की जो भी तू करता है, जो तू खाता है, अग्नि में हवन करता है, जो भी तू दूसरे को देता है और तप करता है, वह सब तू मुझे अर्पण कर। ऐसे करने से तेरे कर्म, क्रियायें विशुद्ध हो जायेगीं। ऐसा भक्त मुझे प्राप्त कर लेता है क्योंकि पाप-पुण्य, शुभ-अशुभ कर्म का सुख-दुख रूपी फल है, यही कर्म के बंधन हैं और इन्हें मुझे अर्पण करने से, इस बंधन से हे अर्जुन! तू मुक्त हो जायेगा। ऐसे योग युक्त अन्तःकरण से तू मुक्त हो जायेगा और मुझे प्राप्त होगा।

श्री ज्ञानेश्वर जी फल रहित कर्म को इस तरह से समझाते हैं:

अगा जे कर्मे उरावे। तै तिही सुख दुःखी फळावे।
आणि तयाते भोगावया यावे। देहा एका।
ते उगाणिले मज कर्म। तेंहूंचि पुसले मरण जन्म।
जन्मासवे श्रम। वरचिल ही गेले।

(ज्ञा. अ. 9, ओ. 403, 404)

जब कर्म किया जाता है तो उसका सुख या दुख रूपी फल मिलता है और इस कर्म फल को भोगने के लिए देह धारण करना पड़ता है और फिर से जन्म लेना पड़ता है। यदि कर्म उसके कर्तत्व के सहित मुझे अर्पण करोगे तो कर्म के अर्पण के साथ जन्म मरण मिट जाते हैं, और जन्म ही नहीं रहेगा तो दुःख भी नष्ट होगा।

अच्छे भक्त और सदाचारी व्यक्ति यह कर सकते है। लेकिन यदि कोई दुराचारी है, दुष्ट है, समाज में निम्न जाति का है तो उसे भगवान की प्राप्ति कैसे होगी?

इसके बारे में भगवान श्रीकृष्ण कहते हैं:

अपि चेत्सुदुराचारो भजते मामनन्यभाक्।
साधुरेव स मन्तव्यः सम्यग्व्यवसितो हि सः।।
क्षिप्रं भवति धर्मात्मा शश्वच्छान्तिं निगच्छति।

कौन्तेय प्रतिजानीहि न मे भक्तः प्रणश्यति।।
मां हि पार्थ व्यपाश्रित्य येऽपि स्युः पापयोनयः।
स्त्रियों वैश्यास्तथा शूद्रास्तेऽपि यान्ति परां गतिम्।।

(गी. अ. 9, श्लोक 30, 31, 32)

भगवान कहते हैं कि यदि प्रथम कोई दुराचारी, दुष्ट होगा तो भी (जैसे वाल्मीकि पहले रत्नाकार डाकू थे) यदि ऐसा व्यक्ति मेरा भजन करता हो, नाम स्मरण करता हो, तब उसने सन्मार्ग पर चलने का निश्चय कर लिया है तो ऐसे व्यक्ति को सत्पुरुष समझना चाहिए। ऐसा व्यक्ति अपनी साधना और उपासना से बहुत जल्दी धर्मात्मा हो जाता है और उसे अखंड शांति प्राप्त होती है। मेरा भक्त कभी नष्ट नहीं होता ऐसा निश्चित रूपसे जान ले। पाप योनी में जन्म लेने वाले भी मेरी भक्ति कर के परम गति को प्राप्त होते हैं।

श्री ज्ञानेश्वर जी लिखते हैं:

जैसे तंवचि वहाळ वोहळ। जव नं पवती गंगाजळ।
मग होऊनि ठाकती केवळ। गंगा रूप।
कां खैर चंदन काष्ठे। हे विवंचना तंवचि घटे।
जंव न धापती एकवटे। अग्निमाजी।
तैसे क्षत्रिय वेश्य स्त्रिया। कां शूद्र अंत्यजादि इया।
जाती तवचि वेगळालिया। जंव न पवति माते।

(ज्ञा. अ. 9, ओ. 458, 459, 460)

जब तक व्यक्ति भगवान में अपने आप को समर्पित नहीं करता है तब तक वह ब्राह्मण, स्त्री, शूद्र अथवा किसी भी जाति का हो भगवान को प्राप्त नहीं होता। श्री ज्ञानेश्वर जी कहते हैं जब तक पानी गंगा में नहीं मिलता तब तक उसे पानी का प्रवाह ही कहते हैं। जब वह गंगा मे मिलता है तब वह पानी किसी भी नदी का हो या नाले का हो गंगा रूप हो जाता है। जब तक आंग्न में चंदन या अन्य लकड़ी नहीं जलती तब तक उसे चंदन और अन्य लकडी़ कहते हैं। जैसे ही वह अग्नि में जलती है वह अग्नि मय हो जाती है। कोई भेद नहीं रहता। इस तरह क्षत्रिय और अन्य जाति जब तक मुझे प्राप्त नहीं होते तब तक वह अलग माने जाते हैं।

श्री ज्ञानेश्वर जी कहते हैं कि व्यक्ति-व्यक्ति में स्त्री-पुरूष ऐसा भेदभाव भगवान नहीं करते। भगवान की प्राप्ति पापी, भगवान से द्वेष करने वाले अथवा कामवासना से जो उनके साथ जुडे़ हों, सब को प्राप्त होती है। सिर्फ भगवान के साथ जुड़ना आवश्यक है।

नारदा ध्रुवा अक्रूरा। शुका हन सनत्कुमारा।
इयां भक्ति मी धर्नुधरा। प्राप्य जैसा।
तैसाचि गोपिकांसि कामे।
तया कंसा भय संभ्रमे। येरा घातका मनोधर्मे।

शिशुपालदिकां। अ गामी एकलाणीचे खागे।
मज येवो ये भलतेनि मार्गे। भक्ति कां विषय रागे।
अथवा वैरे। म्हणोनि पार्था पाही। प्रवेशया
माझ्या ठायी। उपायांची नाही। वाणी एथ।

(ज्ञा. अ. 9, ओ. 468, 469, 470, 471)

जिस प्रकार नारद, ध्रुव, शुकाचार्य, सनत्कुमार इन्हें मैं भक्ति से प्राप्त हुआ उसी तरह गोपियों ने जिन्होंने मेरे प्रति पति भावना से काम-वासना रख कर प्राप्ति की, कंस मेरे से डर कर मुझ को प्राप्त हुआ, शिशुपाल आदि ने द्वेश करके मुझे याद किया फिर भी मैं उन्हें प्राप्त हुआ। मैं एक ऐसा स्थान हूँ जहां पर सब मार्ग मिलते हैं। इसलिए भक्ति से, विषय वासना से, विरक्त, भय, बैर से मेरे पास आ सकते हैं। मेरे पास पहुँचने के लिए उपायों की कमी नहीं है इसलिए भगवान श्रीकष्ण कहते हैं।

किं पुनर्ब्राह्मणाः पुण्या भक्ता राजर्शयस्तथा।
अनित्यमसुखं लोकमिमं प्राप्य भजस्व माम्।।
मन्मना भव मद्भक्तो मद्याजी मां नमस्कुरू।
मामेवैश्यसि युक्त्वैवमात्मानं मत्परायणः।।

(गी. अ. 9, श्लोक 33, 34)

जब पापयोनी और दुष्ट लोग भी मुझे प्राप्त कर सकते हैं तो पुण्य-शील ब्राह्मण और राजर्शि जो मेरे भक्त हैं मुझे प्राप्त होते हैं यह बतलाने की जरूरत ही नही है। हे अर्जुन! तू नाशवान और दुःखदायक मृत्यु लोक में जन्मा है इसलिए मेरा भजन कर। हे अर्जुन! तू अपना मन मेरे में केद्रिंत कर और सब कर्म मेरे में अर्पण कर। सर्वत्र मुझे ही नमस्कार कर। इस प्रकार मत्परायण हो कर तू अपना मन मुझ में स्थिर कर और सब भूतों की आत्मा जो मैं हूँ, मुझे प्राप्त कर।

श्री ज्ञानेश्वर जी ब्राह्मण और राजर्शि श्रेष्ठ क्यों हैं, इसके बारे में बताते हैं। वे तो भगवान का भजन करते हुए उन्हें प्राप्त होते ही हैं। लेकिन यह श्रेष्ठता कर्म मार्ग तक ही मर्यादित होती है। ब्राह्मण की महानता बताते हुए श्री ज्ञानेश्वर जी लिखते हैं:

आझूनि पाउलाची मुद्रा। मी ह्रदयी वाहे गा सुभद्रा।
जे आपुलिया देव समुद्रा। जतने लागी।।
जयांचा कोष सूभटा। काळाग्निरूद्राचा वसौटा।
जयांचे प्रसादी फुकटा। जोडती सिद्धी। (ज्ञा. अ. 9, ओ. 481, 482)

ऐसी कथा है कि सबसे सहनशील व महान भगवान कौन है इसकी परीक्षा करते हुए भृगु ऋषि ने विष्णु की छाती पर ठोकर मारी थी। भगवान को गुस्सा नहीं आया बल्कि उन्होंने कहा कि हे ब्राह्मण देवता ! आपको चोट तो नहीं लगी। भगवान कहते हैं कि मेरी दैवी शक्ति का संरक्षण करने के लिए मैं अभी भी उस पाँव के चिन्ह को (जिसे भृगु लांछन कहते हैं) मेरी छाती पर रखता हूँ। ऐसे पुण्यवान व सबके लिए पूज्य ब्राह्मण मुझे प्राप्त होते हैं यह बताने की जरूरत नहीं है, लेकिन लोग इस

विषय भोगी संसार में मुझे भूल जाते हैं। मृत्यु की जकड़ में होने के बाद भी विषय भोग छोड़ते नही।

श्री ज्ञानेश्वरजी लिखते हैं:

दर्दुर सापे गिळिजतु आहे उभां।
की तो मासिया वेटाळी जिभा। तैसे प्राणिये कवणे लोभा।
वाढविती तृष्णा।

(ज्ञा. अ. 9, ओ. 514)

सांप ने अपने मुख में मेंढ़क को पकड़ लिया है लेकिन मृत्यु के निकट होते हुए भी मेंढ़क मक्खियों को जीभ से पकड़ कर खाने की चेष्टा करता है, उन्हें खाता है। इसी प्रकार मनुष्य भी मृत्यु के जबड़े में होते हुए विषय वासना में उसी मेंढ़क की तरह मग्न रहता है। हे अर्जुन! तू इस संसार चक्र से निकल कर मेरी भक्ति करके मुझे प्राप्त हो।

इसलिए भगवान श्रीकृष्ण अर्जुन को संदेश देते हैं कि "तू मत्परायण हो कर मुझे नमस्कार कर, मेरे में अपना मन स्थिर करते हुए मुझे प्राप्त कर।"

श्री ज्ञानेश्वर जी 9वें अध्याय को विशेष महत्व देते हैं। वे कहते हैं पहले नौ अध्याय पूर्वखंड (भाग) हैं और उसके बाद के 9 अध्याय (10 से लेकर 18 अध्याााय) उत्तरखंड हैं। श्री ज्ञानेश्वर जी कहते हैं कि एक लाख श्लोक संख्या के महाभारत को गीता के कृष्र्णाजुन संवाद के 700 श्लोकों में बताया है और 700 श्लोकों की गीता का मूल अर्थ इस 9वें अध्याय में बताया है। इतना महत्व 9वें अध्याय का है। इसका वर्णन नहीं किया जा सकता है। 9वें अध्याय के बाद 10वें अध्याय में भगवान की भिन्न-भिन्न विभूतियाँ यानि भगवान के भिन्न-भिन्न रूप क्या हैं, इसका वर्णन किया है। उसे ध्यान से सुनिये। भगवान का इन विभूतियों के द्वारा परम मंगल स्पर्श हो सकता है।

सारांश

भगवान कहते हैं कि अव्यक्त रूप से मैं इस जग में सर्वत्र हूँ। सब प्राणी मेरे में हैं अर्थात मुझसे आत्मवान हो रहे हैं लेकिन मैं उनमें नहीं हूँ क्योंकि साकार वस्तुओं की तरह मुझमें संसर्ग दोष नहीं है। सृष्टि के अन्त में सब प्राणी मेरी अपरा प्रकृति में विलीन होती हैं और फिर सृष्टि के आरम्भ में, मैं उन्हें फिर उत्पन्न करता हूँ" जग की उत्पत्ति, स्थिती, और लय के मामले में भगवान उदासीन पुरुष की तरह हैं, वह सिर्फ साक्षी मात्र हैं इसलिए उन्हें कर्म बांध नहीं सकते। वह निमित मात्र हैं। सब कार्य प्रकृति ही करती है। परा और अपरा प्रकृति के मिलन से ही भूत सृष्टि अपने आप निर्मित होने लगाती है। जैसे दीपक घर में होने वाले व्यवहार के लिए साक्षी है

तथा निमित मात्र है उसी प्रकार भगवान सब प्राणियों के कारण हैं, लेकिन उनके कर्मों के प्रति अनासक्त, सिर्फ साक्षी भूत है। भगवान कहते हैं, ''प्रकृति का अंत, सृष्टि का पोषण करने वाला, विश्व की स्वामी, सब कर्मों का साक्षी सबका हित करने वाला, सृष्टि की उत्पत्ति का कारण, तथा प्रलय भी मैं हूँ इस विश्व में मैं सब कुछ हूँ।''

दूसरी बात जो श्रीकृष्ण भगवान यहाँ बताते हैं वह हैं पुण्य करके व्यक्ति स्वर्ग सुख भोगता है और जब उसक फल खत्म हो जाता है तो वह फिर मृत्यु लोक में वापिस आ जाता है। भगवान कहते हैं कि ''जो जिसकी भक्ति करता है वह उसे प्राप्त हो जाता है और जो मेरी भक्ति करता है, वह मुझे प्राप्त होता है।'' कहने का अभिप्राय है कि परिश्रम होने पर भी, अज्ञान के कारण, जो परमेश्वर को नहीं भजते वह अल्प फल प्राप्त करते हैं। जब कर्म किया जाता है तो उसका सुख/दुख रूपी फल मिलता है इस कर्म फल को भोगने के लिए देह धारण करना पड़ता है और फिर से जन्म लेना पड़ता है। परन्तु यदि कर्म कर्तत्व के साथ प्रभु को अर्पण करेंगे तो कर्म के अर्पण के साथ जन्म मरण मिट जाते हैं और जब जन्म ही नहीं रहेगा तो दुःख भी नष्ट होगा। जब तक व्यक्ति भगवान में अपने आपको समर्पित नहीं करता तब तक वह भगवान को प्राप्त नहीं होता। जैसे जब पानी गंगा में मिलता है, चाहे वह किसी नाले का ही क्यों ना हो, वह गंगा जल हो जाता है। भगवान कहते हैं ''हे अर्जुन तू अपना मन मेरे में केंद्रित कर और सब कर्म मेरे में अर्पण कर, तू अपना मन मुझमें स्थापित कर, मुझे प्राप्त कर।''

अध्याय दसवाँ

विभूति योग

दसवाँ अध्याय भगवान की भिन्न-भिन्न विभूतियों का वर्णन करता है। नौवें अध्याय में भगवान ने स्पष्ट रूप से बताया कि वह ही ब्रह्मांड के स्वामी हैं, वह ही विश्व के पिता, माता और विश्व को धारण करने वाले हैं। इतना बताने के बाद भी मन में शंका रह सकती है, भगवान कहां हैं? उन्हे कहाँ देख सकते हैं व अनुभव कर सकते हैं? इसी भाव को ध्यान में रखते हुए भगवान श्रीकृष्ण कहते हैं:

श्री भगवानुवाच:

भूय एव महाबाहो शृणु मे परमं वचः।
यत्तेऽहं प्रीयमाणाय वक्ष्यामि हितकाम्यया।।
न मे विदुः सुरगणाः प्रभवं न महर्शयः।
अहमादिर्हि देवानां महर्षीणां च सर्वशः।।
यो मामजमनादिं च वेत्ति लोकमहेश्वरम्।
असंम्मूढ़ स मर्त्येशु सर्वपापैः प्रमुच्यते।।

(गी. अ. 10, श्लोक 1, 2, 3)

भगवान श्रीकृष्ण कहते हैं, हे महाबाहो! अत्यंत श्रेष्ठ यानि परब्रह्म वस्तु का यथार्थ ज्ञान समझाने वाले, मेरी बात फिर से सुनो। मेरा कहा तुम्हें प्रिय लगता है इसलिए भक्तों के लिए मैं फिर से तुम्हें अपने स्वरूप का वर्णन कराता हूँ। मेरा स्वरूप देव और महर्षि तक जान नहीं पाते क्योंकि इनकी उत्पत्ति का कारण मैं ही हूँ। मैं जन्म-रहित हूँ। ब्रह्मांड का शासक हूँ, महेश्वर हूँ। मेरे स्वरूप (प्रभुत्व शक्ति) को जो इस प्रकार जानता है वह सर्व मनुष्यों में ज्ञानी है और वह सर्व पापों से मुक्त होता है।

लेकिन श्रीकृष्ण भगवान अर्जुन को अपने बारे में फिर से विस्तार से क्यों बतलाते हैं? क्या अर्जुन पहले समझ नहीं पाये? इस का संदर्भ लेकर श्री ज्ञानेश्वर जी लिखते हैं:

घटी थोडेसे उदक धालिजे। तेणे न गळे तरी वरिता भरिजे।
तैसा परिसोनि पाहिलासि तंव परिसविजे। ऐसे चि होतसे।

अवचितयावरी सर्व सांडिजे। मग चोख तरी
तोचि भांडारी कीजे। तैसा किरीटी तूं आता माझे।
निजधाम की।

(ज्ञा. अ. 10, ओ. 51, 52)

भगवान के रूप का ज्ञान देते वक्त शिष्य उसे कितने ध्यान से सुन रहा है इसे देखकर ही अधिक ज्ञान देने की इच्छा होती है। अर्जुन इस ज्ञान को ध्यान से सुनते हैं इसलिए भगवान 'भूय' (यानि फिर से) का प्रयोग करते हैं यानि "मैं तुम्हें फिर से इस ज्ञान को बताता हूँ।" श्री ज्ञानेश्वर जी इसके लिए उपमा देते हैं कि घड़े में थोड़ा पानी भरने के बाद देख लेना चाहिए की कही घड़ा फूटा तो नहीं है। उसके बाद ही उसे पानी से पूरा भरना चाहिए। घर में किसी नौकर को काम के लिए रखना हो तो उसे घर का सब काम सौंप कर देखना चाहिए की क्या वह विश्वासपात्र है? यदि विश्वास पात्र लगता है तो उसे घर का खजानेदार बनाना चाहिए। इसी तरह से ज्ञान देने के बाद श्रवण करने वाले कितने ध्यान से सुन रहे हैं उसे देख कर ही ज्ञान देना चाहिए। ऐसा नहीं करते हैं तो सब व्यर्थ होगा।

भगवान को बुद्धि से नहीं जाना जा सकता है। तो फिर किस भाव से जाना जा सकता है? इसके बारे में भगवान श्रीकृष्ण कहते हैं:

बुद्धिर्ज्ञानमसम्मोहः क्षमा सत्यं दमः शमः।
सुखं दुःखं भवोऽभावो भयं चाभयमेव च।।
अहिंसा समता तुष्टिस्तपो दानं यशोऽयशः।
भवन्ति भावा भूतानां मत्त एव पृथग्विधाः।।
महर्षयः सप्त पूर्वे चत्वारो मनवस्तथा।
मद्भावा मानसा जाता येषां लोक इमाः प्रजाः।।
एतां विभूतिं योगं च मम यो वेत्ति तत्त्वतः।
सोऽविकम्पेन योगेन युज्यते नात्र संशयः।।

(गी. अ. 10, श्लोक 4, 5, 6, 7)

शरीर की इंद्रियों के अतिरिक्त अशरीर रूप विश्व क्या है? इसके बारे में भगवान कहते हैं कि भाव 20 प्रकार के हैं। वे हैं - बुद्धि, ज्ञान, असंमोह, क्षमा, सत्य, शम, दम, सुख, दुःख, भव, अभाव, भय, अभय, अहिंसा, समता, संतोष, तप, दान, यश, अपयश। ये सब भाव प्राणियों में हैं और वे सब मेरे कारण ही प्रकट होते हैं।

यह प्रजा सात महर्षि और चार मनु (जो मेरे द्वारा मन से उत्पन्न किये हुऐ हैं) से निर्माण हुई है। उन्होंने स्वर्गादि लोक और स्थावर जंगमात्मक प्रजा का निर्माण किया। इसे जो समझ लेता है वह व्यक्ति मुझे वास्तव में जानता है।

श्री ज्ञानेश्वर जी संक्षेप में कहते हैं:

भूते आहाती सिनानी। तैसेचि हेहि वेगळाले मानी।
एक उपतजी माझ्या ज्ञानी। एक नेणति माते।

आणि माझे जाणणे नेणणे। ते तंवं भूताचिया देवाचे करणें।
म्हणोनि भूति भावाचे या होणे। विषम पड़े।

(ज्ञा. अ. 10, ओ. 87, 89)

जिस प्रकार भिन्न-भिन्न प्राणी है उसी प्रकार 20 तरह के भाव हैं। इनमें से कुछ भाव मेरे स्वरूप का ज्ञान कराते हैं और कुछ भाव मेरे मूल स्वरूप को जानने से रोकते हैं। मुझे जानना या न जानना, जीव के पूर्व जन्म के पाप-पुण्य कर्म पर निर्भर रहता है। कहीं ज्ञान अनुकूल भाव से होता है तो कभी प्रतिकूल भाव से होता है। सब कुछ मेरा ही विस्तार है लेकिन यह उसे ही समझ में आयेगा जिसका मुझ पर विश्वास है।

भगवान श्रीकृष्ण कहते हैं कि जो मुझे जानने की चेष्टा करता है वह व्यक्ति मुझे प्राप्त होता है। यह कैसे होता है?

अहं सर्वस्य प्रभवो मत्त: सर्व प्रवर्तते।
इति मत्वा भजन्ते मां बुधा भावसमन्विता।।
मच्चित्ता मद्गतप्राणा बोधयन्त: परस्परम्।
कथयन्तश्च मां नित्यं तुश्यन्ति च रमन्ति च।।
तेषां सततयुक्तानां भजतां प्रीतिपूर्वकम्।
ददामि बुद्धियोगं ते येन मामुपयान्ति ते।।
तेषामेवानुकम्पार्थमहमज्ञानजं तम:।
नाशयाम्यात्मभावस्थो ज्ञानदीपेन भास्वता।।

(गी. अ. 10, श्लोक 8, 9, 10, 11)

मैं ही इस विश्व निर्मिती का कारण हूँ। मेरे से ही जगत की उत्पत्ति स्थिति व नाश, कर्म फल इत्यादि होते हैं। ऐसा जान कर ज्ञानी लोग मेरा श्रद्धा से भजन करते हैं। मेरे में सिर्फ भक्त चित्त लगाते हैं आपस में संवाद करके मेरे बारे में एक दूसरे को बोध कराके खुशी से झूमते हैं तथा संतुष्ट रहते हैं। ऐसे प्रेम से भजन करने वाले भक्तों को मैं ''बुद्धि-योग'' देता हूँ मतलब यह कि मैं उन स्थिर बुद्धिवाले भक्तों को संरक्षण देता हूँ, उनका रक्षण करता हूँ। उनका अविवेकरूपी अंधकार मैं अपने ज्ञानदीप से मिटाता हूँ। ऐसे ज्ञानी भक्तों के बारे में श्री ज्ञानेश्वर जी लिखते हैं:

जैसी कमळ कलिका जालेपणे। हृदयीच्या मकरंदाते राखों नेणे।
दे राया रंका पारणे। आमोदाचे। तैसेचि माते विश्वी कथित।
कथितेनि तोषे कथूं विसरत। मग तया विसरामाजि विरत।
आंगे जीवें। (ज्ञा. अ. 10, आ. 127, 128)

जिस प्रकार कमल पुष्प की कलिका विकसित होकर अपनी सुगन्ध गुप्त नहीं रख पाती और राजा हो या रंक सभी को सुगन्ध देती है, उसी प्रकार ज्ञानी भक्त इस विश्व में भ्रमण करते हुए भगवान के गुणों का वर्णन करते हैं और अपने शरीर को भी भूल जाते हैं।

भगवान श्रीकृष्ण अपने ज्ञानी और अनन्य भाव से समर्पित भक्तों के बारे में अर्जुन को समझाते हैं। इसको सुनकर अर्जुन भगवान से पूछते हैं भगवान मैं आपके इस असामान्य रूप को कहाँ-कहाँ देखूंगा, किन वस्तुओं का चिंतन करने से मैं आपको अनुभव कर सकता हूँ? अर्जुन भगवान के महान रूप को संबोधित करते हुए कहते हैं:

अर्जुन उवाच:

परं ब्रह्म परं धाम पवित्रं परमं भवान्।
पुरुषं शाश्वतं दिव्यमादिदेवमजं विभुम्।।
आहुस्त्वामृषय: सर्वे देवर्षिर्नारदस्तथा।
असितो देवलो व्यास: स्वयं चैव ब्रवीषि मे।।
सर्वमेतदृतं मन्ये यन्मां वदसि केशव।
न हि ते भगवन्व्यक्तिं विदुर्देवा न दानवा:।।
स्वयमेवात्मनात्मानं वेत्थ त्वं पुरुषोत्तम।
भूतभावन भूतेश देवदेव जगत्पते।।
वक्तुमर्हस्यशेषेण दिव्या ह्यात्मविभूतय:।
याभिर्विभूतिभिर्लोकानिमांस्त्वं व्याप्य तिष्ठसि।।
कथं विधामहं योगिंस्त्वां सदा परिचिन्तयन्।
केषु केषु च भावेषु चिन्त्योऽसि भगवन्मया।।
विस्तरेणात्मनो योगं विभूतिं च जनार्दन।
भूयः कथय तृप्तिर्हि श्रृण्वतो नास्ति मेऽमृतम्।।

(गी. अ. 10, श्लो. 12, 13, 14, 15, 16, 17, 18)

अर्जुन कहते हैं हे भगवान! आप परब्रह्म हैं, आप ही परमधाम हैं, शाश्वत आदिदेव, दिव्य सब कुछ आप ही हैं। सब ऋषि, देवर्षि नारद, असित, देवल, व्यास आपके बारे में ही बताते हैं और वही बात आप मुझे प्रत्यक्ष समझा रहे हैं। आपके इस व्यक्त सगुण (शरीरधारी) रूप को देव, दानव भी जान नहीं पाते। आपके भिन्न-भिन्न स्वरूप ने इस विश्व को व्याप्त किया है। मैं आपको कहाँ-कहाँ ढूंढू? इसके बारे में कृपा करके बताये क्योंकि आप ही इसे बताने में सर्मथ हैं

श्री ज्ञानेश्वर जी अर्जुन की इस विनती को अपने ढंग से प्रस्तुत करते हैं। श्री ज्ञानेश्वर जी अर्जुन के मुख से कहते हैं ''ऋषि, देवर्षि नारद, देवल, व्यास पहले भी हमारे घर आते थे। नारद मुनि के वीणा वादन का हम सुख प्राप्त करते थे लेकिन उनका बताया हुआ ज्ञान मैं समझ नहीं पाया। आज आपके मुख से सुनने के बाद मुझे आपके बारे में सही ज्ञान प्राप्त हुआ है।''

जी आंधलेयाच्या गांवी। आपणपे प्रगटले रवी।
तरी तिही वातेपलीचि ध्यावी।
वाचुनि प्रकाश केचा। पै असिता देवलाचेनि मुखे।
मी एवंविधा तूते आइके। परि तै बुद्धि विषय विखे।

धारिली होती। विषय विषाचा पडिपाडू।
गोड परमार्थ लागे कडू। कडू विषय नो गोडू।
जीवासि जाहला। (ज्ञा. अ. 10, ओ. 156, 158, 159)

श्री ज्ञानेश्वर जी कहते हैं, अंधों की नगरी में सूर्य स्वयं प्रकाशित होने पर भी अंधों को सूर्य किरणों की उष्णता ही महसूस होगी, उन्हें प्रकाश कैसे मिल सकेगा? देवल, असित्, आदि देवर्षि आपके अध्यात्मरूप का वर्णन करते थे, उस वर्णन को सुनकर अच्छा लगता था लेकिन हमारा अन्त:करण उस समय विषय रूपी विष से भरा हुआ था। विषयरूपी विष का इतना प्रभाव था कि परमार्थ मीठा था लेकिन हमें वह कड़वा लगता था और विषय सुख कड़वा हो कर भी हमें मीठा लगता था। इसलिए हम आपके सही स्वरूप को नहीं समझ पाये। इसे समझ पाने के लिए आपकी कृपा होनी चाहिए।

श्रीज्ञानेश्वर जी लिखते हैं:

जी बनकर झाड़े सिंपी जीवे साटी। पाडूनि जन्मे काढीआटी।
परि फळेसी तेचि भेटी। जै वसंत पावे।
अहो विषमा जै वोहट पड़े। ते मधूर ते मधूर आवड़े।
पै रसायन ते गोड़े। जै आरोग्य देही। (ज्ञा. अ. 10, आ. 169, 170)

किसान या माली अपने खेत में पेड़ों को पानी देता है, उसके लिए बहुत कष्ट सहता है। लेकिन इतने कष्ट सहने के बावजूद भी पेड़ों को फल लगेंगे ही ऐसा नहीं होता, यह सब बसंत आने पर निर्भर होता है। बसंत ऋतु के कारण फल लगते हैं न कि माली के पानी देने से या कष्ट सहने से। शरीर निरोगी होगा तो ही हम जो वस्तु सेवन करेंगे उसकी मधुरता अनुभव कर पायेंगे। भगवान की कृपा होगी तभी हम उनके वास्तव स्वरूप को जान पायेंगे।

श्रीकृष्ण भगवान अपने भक्त अर्जुन की विनती सुनकर कहते हैं "मैं तुम्हें मेरे स्वरूप के बारे में फिर से विस्तार से बताता हूँ।"

श्री भगवान उवाच:

हन्त ते कथयिश्यामि दिव्या ह्यात्मविभूतय:।
प्राधान्यत: कुरूश्रेष्ठ नास्त्यन्तो विस्तरस्य मे।।
अहमात्मा गुडाकेश सर्वभूताशयस्थित:।
अहमादिश्च मध्यं च भूतानामन्त एव च।।
आदित्यानामहं विष्णुर्ज्योतिषां रविरंशुमान्।
मरीचिर्मरूतामस्मि नक्षत्राणामहं शशी।।
वेदानां सामवेदोऽस्मि देवानामस्मि वासव:।
इंद्रियाणां मनश्चास्मि भूतानामस्मि चेतना।।
रूद्राणां शंकरश्चास्मि वित्तेशो यक्षरक्षसाम्।
वसूनां पावकश्चास्मि मेरू: शिखरिणामहम्।।

(गी. अ. 10, श्लो. 19, 20, 21, 22, 23)

श्रीकृष्ण भगवान अर्जुन से कहते हैं कि "मेरे स्वरूप के बारे में मैं तुम्हें फिर से समझाता हूँ। वैसे तो मेरे विस्तार की कोई सीमा नहीं है। इसलिए अपनी मुख्य-मुख्य दिव्य विभूतियों के बारे में तुम्हें बताता हूँ।"

विभूतियों का जो वर्णन श्रीकृष्ण भगवान करते हैं उसे पढ़ने के बाद एक बात स्पष्ट होती है कि हर वस्तु के उच्च वर्ण में, उच्च श्रेणी में भगवान रहते है। उसमें भगवान को हम देख सकते हैं। भगवान का रूप ही दिव्य है इसलिए साधारण में जो असाधारण है वह भगवान की ही कृपा से है, भगवान का ही रूप है। कहने का मतलब है कि भगवान अन्तरात्मा हैं और उनका ध्यान वहां करना चाहिये परन्तु जो ऐसा ध्यान करने में असमर्थ हैं वह आगे कहे गये भावों में उनका चिन्तन कर सकते हैं।

भगवान श्रीकृष्ण कहते हैं "आदित्यों में (अदिती के पुत्रों में) मैं विष्णु हूँ, प्रकाशवान वस्तु में मैं सूर्य, मरूद्गण में मैं मरीचि, नक्षत्रों में चंद्र, वेदों में सामवेद, देवों में इंद्र, इंद्रियों में मैं मन हूँ, प्राणियों में चैतन्य (प्राण) हूँ, रूद्र में शंकर, यक्ष राक्षसों में कुबेर, अष्टवसु में जो अग्नि है वह मैं हूँ और ऊँचे शिखर में मेरू।"

पुरोधसां च मुख्यं मां विद्धि पार्थ बृहस्पतिम्।
सेनानीनामहं स्कंन्दः सरसामस्मि सागरः।।
महर्षीणां भृगुरहं गिरामस्म्येकमक्षरम्।
यज्ञानां जपयोज्ञोऽस्मि स्थावराणाम् हिमालयः।।

(गी. अ. 10, श्लो. 24, 25)

पुरोहितों में मैं बृहस्पति हूँ, सेनापतिओं में कार्तिक स्वामी मेरा ही रूप है। सब जलाशयों में मैं सागर, महर्षियों में भृगु, वाणी से उच्चारित शब्दों में मैं 'ऊँ' हूँ, यज्ञों में जपयज्ञ और अचल पदार्थों में मैं हिमालय हूँ। और भी अन्य विभूतियों के बारे में भगवान श्रीकृष्ण कहते हैं:

अश्वत्थः सर्ववृक्षाणां देवर्षिणां च नारदः।
गन्धर्वाणां चित्ररथः सिद्धानां कपिलो मुनिः।।
उच्चैः श्रवसमवानां विद्धि माममृतोद्भवम्।
ऐरावतं गजेंन्द्राणां नराणां च नराधिपम्।।
आयुधानामहं वज्रं धेनूनामस्मि कामधुक।
प्रजनश्चास्मि कन्दर्पः सर्पाणामस्मि वासुकिः।।
अनन्तश्चास्मि नागानां वरूणों यादसामहम्।
पितृणामर्यमा चास्मि यमः संयमतामहम्।।

(गी. अ. 10, श्लो. 26, 27, 28, 29)

सब वृक्षों में मैं अश्वत्थ वृक्ष हूँ, देवर्षि में नारद, गंधर्वो में चित्ररथ गंधर्व, सिद्ध ऋषियों में कपिल मुनि हूँ, सभी घोड़ों में और हाथियों में अमृत मन्थन करने के बाद समुद्र से उत्पन्न उच्चैःश्रवा घोड़ा और ऐरावत हाथी मैं ही हूँ, मनुष्यों में राजा मेरी

विभूति है। शस्त्रों में मैं वज्र, गायों में कामधेनु, संतति उत्पन्न करने वालों में मैं मदन हूँ। सांपों में मैं वासुकी, नागों में अनंत नाग, जल में रहने वालों में वरूण हूँ। पितृ गणों में अर्यमा नाम की विभूतिं मैं हूँ। शासन कर्ताओं में मैं यम हूँ। और कुछ मुख्य विभूतियों का वर्णन है:

प्रह्लादश्चास्मि दैत्यानां कालः कलयतामहम्।
भृगाणां च मृगेन्द्रोऽहं वैनतेयश्च पक्षिणाम्।।
पवनः पवतामस्मि रामः शस्त्रभृतामहम्।
झशाणां मकरश्चास्मि स्रोतसामस्मि जाह्नवी।।

(गी. अ. 10, श्लो. 30, 31)

दैत्यों में प्रह्लाद मैं ही हूँ, गणना करने में, (गिनती करने में) काल, पशुओं में सिंह व पक्षियों में गरूड़ हूँ। बहने वाली वस्तुओं में हवा हूँ, शस्त्रधारियों में मैं राम हूँ, जल में रहनेवाले, प्राणियों में मैं मगरमछ और सब नदियों में मैं जाहन्वी यानि गंगा नदी हूँ।

सर्गाणामादिरन्तश्च मध्यं चैवाहमर्जुन।
अध्यात्मविद्या विद्यानां वादः प्रवदतामहम्।।
अक्षराणामकारोऽस्मि द्वन्द्वः सामासिकस्य च।
अहमेवाक्षयः कालो धाताहं विश्वतोमुखः।।

(गी. आ. 10, श्लो. 32, 33)

इस कार्य सृष्टि का आदि, मध्य और अन्त मैं हूँ, विद्या में अध्यात्म-विद्या, बोलने वालों चर्चा करने वालों में मैं वाद नामक वाक्य हूँ, अक्षरों में अकार ''अ'' वर्ण मैं ही हूँ। सब समासों में द्वंद समास मैं हूँ। सब को ग्रसने वाला निगलने वाला वह समय मैं हूँ और कर्मो का फल देनेवाला बहुमुखी मैं हूँ।

भगवान श्रीकृष्ण की इन विभूतिगों की गिनती करते हुए श्री ज्ञानेश्वर जी कहते हैं कि इनका कोई अंत नहीं है।

श्री ज्ञोनश्वर जी कहते हैं:-

जैसी अवधीचि नक्षत्रे वेचावी। ऐसी चाड उपजेल जै जीवी।
तै गगनाची बांधावी। लोथजेवी।
कां पृथ्वीये परमाणूंचा उगावा ध्यावा। जरिभूगोलचि काखे सुवावा।
तैसा विस्तार माझापहावा। तरि जाणावे माते।
जैसे शाखांसी फूलफळ। एकीहेळा वेटाळू
म्हणिजे सकळ। तरी उपटूनिया मूळ।
जेवि हाती घेपे। तेविं माझे विभूति विशेष।
जरी जाणो पाहिजेती अशेष। तरी स्वरूप
एक निर्दोष। जाणिजे माझे।

(ज्ञा. अ. 10, ओ. 259, 260, 261, 262)

भगवान का रूप कितना विस्तारित है इसे समझाते हुए श्री ज्ञानेश्वर जी कहते हैं सभी नक्षत्रों को समेट देने की इच्छा हमें होगी तो आकाश की गठ्री बनानी पड़ेगी, पृथ्वी के बारीक से बारीक अणु को इकठा करने की इच्छा होती है तो पूरा भूगोल ही बगल में उठाना होगा। इसी तरह भगवान का संपूर्ण विस्तार पहचानना चाहिए। यदि हमें पेड़ के सब फूल-फल टहनी और शाखा सब इकठ्ठी लेनी है तो पूरा पेड़ ही जड़ से उठाना होगा। इसी प्रकार यदि भगवान की सभी विभूतियों को जानना है तो उनके शुद्ध स्वरूप को जानना होगा।

भगवान श्रीकृष्ण अपनी और विभूतियों के बारे में कहते हैं:-

मृत्युः सर्वहरश्चहमुद्भवश्च भविष्यताम्।
कीर्तिःश्रीर्वाक्च नारीणां स्मृतिर्मेधा धृतिः क्षमा।।
बृहत्साम तथा साम्नां गायत्री छंदसामहम्।
मासानां मार्गशीर्षोऽहमृतूनां कुसुमाकरः।।

(गी. अ. 10, श्लो. 34, 35)

सब कुछ नष्ट करने वाला मृत्यु मैं हूँ। उत्कर्षता प्राप्ती के योग्य लोगों की उन्नति का कारण मैं हूँ। स्त्रियों में कीर्ति, श्रीलक्ष्मी, वाणी, स्मृति, मेधा (बुद्धि) धृति (धैर्य) क्षमा यह सब मेरी ही विभूतियाँ हैं। सामवेद में बृहत्साम, यह मेरा स्वरूप है। जिसे गायत्री छंद कहते हैं, उस सर्व छंद का स्वरूप मैं हूँ। महीनों में मैं मार्गशीर्ष महीना हूँ और ऋतु में वसंत ऋतु हूँ।

द्यूतं छलयतामस्मि तेजस्तेजस्विनामहम्।
जयोऽस्मि व्यवसायोऽस्मि सत्त्वं सत्त्ववतामहम्।।
वृश्णीनां वासुदेवोऽस्मि पाण्डवानां धनंजयः।
मुनीनामप्यहं व्यासः कवीनामुशना कविः।।

(गी. अ. 10, श्लो. 36, 37)

छल करने वाले में मैं द्यूत हूँ, तेजस्वी पदार्थों में तेज मेरी विभूति है। विजय प्राप्त करनेवाले में जय ही मेरी विभूति है। व्यवसाय में न्याय से व्यवसाय करनेवाला मैं हूँ, सात्विक प्रवृति का सत्व मैं हूँ, यादव कुल में वासुदेव और पांडवों में अर्जुन हूँ। मुनीयों में व्यास और कवियों में शुक्राचार्य कवि मैं हूँ।

कुछ विभूतियाँ इस प्रकार हैं:-

दण्डो दमयतामस्मि नीतिरस्मि जिगीषताम्।
मौनं चैवास्मि गुह्यानां ज्ञानं ज्ञानवतामहम्।।
यच्चापि सर्वभुतानां बीजं तदहमर्जुन।
न तदस्ति विना यत्स्यान्मया भूतं चराचरम्।।
नान्तोऽस्ति मम दिव्यानां विभूतीनां परन्तप।
एश तूद्देशतः प्रोक्तो विभूतेर्विस्तरो मया।।

(गी. अ. 10, श्लो. 38, 39, 40)

निग्रह करनेवालो में मैं दंड हूँ, यानि दमन करने के लिए मैं दंड हूँ, जीतने की इच्छा रखनेवालो में मैं नीति हूँ, सर्व भूतों का बीज या उत्पत्ति का कारण मैं हूँ और चराचर प्राण भी मेरे बिना नहीं हैं। मेरी विभूतियों का कोई अन्त नहीं है। यह सब मैंने संक्षेप में विभूतियों के बारे में बताया है।

श्री ज्ञानेश्वर जी कहते है:-

पै पर्जन्याचिया धारा। वरी लेख करवेल धनुर्धरा।
कां पृथ्वीचिया तृणांकुरा। होइल ठी।
पै महादधीचिया तरंगा। व्यवस्था धरू नये जेवि गा।
तेविं माझिया विशेषलिंगा। नाही मिती।
ऐशियाही सात पांच प्रधाना। विभूति सांगीतल्या तुज अर्जुना।
तो हा उद्देश जो गा मना। आहाच गमला।

(ज्ञा. अ. 10, ओ. 300, 301, 302)

हे अर्जुन! वर्षा की धारायें गिन सकते हैं या घास के अंकुरों को भी गिना जा सकेगा, लेकिन महासमुद्र के तरंगों की, लहरों की गिनती नहीं की जा सकती, उसी प्रकार विभूतियों की गिनती नहीं हो सकती। भगवान ने अर्जुन को अभी तक अपनी 75 विभूतियों के बारे में (जो मुख्य है) बताया है। अन्य विभूतियों की गिनती नहीं हो सकती। इसलिये अन्य विभूतियों की पहचान करने की वह युक्ति बताते हैं:

यद्यद्विभूतिमात्सत्त्वं श्रीमदूर्जितमेव वा।
तत्तदेवावगच्छ त्वं मम तेजोऽशसम्भवम्।।
अथवा बहुनैतेन किं ज्ञानेन तवार्जुन।
विश्टभ्याहमिदं कृत्स्नमेकांशेन स्थितो जगत्।।

(गी. अ. 10, श्लो. 41, 42)

भगवान श्रीकृष्ण कहते हैं।

इस जगत में जो भी वस्तु विभूतिमान है वह मेरे विशेष गुण और संपत्ति से युक्त है, मेरे ईश्वरी तेज का ही वह अंश है। नाना प्रकार की विभूतियाँ जानने से, हे अर्जुन! कोई लाभ नहीं होगा। पूरी सृष्टि मेरे में है, मेरे एक अंश से यह सृष्टि दिखाई देती है, इसका भास होता है।

श्री ज्ञानेश्वर जी कहते हैं:-

अथवा एकले एक बिंबगगनी। परी प्रभाफांके त्रिभुवनी।
तेचि मज एकाकी याची सकळ जनी। आज्ञा पाळिजे।

(ज्ञा. अ. 10, श्लो. 308)

जिस प्रकार आकाश में एक ही सूर्य बिंब रहता है और किरणों के द्वारा प्रकाश त्रिभुवन में फैलता है उसी प्रकार भगवान सर्वत्र है और सभी विभूत्तियाँ उनकी आज्ञा का पालन करती हैं। विभूत्तियाँ भगवान का स्थूलरूप है।

आणि सिनाना इही विभूति। मज अपाराते मविसील किती।
म्हणोनि किंबहुना सुभद्रापति। असो हे जाणणे।
आता पैं माझेनि एके अंशे। हे जगव्यापिले असे।
या लागी भेद सांडूनि सरिसे। साम्ये भज।

(ज्ञा. अ. 10, ओ. 316, 317)

भगवान श्रीकृष्ण कहते हैं ''भिन्न प्रकार की विभूतियों के द्वारा मेरे स्वरूप की गिनती कब तक करोगे? हे सुभद्रापति अर्जुन! इन विभूतियों के बारे में जानना अब बहुत हुआ। मेरे एक अंश से सारी पृथ्वी व्याप्त है, इसलिए मैं और मेरी विभूतियाँ ऐसा भेद छोड़कर मेरा ही भजन करो।

विभूतियाँ भगवान का ही प्रसार है। भगवान में और उनमें कोई फर्क नहीं है। विनोबा भावे ने इन विभूतियों के बारे में समझाते हुए कहा कि जब हम वर्णमाला (अ, आ, इ, ई) सीखते हैं तब हम यह वर्णमाला बड़े अक्षरों में लिखते हैं ताकि हम उन्हें ठीक से देख सके, समझ सकें। जब हम वर्णमाला सीख लेते हैं तब वर्णमाला छोटे अक्षरों में भी समझ लेते हैं। छोटे अक्षर वाली किताब को हम पढ़ लेते हैं। इसी प्रकार भगवान ने इन स्थूल विभूतियों को भगवान का अंश जानकर समझाया है ताकि हम भगवान के मूलरूप को आसानी से समझ लें।

सारांश

नौवें अध्याय में भगवान बताते हैं की वह ब्रह्मांड के स्वामी हैं, विश्व को धारण करने वाले हैं। वह जन्म रहित हैं तथा जो उनके स्वरूप को इस प्रकार जानता है वह ज्ञानी है तथा सब पापों से मुक्त होता है।

भगवान कहते हैं की भाव 20 प्रकार के है और यह सब भी उनके ही कारण उत्पन्न हुए हैं। यह भाव हैं–

बुद्धि; ज्ञान (आत्मा आदि का बोध); असमोह (जानने योग्य पदार्थ प्राप्त होने पर उनमें विवेक पूर्ण प्रवृत्ति); क्षमा, सत्य, दम (बाहरी इन्द्रियों को वश में करना) शम (अंतकरण को वश में करना); सुख, दुख, भव (उत्पत्ति) अभाव (विनाश); भय; अभय; अहिंसा; समता; संतोष; तप, दान, यश, अपयश।

इनमें से कुछ भाव भगवान के मूल स्वरूप का ज्ञान कराते हैं और कुछ भाव भगवान के मूल स्वरूप को जानने से रोकते हैं।

अर्जुन श्रीकृष्ण भगवान से प्रश्न पूछते हैं की आपके अलग-अलग स्वरूपों ने इस विश्व को व्याप्त किया है–मैं आपको कहां-कहां ढूंढू? भगवान उत्तर में कहते हैं की वैसे तो उनके विस्तार की कोई सीमा नहीं–परन्तु मुख्य-मुख्य दिव्य विभूतियों के बारे में बताता हूँ। कहने का मतलब है कि भगवान अन्तरात्मा है और उनका ध्यान

वहाँ करना चाहिए परन्तु जो ऐसा ध्यान करने में असमर्थ हैं उन विभूतियों में उनका चिंतन कर सकते हैं भगवान अपनी 75 विभूतियों के बारे में बताते हैं जैसे आदित्यों में विष्णु; प्रकाशवान वस्तु में सूर्य; नक्षत्रों में चांद; देवों में इन्द्र; रुद्रों में शंकर; वसुओं में अग्नि आदि। छल करने वालों में द्यूत; सात्विक प्रवृत्ति का सत्व आदि विभूतियों की गिनती करना कठिन है इसलिए श्रीकृष्ण भगवान विभूतियों की पहचान के लिए एक तरीका बताते है "इस जगत में जो भी वस्तु विभूतीमान है वह मेरे विशेष गुण और सम्पत्ति से युक्त है मेरे ईश्वरी तेज का ही वह अंश है।" भगवान अंत में कहते हैं "मेरे एक अंश से सारी पृथ्वी व्याप्त है, इसलिए मैं और मेरी विभूतियां, ऐसा भेद छोड़कर मेरा ही भजन करो।"

अध्याय ग्यारहवाँ

विश्वरूप दर्शन योग

भगवान श्रीकृष्ण 10वें अध्याय में संक्षेप में अपनी 75 विभूत्तियों के बारे में अर्जुन को बताते हैं। सृष्टि में सभी वस्तुओं में भगवान ही बसे हैं यह संदेश भी देते हैं। भगवान गंगा में, हिमालय में, नक्षत्रों में, सूर्य और चंद्रमा अनेक रूपों में हैं। यह सब सुनने के बाद अर्जुन इसे समझ तो लेते हैं, लेकिन फिर भी उनके मन में इच्छा है कि भगवान को प्रत्यक्ष अपनी आँखों से देंखे। हर कोई यही सोचता है कि भगवान को अपनी आँखों से देखने के बाद ही हम भगवान पर विश्वास करेंगे। यही इस अध्याय का विषय है। इसमें भगवान के विश्वरूप का वर्णन है, भगवान का प्रत्यक्ष रूप शान्त भी है और भयानक भी है।

इसके बारे में श्री ज्ञानेश्वर जी लिखते हैं:-

जेथ शांताचिया घरा। अद्‌भूत आला आहे पाहुणेरा।
आणि येराही रसा पातिकरां। जाहाला मान।
परि शांताद्‌भूत बरवे। जे डोळयांच्या अंजुळी घ्यावे।
जैसे हरिहर प्रेमभावे। आले खेंवा।

(ज्ञा. अ. 11, ओ. 2, 4)

विश्वरूप दर्शन कैसा है इसके बारे में श्री ज्ञानेश्वर जी कहते हैं कि वह तो शान्त रस और भयानक रस का मिश्रण है। लगता है जैसे शान्त रस के घर भयानक रस मेहमान बन के आया है। जब दोनों मिलते है तो हम उसे आँखों से देखकर अनुभव कर सकते हैं।

जब अर्जुन भगवान के रूप को देखने की विनती करते हैं तो पहले कहते हैं कि जो उनके मन में संसार के प्रति मोह था वह अब नष्ट हो गया है।

अर्जुन कहते हैं-

मदनुग्रहाय परमं गुह्यमध्यात्मसंज्ञितम्।
यत्त्वयोक्तं वचस्तेन मोहोऽयं विगतो मम्।।
भवाप्ययौ हि भूतानां श्रुतौ विस्तरशो मया।
त्वत्तः कमलपत्राक्ष माहात्म्यमपि चाव्ययम्।।

एवमेतद्यथात्थ त्वमात्मानं परमेश्वर।
द्रष्टुमिच्छामि ते रूपमैश्वरं पुरुषोत्तम्।।
मन्यसे यदि तच्छक्यं मया द्रष्टुमिती प्रभो।
योगेश्वर ततो में त्वं दर्शायात्मनमव्ययम्।।

(गीता अ. 11, श्लो. 1, 2, 3, 4)

अर्जुन कहते हैं, हे भगवन्! आपने मुझ पर कृपा करके अतिशय गुप्त और गहन आत्माविषयक ज्ञान दिया जिसके कारण मेरा संसार-मोह पूरी तरह से नष्ट हो गया है। आपसे ही सृष्टि की उत्पत्ति और क्षय होता है। आपके नष्ट न होनेवाला सामर्थ्य (शक्ति) को मैने जान लिया है। भगवन्! आपने जो अपने स्वरूप के बारे में बताया उसे मैं अपनी आँखों से देखना चाहता हूँ। तो हे योगेश्वर कृष्ण! आप मुझे अपना अविनाशी रूप दिखाईये।

श्री ज्ञानेश्वर जी अर्जुन की इस विनती को अलग ढंग से प्रस्तुत करते हैं:

तैसी प्रकृति हे आड होती। ते देवेंचि सारौनि परौति।
मग परतत्व माझिये मती। शेजार केले।
म्हणोनि इये विषयीचा मज देवा। भरवसा कीर जाहाला।
जीवा तरि आणिक एक हेवा। उपनला असे।
तो भिडा जरि म्हणो राहों। तरी आना कवणा पुसों जावो।
काय तुजवाचोनि ठावो। जाणत आहो आम्ही।
म्हणोनि भीडसांकड न धरावे। जीवा आवड़े तेही तुजपुढ़ा
वोलावे। तंव राहे म्हणितले देवे। चाड सांगे।

(ज्ञा.अ. 11, ओ. 76, 77, 78, 80)

अर्जुन कहते हैं आत्म-स्वरूप के जानने के बीच में जो अज्ञान प्रकृति का परदा था वह अब दूर हो गया है और परमतत्त्व ने मेरी बुद्धि में शय्याधर बना लिया है। इस आत्मतत्त्व के बारे में अब मेरा दृढ़ विश्वास हो गया है। लेकिन मेरे मन में एक उत्कट इच्छा उत्पन्न हुई है। लेकिन इसके बारे में यदि संकोच के कारण मैं अपनी इस इच्छा के बारे में आपसे कुछ नहीं कहता हूँ तो फिर इसके बारे में और किससे पूछ सकता हूँ? आपके सिवाय अन्य को मैं नहीं जानता। इसलिए संकोच न करते हुए मैं आपसे यह बात करता हूँ।'' तब भगवान श्रीकृष्ण कहते हैं ''अब बात को ज्यादा न बढ़ाते हुए तुम अपने मन की इच्छा मुझे बताओ।''

इस पर अर्जुन क्या कहते हैं, इसे श्री ज्ञानेश्वर जी अपनी भाषा में कहते हैं:

मग बोलिला तो किरीटी। म्हणे तुम्ही केली जे गोठी।
तिय प्रतीतीची दिठी। निवाली माझी।
आता जयाचेनि संकल्पे हे लोक परंपरा होय हारपे।
जया ठायाते आपणे गै। मी ऐसे म्हणसी।
ते मुदल रूप तुझे। जेथूति इये द्विभुजे हन चतुर्भुजे।

सुरकार्याचेनि व्याजे। घेवो घेवो येसी।
ऐसे अगाध जे तुझे। विश्वरूप कानी एकिजे।
ते देखावया चित्त माझे। उतावीळ देवा।

(ज्ञा. अ. 11, ओ. 81, 82 83, 86)

अर्जुन कहते हैं आपने परमेश्वररूप के बारे में जो प्रवचन किया उससे मेरी बौद्धिक अनुभव दृष्टि से समाधान हुआ। आप कहते हैं सृष्टि की उत्पत्ति और क्षय करनेवाला वह रूप आप ही है जहाँ से द्विभुज या चतुर्भुज होकर देवों के कार्य करने के लिए आप प्रकट होते हैं। उसे न समझने वाले आपके विश्वरूप को देखने के लिए, मेरे मन में तीव्र इच्छा उत्पन्न हुई है।

भगवान श्रीकृष्ण अपने प्रिय शिष्य अर्जुन को तत्काल कहते हैं कि मेरे भिन्न-भिन्न प्रकार के दिव्य और अनंत रूपों को देखो।

भगवान श्रीकृष्ण कहते हैं: -

पश्य में पार्थ रूपाणि शतशोऽथ सहस्त्रश:।
नानाविधानि दिव्यानि नानावर्णाकृतीनि च।।
पश्यादित्यान्वसून्रूद्रानश्विनौ मरूतस्तथा।
बहून्यदृष्टपूर्वाणि पश्याश्चर्याणि भारत।।
इहैकस्थं जगत्कृत्स्नं पश्याद्य सचराचरम्।
मम देहे गुडाकेश यच्चान्यद्द्रश्टुमिच्छसि।।
न तु मां शक्यसे द्रष्टुमनेनैव स्वचक्षुषा।
दिव्यं ददामि ते चक्षुः पश्य मे योगमैश्वरम्।।

(गी. अ. 11, श्लो. 5, 6, 7, 8)

भगवान अपना विश्वरूप अर्जुन को देखने के लिए कह रहे हैं। मेरे में तू आदित्य, रूद्र अश्वनी कुमार इत्यादि को देख। पहले न देखे हुए मेरे रूप को देख। इससे भी ज्यादा कुछ देखने की इच्छा हो तो वह भी तुम यहीं देख सकते हो। लेकिन तुम मेरा रूप अपने चर्म चक्षुओं से नहीं देख सकोगे। इसलिए मैं तुम्हें दिव्य चक्षु देता हूँ। इस दिव्य चक्षु से तुम मुझे और मेरे सामर्थ्य को देख सकोगे।

भगवान अर्जुन की विनती को तुरन्त स्वीकार कर लेते हैं। श्री ज्ञानेश्वर जी इसके बारे में कहते हैं:

अहो शेषाचेहि डोळे चोरिले। वेद जयालागी झकविले।
लक्ष्मियेही राहाविले। जिह्वार जे। जे आता प्रकटुनी अनेकधा।
करित विश्वरूपदर्शनाचा धांदा। बाप भाग्या अगाधा।
पार्थचिया। (ज्ञा. अ. 11, ओ. 118, 119)

भगवान का विश्वरूप गहन और गुह्य होने के कारण भगवान शंकर भी इसे अपनी आखों से नही देख पाये, वेद भी उसे समझ नहीं पाये। मां लक्ष्मी को भगवान ने इस दर्शन से अलग रखा। ऐसा विश्वरूप अब भाग्यवान अर्जुन के लिए प्रकट हो

रहा है। भगवान अपना सिर्फ एक ही विश्वरूप नहीं दिखाते बल्कि कई विश्वरूप दिखाते हैं।

परि हा देखेल की नाही। ऐसी सेचि न करी कांही।
एकसरा म्हणतसे पाही। स्नेहातुर।
अर्जुना तुवा एक दावा म्हणितले।
आणि तेचि दावूं तरी काय दाविले।
आता देखे आघवे भरिले। माझ्याचि रूपी। (ज्ञा. अ. 11, ओ. 122, 123)

अर्जुन इस रूप को देखेगा या नहीं इसकी भगवान को याद नहीं आई उन्होंने तो अर्जुन पर प्रेम के कारण विश्वरूप देखने को तुरंत ही कह डाला। अर्जुन तुमने तो मुझे मेरा एक विश्वरूप दिखाने के बारे में कहा लेकिन मेरे सभी रूप मैंनें दिखाये ऐसा नहीं है मैं तो सभी जगह व्याप्त हूँ।

श्री ज्ञानेश्वर जी अर्जुन की विश्वरूप दर्शन की विनती और भगवान के विश्वरूप दिखाने के बारे में, दोनों को संवाद के माध्यम से प्रस्तुत करते हैं:

हे बोलोनि देव हांसिले। हांसोनि देखणिया म्हणितले।
आम्ही विश्वरूप तरी दाविले। परि देखसीच ना तूं।
हा हो उटोनिया आरसा। आंधळिया दावू बैसा।
बहिरिया पुढे हृषीकेशा। गाणीव करा।
जे अतींद्रिय म्हणोनि व्यवस्थिले।
केवल ज्ञानदृष्टीचिया भागा फिटले।
ते तुम्ही चर्मचक्षूंपुढे सूदले। मी कैसेनि देखे।

(ज्ञा. अ. 11, ओ. 155, 157, 159)

श्रीकृष्ण भगवान अर्जुन को कहते हैं तुम्हारी इच्छानुसार मैंने तुम्हें अपना विश्वरूप दिखाया लेकिन उसे तुम देखते ही नहीं। इस पर बुद्धिमान अर्जुन कहते हैं इसमें दोष किसका है, कमी किसमें है। आपका यह कहना अंधे को आइना साफ करके दिखाने के समान है या बहरे व्यक्ति को गाना सुनाने जैसा है। शास्त्र तो कहता है की विश्वरूप इन्द्रियों से नहीं देखा जा सकता। आपने अपना विश्वरूप मेरे चर्म चक्षुओं के सामने प्रकट किया, मैं भला उसे कैसे देख सकूगां? इसमें आपका दोष नहीं है। यह तो मेरा ही दोष है।

भगवान श्रीकृष्ण इस पर क्या कहते हैं, इसे श्री ज्ञानेश्वर जी इस प्रकार समझाते हैं:

साच विश्वरूप जरी आम्ही दावावे।
तरी आधी देखावया सामर्थ्य की द्यावे।
परि बोलत प्रेमभावे। घसाळ गेलो।
काय जहाले न बाहता भुई पेरिजे।
तरी तो वेलु विलया जाइजे।

तरी आता माझे निजरूप देखीजे। ते दृष्टी देवो तुज।

(ज्ञा.अ. 11 ओ 161, 162)

भगवान श्रीकृष्ण कहते हैं अर्जुन! तुम्हारा कहना मैं मानता हूँ। यदि मुझे विश्वरूप दिखाना है तो तुझे विश्वरूप देखने की शक्ति देनी होगी। लेकिन तुझ पर प्रेम के कारण मैंने इसके बारे में सोचा ही नहीं। जैसे जमीन को हम खेती के लिए तैयार नहीं करते हैं तो फसल नष्ट हो जाती है। तुम मेरा विश्वरूप देख सको इसके लिए मैं तुम्हें वह दृष्टि (शक्ति) देता हूँ। इसकी सहायता से तुम मेरा संपूर्ण ऐश्वर्य योग, विश्वरूप देख सकोगे।

इस विश्वरूप के बारे में संजय धृतराष्ट्र को बताते हैं:

संजय उवाच

एवमुक्तवा ततो राजन्महायोगेश्वरो हरिः।
दर्शयामास पार्थाय परमं रूपमैश्वरम्।।
अनेकवक्त्रनयनमनेकाद्भुतदर्शनम्।
अनेकदिव्याभरणं दिव्यानेकोद्यतायुधम्।।
दिव्यमाल्याम्बरधरं दिव्यगन्धानुलेपनम्।
सर्वाश्चर्यमयं देवमनन्तं विश्वतोमुखम्।।
दिवि सूर्यसहस्रस्य भवेद्युगपदुत्थिता।
यदि भाः सदृशी सा स्याद्भासस्तस्य महात्मनः।।
तत्रैकस्थं जगत्कृत्स्नं प्रविभक्त मनेकधा।
अपश्यद्देवदेवस्य शरीरे पाण्डवस्तदा।।
ततः स विस्मयाविष्टो हृष्टरोमा धनंजयः।
प्रणम्य शिरसा देवं कृतान्जलिरभाषत।।

(गी.अ. 11 श्लोक 9, 10, 11, 12, 13, 14)

संजय धृतराष्ट्र से कहते है: ''हे राजन! महायोगेश्वर श्रीकृष्ण ने मेरा विश्वरूप देखो'' ऐसा कहकर अपना श्रेष्ठ रूप अर्जुन को दिखाया। कैसा था यह रूप? विश्वरूप के कई मुख थे, उससे अद्‌भुत दर्शन हो रहा है, अनेक दिव्य गहने, अलंकार और शास्त्र दिखाई दे रहे हैं। दिव्य वस्त्र धारण किये हैं, दिव्य सुगंधित उटी (लेप) लगायी है, हर जगह मुख दिखाई दे रहे हैं। आसमान में हजारों सूर्य निकलने से जैसा प्रकाश होगा, वह प्रकाश है तथा उसकी उपमा नहीं दी जा सकती। अर्जुन ने विश्वरूप के शरीर में स्थित पूरी जगह को देखा। अर्जुन आश्चर्यचकित हुए और उनके शरीर में रोमांच खड़ा हो गया। उन्होंने अपना मस्तक नीचे झुकाया और हाथ जोड़ कर कहने लगे।

संजय भी भगवान श्रीकृष्ण के विश्वरूप को देखते हैं और उसका वर्णन अंधे धृतराष्ट्र को बताते हैं।

श्री ज्ञानेश्वर जी कहते हैं कि अर्जुन की विश्वदर्शन की विनती श्रीकृष्ण भगवान

ने तुरंत स्वीकार कर ली और अपना रूप अर्जुन को दिखाया लेकिन इस में आश्चर्य क्या है?

तेवीचि संजय म्हणे कायसा। विस्मयो येथे कौरवेशा।
श्रीकृष्णे स्वीकारिजे तया ऐसा। भाग्योदय होय।
म्हणोनि तो देवांचा रावो। म्हणे पार्थाते तुज दृष्टि देवो।
जया विश्वरूपाचा ठावो। देखसी तूं।
ऐसी श्रीमुखोनि अक्षरे। निघती ना जंव एकसरे।
तंव अविद्येचे आंधारे। जावोचि लगे।

(ज्ञा. अ. 11, ओ. 175, 176, 177)

संजय धृतराष्ट्र से कहते हैं कि इसमें आश्चर्य चकित होने की कोई बात नहीं है। क्योंकि भगवान श्रीकृष्ण जिसको भी स्वीकार करते हैं उसका भाग्योदय होता है। भगवान श्रीकृष्ण ने अर्जुन से कहा ''अब मैं तुम्हें दिव्य दृष्टि देता हूँ। जिसकी सहायता से तुम मुझे देख सकोगे।'' ऐसे शब्द श्रीकृष्ण के मुख से निकलते ही अविद्यारूपी अंधकार नष्ट हो गया।

श्री ज्ञानेश्वर ज़ी कहते हैं कि दिव्य दृष्टि यानि अविद्यारूपी अंधकार नष्ट होना। दिव्य दृष्टि यानि ब्रह्मस्वरूप का साम्राज्य दिखाने वाली ज्योति। भगवान ने इस ज्ञान ज्योति को अर्जुन के लिए प्रज्वलित किया।

अर्जुन भगवान के उस अद्वितीय रूप को देख कर अचंभित हो गये। उन्हें कुछ समझ में नहीं आ रहा था। असंख्य विशाल मुखों को देख कर अर्जुन भयभीत हो गये।

श्री ज्ञानेश्वर जी अर्जुन के मन की स्थिति के बारे में कहते हैं:

बाहरे दिठी उघडूनी पाहे। तंव आधवे मूर्तिमय देखत आहे।
मग आता न पाहे म्हणोनि उगा राहे। तरी आंतहि तेसेंचि।
अहो पाहता करी प्रतिभासे। एथ नवलावो काय असे।
परि न पाहता ही दिसे। चोज आइका।
कैसे अनुग्रहाचे करणे। पार्थाचे पाहणे आणि न पाहणे।
तयाही सकट नारायणे। व्यापूनि घेतले।

(ज्ञा. अ. 11 ओ. 227, 229, 230)

जब अर्जुन दिव्य दृष्टि से देखने लगे तब उन्हें सब जगह भगवान की मूर्तियाँ दिखाई देने लगीं। और जब आँखें बंद कर ली और स्वस्थ बैठे तब भी उन्हें मूर्ति दिखाई देने लगी। डर के मारे जब अर्जुन भगवान की तरफ पीठ दिखा कर खड़े हो गये, तब भी उन्हें भगवान के विश्वरूप के असंख्य और विशाल मुँह-पैर इत्यादि दिखाई दिये। लेकिन इसमें आश्चर्य की क्या बात है? भगवान की तरफ न देखते हुए भी विश्वरूप दिखाई दे रहा था यही तो भगवान की कृपा है।

भगवान के ऐसे रूप को देखकर अर्जुन कहते हैं:

अर्जुन उवाचः

पश्यामि देवांस्तव देव देहे सर्वास्तथा भूतविशेषसंघन्।
ब्रह्माणमीशं कमलासनस्थ मृशींश्च सर्वानुरंगांश्च दिव्यान्।।
अनेकबाहूदरवक्त्रनेत्रं पश्यामि त्वां सर्वतोऽनन्तरूपम्।
नान्तं न मध्यं न पुनस्तवादिं पश्यामि विश्वेश्वर विश्वरूप।।
किरीटिनं गदिनं चक्रिणं च तेजोराशिं सर्वतो दीप्तिमन्तम्।
पश्यामि त्वां दुर्निरीक्ष्यं समन्ताद्दीप्तानलार्कद्युतिमप्रमेयम्।।
(गी. अ. 11, श्लो. 15, 16, 17)

मैं आपके विश्वरूप शरीर में सभी देव सभी प्राणी-मात्र, ब्रह्मदेव, शंकर, सर्व ऋषि और नागादिक को देख रहा हूँ। आपके अनेक हाथ, पैर, मुंह, नेत्र हैं और इस अनन्त रूप का कोई आदि, मध्य और अंत नहीं है। आपने मुकुट पहना है। हाथ में गदा और सुदर्शन चक्र हैं आपका तेज चारों और फैला है, सूर्य की तरह तेजस्वी रूप को मैं देख रहा हूँ।

श्री ज्ञानेश्वर जी, भगवान के इस रूप के बारे में कहते हैं कि इस सब रूपों की मूर्तियों को देखने के बाद अर्जुन के सारथी के रूप में भगवान ही हैं।

जी एकेकीच्चा अंगप्रांती। होय जाय हे त्रिजगती।
एवढिया ही तुझ्या अंगी मूर्ती। की रोमा जालिया।
ऐसा पवाड मांडूनि विश्वाचा। तुं कवण पां एथ कोणाचा।
हे पाहिले तंव आमुचा। सारथी तोचि तूं। (ज्ञा. अ. 11, ओ. 287, 288)

भगवान के शरीर पर दिखाई देने वाली अनेक मूर्तियां उत्पन्न हो रही हैं और नष्ट हो रही हैं, तथा सभी मूर्तियां उनके शरीर पर रोमांच की तरह दिखाई देती हैं। इतने बड़े विश्वरूप के विस्तार में आप कौन हैं? अब मालूम हुआ कि सारथी श्रीकृष्ण भी आप ही हो।

अर्जुन भगवान के रूप का और वर्णन करते हुए कहते हैं:

त्वमक्षरं परमं वेदितव्यं त्वमस्य विश्वस्य परं निधानम्।
त्वमव्ययः शाश्वतधर्मगोप्ता सनातनस्त्वं पुरूषो मतो मे।।
अनादिमध्यान्तमनन्तवीर्यमनन्तबाहुं शशिसूर्यनेत्रम्।
पश्यामि त्वां दीप्तहुताशवक्त्रं स्वतेजसा विश्वमिदं तपन्तम्।।
द्यावापृथिव्योरिदमन्तरं हि व्याप्तं त्वयैकेन दिशश्च सर्वाः।
दृष्ट्वाद्भतुं रूपमुग्रं तवेदं लोकत्रयं प्रव्यथितं महात्मन्।।
(गी. अ. 11, श्लोक 18, 19, 20)

जानने योग्य वस्तुओं में आप श्रेष्ठ हैं, अविनाशी ब्रह्म हैं, आप नाशवंत नहीं हैं, सनातन वैदिक धर्म के रक्षण करने वाले आप ही हैं। जिसे सनातन पुराणपुरूष कहते हैं वह आप ही हैं यह मैं अब समझ गया। आप आदि, मध्य और अन्त रहित हैं। आपकी शक्ति अतुलनीय है, चंन्द्र और सूर्य आपकी आँखें हैं। जलने वाली आग्नि की तरह आपका मुख है। आपकी व्याप्ति सर्वत्र है। आपका यह उग्र और अद्भुत रूप

देखकर तीनों लोक भयभीत और व्याकुल हो गये हैं।

भगवान का यह रूप देखकर तीनों ही लोक भयभीत कैसे हुए इसके बारे में श्री ज्ञानेश्वर जी लिखते हैं:

जैसा आरंवळला आगी। तो समुद्रा ये निवावयालगी।
तंव कल्लोळव पाणियांचिया तरंगी। आगळा बिहे।
तैसे या जगासि जाहले। तूंते देखोनि तळमळीत ठेले।
या माजी पैंल भले। सुरांचे मेळावे। (ज्ञा. अ. 11, ओ. 325, 326)

आग की लपेट में जलने वाला मनुष्य शरीर की दाह बुझाने के लिए समुद्र तट पर जाता है और वहाँ समुद्र की प्रचंड लहरों को देखकर भयभीत होता है, इसी प्रकार पूरे त्रिलोक की स्थिति हुई है। मैं इसमें ज्ञानी लोगों के समुदाय को भी देख रहा हूँ।

भगवान के विश्वरूप को देख कर अर्जुन कहते हैं:

अमी हि त्वां सुरसंघ्डां विशन्ति केचिभ्दीता: प्रांजलयो गृणन्ति।
स्वस्तीत्युक्त्वा महर्षिसिद्धसंघा: स्तुवन्ति त्वां स्तुतिभि: पुष्कलाभि:।।
रूद्रादित्या वसवो ये च साध्या विश्वेऽश्विनौ मरूतश्चोश्मपाश्च।
गन्धर्वयक्षासुरसिद्वसंघ। वीक्षन्ते त्वां विस्मिताश्चैव सर्वे।।
रूपं महत्ते बहुवक्त्रनेत्रं महाबाहो बहुबाहूरूपादम्।
बहूदरं बहुदंश्ट्राकरालं दृष्ट्वा लोका: प्रव्यथितास्तथाहम्।।

(गी. अ. 11, श्लोक 21, 22, 23)

अर्जुन कहते हैं आपके शरीर में देवता प्रविष्ट हो रहे हैं, बहुत सारे देव आपसे भयभीत होकर आपकी प्रार्थना कर रहे हैं। सिद्ध योगी आपका कल्याण हो, यह कह कर आपकी स्तुति और स्तवन कर रहे हैं। रूद्र आदित्य वसु, विश्वदेव अश्विनी कुमार, पितर, गंधर्व, यक्ष राक्षस, सिद्ध इनके समुदाय आश्चर्य चकित होकर आपकों देख रहे है। आपके असंख्य मुख, नेत्र, बाहु, जंधा, पैर, अनेक पेट ऐसा आपका भगंकर रूप देख कर सभी भयभीत हो गये हैं।

अर्जुन भगवान का रूप कैसे देख रहे हैं इसका और वर्णन करते हैं:

नभ:स्पृशं दीप्तमनेकवर्ण व्यात्ताननं दीप्तविशालनेत्रम्।
दृष्टवा हि त्वां प्रव्यथितान्तरात्मा धृतिं न विन्दामि शमं च विष्णो।।
दष्ट्राकरालानि च ते मुखानि दृष्टैव्व कालानलसन्निभानि।
दिशो न जाने न लभे च शर्म प्रसीद देवेश जगन्निवास।।
अमी च त्वां धृतराष्ट्रस्य पुत्रा: सर्वे सहैवावनिपालसंघ्डै:।
भीष्मो द्रोण: सूतपुत्रस्तथासौ सहास्मदीयैरपि योधमुख्यै:।।
वक्त्राणि ते त्वरमाणा विशन्ति दंष्ट्राकरालानि भयानकानि।
केचिद्विलग्ना दशनान्तरेशु संदृश्यन्ते चूर्णितैरूत्तमाङ्गै।।

(गी.अ. 11 श्लो 24, 25, 26, 27)

भगवान के मुख आसमान तक पहुंचे हैं, विशाल नेत्र हैं। आपको इस रूप में देख

कर मेरा हृदय अत्यंत दुखित हो गया है। इस कारण मैं धैर्य खो रहा हूँ और कोई सुख प्राप्त नहीं हो रहा है। आपके विशाल मुखों को देख कर मैं दिशाओं को भूल जाता हूँ। हे जगन्निवास! मुझ पर प्रसन्न हो। मैं देख रहा हूँ कि दुर्योधन और धृतराष्ट्र के अनेक पुत्र, द्रोणाचार्य, सूत-पुत्र कर्ण और अनेक राजा तुम्हें प्राप्त हो रहे हैं। सब योद्धा आपके मुख में जल्दी-जल्दी प्रवेश कर रहे हैं। कुछ तो आपके दांत में फँस गये हैं।

अर्जुन के मुख से भगवान के इस विश्वरूप का वर्णन सुनकर मालूम होता है कि विश्वरूप कितना भयंकर और भयावह है।

श्री ज्ञानेश्वर जी अपनी ओवियों में इसका वर्णन दोहराते हैं। इस भयंकर विश्वरूप दिखाने का भगवान श्रीकृष्ण का उद्देश्य क्या है? इसके बारे में श्री ज्ञानेश्वर जी कहते हैं:

ऐसा अर्जुन दुःखे शिणत। शोचित असे जिवा आंत।
परी न देखे तो प्रस्तुत। अभिप्राय देवाचा।
जे मी मारिता हे कौरव मरते।
एसेनि वेंटाळिता होता मोहे बहुते।
तो फेडावयालागी अनंते। हे दाखविले निज।
अरे कोण्ही कोणाते न मारी। एथ मीचि हो सर्व संहारी।
हे विश्वरूपव्याजे हरी। प्रकटित असे।
परी वायांचि व्याकुळता। ते न चोजवेचि पांडुसुता।
मग महाकंप नव्हता।
वाढवित असे। (ज्ञा.अ. 11 ओ 406, 407, 408 409)

अर्जुन दुःख से व्याकुल हो गये अन्तःकरण में शोक करने लगे लेकिन भगवान के विश्वरूप दर्शन का उद्धेश्य अर्जुन समझ नहीं पाये। मैं मरुगां, कौरवों को मैं मारूगाँ इस अविवेक से अर्जुन ग्रस्त था। वह अविवेक नष्ट करने के लिए भगवान ने अपना विश्वरूप दिखाया। कोई किसी का नाश नहीं करता। भगवान ही सबका नाश करते हैं। यही भगवान ने इस विश्वरूप के माध्यम से दिखाया है।

अर्जुन भगवान के विश्वरूप के बारे में आगे कहते हैं:

यथा नदीनां बहवोऽम्बुवेगाः समुद्रमेवाभिमुखा द्रवन्ति।
तथा तवामी नरलोकवीरा विशन्ति वक्त्राण्यभिविज्वलन्ति।।
यथा प्रदीप्तं ज्वलनं पतंग्डां विशन्ति नाशाय समृद्धवेगाः।
तथैव नाशाय विशन्ति लोकास्तवापि वक्त्राणि समृद्धवेगाः।।
लेलिह्यसे ग्रसमानः समन्ताल्लोकान्समग्रान्वदनैर्ज्वलभ्दिः।
तेजोभिरापूर्य जगत्समग्रं भासस्तवोग्राः प्रतपन्ति विष्णो।।

(गी. अ. 11, श्लोक 28, 29, 30)

जिस प्रकार नदियां समुद्र की तरफ मुँह करके बहती हैं उसी प्रकार मनुष्यों में वीर पुरुष अपने ही नाश करने के लिए आपके जलनेवाले मुख में प्रवेश कर रहे हैं।

जिस प्रकार पतंगा अपना नाश करने के लिए अग्नि की ओर तीव्र गति से दौड़ता है उसी प्रकार अपना ही नाश करने के लिए यह लोग आपके मुख में प्रवेश कर रहे हैं। और आप अपने जलने वाले मुख से सब लोगों को निगल रहे हैं और जीभ से इनका स्वाद भी ले रहे हैं। आपके तेज़ ने सर्व विश्व को व्याप्त किया है और आपका यह उग्र रूप देख कर विश्व में सर्वत्र संताप हो रहा है।

श्री ज्ञानेश्वर जी कहते हैं कि अर्जुन श्रीकृष्ण के उस भयंकर रूप को देख कर कहते हैं:

परी ऐलीकडिले मुखी खाई।
हो सरली जगाची। अगा आत्मा तूं एक।
सकळ विश्वव्यापक। तरी कां आम्हा अंतक।
वोडवलासी। तरी मियां सांडिली जीवित्वाची चाड।
आणि तुवांही न धरावी भीड़।
मनी आहे ते उघड़। बोल पां सुखे।
किती बाढविसी या उग्ररूपा।
आंगाचे भगवंतपण आठवी बापा।
नाही तरी कृपा। मज पुरती पाही।

(ज्ञा. अ. 11, ओ. 441, 442, 443)

हे देवा! आप सर्व ब्रह्माण्ड की आत्मा हो और सब जगत में आप ही आप हैं। लेकिन आप अब हमारे लिए मृत्यु समान क्यों हो रहे हैं? फिर भी मैंने जीवित रहने की आशा नहीं छोड़ी है। आप संकोच मत करिए। आप के मन में क्या है इसके बारे में बताइये। आप अपना यह भयंकर रूप कब तक बढ़ाते रहेगें? आप तो कृपालु भगवान हैं इसका भी स्मरण रखिये। कम से कम मेरे पर तो कृपा करिये।

अर्जुन अपने मन की स्थिति को स्वयं स्पष्ट करते हैं:

आख्याहि मे को भवानुग्ररूपो नमोऽस्तु ते देववर प्रसीद।
विज्ञातुमिच्छामि भवनतमाद्यं न हि प्रजानामि तव प्रवृत्तिम्।।

(गी. अ. 11, श्लोक 31)

हे देवाधि देव ! आपको नमस्कार करता हूँ। मेरे पर कृपा करें। ऐसा रूप धारण करने वाले आप कौन हैं? आप जगत के आदि कारण हैं इसके बारे में जानने की मुझे इच्छा है। आप ऐसा भयंकर रूप धारण करके क्या करना चाहते हैं? इसके बारे में कुछ समझ नहीं पा रहा हूँ।

श्रीकृष्ण भगवान अर्जुन से कहते हैं

श्री भगवानुवाच

कालोऽस्मि लोकक्षयकृत्प्रवृद्धो लोकान्समाहर्तुमिह प्रवृत्त:।
ऋतेऽपि त्वां न भविष्यन्ति सर्वे येऽवस्थिता: प्रत्यनीकेशु योधा:।।
तस्मात्त्वमुत्तिश्ठ यशो लभस्व जित्वा शत्रून्भुडक्ष्व राज्यं समृद्धम्।

मयैवैते निहिताः पूर्वमेव निमित्तमात्रं भव सव्यसाचिन्।।
द्रोणं च भीष्मं च जयद्रथं च कर्ण तथान्यानपि योधवीरान्।
मया हतांस्त्वं जहि मा व्यथिष्ठा। युध्यस्व जेतासि रणे सपत्नान्।।

(गी. अ. 11, श्लोक 32, 33, 34)

भगवान श्रीकृष्ण कहते हैं मैं सृष्टि का संहार करनेवाला काल हूँ, लोगों को नष्ट करने के लिए प्रवृत्त हुआ हूँ। आपको छोड़कर शत्रु पक्ष के जो-जो बड़े योद्धा हैं वे सब नष्ट होने वाले हैं। इसलिए हे अर्जुन! उठो और यशस्वी हो। शत्रु को जीत कर संपन्न राज्य का उपभोग करो। इन योद्धाओं को मैंने पहले ही मार डाला है। द्रोणाचार्य, भीष्माचार्य, जयद्रथ, कर्ण और अनेक योद्धा इन्हें मैंने पहले ही मार डाला है। तू इन्हें मार, दुःख मत कर, युद्ध कर, तू युद्ध जीतेगा।

भगवान ने उग्ररूप धारण किया इसके बारे में श्री ज्ञानेश्वर जी कहते हैं

ऐसे म्हणिजत आहे देवें। अर्जुना तुम्ही माझे हे जाणावे।
येर जाण मी आधवें। सरलो ग्रासूं।
तरी तयामाझारी कांही। भंरवसेनि उणे नाही।
इये वायांचि सैन्ये पाही। वल्गिजत आहाती।

(ज्ञा. अ. 11, ओ. 456, 458)

भगवान कहते हैं अर्जुन और पांडव मेरे अपने हैं इस बात को ध्यान में रखो। बाकी अन्य लोगों को नष्ट करने के लिए यह उग्र रूप मैंने धारण किया है। दोनों तरफ के योद्धा व्यर्थ ही शेखी मार रहे हैं।

भगवान के इस उग्ररूप को संजय देख रहे थे और उसके बारे में धृतराष्ट्र को बता रहे हैं।

संजय धृतराष्ट्र से कहते हैंः

संजय उवाच

एतच्छ्रुत्वा वचनं केशवस्य कृतान्जलिर्वेपमानः किरीटी।
नमस्कृत्वा भूय एवाह कृष्णं सगदग्दं भीतभीतः प्रणम्य।।

(गी. अ. 11, श्लोक 35)

भगवान श्रीकृष्ण ने अर्जुन को आश्वस्त करने के बाद, भगवान के वचन सुनने के बाद अर्जुन नम्र होकर हाथ जोड़कर सद्गत अन्तःकरण से श्रीकृष्ण भगवान को कहने लगे।

अर्जुन उवाच

स्थाने ह्शीकेश तव प्रकीर्त्या जगत्प्रह्ष्यत्यनुरज्यते च।
रक्षांसि भीतानि दिशो द्रवन्ति सर्वे नमस्यन्ति च सिद्धसंघाः।।
कस्माच्च ते न नमेरन्महात्मन् गरीयसे ब्रम्हणोऽप्यादिकर्त्रे।
अनन्त देवेश जगन्निवास त्वमक्षरं सदसत्तत्परं यत्।।

त्वमादिदेवः पुरुषः पुराणस्त्वमस्य विश्वस्य परं निधानम्।
वेत्तासि वेद्यं च परं च धाम त्वया ततं विश्वमनन्तरूप।।

(गी. अ. 11, श्लो. 36, 37, 38)

'अर्जुन कहते हैं, हे हृषिकेश सारा जग आपकी कीर्ति सुनकर, गा कर आनंदित होता है, आप पर प्रेम करता है यह योग्य ही है। आपके डर से राक्षस दश दिशाओं में भागतें हैं और सब सिद्धगण आपको नमस्कार करते हैं। आपसे ब्रह्मदेव निर्माण हुए ऐसे आप श्रेष्ठ और महान हैं। आप को नमस्कार क्यों नही करेंगे? हे देवेश ! जगन्निवास सत् और असत के परे अक्षर सच्चिदानंदब्रह्म आप ही हैं। आदि देव और पुराण आप ही हैं। आप जगत के अन्तिम आश्रय स्थान हैं। आप परम धाम हैं।

श्री ज्ञानेश्वर जी अर्जुन के इस संबोधन के बारे में कहते हैं:

जी तूं स्वप्रकाशाचा आगर। आणि जाहाला आहासी गोचर।
म्हणोनिया निशाचर केर। फिटला सहजे।
हे येतुले दिवस आम्हा। कांही नेणवेचि श्री रामा।
आता देखतसे महिमा। गंभीर तुझा।
जेथूनि नाना सृष्टीचिया बोली। पसरती भूतग्रामा चिया वेली।
तयामहद् ब्रम्हाते व्याली। देविकी इच्छा।
देव निःसीम सत्व सदोदित। देव निःसीम गुण अनंत।
देव निःसीम साम्य सतत। नरेंद्र देवांचा।

(ज्ञा. अ. 11, ओ. 509, 510, 511, 512)

भगवान आप स्वयं प्रकाशित हैं, उसका भंडार हैं, आपको हम देख पाये इसलिए राक्षसी वृत्ति नष्ट हुई। इतने दिनों तक हम यह सब नहीं जानते थे। अब हम आपकी महानता जान गये हैं। जहाँ से अनन्त सृष्टि शुरू होती है, चारों तरह के प्राणी मा‍त्रों की उत्पत्ति होती है, वह आप ही हैं यह आपकी ही माया है। आपकी सीमारहित सत्ता है, समब्रह्म स्थिति भी आप हैं।

अर्जुन ने भगवान का रूप जाना नहीं था इसलिए श्रीकृष्ण जो उनके सारथी बने, उन्हें वे अपने मित्र समझते थे। उनको संबोधित् करते समय मित्रता बर्तते थे। यह करना उचित नहीं था। ऐसा अब अर्जुन महसूस करते हैं। इसलिए भगवान से कहते हैं:

वायुर्यमोऽग्निर्वरूणः शशाङ्कः प्रजापतिस्त्वं प्रपितामहश्च।
नमो नमस्तेऽस्तु सहस्त्रकृत्वः पुनश्च भूयोऽपि नमो नमस्ते।।
नमः पुरस्तादथ पृश्ठतस्ते नमोऽस्तु ते सर्वत एवं सर्व।
अनन्तवीर्यामितविक्रमस्त्वं सर्वं समाप्नोषि ततोऽसि सर्वः।।
सखेति मत्वा प्रसभं यदुक्तं हे कृश्ण हे यादव हे सखेति।
अजानता महिमानं तवेदं मया प्रमादात्प्रणयेन वापि।।

यच्चावहासार्थमसत्कृतोऽसि विहारशयासनभोजनेषु।
एकोऽथवाप्यच्युत तत्समक्षं तत्क्षामये त्वामहमप्रमेयम्।।

(गी. अ. 11, श्लोक 39, 40, 41, 42)

वायु, यम, अग्नि, वरूण, चंद्र, ब्रह्मदेव और ब्रह्मदेव के पिता भी आप ही हैं। आपको हजारों प्रणाम, पुनः-पुनः आपको नमस्कार। पूर्व दिशा को नमस्कार, पश्चिम को नमस्कार, आपको हर जगह नमस्कार। आपकी अगाध महिमा को न जानने के कारण मैं आपको अपने बराबर का समझता रहा, आपको मित्र समझ कर अनादर से हे कृष्ण! हे यादव! हे सखा! ऐसे संबोधित किया। चलते हुए, सोते हुए, खाते हुए आपका अनादर किया। मैं आपका अपराधी हूँ, मैं आप से क्षमा मांगता हूँ।

अर्जुन के मन में भगवान का अपराधी होने की भावना के बारे में श्री ज्ञानेश्वर जी लिखते हैं:

हे आजिचेचि पाहे पां रोकड़े। कवण जुंझ हे के वढे।
येथ परब्रम्ह तूं उघड़े। सारथी केलासी।
यया कौरवांचिया घरा। शिष्टाई धाड़िलसि दातारा।
ऐसा वणिजे साठी जगेश्वरा। विकालासि आम्ही।
तुं योगियांचे समाधिसुख। कैसे जाणेचिना मी मूर्ख।
उपरोध जी सन्मुख। तुजसी करू।

(ज्ञा. अ. 11, ओ. 541, 542, 543)

अर्जुन कहते हैं अभी आज की बात लीजिये यह युद्ध कैसा है कितना बड़ा है लेकिन आप स्वयं ब्रह्म हैं तब भी मैंने आपको सारथी बनाया। और हे जगन्नाथ ! कौरवों के घर समझौता करने के लिए भी आपको भेजा। इतना छोटा सा काम भी आपसे ही करवाया। योगी लोग आपके लिए समाधि लगाते हैं लेकिन मैं कैसा मूर्ख हूँ यह मैं कैसे नहीं समझ पाया, मैं आपके साथ मजाक करता रहा।

अर्जुन भगवान श्रीकृष्ण से कहते हैं:

पितासि लोकस्य चराचरस्य त्वमस्य पूज्यश्च गुरूर्गरीयान्।
न त्वत्समोऽस्त्यभ्यधिक: कुतोऽन्यो लोकत्रयेऽप्यप्रतिमप्रभाव।।
तस्मात्प्रणम्य प्रणिधाय कायं प्रसादये त्वामहमीशमीडयम्।
पितेव पुत्रस्य सखेव सख्यु: प्रिय: प्रियायार्हसि देव सोढुम्।।
अदृष्टपूर्व हषितोऽस्मि दृष्ट्वा भयेन च प्रव्यथितं मनो मे।
तदेव मे दर्शय देव रूपं प्रसीद देवेश जगन्निवास।।

(गी. अ. 11, श्लोक 43, 44, 45)

अर्जुन कहते हैं भगवान आप चराचर प्राणी मात्रों के पिता हैं सबको वंदनीय हैं, सबसे श्रेष्ठ होने के कारण गुरू हैं इसलिए आपको साष्टांग प्रणाम, सबके स्तुति के पात्र, आपको प्रसन्न करने के लिए प्रार्थना करता हूँ। जिस प्रकार पुत्र का अपराध पिता, मित्र का अपराध मित्र और पत्नी का अपराध पति सहन करता है उसी तरह

मेरा अपराध आप सहन कर लीजिए। पहले न देखा हुआ आपका यह रूप देख कर मैं आनंदित हुआ हूँ, मेरा मन दुखी भी हुआ है। हे जगन्निवास देवाधिदेव! मुझ पर कृपा करिये और मुझे आपका पहले जैसा रूप दिखाइये।

अर्जुन भगवान को पहले जैसा रूप दिखाने के लिए क्यों कहते हैं? विश्वरूप को क्यों नही देखना चाहते? उससे प्रेम क्यों नहीं करते?

श्री ज्ञानेश्वर जी कहते हैं:

परी आता ऐसी चाड जिवी। जे तुजसी गोठी करावी।
जवळीक हे भोगावी। आलिंगावयासि।
ते इयेचि रूप करू म्हणिजै। तरी कोणे एके मुखेसी चावळिजे।
आणि कवणा खेव देईजे। तुज लेख नाही।
यालगी जी देवा। एथीचे भय उपजतसे जीवा।
म्हणोनि येतुला लळा पाळावा। पै चराचर विनोदे पहिजे।
मग तेणे सुखे धरी राहिजे।
तैसे चतुर्भुज रूप तुझे। तो विसांवा आम्हा।

(ज्ञा. अ. 11, ओ. 590, 591, 593, 594)

आपने मुझे विश्वरूप दिखाया इससे मुझे बहुत आनंद हुआ। लेकिन मेरे अन्तःकरण में इच्छा है कि मैं आपसे चार बातें करूं, आपको आलिंगन दे सकूं। यह सब मैं विश्वरूप से कैसे कर पाऊगां, आपके विश्वरूप असंख्य हैं, किस मुख से मैं बात करूं, किस रूप को आलिंगन दे सकूंगा? हवा के साथ दौड़ना या आसमान को आलिंगन कैसे हो सकेगा? इसलिए मुझे इस विश्वरूप से डर लगता है, यह विश्वरूप दर्शन अब बहुत हुआ। पृथ्वी की सैर करने से थकावट होती है और उसके बाद घर में आकर आराम किया जाए, उसी तरह आपका चतुर्भुज रूप हमारी थकावट दूर करेगा। यह रूप ही हमारा विश्रामस्थान है।

अर्जुन भगवान का विश्वरूप देखकर थकान महसूस कर रहे थे। वे कहते हैं:

किरीटिनं गदिनं चक्रहस्तमिच्छामि त्वां द्रष्टुमहं तथैव।
तेनैव रूपेण चतुर्भुजेन सहस्रबाहो भव विश्वमूर्ते।।

(गी. अ. 11, श्लोक 46)

मुकुट पहने गदा और हाथ में चक्र लिए हुए आप का चतुर्भुज रूप देखने की इच्छा है। इसलिए हे विश्वरूपा! हे सहस्त्रबाहो! आप चतुर्भुज रूप में प्रकट हों ऐसी मेरी प्रार्थना है।

इस पर भगवान श्रीकृष्ण कहते हैं:

श्री भगवाननुवाच

मया प्रसन्नेन तवार्जुनेदं रूपं परं दर्शितमात्मयोगात्।
तेजोमयं विश्वमनन्तमाद्यं यन्मे त्वदन्येन न दृष्टपूर्वम्।।
न वेदयज्ञाध्ययनैर्न दानैर्न च क्रियाभिर्न तपोभिरूग्रैः।

एवंरूपः शक्य अहं नृलोके द्रष्टुं त्वदन्येन कुरूप्रवीर।।
मा ते व्यथा मा च विमूढभावो दृष्ट्वा रूपं घोरमीदृङ्ममेदम्।
व्यपेतभीः प्रीतमनाः पुनस्त्वं तदेव मे रूपमिद प्रपश्य।।
(गी. अ. 11, श्लोक 47, 48, 49)

हे अर्जुन! मैंने प्रसन्न होकर अत्यंत तेजोमेय अमर्यादि सृष्टि उत्पत्ति के पहले वाला रूप तुम्हें दिखाया। वह रूप पहले किसी ने नहीं देखा था। यह मैंने तुम्हें योग शक्ति से दिखाया। इस मृत्युलोक में अर्जुन तुम्हारे सिवा किसी ने यह रूप नहीं देखा वेद अध्ययन, यज्ञ, दान आदि क्रियाओं के द्वारा मेरे इस रूप का दर्शन नहीं होता। इसलिए तुम मेरे इस भयंकर रूप को देख कर दुखी मत हो। भय को छोड़ कर प्रसन्न अन्तःकरण से मेरे विश्वरूप को तुम देखो।

श्री ज्ञानेश्वर जी भगवान के इस भाषण का स्पष्टीकरण करते हुए लिखते हैं। कि–

परी नेणसीच गावंढिया। काय कोपो आता धनंजया।
आंग सोडोनि छाया। आलिंगितोसि मा।
हे नव्हे जो मी सावे। एथ मन करूनिया काचें।
प्रेम धरिसी अवगुणियेचे। चतुर्भुज जे। हे रूप जरी घोर।
विकृत आणि थोर। तरी कृतनिश्चयाचे घर। हेचि करी।
हे कहि नव्हतेचि देखिले। म्हणोनि भय जे तुज उपजले।
ते सांडी एथ संवाळे। असो दे प्रेम।
आता करू तुज या सारिखे।
ऐसे म्हणितले विश्वतोमुखे।
तरी मागील रूप सुखे। न्याहाळी पां तूं।
(ज्ञा. अ. 11, ओ. 629, 630, 632, 638, 639)

भगवान श्रीकृष्ण कहते हैं हे अर्जुन ! तुम मेरे विश्वरूप के बारे में जानते नहीं। तुम पर मैं क्या गुस्सा करूं? तुम शरीर को छोड़ कर उसकी छाया से आलिंगन देना चाहते हो। यह विश्वरूप मेरा सच्चा रूप है। इससे तुम डरते हो। और मेरे कनिष्ठ चतुर्भुज से प्रेम करते हो। मेरा यह विश्वरूप भयंकर घोर और अमर्यादि है लेकिन भगवान का सही रूप यही है ऐसा तुम निश्चय करो। यह मेरा रूप तुमने पहले नहीं देखा था इसलिए भयभीत हुए। भय छोड़ कर इसके प्रति प्रेम करो। फिर विश्वरूप भगवान ने कहा "तुम्हारे कहने के अनुसार मेरा पहले वाला चतुर्भुज रूप देखो।"

संजय अर्जुन की स्थिति को देख रहे हैं। वे धृतराष्ट्र को बताते हैं:

संजय उवाचः

इत्यर्जुनं वासुदेवस्तथोक्त्वा स्वकं रूपं दर्शयामास भूयः।
आश्वासयामास च भीतमेनं भूत्वा पुनः सौम्यवपुर्महात्मा।।
(गी. अ. 11, श्लोक 50)

संजय कहते हैं हे राजा ! भगवान वासुदेव ने फिर से अपने पहले जैसे श्रीकृष्ण रूप को दिखाया और सौम्य रूप धारण करके अर्जुन को धीरज दिया।

श्री ज्ञानेश्वर जी कहते हैं कि अर्जुन पर श्रीकृष्ण भगवान का विशेष प्रेम था। अर्जुन के चतुर्भुज रूप को देखने की इच्छा करते ही उन्होंने तुरंत अपना पहले वाला रूप धारण किया। अर्जुन को भगवान का विश्वरूप पसंद नहीं था।

श्री ज्ञानेश्वर जी लिखते हैं:

हो कां जे कृष्णाकृतीचिये मोडी। होती विश्वरूप पटाची घड़ी।
ते अर्जुनाचिये आवडी उकलुनि दाविली। तंव परमाणूवा रंग।
तेणे देखिला साविया चांग। तेथ ग्राहकीये नह्वेचि लाग।
म्हणोनि घडी केली पुढती। तैसे वाढीचेनि बहुवसपणे।
रूपे विश्व जितिले जेणे। ते सौम्य कोडिसवाणे। साकार जाहले।

(ज्ञा. अ. 11, ओ. 651, 652, 653)

श्री ज्ञानेश्वरजी कहते हैं कि मर्यादित कृष्ण रूप आकार के वस्त्र को भगवान ने विश्वरूप जैसे बड़े वस्त्र के समान कर दिखाया। अर्जुन ने उसका आकार और रंग देखा लेकिन उसे वह पसंद नहीं आया। जिस प्रकार से किसी खरीदार को कोई वस्त्र पसंद नहीं आता उसी तरह से अर्जुन को भगवान का विश्वरूप पसंद नही आया। इसलिए भगवान ने विश्वरूप वस्त्र को हटाकर अपने कृष्ण रूप को, जो सौम्य था, प्रकट किया। वस्त्र की पसंद की उपमा देकर श्री ज्ञानेश्वर जी ने इस भगवान के दोनों रूपों को बहुत ही सहजता से स्पष्ट किया है।

अर्जुन भगवान श्रीकृष्ण से कहते हैं:

अर्जुन उवाच

दृष्ट्वेदं मानुषं रूपं तव सौम्य जनार्दन।
इदानीमस्मि संवृत्तः सचेताः प्रकृतिं गताः।।

(गी. अ. 11, श्लोक 51)

अर्जुन कहते हैं आपका मनुष्यकृति सौम्य रूप देखकर मैं प्रसन्न चित्त हो गया हूँ। मेरा स्वभाव अब पूर्ववत हुआ है।

इस पर भगवान श्रीकृष्ण कहते हैं:

श्रीभगवानुवाच

सुदुर्दर्शमिदं रूपं दृष्टवानसि यन्मम।
देवा अप्यस्य रूपस्य नित्यं दर्शनकाङ्क्षिणः।।
नाहं वेदैर्न तपसा न दानेन न चेज्यया।
शक्य एवंविधो द्रष्टुं दृष्टवानसि मां यथा।।
भक्त्या त्वनन्यया शक्य अहमेवंविधोऽर्जुन।
ज्ञातुं द्रष्टुं च तत्त्वेन प्रवेष्टुं च परन्तप।।

मत्कर्मकृन्मत्परमो मद्भक्तः सङ्गवर्जितः।
निर्वैरः सर्वभूतेशु यः स मामेति पाण्डव।।
(गी. अ. 11, श्लोक 52, 53, 54, 55)

भगवान श्रीकृष्ण कहते हैं हे अर्जुन ! मेरे जिस रूप को तुमने देखा वह दुर्लभ है। देव भी मेरे इस विश्वरूप दर्शन की तीव्र इच्छा करते हैं। वेद के अध्ययन से, तप, दान और यज्ञ के द्वारा भी मेरे विश्वरूप को देख नहीं सकते। मेरी अनन्य भक्ति कर के ही मुझे प्राप्त कर सकोगे। हे अर्जुन ! मेरे लिए कर्म करने वाला मेरे में ही समर्पण चाहने वाला, मेरे पर अनन्य प्रेम करने वाला तथा धन,स्त्री, पुत्र आदि से मोह रहित, प्राणी मात्र के प्रति वैर का भाव न रखने वाला मुझे प्राप्त होता है।

विश्वरूप दर्शन कितना महान है, उसे देखना कितना कठिन है और ऐसा रूप देखने के बाद अर्जुन सौम्य रूप देखने की जो बात करते हैं इसके बारे में श्री ज्ञानेश्वर जी लिखते हैं:

ते विश्वरूप एखादे वेळ। कैसेनि देखो अळुमाळ।
ऐसे स्मरता काळ। जातसे देवां।।
तैसे उत्कंठा निर्भर। होऊनियां सुरवर।
घोकीत आठही पाहार। भेटी जयाची।
परी विश्वारूपासारिखे। स्वप्नीही कोण्ही न देखे।
ते प्रत्यक्ष तुवा सुखे। देखिले हे। (ज्ञा. अ. 11, ओ. 678, 680, 681)

मेरा विश्वरूप थोड़ा सा भी दिखाई दे, इसलिये चिंतन तप करते हुए देवों का जीवन समाप्त हो जाता है। विश्वरूप देखने को मिले, इसलिए आठों प्रहर देव चिंतन करते हैं लेकिन विश्वरूप सपने में भी दिखाई नहीं देता। लेकिन हे अर्जुन ! तुमने विश्वरूप प्रत्यक्ष देखा।

श्री ज्ञानेश्वर जी अर्जुन के मन की गहराई तक पहुँचते हैं, सोचते हैं कि भगवान श्रीकृष्ण ने अपने रूप दिखाये-सगुण रूप, शरीर-धारी श्रीकृष्ण और निर्गुणरूप संपूर्ण विश्व में विस्तारित ऐसा भगवान का रूप है।

अर्जुन के मन को भांपते हुए श्री ज्ञानेश्वर जी लिखते हैं:

तिया ऐकोनि सुभद्राकान्त। चित्ती आहे म्हणत।
तरी होय बरवे दोहीआंत। ते पुढती पुसो।
ऐसा आलोच करून जीवीं। आता पुसती वोज बरवी।
आदरील ते परिसावी। पुढे कथा। (ज्ञा. अ. 11, ओ. 705, 706)

भगवान श्रीकृष्ण ने कहा कि व्यापक विश्वरूप से देहधारी श्रीकृष्ण स्वरूप अधिक लाभदायक या श्रेष्ठ नहीं हो सकता। उसके लिए भगवान श्रीकृष्ण ने उदाहरण भी दिये। उन उदाहरणों को सुनकर सुभद्रापति अर्जुन मन में सोचने लगे की दोनों स्वरूपों में लाभदायक कौन सा है इसके बारे में भगवान से बाद में पूछूँगा। इसकी कथा अगले अध्याय में सुनिए ऐसा श्री ज्ञानेश्वर जी कहते हैं।

सारांश

अर्जुन भगवान श्रीकृष्ण को कहते हैं की वह उनका अविनाशी रूप देखना चाहते हैं। भगवान श्रीकृष्ण इसके लिये मान जाते हैं और अर्जुन को दिव्य चक्षु देते हैं ताकि वह भगवान को और उनके सामर्थ्य को देख सके।

अर्जुन भगवान के अद्वितीय रूप को देखकर हैरान हो गए। उन्हें कुछ समझ नहीं आ रहा था। असंख्य विशाल मुखों को देखकर वह भयभीत हो गए।

श्री ज्ञानेश्वर जी कहते हैं की अर्जुन के अविवेक को नष्ट करने के लिए भगवान ने यह विश्वरूप उसे दिखाया। वह समझते थे कि वह कौरवों को मारेंगे। कोई किसी का नाश नहीं करता। भगवान ही सब का नाश करते हैं। विश्वरूप देखकर अर्जुन भगवान श्रीकृष्ण से माफी माँगते हैं की उसने उन्होंने में भगवान को मित्र की तरह सम्बोधित किया और प्रार्थना करते हैं कि वह वापिस उसे अपना चतुर्भुज रूप दिखाए। इस पर भगवान उसे अपना चतुर्भुज रूप दिखाते हैं जिसे देखकर अर्जुन खुश हो जाते हैं। भगवान श्रीकृष्ण कहते हैं उनका विश्वरूप दर्शन बहुत दुर्लभ है। भगवान यह भी कहते हैं कि उनकी अनन्य भक्ति करके ही उन्हें प्राप्त किया जा सकता है। वह बताते हैं ''मेरे लिए कर्म करने वाला, मेरे में ही समर्पण चाहने वाला, धन, स्त्री, पुत्र आदि मोह से रहित, किसी के लिए वैर ना करने वाला ही मुझे प्राप्त होता है।''

अध्याय बारहवाँ

भक्ति योग

गीता का यह सबसे छोटा 20 श्लोकों का अध्याय है। इसमें भगवान के सगुण व निर्गुण रूप को स्पष्ट किया है। 11वें अध्याय के आखिरी श्लोक में भगवान कहते हैं कि "मेरे लिये ही कर्म कर, तू मुझे प्राप्त होगा।" अर्जुन ने भगवान के दो रूप देखे, एकरूप विश्वरूप जो असीमित और अव्यक्त है और दूसरा रूप मनुष्य देहधारी श्रीकृष्ण का जो व्यक्त है, दिखाई देता है। भगवान के इन रूपों की, विश्वरूप और श्रीकृष्ण रूप, भक्ति करने वाले भक्तों में से कौन सा भक्त श्रेष्ठ है?

अर्जुन उवाचः

एवं सततयुक्ता ये भक्तास्त्वां पर्युपासते।
ये चाप्यक्षरमव्यक्तं तेषां के योगवित्तमा।।

(गी. अ. 12, श्लोक 1)

अर्जुन भगवान श्रीकृष्ण से पूछते हैं आपने पहले जो कहा उसके अनुसार जो भक्त आपके सगुण (व्यक्त रूप) श्रीकृष्ण की भक्ति करते हैं और जो अविनाशी या अव्यक्त रूप की उपसाना करते हैं, इन दोनों भक्तो में से कौन सा भक्त आपसे एकरूप होता है?

श्री ज्ञानेश्वर जी इस अर्जुन के प्रश्न को स्पष्ट करते हैं।

इये कृष्णा मूर्तीची सवे। या लागी सोय धरिली जीवे।
तंव नको म्हणोनि देवे। वारिले माते।
तरी व्यक्त आणि अव्यक्त। हे तूंचि एक विभ्रान्त।
भक्ती पाविजे व्यक्त। अव्यक्त योगे।
या दोनी जो वाटा। तूंते पाववया वैकुंठा।
व्यक्ताव्यक्त दारवंठा रिगिजे एथ। (ज्ञा. अ. 12, ओ. 22, 23, 24)

अर्जुन कहते हैं "श्रीकृष्ण मूर्ति का सहवास रहा इसके कारण मुझे उन्हें उसी रूप में देखने की आदत हो गई। लेकिन ऐसा करना योग्य नहीं ऐसा आपने बताया। लेकिन आपका व्यक्त, श्री कृष्ण रूप और अव्यकत (निराकर) विश्व रूप वास्तव में एक ही है। फिर इन दो रूपों में फर्क क्या है? कौन सा श्रेष्ठ है?"

श्री ज्ञानेश्वर जी इस दुविधा का समाधान सरल भाषा में देते हैं। वे कहते हैं भक्ति से भगवान का व्यक्त (साकार-श्रीकृष्ण) रूप प्राप्त होता है और योग से अव्यक्त (निराकार) विश्वरूप प्राप्त होता है। भक्ति और योग इन दो रास्तों से साकार और निराकार भगवान को प्राप्त किया जाता है। साकार और निराकार यह दो रास्ते हैं। इन दोनों रास्तों में से किसी भी एक को पार करके भगवान को प्राप्त कर सकते हैं।

पै जे वानी इयातुका। तेचि वेगळिये वाला येका।
म्हणोनि एकदेशिया व्यापका। सरिसा पाड।
अमृताचिया सागरी। जे लाभे सामर्थ्याची थोरी।
तेचि दे अमृत लहरी। चुळी घेतालिया।

(ज्ञा. अ. 12, ओ. 25, 26)

सोने के बड़े टुकड़ें में जितना सोने का अंश होता है, उतना ही सोने के छोटे टुकड़े में भी होता है। इसलिए आखों से दिखने वाले भगवान के रूप में और व्यापक विश्वरूप, इनकी योग्यता एक समान है। अमृत के महासागर में और उसमें से लिए हुए एक कटोरी भर अमृत में कोई फर्क नहीं, दोनों अमृत ही हैं।

अर्जुन के प्रश्न का भगवान श्रीकृष्ण उत्तर देते हैं:

श्रीभगवानुवाचः

मय्यावेश्य मनो ये मां नित्ययुक्ता उपासते।
श्रद्धया परयोपेतास्ते मे युक्तमा मताः।।
ये त्वक्षरमनिर्देश्यमव्यक्तं पर्युपासते।
सर्वत्रगमचिन्त्यं च कूटस्थमचलं ध्रुवम्।।
संन्नियम्येन्द्रियग्रामं सर्वत्र समबुद्धयः।
ते प्राप्नुवन्ति मामेव सर्वभूतहिते रताः।।

(गी. अ. 12, श्लो. 2, 3, 4)

"जो जीव राग द्वेष आदि से रहित होकर, मेरे श्रीकृष्ण रूप पर मन स्थिर करते हैं और सब कर्म मेरे लिए करते हैं, मेरी प्रेम से निरंतर उपासना करते हैं, वे मुझे प्राप्त होते हैं। जो उस अव्यक्त की उपासना करते हैं, अन्य प्राणीमात्रों के सुख के लिए कर्म करते हैं सब प्राणीमात्र को समान मानते हैं और इंद्रियों का निग्रह करके सम-बुद्धि अपनाते हैं वे भी मुझे प्राप्त होते हैं।"

भगवान श्रीकृष्ण ने एक महान संदेश दिया है कि सब प्राणी मात्र के प्रति सम्मान रखने से भी भगवान की प्राप्ति होती है। भगवान सभी प्राणियों में, सृष्टि की सर्व वस्तुओं में हैं और उनके प्रति प्रेम रखना यह भी भगवान की उपासना ही है।

भगवान श्रीकृष्ण कहते हैं:

क्लेशोऽधिकतरस्तेशामव्यक्तासक्तचेतसाम्।
अव्यक्ता हि गतिर्दुःखं देहवद्भिरवाप्यते।।
ये तु सर्वाणि कर्माणि मयि सन्यस्य मत्पराः।

अनन्येनैव योगेन मां ध्यायन्त उपासते।।
तेषामहं समुद्धर्ता मृत्युसंसारसागरात्।
भवामि नचिरात्पार्थ मय्यावेशितचेतसाम्।।

(गी. अ. 12, श्लो. 5, 6, 7)

"जिनका चित्त अव्यक्त में स्थित है, उन्हें मेरे निराकार परब्रह्म की प्राप्ति बहुत कष्ट करने के बाद ही प्राप्त हो सकती है क्योंकि उन्हें देहाभिमान छोड़ना पडता है। इससे भक्त को क्लेश ही होते हैं लेकिन जो भक्त अपने सब कर्म, कर्तृत्व, मुझे अर्पण करते हैं, मेरी सगुन रुप अनन्य भाव से उपासना करते हैं, जिनका सिर्फ मैं ही अवलम्बन हूं उनका मैं इस मृत्यु रूपी संसार सागर से उद्धार करता हूँ।"

श्री ज्ञानेश्वर जी भगवान के इस विचार को स्पष्ट करते हैं:

वाचूनि योगाचेनि बळे। अधिक कांही मिळे।
ऐसे नाही आगळे। कष्टचि तयां।
म्हणोन येर ते पार्था। नेणतीचि हे व्यथा।
जे कां भक्तिपंथा। वोंटगले।
भव सिंधूचेनि माजे। कवणासी धाक नूपजे।
तेथ जरी की माझे। विहिती हन।
म्हणोनि गा पांडवा। मूर्तीचा मेळावा।
करूनि त्यांचिया गांवा। धांवत आला।
सडे जे देखिले। ते ध्यान कांसे लाविले।
परिग्रही घातले। तरियांवरी।
म्हणोनि गा भक्तां। नाही एक हि चिंता।
तायाते समुद्धर्ता। आथि मी सदा।

(ज्ञा. अ. 12, ओ. 59, 75, 88, 89, 91, 94)

मेरी प्राप्ति योगाभ्यास के द्वारा करने से योगियों को कोई अधिक प्राप्ति नहीं होती। उल्टे मेरे भक्तों की अपेक्षा योगियों के कष्ट अधिक होते हैं। हे अर्जुन! मेरे सगुण रूप की जो भक्त उपासना करते हैं, उन्हें ऐसा दुःख कष्ट नहीं उठाना पड़ता। संसार रूपी समुद्र का भयंकर रूप देखकर किसी को भी भय हो सकता है। ऐसे समय में मेरे भक्त भी भयभीत हो सकते हैं। इस स्थिति में उन्हे संम्भालने के लिए मैं सगुणाकार, राम, कृष्ण आदि रूप धारण करके उन्हें बचाने के लिए दौड़ आता हूँ। जो भक्त अकेले हैं उन्हें ध्यान मार्ग में लगाता हूँ और जो गृहस्थाश्रमी हैं उन्हें अपनी नामरूपी नाव पर बैठाता हूँ।

श्री ज्ञानेश्वर जी योग साधना और भक्ति से भगवान की प्राप्ति के सम्बन्ध में एक मंत्र देते हैं कि भक्त यदि अकेला है तो ध्यान उत्तम माध्यम है और गृहस्थाश्रमी हो जिसके लिए ध्यान करना कठिन है उसके लिए भगवान का नाम भवसागर से तर जाने के लिए नाव के समान है।

श्रीकृष्ण भगवान भक्ति मार्ग के बारे में कहते हैं:

मय्येव मन आधत्स्व मयि बुद्धिं निवेशय।
निवसिष्यसि मय्येव अत ऊर्ध्वं न संशयः।।
अथ चित्तं समाधातुं न शक्नोषि मयि स्थिरम्।
अभ्यासयोगेन ततो मामिच्छाप्तुं धनंजय।।
अभ्यासेऽप्यसमर्थोऽसि मत्कर्मपरमो भव।
मदर्थमपि कर्माणि कुर्वन्सिद्धिमवाप्स्यसि।।
अथैतदप्यषक्तोऽसि कर्तुं मद्योगमाश्रितः।
सर्वकर्मफलत्यागं ततः कुरू यतात्मवान्।।

(गी. अ. 12, श्लो. 8, 9, 10, 11)

भगवान श्रीकृष्ण सगुण भक्ति के बारे में कहते हैं हे अर्जुन! तू अपना मन मेरे में स्थिर कर। अपनी बुद्धि मेरे में लगा। इस प्रकार से तू शरीर का पतन होने के बाद, मेरे में ही रहेगा इसमें कोई संशय नहीं है। यदि कदाचित तू अपना मन मेरे में स्थिर नहीं कर सकता तब बारबार मन को सब तरफ से खींच कर मुझ में स्थिर करने का अभ्यास कर। यदि अभ्यास करने में तू असमर्थ है तो मेरे लिए कर्म करता रह। उससे तू मुझे प्राप्त हो सकता है। यदि यह भी करना तेरे लिए कठिन है तो किये जाने वाले सब कर्मों को मुझ में समर्पण करके, मन को नियंत्रित करके, सब कर्मों के फल त्याग कर।

भगवान श्रीकृष्ण ने उनको प्राप्त करने के लिए बहुत सरल उपाय बताये हैं।

श्री ज्ञानेश्वर जी कहते हैं कि मन और बुद्धि भगवान के चरणों में अर्पण करने से "मैं और तू" ऐसा भेद नहीं रहता और तभी जिसे भगवान ने अभ्यास योग कहा है, उसे अपनाया जा सकता है।

इये दोनी सरिसी। मजगाजी प्रेमेसी।
रिगाली तरी पावसी। माते तूं गा।
जे मन बुद्धि इही। घर केले माझ्या ठायी।
तरी सांगे मग काई। मी तूं उरें। म्हणोनि दीप पालवे।
सवेचि तेज मालवे। कां रविबिबासवें।
प्रकाश जाय। उचललेया प्राणा सरिसि।
इंद्रियेंहि निगती जैसी। तैसा मनबुद्धि पासी। अहंकार ये।
म्हणोनि माझिया स्वरूपी। मन बुद्धि इये निक्षेपी।
येतुलेनि सर्वव्यापी। मीचि होसी।

(ज्ञा. अ. 12, ओ. 98, 99, 100, 101, 102)

बुद्धि और मन दोनों, मेरे से प्रेम से जुड़ जायें, तो तुम मुझे प्राप्त होगे। कारण, मन और बुद्धि मेरे से जब अखंड रूप से जुड़ जाती है तब तू और मैं का भेद (अहंकार) नष्ट होता है। लेकिन ऐसा कब होता है? जब मन और बुद्धि भगवान को

समर्पित हो। यदि ऐसा नहीं होता है तो अहंकार उत्पन्न होता हैं। श्री ज्ञानेश्वर जी समझाते हैं कि जिस प्रकार कपड़े से हवा देने से दीप बुझ जाता है और सूर्य अस्त होने से प्रकाश नष्ट होता है, उसी प्रकार मन और बुद्धि भगवान को छोड़ कर जब भी कहीं दूसरी तरफ जुड़ जाये वही अहंकार निर्माण होता है। इसलिए ''हे अर्जुन! मेरे रूप से मन और बुद्धि को जोड़ दो इससे तू मुझसा सर्वव्यापी हो जायेगा क्योंकि मैं और तू का कोई भेद नहीं रहेगा।''

लेकिन ऐसा करना कठिन लगता है तो श्री ज्ञानेश्वर जी कहते हैं कि इसका भी उपाय है। क्या है यह उपाय?

मग पुनवेहूनि जैसे। शशिबिंव दिसेदिसें।
हारपत अंवसे। नाहीची होय। तैसे भोगा आंतुनि निगतां।
चित्त मज माजी रिगता। हळूहळू पांडुसुता।
मीचि होसील। अगा अभ्यास योग म्हणिजे।
तो हा एक जाणिजे। येणे कांही न निपजे। ऐसे नाही।

(ज्ञा. अ. 12, ओ. 108, 109, 110)

जिस प्रकार चाँद पूर्णिमा के बाद दिन व दिन कम होता जाता है और अमावस्या को पूर्ण रूप से लुप्त होता है उसी प्रकार विषयसुख की वासना धीरे-धीरे कम होकर मन और बुद्धि भगवान से जुड़ जाती है। ''मैं और तू'' का भेद मिट जाता है। इससे सभी चीजों की प्राप्ति होती है। सारे दिन में कुछ क्षण मन बुद्धि भगवान में जोड़ने का अध्यास कर। इसे ही अभ्यास योग कहते हैं।

यदि अभ्यास भी नहीं कर सकते तो क्या करना चाहिए इसके बारे में भगवान श्रीकृष्ण ने जो कहा है, उसे श्री ज्ञानेश्वर जी अपनी भाषा में लिखते हैं:

इंद्रिये न कोंडी। भोगाते न तोडी।
अभिमान न सांडी। स्वजातीचा।
कुल धर्म चाळी। विधिनिषेध पाळी।
मग सुखे तुज सरळी। दिधली आहे।
परी मने वाचा देहें। जैसा जो व्यापार होये।
तो मी करीत आहे। ऐसे न म्हणे।

(ज्ञा. अ. 12, ओ. 115, 116, 117)

संसार में व्यस्त गृहस्थाश्रमी अभ्यास योग भी नहीं कर सकता है तो श्री ज्ञानेश्वर जी कहते हैं:

तूं इंद्रियों का निग्रह मत कर, विषय-भोग का त्याग भी मत कर और अपनी जाति का अभिमान भी मत छोड़। कुल की परंपरा के अनुसार धर्म का आचरण कर, शास्त्रों के अनुसार विधि और निषेधों का पालन कर। तुझे इस प्रकार के व्यवहार करने के लिए स्वतंत्रता दी है। लेकिन मन, वाचा (वाणी), शरीर से जो भी व्यवहार तू करता है वह तू कर रहा है, ऐसा मत कहना, ऐसा सोचना भी मत। ''सभी कर्म

चाहे वह पूरे हों या अधूरे अथवा अच्छे या बुरे, स्वस्थ चित्त से मुझ (श्री कृष्ण) को अर्पण कर। तब ही तू मुझे प्राप्त होगा।''

हे पांडुकुमार अर्जुन ! यदि तुम यह भी नहीं कर सकते तो श्री ज्ञानेश्वर जी कहते हैं:

आणि जेणे जेणे वेळे। घडती कर्मे सकळे।
तयांची तिये फळे। त्यजित जा।
अगा आत्मजेच्या विषी। जीव जैसा निरभिलाषी।
तैसा कर्मो अशेषी। निष्काम होई।
अर्जुना हा फलत्याग। आवड़े कीर असलग।
परी योगामाजी योग। धुरेचा हा।

(ज्ञा. अ. 12, ओ. 128, 132, 134)

तू जो भी कर्म करता है उससे मिलनेवाले फल की इच्छा छोड़ दे। मनुष्य जैसे अपनी कन्या के प्रति काम की अभिलाषा नहीं रखता उसी प्रकार कर्म से मिलने वाले फल की इच्छा छोड़ दे। यह फलत्याग बहुत आसान लगता है लेकिन यह योग से भी श्रेष्ठ है।

इतना सब बताने के बाद भगवान श्रीकृष्ण कहते हैं:

श्रेयो हि ज्ञानमभ्यासाज्ज्ञानाद्ध्यानं विशिश्यते।
ध्यानात्कर्मफलत्यागस्त्यागाच्छान्तिरनन्तरम्।।
अद्वेश्टा सर्वभूतानां मैत्रः करूण एव च।
निर्ममो निरहंङ्कारः समदुःखसुखः क्षमी।।
संतुष्टः सततं योगी यतात्मा द्रढनिश्चयः।
मय्यर्पितमनोबुद्धिर्यो मदभक्तः स मे प्रियः।।

(गी. अ. 12, श्लो. 12, 13, 14)

भगवान श्रीकृष्ण फलत्याग का मार्ग बताने के बाद अर्जुन से फिर कहते हैं कि आत्मप्राप्ति के लिए अभ्यास करने जैसी कोई चीज लाभदायक नहीं है। आत्मज्ञान से ध्यान की प्राप्ति होती है, ध्यान के कारण फलत्याग होता है। और फलत्याग के बाद शांति प्राप्त होती है। शांति प्राप्त करने के पहले फलत्याग, उसके पहले ध्यान, ध्यान के पहले अभ्यास से आत्मज्ञान प्राप्त होना जरूरी है। भगवान श्रीकृष्ण बताते हैं कि मनुष्य कैसा होना चाहिए? जो किसी भी प्राणी से द्वेष नहीं करता, जो मित्रतायुक्त है, हर समय हित करता है, सब प्राणियों पर दया करता है, जो अहंकार नहीं करता, सुख और दुःख को समान समझता है इतना ही नहीं जो लोगों के अपराध सहन करता है। आत्मतत्व के बारे में दृढ़ निश्चय और इंद्रिय, मन निग्रह करने वाला, तथा जो लाभ, हानि में सदा संतुष्ट रहता है। ''मेरे सगुण रूप में मन और बुद्धि को स्थापित करता है और फिर मेरा भक्त हो जाता है वही मुझे प्रिय है।''

ऐसे प्रिय भक्त के लक्षणों (पहचान चिन्ह) के बारे में भगवान श्रीकृष्ण कहते हैं:

यस्मान्नोद्विजते लोको लोकान्नोद्विजते च यः।
हर्षामर्षभयोद्वेगैर्मुक्तो यः स च मे प्रियः॥
अनपेक्षः शुचिर्दक्ष उदासीनो गतव्यथः।
सर्वारम्भपरित्यागी यो मदभक्तः स मे प्रियः॥
यो न हृष्यति न द्वेष्टि न शोचति न कांड्क्षति।
शुभाशुभपरित्यागी भक्तिमान्यः स मे प्रियः॥
समःशत्रौ च मित्रे च तथा मानापमानयोः।
शीतोष्णसुखदुःखेषु समः संगविवर्जितः॥
तुल्यनिन्दास्तुतिर्मौनी संतुष्टो येन केनचित्।
अनिकेतः स्थिरमतिर्भक्तिमान्मे प्रियो नरः॥

(गी. अ. 12, श्लो 15, 16, 17, 18, 19)

भगवान श्रीकृष्ण के प्रिय भक्त कौन हैं? इसके बारे में उनके गुणों के बारे में, विशेषताओं के बारे में भगवान कहते हैं वह भक्त प्रिय है जिससे किसी को दुःख नहीं होता या उन्हें भी किसी से क्षोभ नहीं होता, जो हर्ष, क्रोध, भय, उद्वेगता से मुक्त है, विषय व वासना जिसके मन में प्रवेश नहीं करती, किसी चीज की अपेक्षा नहीं करता, सकाम कर्मों का त्याग करता है, तथा आसक्ति राहित, शत्रु-मित्र, मान-अपमान, सर्दी-गर्मी, सुख-दुःख के प्रति जिसकी समबुद्धि है, निंदा और स्तुति को समान समझने वाला, वाणी जिसके वश में हो, किसी भी परिस्थिति में संतुष्ट रहने वाला, जिसका कोई नियत निवास स्थान नहीं हैं, मेरे से प्रेम करता है ऐसा मेरा भक्त मुझे प्रिय है। अर्थात जिसका मन, बुद्धि, इन्द्रियों पर पूरा नियंत्रण है तथा जो ईश्वर से निरंतर जुड़ा हुआ है।

मुझे कौन सा भक्त प्रिय है, इसके बारे में भगवान श्रीकृष्ण ने अर्जुन को समझाया। इतना सब कुछ यदि कोई करता है या इसमें से कुछ गुण विशेष प्राप्त करता है तो वह भगवान को प्रिय होता है।

श्री ज्ञानेश्वर जी कहते हैं कि जो सभी प्राणियों को समान मानता है, वैसा बर्ताव करता है वह भगवान का प्रिय भक्त है।

कां धरिचियां उजियेड करावा। पारिकिया आंधार पाडावा।
हे नेणेचि पांडवा। दीप जैसा।
जे खांडावया घाव घाली। का लावणी जयाने केली।
दोघां एकचि साउली। वृक्ष दे जैसा।

(ज्ञा. अ. 12, ओ. 198, 199)

श्री ज्ञानेश्वर जी कहते हैं जिस प्रकार दीप घर में रहने वाले को प्रकाश देगा और बाहर से आने वाले व्यक्ति को प्रकाश नहीं देगा, ऐसा कभी नहीं करता, पेड़ लगाने वाले व्यक्ति और कुल्हाड़ियों से पेड़ काटने वाले व्यक्ति को पेड़ अपनी छाया समान

रूप से देता है, उसी तरह भगवान का प्रिय भक्त शत्रु-मित्र, मान-अपमान को सम-बुद्धि से देखता है।

श्री ज्ञानेश्वर जी भगवान श्रीकृष्ण अपने भक्तों के बारे में क्या सोचते हैं इसके बारे में लिखते हैं:

तया संगाचेनि सुरवाडे। मज विदेहा देह धरणे घड़े।
किंबहुना आवडे। निरूपम।
तेणेसी आम्हा मैत्र। एथ कायसे विचित्र।
परी तयाचे चरित्र। ऐकती जे।
तेही प्राण परौते। आवडती हे निरूते।
जे भक्ति चरित्राते। प्रशंसिती।
जो हा अर्जुना साद्यंत। सांगीतला प्रस्तुत।
भक्ति योग समस्त। योगरूप।
जे मी प्रीति करी। कां मनी शिरसा धरी।
एवढी थोरी। जया स्थितिये।

(ज्ञा. अ. 12, ओ. 225, 226, 227, 228, 229)

भगवान कहते हैं भक्तों के साथ भी ब्रह्म-सुख मिलता है। इसलिये मैं देहधारी न होते हुए भी भक्तों की संगति करने के लिए देह धारण करता हूँ। ऐसे ज्ञानी भक्त पर मेरे प्रेम की कोई उपमा नहीं दी जा सकती। ऐसे भक्तों से मेरी गहरी मित्रता होती है लेकिन इसमें कोई आश्चर्य की बात नहीं है। जो कोई मेरे भक्तों का चरित्र श्रवण करते हैं या उनकी तारीफ करते हैं वे व्यक्ति भी मुझे प्राणों से प्रिय होते हैं। यह सत्य है। अर्जुन तुम्हें मैंने जिस भक्ति योग के बारे में बताया, इससे सभी योग साध्य होते हैं। जिस भक्ति योग की इतनी महानता है इस भक्ति प्रेम के कारण ही मैं अपने भक्तों से अत्यंत प्रेम करता हूँ, या मैं उन्हें अपने सिर पर धारण करता हूँ।

इसलिए अध्याय के अंत में भगवान कहते हैं:

ये तु धर्म्यामृतमिदं यथोक्तं पर्युपासते।
श्रद्दधाना मत्परमा भक्तास्तेअतीव मे प्रिया:।।

(गी. अ. 12, श्लोक 20)

जो व्यक्ति धर्म के अनुसार उपरोक्त भक्ति योग पर अत्यंत श्रद्धा और आदर रखता है और मेरे सगुण रूप की प्राप्ति ही परम गति है, ऐसा समझ कर आचरण करता है, ऐसे भक्त मुझे अत्यन्त प्रिय हैं।

भगवान श्रीकृष्ण अपने ऐसे भक्त की महिमा बताते हैं जिसे श्री ज्ञानेश्वर जी स्पष्ट करते हैं:

ते तीर्थ ते क्षेत्र। जगी तेचि पवित्र।
भक्तिकथेसि मैत्र। जया पुरुषा।
आम्ही तयांचे करू ध्यान। ते आमुचे देवतार्चन।

तेवांचूनि आन। गोमटे न मनूं।
तयांचे आम्हा व्यसन। ते आमुचे निधिनिधान।
किंबहुना समाधान। ते मिळ्ती तै।

(ज्ञा. अ. 12, ओ. 235, 236, 238)

श्री ज्ञानेश्वर जी कहते हैं कि जो भगवान की भक्ति कथा से जुड़ता है, वे पुरुष पवित्र तीर्थ और पवित्र क्षेत्र है। उनके समान सृष्टि में कोई भी पवित्र नहीं है। ऐसे भक्तों का हम ध्यान करेंगे, वे हमारी पूजा के देवता हैं। उनके जैसा कोई पवित्र नहीं है। हे अर्जुन! जो पुरुष मेरे प्रेमी भक्तों के बारे में चर्चा करते हैं या उनकी कथा गाते हैं उन्हें भी हम परम देवता मानते हैं।

भगवान श्रीकृष्ण कितने दयालु हैं इसे हमें समझना चाहिए। 12वाँ अध्याय छोटा सा 20 श्लोकों का है लेकिन उसमें भक्ति योग के सभी पहलुओं को स्पष्ट किया है। लेकिन भक्ति हम शरीर से ही कर सकते हैं। हमारा शरीर क्या है और उसे कौन जानता है, कैसे जानना चाहिए? इसके बारे में भगवान श्रीकृष्ण 13वें अध्याय में विस्तार से समझाते हैं।

सारांश

अर्जुन ने भगवान के दो रूप देखे। एक विश्वरूप (अव्यक्त) तथा दूसरा देहधारी मनुष्य रूप (व्यक्त)। अब अर्जुन प्रश्न पूछता है कि इन दोनों में से किसकी भक्ति करना कल्याण कारी है? इसके उत्तर में भगवान बताते हैं कि उन्हें दोनों ही तरह के भक्त प्रिय है। लेकिन जो चित्त अव्यक्त में लगाते हैं उन्हें निराकार परब्रह्म की प्राप्ती बहुत कष्ट के बाद ही प्राप्त होती है क्योंकि उन्हें देहाभिमान छोड़ना पड़ता है लेकिन जो भक्त अपने सब कर्म कर्तत्व मुझे अर्पण करता है, मेरे सगुन रूप की अनन्य भाव से उपासना करता है, जिसका सिर्फ मैं ही सहारा हूँ, उनका मैं इस मृत्यु रूपी संसार सागर से उद्धार करता हूँ।

सगुन भक्ति के बारे में भगवान श्रीकृष्ण चार बातें बताते हैं–

(1) अर्जुन तू अपना मन और बुद्धि मेरे में स्थिर कर। ऐसा करने से मृत्यु के बाद भी तू मेरे में रहेगा।

(2) यदि यह नहीं कर सकता तो बारबार मन बुद्धि को खींचकर, मुझमें स्थिर करने का अभ्यास कर।

(3) यदि यह भी कठिन है तो सब कर्म मेरे लिए करता रह तब भी तू मुझे प्राप्त होगा।

(4) यदि यह भी कठिन है तो किए जाने वाले सब कर्मों का मुझमें समर्पण करके, मन को नियंत्रण करके, सब कर्मों का फल त्याग कर।

और अन्त में भगवान श्रीकृष्ण बताते हैं उन्हें कौन भक्त प्रिय हैं। उन्हें वह प्रिय हैं जो किसी को दुख नहीं देते, जो हर्ष, क्रोध, भय, उद्वेगता से मुक्त हैं, विषय वासना से दूर, साकाम कर्मों का त्याग करते हैं, आसक्ति रहित, मान सम्मान, लाभ-हानि में सम, वाणी जिनके वश में हो, संतोषी, तथा भगवान से प्रेम करने वाले। अर्थात जिनका मन बुद्धि, इन्द्रियों पर पूरा नियंत्रण तथा जो ईश्वर से हर समय जुड़े हुए हैं।

अध्याय तेरहवाँ

क्षेत्र-क्षेत्रज्ञ विभाग योग

श्री ज्ञानेश्वर जी ने 13वें अध्याय को बहुत ही विस्तार से स्पष्ट किया है। गीता के इस अध्याय के 34 श्लोकों पर 1171 ओवियाँ लिखी हैं। हमारा शरीर क्या है? यह कैसे काम करता है? पाप, पुण्य रूप, कर्म स्वरूप, व्यक्ति कैसे बर्ताव करता है? इंद्रियाँ क्या हैं? उनका शरीर से कैसा संबंध है? और इन सबको जानने वाली शक्ति हमारे शरीर में ही किस प्रकार स्थित है? इस का वर्णन भगवान श्रीकृष्ण ने इस अध्याय में किया है।

भगवान ने शरीर को 'क्षेत्र' यानि खेती की ज़मीन कहा है और इस 'क्षेत्र' को जानने वाले को 'क्षेत्रज्ञ' कहा है। 'क्षेत्रज्ञ (स्वयं भगवान) 'क्षेत्र' का ज्ञाता है। 'क्षेत्रज्ञ', 'क्षेत्र' से भिन्न नहीं है। दोनों का मिश्रण हुआ है। आकाश से भी सूक्ष्म 'क्षेत्रज्ञ' को जानने के लिए पूरे 'क्षेत्र' (शरीर) का विस्तार जानना आवश्यक है। जब 'क्षेत्र' का विस्तार मालूम होगा तो समझ में आयेगा कि 'क्षेत्र' को जानने वाला 'क्षेत्र' से अलग होता है। 'क्षेत्र' और 'क्षेत्रज्ञ' को एक दूसरे से अलग करने को वेदान्त में व्यतिरेक कहते हैं।

भगवान श्रीकृष्ण कहते हैं :

श्री भगवानुवाच

इदं शरीरं कौन्तेय क्षेत्रमित्यभिधीयते।
एतद्यो वेत्ति तं प्राहुः क्षेत्रज्ञ इति तद्विदः।।
क्षेत्रज्ञं चापि मां विद्धि सर्वक्षेत्रेषु भारत।
क्षेत्रक्षेत्रज्ञयोर्ज्ञानं यत्तज्ज्ञानं मतं मम।।
तत्क्षेत्रं यच्च यादृक्च यद्विकारि यतश्च यत्।
स च यो यत्प्रभावश्च तत्समासेन मे श्रृणु।।

(गी. अ. 13, श्लोक 1, 2, 3)

भगवान श्रीकृष्ण कहते हैं ''हे अर्जुन ! इस देह को क्षेत्र कहते हैं और जो इस देह को जानता है उसे क्षेत्रज्ञ कहते हैं। सभी शरीरों में जो क्षेत्रज्ञ है वो मैं ही हूँ ऐसा समझो। क्षेत्र और क्षेत्रज्ञ का सही ज्ञान यही सच्चा ज्ञान है। यह क्षेत्र कौन सा है? किस

प्रकार का है? उसके विकार क्या हैं। क्षेत्र कहां से उत्पन्न होता है? और क्षेत्रज्ञ कौन है? उसकी शक्ति क्या है? यह सब संक्षेप में श्रवण करो।

श्री ज्ञानेश्वर जी क्षेत्र (शरीर) के स्पष्टीकरण के बारे में कहते हैं: –

शास्त्राचिये सोयरिके। विचाळिजे येणेचि एकें।
याचेनि एकवंके। जगा वाद। तोंडेसी तोंडा न पडे।
बोला बोलेसि न घडे। इया युक्ति बडबडे।
त्राय जाहाली। नेणों कोणाचें हे स्थळ।
परि कैसे अभिलाषाचे बल। जेघरोघरी कपाळ।
पिटवीत असे।

(ज्ञा. अ. 13 ओ 16, 17, 18)

क्षेत्र क्या है? इसकी चर्चा करते-करते छः शास्त्र थक कर शांत हो गये हैं। उनमें एकता नहीं पायी जाती। एकमत नहीं हो पाता। घर-घर में इसी विषय पर चर्चा, विचार-विमर्श चलता रहता है। नास्तिकों का मुँह बंद करने के लिए वेद उनके खिलाफ प्रबल होते हैं। इससे और विवाद होता है।

पाखांडाचिये कडे। नागवी लुंचिती मुंडे।
नियोजिली वितंडे। तळासि येती।
मृत्युबळाचेनि माजे। हे जाईल वीण काजे।
ते देखोनिया व्याजे। निघाले योगी।

(ज्ञा. अ. 13, ओ. 21, 22)

पाखंडी क्षेत्र के बारे में अपना मत व्यक्त करते हैं, वाद-विवाद करते हैं। मृत्यु का सामर्थ्य अनिवार्य है इसलिए क्षेत्र मृत्यु के अधीन होगा यानि शरीर नष्ट होगा इसलिए योगी देह की आसक्ति के कारण शरीर की आयु, मर्यादा बढ़ाने के लिए प्रयत्न करते हैं।

इस क्षेत्र को जानना बहुत मुश्किल है। श्री ज्ञानेश्वर जी कहते हैं:

पै सत्यलोकनाथा। वदने आली वाळार्था।
तर्‍ही तो सर्वथा। जाणेचिना। (ज्ञा. अ. 13, ओ. 26)

बुद्धि का सामर्थ्य बढ़ा कर, क्षेत्र क्षेत्रज्ञ का विचार करने के लिए ब्रह्म देव को चार मुख प्राप्त हुए हैं, फिर भी ब्रह्म देव क्षेत्र के बारे में कोई निर्णय नहीं कर पाये।

इसलिए भगवान श्रीकृष्ण कहते हैं: –

ऋषिभिर्बहुधा गीतं छन्दोभिर्विविधैः पृथक्।
ब्रह्मसूत्रपदैश्चैव हेतुमद्भिर्विनिश्चितैः॥

(गी. अ. 13, श्लो. 4)

भगवान कहते हैं वसिष्ठ आदि ऋर्षियों ने अनेक प्रकार से क्षेत्र क्षेत्रज्ञ का वर्णन किया है। वेदों ने भी इसका वर्णन किया है। अनेक युक्ति वाद करके ब्रह्मसूत्र में भी इसका वर्णन किया है।

क्षेत्र क्या है? यह बड़ा ही गहन विषय है। आगे की ओवियों में श्री ज्ञानेश्वर जी इस पर प्रवचन ही करते हैं। विस्तृत जानकारी और स्पष्टीकरण करते हैं। शरीर का और उनमें स्थित इंद्रियों का बहुत सरल स्पष्टीकरण देते हैं। शरीर के बारे में भिन्न-भिन्न विचारों को प्रस्तुत करते हैं।

एक म्हणती हे स्थळ। जीवाचेंचि समूळ।
मग प्राण हे कुळ। तयाचे एथ।
जया प्राणाचे घरी। अंगे राबती भाऊ चारी।
आणि मना ऐसा आवारी। कुळवाडीकर।
तयातें इंद्रिय बैलांची पेटी। न म्हणे अवसी पाहाटी।
विशय क्षेत्री आटी। काढी भली। (ज्ञा. अ. 13 ओ. 27, 28, 29)

कुछ लोग जो ''कर्मवादी'' हैं, कहते हैं कि यह सारा शरीर (क्षेत्र), जीव के अधीन है यानि जीव उसका मालिक है और जीव-रूपी मालिक की खेती करने वाले प्राण हैं। इस प्राण के चार भाई हैं अपान, व्यान, उदान और समान। वह उस घर में काम करते हैं और 'मन' उनपर निरीक्षण करता है। इस मन के पास पाँच कर्मेंद्रियाँ और पाँच ज्ञानेंद्रियाँ यानि दस इंद्रिय रूपी बैलों की जोड़ी है। उनकी सहायता से दिन-रात, शब्द-स्पर्श आदि विषय रूप खेत में बैल बहुत श्रम करते हैं। अच्छे कर्म और आचरण तो होता नहीं अपितु खेतीहर अन्याय के बीज बोता है और उसमें कुकर्म का खाद डालता है। ऐसे करने से कुकर्म के अनुसार पाप की फसल उगती है और जीव करोड़ों वर्षों तक दुःख भोगता है। लेकिन यदि सुकर्म करता है तब सेकड़ों जन्मों तक सुख प्राप्त करता है।

श्री ज्ञानेश्वर जी क्षेत्र के बारे में कर्म वादी का स्पष्टीकरण करने के बाद 'सांख्यमत' वादियों के मत को स्पष्ट करते हैं:-

तंव आणिक म्हणती है नव्हे। हे जीवाचेचि न म्हणावे।
आमुवे पुसा आधवें। क्षेत्राचे या।
अहो जीव एथ उखिता। वस्तीकर वाटे जाता।
आणि प्राण हा बलौता। म्हणोनि जागे।
अनादि जे प्रकृति। सांख्य जियेते गाती।
क्षेत्र हे वृत्ति तियेची जाणा।
आणि तियेतेचि आघवा। आथी घर मेळावा।
म्हणोनि हे वाहिवा। घरी वाहे। (ज्ञा. अ. 13, ओ. 33, 34, 35, 36)

सांख्यमतवादी कहते हैं कि कर्मवादियों का स्पष्टीकरण ठीक नहीं हैं। वे कहते हैं कि शरीर जीव के अधीन है ऐसा मत कहिए। जीव तो राह चलते समय शरीर में निवास करता है और प्राण मालिक होने के कारण जागता है। संख्यावादी और आगे कहते हैं।

वाहिव्याचिये रहाटी। जे मुदल तिधे इये सृष्टी।
ते तियेचिया पोटी। जहाले गुण।
रजो गुण पेरी। तेतुले सत्य सोकारी।
मग वेळे तम करी। सवंगणी।
रचोनि महत्वाचे खळे। मळी एके काळुगेनि पोळे।
तेथ अव्यक्ताची मिळे। सांज भली। (ज्ञा. अ. 13, ओ. 37, 38, 39)

सांख्य, जिसे प्रकृति कहते हैं वह अनादि है और क्षेत्र (शरीर) उसके रहने का स्थान है। प्रकृति का सारा समुदाय उसके साथ होता है इसलिए प्रकृति उस क्षेत्र की सारी व्यवस्था करती है। प्रकृति के तीन गुण, सत, रज, तम जो इस क्षेत्र की जुताई करते हैं, वे प्रकृति से उत्पन्न होते हैं। रजोगुण बुआई करता है, सत्व गुण रक्षा करता है और तमो गुण सारी फसल एकत्रित करता है। प्राण, मन, इंद्रियें, इनकी उत्पत्ति और कर्तत्व, प्रकृति से हैं। ओत्मा से नहीं ऐसा सांख्यावादियों का सिद्धान्त है। फिर महतत्व का खलियान तैयार किया जाता है और कालरूपी एक बैल के द्वारा उसकी दँवाई, कटाई होती है। इतने समय में जीवन की शाम हो जाती है और शरीर समाप्त हो जाता है।

श्री ज्ञानेश्वर जी इस सांख्यमतवादियों का स्पष्टीकरण देने के बाद कहते हैं कि क्षेत्र क्षेत्रज्ञ का निर्माण फिर भी ठीक से नहीं हुआ है। वह "संकल्पवादी" (बुद्धि योगी) का स्पष्टीकरण बताते हैं:

श्री ज्ञानेश्वर जी लिखते हैं:–

हा हो परतत्वाआंत। के प्रकृतीची मात।
हा क्षेत्र वृतांत। उगेची ऐका।
शून्य सेज शालिये। सुलीनतेचिये तुळिये।
निद्रा केलीं होती बळिये। संकल्पे येणे।
ते अवसात चेइला। उद्यमी सदैव भला।
म्हणोनि ठेवा जोडला। इच्छा वशे।
मग महाभुतां चे एक वाट। सैरा वेटांळूनि भाट।
भूतग्रात्माचे आघाट। चिरिले चारी।
यावरी आदी। पांचवटेयांची बांधी।
बांधली प्रभेदी। पांच भौतिकी।
कर्मा कर्माचे गुंडे। बांध घातले देहीकडे।
न पुंसके बरडे। राने केली।

(ज्ञा. अ. 13, ओ. 41, 42, 43, 45, 46, 47)

"बुद्धियोगियों" ने क्षेत्र क्षेत्रज्ञ का जो स्पष्टीकरण दिया है उसके बारे में श्री ज्ञानेश्वर जी लिखते है: –

भगवान ने सृष्टि निर्माण करने की इच्छा की, संकल्प किया, उन्होंने क्षेत्र का निर्माण किया। अव्यक्त कार्यरूप से व्यक्त हुई। इसके बाद पंच महाभूतों का समुदाय,

जो विशाल बंजर की तरह पड़ा था, उनको लेकर चार तरह के प्राणी सृष्टि निर्माण की (जारज, अडंज, स्वंदेज, उदभज)। इसके बाद पंच भौतिक के समुदाय को पांच भागों मे बाँटा। मनुष्य शरीर रूपी क्षेत्र के दोनों बाजू को बांध बनाया, उसके लिए कर्म और अकर्मरूपी पत्थरों का इस्तेमाल किया। इसी से मनुष्य के अतिरिक्त, प्राणी नामक बंजर ज़मीन बनाई।

श्री ज्ञानेश्वर जी और आगे स्पष्ट करते हैं कि: -

तेथ येरझारे लागी। जन्म मृत्यूंची सुरंगी।
सुहाविली निलागी। संकल्पे येणे।
मग अहंकारसि एकलाधी। करूनि जीवितावधी।
वहाविले बुद्धि। चराचर।
या परी निराळी। वाढे संकल्पाची डाळी।
म्हणोनि तो मुळी प्रपंच यया। (ज्ञा. अ. 13, ओ. 48, 49, 50)

मानव योनि के अतिरिक्त प्राणियों को बंजर जमीन कहा है, क्योंकि पशु पक्षी आदि के लिये शास्त्रों ने कर्म अकर्म या धर्म-अधर्म का कोई विधान लागू नहीं किया है। इसलिए उनके संबंध में कोई पाप-पुण्य कर्म नहीं होता तथा उन्हें इस जन्म के कर्म का सुख दुख रूप फल नहीं मिलता। केवल प्रारब्ध रूप पूर्व जीवन के पाप-पुण्य कर्म के सुख दु:ख रूप फल वे भोगते हैं।

इसी संबंध में बुद्धि योगी कहते हैं कि जन्म-मृत्यु का आवागमन होने के लिए जन्म-मृत्यु की सुरंगे खोदी गयी हैं। भगवान ने संकल्प करके, अहंकार को साथ मिलाकर, बुद्धि की मध्यस्थता से ऐसी व्यवस्था की है कि इस शरीर का क्रम निरंतर चलता रहे। इसलिए प्रपंच, संसार का मूल, भगवान का आदि संकल्प है।

इतने स्पष्टीकरण के बाद भी क्षेत्र क्षेत्रज्ञ पर विवाद चलता ही रहा। यदि संकल्प को मानते हैं तो प्रकृति को क्यों नहीं मानना चाहिए। और एक स्पष्टिकरण है कि क्षेत्र स्वभाव-सिद्ध है यानि इस क्षेत्र का कोई स्वामी नहीं है।

श्री ज्ञानेश्वर जी क्षेत्र के बारे में ''स्वभावसिद्ध'' मतवादी के विचारों के बारे में लिखते हैं: -

तरि आकाशी कवणें। कोणें केली मेघांती भरणे।
अंतरिक्षतारांगणे। धरी कवण।
गगनाचा चांदवा। कोणे ओढिला केधवां।
पवन हिंडत असावा। हे कवणाचे मत।
रोमा कवण पेरी। सिंधू कवण भरी।
पर्जन्याचिया करी। धारा कवण।
तैसे क्षेत्र हे स्वभावे। वृत्ति कवणाची नव्हे।
हे वाहे तया फावे। येरां तुटे। (ज्ञा. अ. 13, ओ. 54, 55, 56, 57)

आकाश के बादलों में पानी कौन भरता है? अंतरिक्ष से नक्षत्र गिर न जाए

इसलिए उसे कौन संभालकर रखता है? आकाश रूप छत कौन तान कर रखता है? हवा किसकी आज्ञा से बहती है? शरीर पर रोम कौन उगाता है? समुद्र में पानी कौन भरता है? बारिश की धारायें कौन उत्पन्न करता है? यह सब बातें ''स्वभाव-सिद्ध'' हैं, अपने स्वभावानुसार काम करती हैं। इसका कोई स्वामी नहीं है जो परिश्रम करेगा, उसको फल मिलेगा। जो परिश्रम नहीं करेगा, उसे फल नहीं मिलेगा।

इस स्पष्टीकरण से क्षेत्र के बारे में समाधान न होने के कारण, ''कालवादी'' आवेश में आकर कहते हैं कि यदि आप का कहना मान लिया जाए तो यह क्षेत्र काल के अधीन क्यों है?

वे कहते हैं: -

हे जाणे मृत्यु रागिटा। सिहाडयाचा दरकुटा।
परिकाय कीजे वांजटा। पूरिजत असे।
महाकल्पा परौती। कव घालूनि अवचिती।
सत्यलोकभद्रजाती। आंगविजे।
म्हणोनि काळाची सत्ता। हाचि बोल निरूता।
ऐसा बाद पांडुसुता। क्षेत्र लागी। (ज्ञा. अ. 13, ओ. 60, 61, 65)

यह क्षेत्र वास्तव में मृत्युरूपी क्रोधी सिंह की भयंकर गुफा है। इस बहस से क्या फायदा? इसलिए सारी सत्ता काल की ही है, यही कहना ठीक है। हे पांडुपुत्र अर्जुन, इस क्षेत्र के बारे में ऐसे अनेक भेद हैं।

श्री ज्ञानेश्वर जी कहते हैं कि क्षेत्र की उत्पत्ति के बारे में ऐसे मतभेद हैं। श्री ज्ञानेश्वर जी ने एक तरह से प्रवचन करके हमें इन मतभेदों के बारे में समझाया है। लेकिन सच क्या है, यह किसी को मालूम नहीं है।

इसलिए भगवान श्रीकृष्ण समझाते हैं :

महाभूतान्यहंकारो बुद्धिरव्यक्तगेव च।
इंद्रियाणि दशैंक च पंच चेन्द्रियगोचरा:।।
इच्छा द्वेष: सुखं दु:खं संघ्डातश्चेतना धृति:।
एतत्क्षेत्रं समासेन सविकारमुदाहृतम्।।

(गी. अ. 13, श्लो. 5, 6)

भगवान श्रीकृष्ण स्वयं क्षेत्र क्या है, इसके बारे में बताते हैं। सूक्ष्म पांच महाभूतों (पृथ्वी, तेज, वायु, आकाश, जल) अहंकार, बुद्धि, अव्यक्त प्रकृति, पाँच ज्ञानेंद्रिय, पाँच कर्मेंद्रिय, एक मन, ज्ञानेंद्रिय के पाँच तथा कर्मेन्द्रिय के पाँच मिलकर दस विषय, सुख-दु:ख, द्वेष, संघात, इच्छा, चेतना तथा धृति, इस प्रकार क्षेत्र के 36 तत्व हैं।

जिन शब्दों का प्रयोग भगवान ने क्षेत्र के बारे में किया है, उसे समझना जरूरी है। इनकी परिभाषा क्या है, इसे स्पष्ट रूप से समझना जरूरी है। श्री ज्ञानेश्वर जी इसे विस्तृत रूप से समझाते हैं। पंच महाभूत कौन से हैं? यह सामान्यत: सभी को मालूम है। वे हैं - पृथ्वी, जल, तेज, वायु और आकाश। ये सब क्षेत्र बनाते हैं लेकिन जब

वह सब अलग-अलग रहते हैं, तब उससे क्षेत्र नहीं बनता।

श्री ज्ञानेश्वर जी अहंकार को स्पष्ट करते हैं: -

आणि जागतिये दशे। स्वप्न लपाले असे।
ना तरी अंवसे। चंद्र गूढ।
नाना अप्रौढवाळकी। तारूण्य राहे थोकी।
कां न फुलता कळिकी। आमोद जैसा।
किंबहुना काष्टी। वन्हि जेंवि किरीटी।
तेंवि प्रकृतिचिया पोटी। गोप्य जो असे।
जैसा ज्वर धातुगत। अपथ्याचे मिष पाहत।
मग जालियां आंत। बाहेरि व्यापे।
तैसा पांचाही गांठी पडे। जे देहाकरा उघडे।
ते नाचवी चहूँकड़े। तो अहंकार गा।

(ज्ञा. अ. 13, ओ. 77, 78, 79, 80, 81)

जागृत अवस्था में स्वप्न छुपा रहता है, अमावस्या को चंद्र और छोटे बच्चों में यौवन गुप्त रहता है, लकड़ी में अग्नि गुप्त रहती है, फल में फूल की सुगंध छुपी रहती है, उसी प्रकार कुपथ्य शरीर को ग्रस लेता है, पूरे शरीर में विस्तार पाता है। इसी प्रकार पांच महाभूतों के एकत्रित होने से देह का आकार स्पष्ट होता है, शरीर बनता है और इस शरीर को जो चारों ओर नचाता है, उसे अहंकार कहते हैं। यह अहंकार अज्ञानी व्यक्ति के पीछे नहीं पड़ता। अहंकार ज्ञानी व्यक्ति को पकड़ता है और उसे संकट में डालता है।

क्षेत्र का एक और अंग है 'बुद्धि'। इसे श्री ज्ञानेश्वर जी इस प्रकार स्पष्ट करते हैं: -

तरी कंदर्पाचेनि बळे। इंद्रिये वृत्तीचेनि मेळे।
विभांडूनियेती पाळे। विषयांचे।
तो सुख दुःखांचा नागोवा। जेथ उगाणो लागे जीवा।
तेथ दोहीसी बरवा। पाडु जे धरी।
हे सुख हे दुख। हे पुण्य हे दोख।
हे मैळ हें चोख। ऐसे निवडिजे।
जे तेजतत्वांची आदी। जे सत्वगुणाची वृद्धी।
जे आत्मया जीवाची संधी। वसवीत असे। (ज्ञा. अ. 13, ओ. 84, 85, 86, 88)

बुद्धि को उसके लक्षणों से जानना चाहिए। तीव्र कामेच्छा के बल से इंद्रियाँ वृत्तियों के सहारे, विषयों के समुदायों को जीत लेती हैं - यानि विषयों का उपभोग लेती हैं। इस समय जीव को जो सुख-दुःख का अनुभव आता है उसका जो भेद बताती है यानि यह दुःख है, यह सुख, यह पाप, यह पुण्य, यह मलिन, यह शुद्ध इसका जो निर्णय कराती हैं, जिससे उत्तम और कनिष्ठ समझ में आता है छोटे-बड़े

का भेद समझ में आता है, और जिसकी दृष्टि से जीवों को विषयों की परीक्षा करायी जाती है, जो ज्ञान तत्व का मूल कारण है, जो ज्ञानेंद्रियों का मूल कारण है, जो सत्वगुण का परमोच्च बिंदु है, वह बुद्धि है।

अब 'अव्यक्त' क्या है? इसके बारे में श्री ज्ञानेश्वर जी कहते हैं: -

पै सांख्याचिया सिद्धान्ती। प्रकृती ते महामती।
तेचि येथे प्रस्तुती। अव्यक्त गा।
तरी पाहालया रजनी। तारा लोपती गगनी।
कां हारपे अस्तमानी। भूत क्रिया।
ना तरी देह गेलिया पाठी। देहादिक किरीटी।
उपाधी लपे पोटी। कृतकर्माच्या।
कां बीज मुद्रे आंतू। थोके तरू समस्तू।
कां वस्त्रपण तंतू। दशे राहे।
तैसे सोडूनिया स्थूळधर्म। महाभूते भूतग्राम।
लया जाती सूक्ष्म। होऊनि जेथ।
अर्जुना तया नांवे। अव्यक्त हे जाणावे।
आता आईक आधवे। इंद्रिय भेद।

(ज्ञा. अ. 13, ओ. 90, 93, 94, 95, 96, 97)

हे अर्जुन ! सांख्यवादियों ने जड़, विनाशी क्षेत्र का जिसे कारण बताया है, यानि प्रकृति माना है, उसे ही यहाँ पर अव्यक्त कहा है। रात खत्म होने पर तथा उजाला होने पर, आकाश में तारे नहीं दिखाई देते या सूर्यास्त होने पर प्राणियों के व्यवहार बंद होते हैं, देह नष्ट होने पर कर्म के भीतर ही सब उपाधी लुप्त होती है, बीज के अंदर ही पूरा वृक्ष होता है, सूत में ही गुप्त रूप से वस्त्र छिपा रहता है, उसी प्रकार संपूर्ण पाँच महाभूत और सब प्राणी अपने स्थूल धर्म को छोड़ कर सूक्ष्म होकर जब लुप्त हो जाते हैं, इस स्थिति को अव्यक्त कहते हैं। अब इंद्रियों के भेद सुनो।

इंद्रियाँ क्या हैं? श्री ज्ञानेश्वर जी लिखते हैं: -

कान, आँख, त्वचा, नाक तथा जीभ यह पाँच ज्ञानेंद्रियाँ हैं। इन ज्ञानेंद्रियों के माध्यम से बुद्धि सुख-दुःख का निर्णय करती है। इसके बाद वाणी, हाथ, पैर, गुद तथा उपस्थ यह पांच प्रकार की कर्मेन्द्रियाँ हैं। क्रिया-शक्ति के रूप में जो इस शरीर में वास करती हैं, वह प्राण की पत्नि हैं। यह क्रिया शक्ति पांच कर्मेन्द्रियों के द्वारा अंदर-बाहर जाने-आने का व्यवहार करती है।

इसके बाद मन की परिभाषा के बारे में श्री ज्ञानेश्वर जी लिखते हैं।

जे इंद्रिया आणि बुद्धी। माझारिलिये संधी।
रजोगुणाच्या खांदी। तरळत असे।
नीळिमा अंबरी। का मृग तृष्णालहरी।
तैसा वायाचि फरारी। वावोजाहाला।

आणि शुक्रशोणितांचा सांधा। मिळाता पांचाचा बांधा।
वायुतत्व दाशधा। एकचि जाहाले।
मग तिहीं दाही भागी। देह धर्माच्या खैवंगी।
अधिष्ठिले आंगी। आपुलाल्या।
तेथ चांचल्य निखळ। एकले ठेलें निढाळ।
म्हणोनि रजाचे बळ। धरिले तेणे।
तें बुद्धीसी बाहेरी। अहंकाराच्या उरावरी।
ऐसे ठायीं माझारी। बळियावले।

(ज्ञा. अ. 13, ओ. 104, 105, 106, 107, 108, 109)

मन, इंद्रियों और बुद्धि के बीच की संधी पर स्थित है। वह रजोगुण के कंधे पर चढ़कर चंचलता से विचरण करता है। आकाश में जैसे नील वर्ण हमें दिखाई देता है, या मृगजल की लहर का जैसे भास होता है, या वायु तेज़ होने से वायु का आभास होता है, उसी प्रकार मन की क्रियायें हैं। पंचभूत के एकीकरण से शरीर उत्पन्न होता है। उसमें वायुतत्व के स्थानभेद से, पांच प्राण तथा पांच उपप्राण मिलकर एक ही वायु-तत्व दस भागों में बंट जाता है तथा देहधर्म के बल पर शरीर के निश्चित एक-एक भाग में स्थित होता है। उन सब में एक प्रकार की चंचलता होती है और इस चंचलता ने रजोगुण का आश्रय लिया है। मन, बुद्धि के बाद और अहंकार के पूर्व (पंच महाभूतों के एकीकरण से पहले) मध्य भाग में प्रबल हो कर बैठता है। इसे मन कहने के बजाय कल्पना कहना अधिक उचित होगा। इसकी संगत से परब्रह्म वस्तु को जीव दशा प्राप्त हुई है।

श्री ज्ञानेश्वर जी मन को कल्पना कहते हैं। यह मन या कल्पना क्या करती है?

जे प्रवृत्तीस मूळ। कामा जयाचे बळ।
जे अखंड सुये सळ। अहंकारासी।
जे इच्छेते बाढवी। आशेंते चढवी।
जे पाठी पुरवी। भयासि गा।
द्वैत जेथ उठी। अविद्या जेणे लाठी।
जे इंद्रियांते लोटी। विषयांमाजी।
संकल्पे सृष्टि घडी। सवेचि विकल्पूनि मोडी।
मनोरथांचा उतरंडी। उतरी रची।

(ज्ञा. अ. 13 ओ. 111, 112, 113, 114)

मन, कर्मप्रवृति का कारण है। इससे काम वासना बलवान होती है और यह अहंकार को उकसाता है। इच्छा बढ़ाता है, आशा को बढ़ावा देता है और भय को भी बढ़ाता है। इसी कारण 'मै', 'तू' के भेद का आभास होता है, अज्ञान बढ़ता है और इंद्रियाँ विषयों में लिप्त होती है। कल्पना से ही सृष्टि का निर्माण करता है और कल्पना से ही उसे नष्ट करता है। इस प्रकार से मनोरथ के घड़े बनाता है और फिर

उसे तोड़ देता है। मन कल्पना का भंडार है और वायुतत्व का भीतरी कक्ष है। इसने बुद्धि का द्वार बंद कर रखा है, ज्ञान की कुछ चलने ही नहीं देता है। हे अर्जुन ! वही मन है।

मन कितना चंचल है, इसको समझाने के बाद 'विषय' और 'इच्छा' क्या हैं। इसके बारे में श्री ज्ञानेश्वर जी कहते हैं: –

तरी स्पर्श आणि शब्द। रूप रस गंध।
हा विषय पंचविध। ज्ञानेंद्रियांचा।
इही पांचे द्वारी। ज्ञानासि धांव बाहेरी।
जैसा का हिरविया चारी। भांबावे पशु।
मग स्वर वर्ण विसर्गी। अथवा स्वीकार त्याग।
चंक्रमण उत्सर्गी। विण्मूत्राचा।
हे कर्मेदियांचे पांच। विषय गा साच।
जे वांधोनिया माच। क्रिया धावे।
ऐसे हे दाही। विषय गा इये देहीं।
आता इच्छा तेही। सांगिजैल।

(ज्ञा. अ. 13. ओ. 117, 118, 119, 120, 121)

शब्द, स्पर्श, रूप, रस, गंध यह ज्ञानेंद्रियों के पांच प्रकार के विषय हैं। हरी घास देख कर जिस प्रकार पशु इधर-उधर चरता है, इसी प्रकार पांच ज्ञानेंद्रियों के द्वारा ज्ञान बाहर की ओर भागता है। बोलना, वस्तु का स्वीकार, त्याग करना, चलना, मल-मूत्र विसर्जन करना, वाणी, हस्त, पाद, गुदा व उपस्थ के इन पाँच कर्मेंद्रियों के पाँच विषय है। इन पाँच कर्मेंद्रियों के द्वारा क्रियायें होती हैं। यह दस विषय शरीर में रहते हैं।

अब 'इच्छा' और 'द्वेष' क्या है? इसके बारे में श्री ज्ञानेश्वर जी कहते हैं: –

इंद्रिय विषयाचियां भेटी। सरसीच जे गा उठी।
कामाची बाहुटी। धरूनिया।
जियेचेनि उठिलेपणे। मन सैधं धांवणे।
न रिघावे तेथ करणे। तोंडे सूती।
जिये वृत्तीचिया आवडी। बुद्धी होय वेडी।
विषया जया गोडी। ते गा इच्छा।
आणि इच्छिलिया सांगडे। इंद्रियां आमिष न जोडे।
ऐगियां जो डाव पडे। तेचि द्वेष।

(ज्ञा. अ. 13, ओ. 123, 124, 125, 126)

पहले अनुभव की हुई बातों का स्मरण होने के कारण या किसी वस्तु का मन मोहने वाला वर्णन सुनने के कारण जो वृत्ति जागृत होती है या इंद्रियों की तथा विषयों की भेंट होती है, तब जो काम का हाथ पकड़ कर उठ खड़ी होती है, जिस वृत्ति

के उत्पन्न होने से मन बाहर की ओर दौड़ता है और यहाँ-वहाँ इंद्रियाँ मुँह मारती हैं, जिस वृत्ति के चक्कर में पड़ने से बुद्धि पागल होती है भ्रमित होती है और जिस वृत्ति को विषय की चाह होती है, उसे इच्छा कहते हैं।

इच्छा होने पर इंद्रियों को उपभोग के लिए वस्तु न मिलने पर जो वृत्ति उत्पन्न होती है, उसे 'द्वेष' कहते हैं। इससे मन में विरोध या बैर निर्माण होता है।

भगवान श्री कृष्ण ने जिसे सुख और दुःख कहा है, वह क्या है?

श्री ज्ञानेश्वर जी कहते हैं: -

आता या वरी सुख। ते एकर्वविध देख।
जेणे एकेचि अशेष। विसरे जीव।
मना वाचे काये। जे आपुली आण वाये।
देहस्मृती ची त्राये। मोडित ये जे।
जयाचेनि जालेपणे। पांगुळा होइजे प्राणे।
सात्विकासी दुणे। वरीही लाभ।
कां आघवियाचि इंद्रिय वृत्ती। हृदयाचिया एकांती।
थापटूनि सुषुप्ति। आणी जे गा।
किंबहुना सोये। जीव आत्मयाची लाहे।
तेथ जे होय। तया नाम सुख।
आणि ऐसी हे अवस्था। न जोड़ता पार्था।
जे कीजे तेचि सर्वथा। दुःख जाण।

(ज्ञा. अ. 13, ओ. 127, 128, 129, 130, 131, 132)

सुख के लक्षण हैं: जिस वस्तु की प्राप्ति होने से जीव अन्य सारी बातें भूल जाता है, काया, वाचा, मन से उसे बांध देता है और जो देह की स्मरण शक्ति को नष्ट कर देता है, जिसे प्राप्त करने से प्राण की गति बंद होती है, जिसमें सात्विक पुरुष को, रजस और तमोगुणी व्यक्ति की अपेक्षा, दुगुना लाभ होता है (यानि सात्विक वृति पहले से दुगनी होती है)। जब जीव को आत्मलाभ होता है उस समय वहाँ जो स्थिती उत्पन्न होती है उसे सुख कहते हैं। और हे पार्थ इस प्रकार यह आत्म-सुख की स्थिति जब प्राप्त नहीं होती और जो जीवन जीना पड़ता है वही दुख है, ऐसा समझो।

भगवान श्रीकृष्ण चेतना के बारे में कहते हैं। यह चेतना क्या है?

श्री ज्ञानेश्वर जी समझाते हैं: -

आता असगा साक्षिभूता। देही चैतन्याची जे सत्ता।
तिये नाम पांडु सुता। चेतना येथ। जड़ा जड़ी अंशी।
राहाटे जे सरिसि। ते चेतना गा तुजसी।
लटिके नाही। पार्था तयापरी।
आत्म संगती इये शरीरी। सजीवत्वाचा करी।
उपयोग जडा। (ज्ञा. अ. 13, ओ. 134, 137, 141)

देह में ब्रह्म की जो शक्ति है, उसे चेतना कहते हैं। यह चेतना पांव के नाखून से लेकर सिर के बालों तक, शरीर में अखंड जागृत रहती है। हे अर्जुन ! देह आदि जड़ पदार्थों को सजीव करने में, इस आत्म-चैतन्य का उपयोग होता है।

इसके बाद भगवान श्रीकृष्ण धृति शब्द का प्रयोग करते हैं। क्या है यह धृति और संधात का क्या अर्थ है?

श्री ज्ञानेश्वर जी इसे विस्तार-पूर्वक समझाते हैं। इसे समझना गीता तत्व को समझने के लिए बहुत जरूरी है।

तरी तत्वां परस्परे। उधडजाती स्वभाव वैरे।
नोहे पृथ्वी ते नीरे। न नाशिजे।
नीराते आटी तेज। तेजा वायूसी जुंझ।
आणि गगन जे सहज। वायूसी भक्षी।
तेविचि कोणेहि वेळे। आपण कायसाही न मिळे।
आंत रिधोनी वेगळे। आकाश हे।
ऐसी ही पांच ही भूते। न साहती एकमेकांते।
की तियेहि ऐक्याते। देहा येती।
द्वंद्वाची उरवीविखी। सोडूनि वसती एकी।
एकएकाते पोखी। निजगुणे गा।
ऐसे न मिळे तया साजणे। चले धैर्ये जेणे।
तिये नाम मी म्हणे धृति पैगा।

(ज्ञा. अ. 13, ओ. 143, 144, 145, 146, 147, 148)

धृति यानि धैर्य। इसका क्षेत्र के स्पष्टीकरण में विशेष अर्थ है। पांच महाभूत जब अलग रहते हैं, तब आपस में बैर होता है। क्या जल पृथ्वी का नाश नहीं करता? अग्नि वायु से लड़ता है, पानी को अग्नि सुखा देता है, आकाश किसी से नहीं मिलता। इस प्रकार पंच महाभूत एक दूसरे को सहन नहीं कर सकते लेकिन इसके बावजूद वह शरीर में एक दूसरे से मिलजुल कर रहते हैं और अपने गुणों से एक दूसरे का पोषण करते हैं। एक दूसरे के बैरी होते हुए भी जिस कारण से उनमें मित्रता होती है उसी का नाम है धृति (धारण करना)।

आणि जीवेसी पांडवा। हा छत्तीसां चा मेळावा।
तो हा एथ जाणावा। संघात पै गा।
एवं छत्तीसन्ही भेद। सांगीतले तुज विशद।
यया येतुलाते प्रसिद्ध। क्षेत्र म्हणिजी।

(ज्ञा. अ. 13, ओ. 149, 150)

हे अर्जुन। इस जीव से जिन छत्तीस (36) तत्वों का एकत्रीकरण होता है, उस समुदाय को संधात कहते हैं। इस प्रकार से छत्तीस तत्वों को स्पष्ट किया है। इस सब को मिलाकर क्षेत्र बनता है।

क्षेत्र यानी शरीर किसे कहते हैं इसका विस्तृत वर्णन श्री ज्ञानेश्वर जी ने दिया है। सामान्यत: हम शरीर यानी जो स्थूल रूप से दिखाई देता उसे ही मानते हैं लेकिन शरीर इन सूक्ष्म तत्वों से मिल कर बनता है और इसलिए हमारा शरीर क्षेत्र जिसे जमीन कहा है 36 गुणों से मिलकार बना है। संक्षेप मे इसे कोष्टक के रूप में लिखा जा सकता है।

क्षेत्र (शरीर) 36 तत्वों का एकत्रिकरण।

	तत्व		तत्व		तत्व		तत्व
महाभूत	5	मन	1	सुख	1	धृति	1
ज्ञानेंद्रियाँ	5	बुद्धि	1	दुख	1		
कर्मेंद्रियाँ	5	अहंकार	1	इच्छा	1	संघात	1
ज्ञानें.+कमें. के	5	अव्यक्त	1				
विषय	5	चेतना	1	द्वेष	1		
कुल	25	+	5	+	4	+	2 =36

25 तत्वों का स्थूल शरीर, 5 तत्व उस शरीर को क्रियाशील करने वाले 4 तत्व, इन के एकत्रिकरण से होने वाले स्वभाव विशेष और 2 तत्व उसे एकत्र (धृति) करने वाले। इन सब 36 तत्वों से यह स्थूल और सूक्ष्म शरीर का एकत्रिकरण होता है। यही क्षेत्र है।

श्री ज्ञानेश्वर जी इसे और स्पष्ट करते हुए कहते हैं: -

हे अर्जुन ! जिस प्रकार रथ के सब भागों को मिलाकर उसे रथ कहते हैं, इसी प्रकार से पैर से लेकर सिर तक के सारे अवयवों को मिलाकर देह कहते हैं। हाथी, घोड़े, पैदल चलने वाले सैनिकों को सेना कहते हैं। अक्षरों के समूह को वाक्य कहते हैं तेल, बाती और अग्नि को मिलाकर दीप बनता है उसी प्रकार से छत्तीस तत्वों के एकीकरण से क्षेत्र (शरीर) बनता है। इन महाभूतों के एक साथ काम करने से पाप और पुण्य की फसल तैयार होती है इसलिए इसे क्षेत्र कहते हैं। परब्रह्म के इस पार और स्थूल सीमा में जो उत्पत्ति और लय होता है वह सब क्षेत्र ही है। क्षेत्र भी अनेक प्रकार के हैं जो उनके सत्व, रजस और तम, इन गुण विशेषों के आधार से बनते हैं। वे देव, मनुष्य, सर्प इत्यादि योनियों में उत्पन्न होते हैं। प्रत्येक जाति के प्राणियों के विभाग या भिन्नता, यह कृत्रिम या मनुष्यकृत नहीं है। वह उनके गुण कर्मानुसार होती है।

क्षेत्र का वर्णन और वह कैसे कार्य करता है यह समझाने के बाद भगवान श्रीकृष्ण 'ज्ञान' क्या हैं उसके बारे में बताते हैं जिससे मोक्ष प्राप्ति होकर जीव का उद्धार होता है। ज्ञान क्या है? इसके बारे मे सुनो।

श्रीकृष्ण भगवान कहते हैं: -

अमानित्वमदम्भित्वमहिंसा क्षान्तिरार्जवम्।
आचार्योपासनं शौचं स्थैर्यमात्मविनिग्रहः॥

इन्द्रियार्थेषु वैराग्यमनहक्ङार एव च।
जन्ममृत्युजराव्याधिदु:खदोषानुदर्शनम्।।
असक्तिरनभिष्वग्ङ: पुत्रदारगृहादिषु।
नित्यं च समचित्तत्वमिष्टानिष्टोपपत्तिषु।।
मयि चानन्ययोगेन भक्तिरव्यभिचारिणी।
विविक्तदेशसेवित्वमरतिर्जनसंसदि।।
अध्यात्मज्ञाननित्यत्वं तत्त्वज्ञानार्थदर्शनम्।
एतज्ज्ञानमिति प्रोक्तमज्ञानं यदतोऽन्यथा।।

(गी. अ. 13, श्लो. 7, 8, 9, 10, 11)

मोक्ष प्राप्ति के लिए जिस ज्ञान की आवश्यकता है, इसके लिए ज्ञान के लक्षण जो व्यक्ति में होने चाहिए, इसके बारे में श्रीकृष्ण भगवान बताते हैं क्या हैं उस ज्ञान के लक्षण?

भगवान श्रीकृष्ण कहते हैं: -

ज्ञानी व्यक्ति वह होगा जिस के मन में कोई इच्छा न रहेगी, गर्व नहीं होगा (ढ़ोंगी नहीं होगा) किसी भी प्राणी को दुख नहीं देगा, दूसरे के अपराध करने के बाद भी क्रोधित नहीं होगा, दिल साफ रहेगा, अपने गुरू की सेवा करने वाला, शरीर और मन से शुद्ध, परमेश्वर के प्रति अटूट श्रद्धा, अन्त:करण में निग्रह, इंद्रियों के विषयों के बारे में वैराग्य, अहंकार रहित, जन्म, मृत्यु, बुढ़ापा, बिमारी, इनमें से प्रत्येक के दुख के (दोषों के) बारे में चिंतन करना, विषयों के प्रति उदासीनता, पुत्र, स्त्री, घर के बारे में कोई विशेष प्रेम नहीं, प्रिय वस्तु प्राप्ति से हर्ष (आनंद) नही और प्रिय वस्तु न मिलने से कोई दुख नहीं, सदा आनंदी, भगवान के सिवाय कुछ भी अच्छा न लगना, भगवान के सगुण रूप से निष्काम प्रेम करना, पवित्र व साफ जगह रहना, जन-समुदाय से दूर रहना, आत्म-रूप के बारे में जानना, आत्मज्ञान से परमात्मा साक्षात्कार होना इसे ज्ञान कहते हैं। इसके विपरीत सब अज्ञान है।

भगवान श्रीकृष्ण ज्ञान क्या है, इसकी पूरी सूची बताते हैं। क्या व्यक्ति इन सब गुणों को अपना सकता है? क्या यह हो सकता है? भगवान का कहना सिर्फ यह है कि इन गुणों को अपने व्यवहार में लाओ, ऐसा आचरण करो, इससे ज्ञान बढ़ेगा। इसके लिए व्यक्ति को प्रयास करना पड़ेगा। प्रयास के बिना मोक्ष प्राप्ति नहीं हो सकती। प्रत्येक गुण का स्पष्टीकरण, विस्तार में इस श्लोक में नहीं है।

श्री ज्ञानेश्वर जी इन गुणों की परिभाषा देते हैं उसे स्पष्ट करते हैं, उनके अर्थ को समझाते हैं।

पै वसंताचे रिगवणे। झाडांचेनि साजेपणे।
जाणिजे तेवी करणे। सांगती ज्ञान।
अगा वृक्षासि पाताळी। जळ सांपडे मूळी।
ते शाखाचिये बाहाळी। वरीही दिसे।

तैसे हृदयिचेनि ज्ञाने। जिये देही उमटती चिन्हे।
तिये सांगो आता अवधाने। चांगे आइक।
(ज्ञा. अ. 13, ओ. 179, 180, 184)

श्री ज्ञानेश्वर जी कहते हैं जिस प्रकार पेड़ों में बहार आती है तो बसंत ऋतु के आगमन का पता चलता है, इसी प्रकार ज्ञानेंद्रियों की स्थिति ज्ञान को प्रस्तुत करती है। हे अर्जुन! पेड़ की जड़ो को पानी पहुँच रहा है या नहीं वह जिस प्रकार उसकी शाखाओं के विस्तार तथा हरियाली में मालूम होता है उसी प्रकार हृदय में ज्ञान का उदय हो जाने पर शरीर पर उसके लक्षण स्पष्ट रूप से दिखाई देते हैं।

इन लक्षणों के बारे में श्री ज्ञानेश्वर जी विस्तार से कहते हैं। पहिले "अमानित्व" क्या है?

कुछ ओवियों के द्वारा यह नीचे स्पष्ट किया हैं: -

वाचस्पतीचेनि पाडें। सर्वज्ञता तरी जोडे।
परि वेडिवेमाजी दडे। महिमें भेणे।
तळवटयण बाणे। आंगी हिणावो खेवणे।
ते तेचि करणे। बहुत करूनि।
(ज्ञा. अ. 13, ओ. 191, 195)

वृहस्पति जैसी सर्वज्ञता होने के बावजूद अपनी सर्वज्ञता पता न चले, इसके लिए जो पागल जैसा आचरण करता है, वह सबसे छोटा है, इस प्रकार से वर्ताव करता है, लोग उसका तिरस्कार करें ऐसा आचरण होता है, ऐसे गुण को "अमानित्व" कहते हैं। खुद बड़े और ज्ञानी होने के बाद भी उसे लोगो से छुपाना, यह है "अमानित्व"।

झुठे बड़प्पन (अदम्भित्व) को श्री ज्ञानेश्वर जी स्पष्ट करते हैं। बड़प्पन न करने वाले के लक्षण हैं: -

वरीवरी देह न पूजी। लोकांते न रंजी।
स्वधर्म वाग्ध्वजी। बांधों नेणे।
परोपकार न बोले। न मिरवी अभ्यासिले।
न शके विकूं जोडले। स्फितीसाठी।
शरीरभोगाकडे। पाहतां कृपण आवडे।
येऱ्हवी धर्म विषयी थोड़े। बहू न म्हणे।
घरी दिसे सांकड। देहीची आयती रोड।
परी दानी जया होड। सुरतरुसी।
पैगा अदंभयण। म्हणितले ते हे जाण।
आतां आईक खूण। अहिंसेची।
(ज्ञा. अ. 13, ओ. 208, 209, 210, 211, 217)

अपने शरीर को जो सादेपन से रखता है, यानि उसकी पूजा नहीं करता, लोगों को जो अच्छा लगे ऐसा बोलकर (चापलूसी करके) उन्हें प्रसन्न करने की कोशिश

नहीं करता, आचरण किये हुए धर्म के बारे मे जो अपने मुँह से कुछ नहीं कहता यानी बड़ाई नहीं करता, दूसरों पर किये हुए उपकार के बारे में मौन रहता है, शास्त्रों के किये हुए अभ्यास के बारें में घमण्ड नहीं करता, उसके संबंध में चुप रहता है, अपनी विद्या या पुण्य कर्मो को बेचता नहीं, यानि प्रतिष्ठा प्राप्त करने के लिए उसका दुरूपयोग नहीं करता, शरीर के विषय उपभोग के बारे में जो उदासीन है, लेकिन धर्म प्रचार के लिए उदार है, घर में गरीबी होते हुए भी दान करने में वह कल्पतरू के साथ भी स्पर्धा कर सकता, यह लक्षण स्पष्ट रूप से जिसमें है उसे ही ''अदम्भित्व'' कहते हैं। अब 'अहिंसा' क्या है इसके बारे में सुनो।

अहिंसा के भिन्न-भिन्न अर्थ कई लोगों ने दिये हैं। लेकिन ऐसे लोगो ने अहिंसा की परिभाषा पेड़ की टहनियाँ काट कर पेड़ के इर्द गिर्द बाड़ लगाने जैसी की है, मंदिर को तोड़कर भगवान के चारों ओर परिसर की दिवार बना देने जैसा है। अहिंसा आचरण से स्पष्ट होती है। ज्ञान और मन के संबंध से अहिंसा की परिभाषा होती है।

श्री ज्ञानेश्वर जी कहते हैं: -

मुंगिये मेरू नोलांडवे। मशका सिंधु न तरवे।
तैसे भेटल्या न करवे। अतिक्रम।
ऐसी जयाची चाली। कृयाफुली फळं आसी।
देखसी जियाली। दया वाचे।
बोलता अधिकही निधे। तरि कोणाचिया वर्मो न लगे।
आणि कोणासि न रिधे। शंका मनी।
म्हणोनि हे जे सर्व। सांगति ते बाह्यभाव।
ते मनचि सावयव। ऐसे जाण। (ज्ञा. अ. 260, 261, 265, 296)

अहिंसा का पालन करने वाले की शारीरिक क्रियायें ऐसी होती हैं जिससे किसी को तकलीफ/दुःख न हो। कोई कीटक भी उसके मार्ग में आता है तो उस पर पैर ना पड जाय यह सोच कर वह व्यक्ति ध्यान से पैर रखता है। वह किसी प्रांणी का अनादर नहीं करता/उसके चलने में और बोलने में दया ही दिखाई देती है। वह दया की मूर्ति है। बोलते समय ध्यान रखता है कि जिससे किसी के मन को ठेस ना लग जाय।

श्री ज्ञानेश्वर जी कहते हैं जब ज्ञान का मन के साथ मेल होता है, तब मन में अहिंसा का उदय होता है।

पै मानसीचि जरी। अहिंसेची अवसरी।
तरि कैची बाहेरी। वोसंडेळ।
आवडे ते वृत्ति किरीटी। आधी मनौनीचि उठी।
मन ते वाचे दिठी। करांसि ये।
वांचूनि मनीचि नाही। ते वाचेसि उमटेल काई।
बीजेवीण भुई। अंकुर असे।

या लागी साचोकारे। मनी अहिंसा थांबे थोरे।
जैसी पिकली द्रुती आदरे।
बोभात निघे। म्हणोनि इंद्रिये तेचि संपदा।
वेचितां ही उदावादा। अहिंसेचा धंदा।
करिते आहाती। (ज्ञा. अ. 13, ओ. 298, 299, 300, 305, 306)

मन में अहिंसा न हो तो बाहर कैसे प्रकट होगी? हे अर्जुन ! कोई भी वृति पहले मन में उठती है और फिर वह वृति वाणी, दृष्टि, हाथ आदि की क्रिया में प्रकट होती है। क्या बीज के बिना जमीन में अंकुर उत्पन्न होगा? मन ही सभी इंद्रियों के व्यवहार का मुख्य कारण है। मन अंदर से जैसा होगा वैसा ही वह बाहर प्रकट होता है। जिस प्रकार पके हुए फल की सुगंध अपने आप चारों ओर फैलती है इसी प्रकार मन में अहिंसा का पक्का निश्चय होता है तभी अहिंसा शरीर के माध्यम से बाहर दिखाई देती है। मन की अहिंसा रूप संपत्ति खर्च करके इंद्रियाँ अहिंसा का धंधा करती हैं।

श्री ज्ञानेश्वर जी कहते हैं: -

अहिंसा म्हणतां थोडी। परी तेचि हे होय उघडी।
जै लोटिजती भोडी। मताचिया।
येप्हवी प्राप्ते मतांतरे। थातबूंनि आंगभरे।
बोलिजेल ते न सरे। तुम्हापासी। (ज्ञा. अ. 13, ओ. 318, 319)

जब हम अहिंसा कहते हैं तो वह तीन अक्षरों का छोटा सा शब्द है। लेकिन जब हम उसका स्पष्टीकरण करना चाहते हैं, तो अहिंसा का वर्णन बहुत लंबा हो जाता है। अहिंसा पर बहुत सारी ओविंया लिखने का, और उदाहरण देने का उद्‌देश्य था, की सामान्य रूप से अहिंसा शब्द का प्रयोग और विशेष रूप से उसका स्पष्टीकरण इसका भेद स्पष्ट करता है। अहिंसा यानी किसी के शरीर को हानि ना पहुँचाना इतना नहीं है बल्कि किसके मन की ठेस ना पहुँचाना, यह भी अहिंसा है।

भगवान श्रीकृष्ण 'ज्ञान' के संबंध में "क्षमा" शब्द का प्रयोग करते हैं।

श्री ज्ञानेश्वर जी उसके संबंध में लिखते हैं: -

तरि पाढियांते लेणे। आंगी भावे जेणें।
धरिजे तेवी साहाणे। सर्वचि जया।
अपेक्षित पावे। ते जेणे तोषे मानावे।
अनपेक्षिता ही करवे। मान तोचि।
जो मानापमानाते साये। सुख दु:ख जेथे सामाये।
निंदास्तुती नोहे। दुखंड जो। (ज्ञा. अ. 13, ओ. 343, 345, 346)

अपना मन पसंद गहना शरीर पर जिस आनंद से व्यक्ति पहनता है, उतने ही आनंद से दु:ख को भी सहन करता है। सभी प्रकार के दु:ख (अधिभौतिक, अधिदैविक और आध्यात्मिक) मिलने पर भी उसे सहन करता है। इच्छा पूरी होने से मिलने वाले आनंद और इच्छा पूरी न होने से होने वाले दु:ख को उसी तरह आनंद

से ग्रहण करता है। मान-अपमान, आनंद से सहन करता है। कभी किसी से क्रोध नहीं करता और क्षमा करता है। यही है ज्ञान की महानता। अब 'आर्जव' क्या है?

इसके बारे में सुनो।

'आर्जव' यानि सबसे अच्छा, सौजन्य से, प्रेम से वर्ताव करना, भेद भाव न करना।

तरि आर्जव ते ऐसे। प्राणाचे सौजन्य जैसे।
आवडतया ही दोषे। एकचि पै गा।
का तोंड पाहुनि प्रकाशू। न करी जैवी चंडांशू।
जगा एकचि अवकाशू। आकाश जैसे। दिठी नोहे मिणधी।
वोसणे नाही संदिग्धी। कवणेसी हीन बुद्धी।
राहाटो नेणे। दाहाही इंद्रिये प्रांजळे।
नि:प्रपंचे निर्मळे। पांच ही पालवं मोकळे।
आठही पाहर। (ज्ञा. अ. 13 ओ. 355, 356, 365, 366)

'आर्जव' यानि सभी प्राणियों से (अच्छे,बुरे) सभी के प्रति सौजन्य से, प्रेम से आचरण करना। सूर्य किसी का चेहरा देख कर प्रकाश नहीं देता। आकाश पूरे जग को अपने में समाता है, जगह देता है। जिसका बोलना दुविधा में डालने वाला नहीं होता, किसी से हीन बुद्धि से वर्ताव नहीं करता, इसलिए उसकी दृष्टि साफ होती है। अपनी दस इंद्रियों से वह किसी से खराब वर्ताव नहीं करता और शुद्ध बुद्धि से ही आचरण करता है। यह है आर्जव। हे अर्जुन! ऐसा व्यक्ति सरल वर्ताव की जीती जागती प्रतिमा है। वह ज्ञान का भंडार (घर) है।

अब 'आचार्योपासना' अर्थात 'गुरूभक्ति' किसे कहते हैं?

इसके बारे में श्री ज्ञानेश्वर जी लिखते हैं: -

तैसे सबाहय आ पुले। जेणे गुरूकुळी वोपिले।
आपणपै केले। भक्ती चे घर।
गुरू गृह जिये देशी। तो देशचि वसे मानसी।
विरिहणी का जैसी। बवल्लभाते।
तियेकडोनि येतसे वारा। देखोनि धावे सामोरा।
आड पडे म्हणे घरा। बीजे कीजो।
पै गुरूकुळि ऐसी। आवडी जया देखसी।
जाण ज्ञान तयापासी। पाइकी करी।

(ज्ञा. अ. 13, ओ. 374, 375, 376, 384)

गुरूभक्ति में भक्त गुरूकुल से पूर्ण रूप से समर्पित होता है। वह श्रीगुरू के प्रेम स्वरूप भक्ति का घर ही बन जाता है। जिस प्रकार पतिव्रता स्त्री अपने पति के विरह में चितंन करती है, उसी प्रकार गुरू भक्त के अन्त:करण में गुरू का घर जिस देश में/क्षेत्र में होगा वह उसी के बारे में चिंतन करता है। उस देश से जो हवा आती है,

उसके सामने वह दौड़ कर जाता है और उस हवा से प्रार्थना करता है की ''गुरू मेरे घर में आगमन करिए''। उसके मन में गुरू की पूजा हर समय चलती है। मन से गुरू के प्रति पूर्ण रूप से समर्पित होने की अनेक उदाहरण श्री ज्ञानेश्वर जी देते हैं।

सिर्फ मन से ही नही परन्तु अपने शरीर से भी भक्त गुरू सेवा करता है।

श्री ज्ञानेश्वर जी कुछ उदाहरण देते हैं: -

म्हणेन तुमचा देवा। परिवार जो आधवा।
येतुळे रूपे होआवा। मीचि एक।
आणि उपकरती आपली। उपकरणे आणि जेतुली।
माझी रूपे तेतुली। होआवी स्वामी।
म्हणे श्री गुरूचे भवन। आपण मी होईन।
आणि दास होऊनि करीन। दास्य तेथीचे।
मीचि होईन सुआरू। वोगरीन उपहारू।
आपणये श्री गुरू। ओवाळीन।
ताट मी काढीन। सेज मी झाडीन।
चरण संवाहन। मीचि करीन।
एवं बाह्य मनोगत। श्री गुरू सेवा समस्त।
वेंटाळीन वस्तुजात। होऊनियां।

(ज्ञा. अ. 13, ओ. 406, 407, 415, 422, 424, 430)

श्री गुरू भक्त कहता है ''हे गुरूदेव आपकी सेवा के लिए जितना सेवक वर्ग चाहिए वह मैं अकेले ही सब कुछ करूँगा। आपकी सेवा के उपयोग में आनेवाले जितने भी उपकरण (वस्तुयें) हैं उनका रूप मैं धारण करूँगा। मैं गुरू का निवास बनुंगा और दास बनकर उनकी सेवा करूँगा। गुरू के लिए मैं खाना बनाऊँगा, मैं खाना परोसूगां और अपना जीवन समर्पित करूंगा। श्रीगुरू के भोजन के बाद उनकी जूठी थाली मैं ही साफ करूँगा। उनका बिस्तर मैं लगाऊँगा, साफ कर गाँ और उनकी चरण सेवा भी मैं करूगाँ। इस प्रकार से सभी बाह्य इंद्रियों से और मन से मैं श्रीगुरू की सेवा करूंगा''। यही है 'आचार्योपासना' जो ज्ञानी व्यक्ति करता है।

'शुचित्व' (पवित्रता) क्या है? क्या है यह गुण?

श्री ज्ञानेश्वर जी लिखते हैं: -

म्हणे शुचित्व गा ऐसे। जयापाशी दिसे।
आंग मन जैसे। कापुराचे।
बाहेरी कर्मे क्षाळला। भितरी ज्ञाने उजळला।
इही दोही परी आलापाखळा एका।
येऱ्हवी तरी पांडुसुता।
अंतर शुद्ध नसता। बाहेरी कर्म तो सर्वथा।
विटंबू गा। या लागी बाह्य भाग।

कर्मे धुतला चांग। ज्ञाने फिटला वंग।
अंतरीचा। तेथ अन्तरबाह्य गेले।
निर्मलत्व एक जाहले। किंबहुना उरले शुचित्वचि।
का पति पुत्राते आलिंगी। एकची ते तरूणांगी।
तेथ पुत्र भावाच्या आंगी। न रिगे काम। तैसे हृदय चोख।
संकल्पाविकल्पी सनोळख। कृत्याकृत्य विशेख।
फुडे जाणे।

(ज्ञा. अ. 13, ओ. 462, 464, 468, 474, 475, 481, 482)

हे अर्जुन! जिसका बाह्य शरीर व अंतर्मन दोनों ही कपूर जैसे स्वच्छ होते हैं उसे शुचित कहते हैं। शास्त्र के अनुसार कर्म करके जिसने बाह्य शरीर को शुद्ध किया है और आत्मज्ञान से मन को साफ किया है, ऐसा वह ज्ञानी बाहर और अंदर से शुद्ध होता है। बाह्य शरीर कर्मो से साफ करके, ज्ञान के द्वारा, अविद्यादि मैल मन से साफ होती है। वही शुद्ध होता है। यही शुद्धि है। जिस प्रकार तरूण स्त्री अपने पति और पुत्र को आलिंगन देती है, लेकिन पुत्र को आलिंगन देते समय पुत्र भाव के कारण उसमें कामवासना प्रकट नहीं होती, उसी प्रकार निर्मल अन्तःकरण अच्छे बुरे को पहचानता है। क्या करना चाहिए, क्या नहीं करना चाहिए, यह शुद्ध मन ही निश्चित करता है। जहाँ भी यह संपूर्ण बाह्य और अंतर्मन की शुचिता दिखाई दे वही ज्ञान है।

इसके साथ भगवान श्रीकृष्ण ज्ञान के संबध में 'स्थैर्य' गुण के बारे में कहते हैं। गीता के श्लोकों में इसे स्पष्ट नहीं किया है।

श्री ज्ञानेश्वर जी इसे स्पष्ट करते हैं: -

देह तरी वरिचिलिकडे। आपुलिया परी हिंडे।
परी बैसका न मोडे। मानसीची।
जातया अभ्रा सवे। जैसे आकाश न धावे।
भ्रमण चक्री न भवे। ध्रुव जैसा।
क्षीरार्णवयाचिया काल्लोळी। कंप नाही मंदराचळी।
आकाश न जळे जाळी। वणवियाच्या।
तैशा आघ्या गेल्या उर्मी। नव्हे गजबज मनो धमी।
किंबहूना धैर्यक्षमी। कल्पांतीही। हे स्थैर्य निधडे।
जेथ आंगे जीवे जोडे। ते ज्ञानाचे उघडे।
निधान साचे। (ज्ञा. अ. 13, ओ. 486, 489, 498, 499, 501)

व्यक्ति का मन, इच्छा के अनुसार नहीं भटकता, परन्तु आत्मस्वरूप में स्थिर रहता है। बहने वाले (दौड़ने वाले) बादलों के साथ आकाश नहीं दौड़ता या घूमने वाले नक्षत्रों के साथ ध्रुव तारा नहीं घूमता। उसी प्रकार भगवान का भक्त आत्मस्वरूप में स्थिर रहता है। जिस प्रकार समुद्र की लहरों से मंदरान्चल पर्वत विचलित नहीं होता, या आकाश जग में लगी आग से नहीं जलता, उसी प्रकार विकारों की लहरों

से जहां मन विचलित नहीं होता, वह स्थिर और शांत रहता है, इसी दशा को ''स्थैर्य'' कहते हैं। यही है ज्ञान का भंडार।

स्थैर्य कब आता है? ऐसी दशा कैसे प्राप्त होता है? इसके संबंध में और एक 'आत्मविनिग्रह' गुण के बारे में भगवान श्रीकष्ण उल्लेख करते हैं। इसे श्री ज्ञानेश्वर जी स्पष्ट करते हैं: -

आणि इसाळु जैसा घरा। कां दंदिया हतियेरा।
न विसंबे भांडारा। लुब्धक जैसा।
का एकलौतिया बाळका। वरी पडोनी ठाके अंबिका।
मधुविषी मधुमक्षिका। लोभिणी जैसी।
अर्जुना जे या परी। अन्तःकरण जतन करी।
नेदी उभे ठाको द्वारी। इंद्रियांच्या। समाधीचे शेजेपाशी।
बांधोनि घाली ध्यानासी। चित्त चैतन्य सेमरसी।
आतुर ते। अगा अन्तःकरण निग्रह जो।
तो हा हे जाणिजो।
हा आथि तेथ विजयो। ज्ञानाचा पै।

(ज्ञा. अ. 13, ओ. 502, 503, 504, 510, 511)

'आत्म विनिग्रह' के बारे में श्री ज्ञानेश्वर जी कहते हैं: -

भूत जैसे पेड़ को नहीं छोड़ता, धन पर बैठा हुआ सर्प जैसे धन को नहीं छोड़ता, योद्धा जैसे अपने शस्त्र को नहीं भूलता, माँ अपने एक अकेले पुत्र के तरफ हर समय ध्यान रखती है, और मधुमक्खी मधु में चिपकी रहती है, उसी प्रकार जो अन्तःकरण को नियंत्रण में रखकर इंद्रियों के दरवाजे पर उसे खड़ा नहीं रहने देता मतलब यह की अन्तःकरण पर इंद्रियों का अधिकार नहीं होने देता, यही आत्म विनिग्रह है। जिसका मन ध्यान में स्थिर रहता है और चैतन्य में समर्पित होना चाहता है, वही ज्ञान है। इसे 'अन्तःकरण निग्रह' कहते हैं। यह जहाँ पर है, वहीं ज्ञान की विजय होती है।

ज्ञान के चिन्ह क्या है? लक्षण क्या हैं? इसे सांराश रूप से पहचानने से ज्ञान की सच्ची पहचान होती है। 36 तत्वों के एकिकरण के साथ-साथ, ज्ञान के लक्षण भी दिखाई देने चाहिए।

शरीर के अवयवों से प्रकट होने वाले ज्ञान के नौ गुण हैं: -

1) अमानितत्व
2) अदम्भित्व
3) अहिंसा
4) क्षमा
5) आर्जव
6) गुरूसेवा
7) शुचिता
8) स्थैर्य
9) आत्मविनिग्रह

यह नौ गुण ही ज्ञान के चिन्ह हैं। यह गुण हमें आत्मसात करने चाहिए तभी इंद्रियों को नियंत्रण में रखकर, वैराग्य की तरफ बढ सकते हैं। अहंकार नष्ट करने में मद्द होगी।

श्री ज्ञानेश्वर जी वैराग्य वृत्ति के बारे में लिखते हैं: -

अर्जुना तेणे पाडे। जयासी विषयवार्ता नावडे।
नेदी इंद्रियांचेनि तोंडे। काहींच जावो।
जयाचे मनी आलस्य। देही अतिकार्श्य शमदयी सौरस्य।
जयासि गा। तपोव्रतां चा मेळावा।
जयाचे ठायी पांडवा। युगांत जया गांवा।
आंत येता। ते हे विषयवैराग्य।
जे आत्मलाभाचे भाग्य। येणे ब्रम्हानंदा योग्य।
होती जीव। (ज्ञा. अ. 13, ओ. 517, 518, 519, 523)

जिसे विषय सुख अच्छा नहीं लगता और जो इंद्रियों को बढ़ावा नहीं देता, विषय वासना के प्रति जो उदासीन रहता है, शरीर कृश होता है, इंद्रिय निग्रह करना जिसे अच्छा लगता है, जो तप और व्रतों मे व्यस्त रहता है, लोगों में रहने में जिसे दुख लगता है, योगाभ्यास और जंगल में एकान्त में जाकर बैठना जिसे अच्छा लगता है, जिसकी ऐसी प्रवृति है उसे ही कहते हैं ''विषय-वैराग्य'', आत्मस्वरूप का लाभ करने वाले सद्‌भाग्य। इसके कारण जीव, निर्गुण आत्मस्वरूप में समाधी लगाकर ब्रम्हानंद भोगने के लिए योग्य होता है।

यह विषय-वैराग्य कैसे प्राप्त होता है? उसे प्राप्त करने के लिए अहंकार को छोड़ना होगा। अभिमान छोड़ना होगा, कैसा होता है यह निरहंकार, अहंकार न करना?

श्री ज्ञानेश्वर जी समझाते हैं: -

ऋतुकाळी तरी फळती। परी फळलो हे नेणति।
तया वृक्षांचिये ऐसी वृत्त। कर्मी सदा।
एवंमनी कर्मी बोली। जेथ अहंकारा उरवी जाहाली।
एकावळीची काढिली। दोरी जैसी।
संबंधेवीण जैसी। अभ्रे असती आकाशी।
देही कर्मे जैसी। जयासि गा।
मद्यपा अंगीचे वस्त्र। कां लेपाहातीचे शस्त्र।
बैलावरी शास्त्र बांधले आहे। तया पाडे देही।
जया मी आहे ते सेचि नाही। निरहंकारता पाही।
तया नावं। (ज्ञा. अ. 13, ओ. 530, 531, 532, 533, 534)

मौसम में पेड़ को फल लगते हैं लेकिन यह पेड़ों को नहीं मालूम रहता। ज्ञानी पुरुष की वृत्ति, कर्म के आचरण पेड़ जैसा होता है। धागे में से फूलों को निकाल दिया जाय, उसी प्रकार **ज्ञानी के मन से, कर्म से, और वाणी से अहंकार निकल जाता** है, नष्ट होता है। आकाश से संबध ना होते हुए भी, बादल आकाश में रहते हैं, उसी प्रकार कर्तत्व का अहंकार ज्ञानी नहीं करता। मदीरा पीने वाले को वस्त्र का ध्यान नहीं रहता, चित्र के हाथ में जैसे शस्त्र, या बैल के पीठ पर शास्त्र लादने पर

उसे उसके बारे में कुछ पता नहीं होता, उसी प्रकार ज्ञानी व्यक्ति को वह देह धारण करने वाला है, इसका ध्यान ही नहीं रहता। इस अवस्था को निरहंकारिता कहते हैं।

ज्ञान के लक्षणों के बारे में विस्तृत स्पष्टीकरण देने के बाद श्री ज्ञानेश्वर जी 'अज्ञान' क्या है? इसके बारे में लिखते हैं: -

मग म्हणे यां नावे। ज्ञान एथ जाणावे।
हे स्वमत आणि आधवे। ज्ञनियेही म्हणत्ती।
आता धनंजया महामती। अज्ञान ऐसी वदती।
तेही सांगो व्यक्ती। लक्षणेसी।

(ज्ञा. अ. 13, ओ. 651, 653)

हे अर्जुन! पहले बताये हुए 18 लक्षणों से ज्ञान पहचाना जाता है। तथा ऐसे व्यक्ति को ज्ञानी कहते हैं। जिसे अज्ञान कहते हैं उसके क्या लक्षण हैं? इसके बारे में भी सुनो। अर्थात ज्ञान क्या है यह स्पष्ट होने के बाद, अज्ञान क्या है यह अपने आप स्पष्ट होता है। जिसे ज्ञान नहीं कहा जाता, वह अज्ञान ही है। अज्ञान के लक्षण क्या है? इस पर श्री ज्ञानेश्वर जी ने 205 ओवियाँ लिखी हैं।

अज्ञानी वह है, जो गर्व करता है, शरीर को ही पूजता है, अपनी निंदा सहन नहीं कर पाता, गुरू सेवा जिसे अच्छी नहीं लगती, अन्दर-बाहर जो अशुद्ध है, पाप करने में हिच-किचाता नहीं, स्वैराचार करता है, वैराग्य का तिरस्कार करता है, विषयभोग में ही डूबा रहता है, जहाँ नहीं जाना चाहिए वहाँ जाता है, जो देखना नहीं चाहिए वह देखता है, जो नहीं खाना चाहिए वही खाता है, ऐसे अनेक अवगुणों के बारे में श्री ज्ञानेश्वर जी अज्ञान के लक्षणों का स्पष्टीकरण करते हैं।

अब भगवान श्रीकृष्ण ज्ञेय के बारे में अर्जुन को बताते हैं: -

ज्ञेयं यत्तत्प्रवक्ष्यामि यज्ज्ञात्वामृतमश्नुते।
अनादिमत्परं ब्रह्म न सत्तन्नासदुच्यते।।
सर्वतः पाणिपादं तत्सर्वतोऽक्षिशिरोमुखम्।
सर्वतः श्रुतिमल्लोके सर्वमावृत्य तिष्ठति।।
सर्वेन्द्रियगुणाभासं सर्वेन्द्रियविवर्जितम्।
असक्तं सर्वभृच्चैव निर्गुणं गुणभोक्तृ च।।
बहिरन्तश्च भूतानामचरं चरमेव च।
सूक्ष्मत्वात्तदविज्ञेयं दूरस्थ चान्तिके च तत्।।
अविभक्तं च भूतेषू विभक्तमिव च स्थितम्।
भूतभर्तृ च तज्ज्ञेयं ग्रसिष्णु प्रभविष्णु च।।
ज्योतिषामपि तज्ज्योतिस्तमसः परमुच्यते।
ज्ञानं ज्ञेयं ज्ञानगम्यं हृदि सर्वस्य धिष्ठितम्।।
इति क्षेत्रं तथा ज्ञानं ज्ञेयं चोक्तं समासतः।
मभ्दक्त एतद्विज्ञाय मद्भावायोपपद्यते।।

(गीता. अ. 13, श्लोक 12, 13, 14, 15, 16, 17, 18)

भगवान श्रीकृष्ण कहते हैं "हे अर्जुन अब मैं तुम्हे ज्ञेय किसे कहते हैं, इसके बारे में बताता हूँ। जिसके जानने से जीव अविनाशी होता है, उत्पति रहित ऐसा वह परब्रह्म है। इसे सत् भी नहीं कहा जाता और असत भी नहीं कहा जाता। यह परब्रह्म सर्वत्र है। इस परब्रह्म के सर्वत्र हाथ, पैर, आँखें, सिर, मुख, कान इत्यादि हैं और विश्व में जो कुछ भी है उसे यह परब्रह्म व्याप्त करता है। यह ज्ञेय मन, बुद्धि सहित संपूर्ण इंद्रियों और सत्वादि गुण रूप में अनुभव होता है। यह परब्रह्म मन इंद्रियों और गुण से अलग हैं, सबको धारण करने वाला और यह सत्वादि गुणों से रहित है। ज्ञेय प्राणीमात्रों के अन्दर और बाहर व्याप्त है। जो दूर हो कर भी पास है, लेकिन वह सूक्ष्म है, इसलिए अज्ञानी व्यक्ति उसे नहीं जानता। ज्ञेय भिन्न-भिन्न प्राणीमात्रों में स्थित होने से विभाजित हुआ लगता है। परब्रह्म ज्ञेय उत्पति काल में सर्व सृष्टि निर्माण करता है, स्थिति काल में सृष्टि का पोषण करता है, और प्रलय काल में सर्व पृथ्वी को ग्रस लेता है। ज्ञेय, सूर्य आदि को प्रकाश देने वाला है। यह अविद्या रूपी अंधकार के परे है। यही ज्ञान और यही ज्ञेय है। इसे ज्ञान से प्राप्त किया जाता है और यह सबके हृदय में स्थित है।

परब्रह्म का यह स्वरूप और तत्वज्ञान श्री ज्ञानेश्वर जी इस प्रकार समझाते हैं: -

तरि ते गा किरीटी ऐसे। अवकाशी आकाश जैसे।
पटी पट होऊनि असे। तंतु जेवी।
उदक होऊनि उदकी। रस जैसा अवलोकी।
दीपपणे दीपकी। तेज जैसे।
किंबहुना जैसे पांडवा। सोनेचि सोनयाचा र वा।
तैसे जे या सर्वा। सर्वांगी असे।
म्हणोनि हा भूताकार। तेथूनि तेचि तया आधार।
काल्लोळा सागर। जियापरी।
येप्हवी आधवीचि आता। हे सांगोनी वोरोत्तमा।
परी तुझीया मनोधर्मा। मिळेलना। म्हणोनि एकचि सचले।
चतुर्धा आम्ही केसे। जे अदळपण देखिले।
तुझिले प्रज्ञे। पै बाळ जे जेवविजे।
तै घास एक विसा ठायी कीजे।
तैसे एकचि हे चतुर्व्याज।
कथिले आम्ही। एक क्षेत्र एक ज्ञान।
एक ज्ञेय एक अज्ञान। भाग केले अवधान।
जाणोनि तुझे।

(ज्ञा. अ. 13, ओ. 892, 893, 895, 921, 949, 950, 951, 952)

हे अर्जुन ! जिस प्रकार जहाँ अवकाश (खाली स्थान) है वहाँ आकाश होता है। वस्त्र में धागा ही वस्त्र रूप होता है। इसी प्रकार ज्ञेय सर्वरूप है। जिस प्रकार रस यह

गुण, पानी में पानी होकर रहता है, तेज, दीपक में दीप के रूप में रहता है, जिस प्रकार सोना, सोने के कणों में होता है, उसी प्रकार ज्ञेय सब पदार्थों में पदार्थ मात्र हो कर रहता है, जिस प्रकार समुद्र से उत्पन्न हुई तरंगों का आधार समुद्र होता है, उसी प्रकार ज्ञेय से सभी प्राणीमात्र होते हैं। ज्ञेय ही उनका आधार है।

भगवान श्रीकृष्ण कहते हैं कि हे अर्जुन ! सब कुछ आत्मा है, ऐसा यदि तुझे बताते, तो तेरा मन उसे स्वीकार नहीं करता। तुम्हारी बुद्धि इसे समझने मे असमर्थ है, ऐसा मैने देखा। जो अद्वैत स्वरूप में सर्वत्र व्याप्त है, वही मैंने तुम्हें चार भागों में बांट कर समझाया। जिस प्रकार छोटे बच्चे को खाना खिलाना है, तो बड़े आदमी के एक टुकड़े के बीस टुकड़े करके छोटे बच्चे को खिलाये जाते हैं, उसी प्रकार एक ही अद्वैत परब्रह्म चार भाग में बांटा इसके चार भाग किये - एक क्षेत्र, एक ज्ञान, एक ज्ञेय और एक अज्ञान।

इसी संबंध में श्री ज्ञानेश्वर जी लिखते हैं: -

पै क्षेत्र येणे नावे। जे सांगितले आघवे।
तेचि एथ जाणावे। प्रकृति हे गा।
आणि क्षेत्रज्ञ ऐसे। जयाते म्हणितले असे।
तो पुरुष हे अनारिसे। न वोलो घेई।
इये आनाने नांवे। परि निरुप्य आन नोहे।
हे लक्षण न चुकावे। पुढत पुढती।
तरि केवळ जे सत्ता। तो पुरुष का पांडुसुता।
प्रकृती ते समस्ता। क्रिया नाम।

(ज्ञा. अ. 13, ओ. 963, 964, 965, 966)

हे अर्जुन ! अभी तक क्षेत्र के बारे में जो बताया उसे प्रकृति कहा जाता है। जिसे क्षेत्रज्ञ कहा वही पुरुष है। क्षेत्र-क्षेत्रज्ञ, प्रकृति-पुरुष यह भिन्न-भिन्न नाम है। उनके अर्थ भिन्न-भिन्न नहीं है। यह तुम मत भूलना। यही में बार बार कह रहा हूँ। हे पांडसुत जो सिर्फ सत्ता है, वह पुरुष और सब क्रिया को प्रकृति कहते हैं।

भगवान श्रीकृष्ण कहते हैं: -

प्रकृतिं पुरुषं चैव विद्धयनादी उभावपि।
विकारांश्च गुणांश्चैव विद्धि प्रकृतिसम्भवान्।।
कार्यकरणकर्तृत्वे हेतुः प्रकृतिरूच्यते।
पुरुषः सुखदुःखानां भोक्तृत्वे हेतुरूच्यते।।
पुरुषः प्रकृतिस्थो हि भुङ्क्ते प्रकृतिजान्गुणान्।
कारणं गुणसङ्गोऽस्य सदसद्योनिजन्मसु।।

(गी. अ. 13, श्लोक 19, 20, 21)

प्रकृति और पुरुष यह दो पदार्थ हैं जो अनादि हैं। सब कार्यरूप (शरीर रुप) पदार्थ और गुण प्रकृति से उत्पन्न हुए हैं। कार्य, कारण और कर्तत्व इन सबका कारण

प्रकृति है। पुरुष सब सुख दुख के भोग करता है, ऐसा कहते हैं। प्रकृति से उत्पन्न गुणों का भोग पुरुष करता है, अच्छे या बुरे योनि में जन्म लेने का कारण भी इस गुण की संगत हैं। क्योंकि पुरुष प्रकृति में स्थित है, वह प्रकृति को अपना स्वरुप मानता है तथा प्रकृति से उत्पन्न हुऐ सुख, दुख आदि को ''मैं सुखी हूँ, दुखी हूँ, विद्वान हूँ इस प्रकार मानता हुआ भोगता है और अच्छी,बुरी योनियों में जन्म लेता है''

श्री ज्ञानेश्वर जी इस तत्व को इस प्रकार समझाते हैं: -

ऐसेनि संतासंते। कर्म प्रकृतिस्तव होते।
तया पासोनि निर्वाळते। सुख दुःख गा।
असंति दुःख उपजे। सत्कर्मी सुख निपजे।
तया दोहीचा बोलिजे। भोग पुरुषा।
तो अचक्षु अश्रवण। अहस्त अचरण।
रूप ना वर्ण। नाम आथी।
अर्जुना कांहीचि जेथ नाही। तो प्रकृतीचा भर्तार पाही।
की भोगणे ऐसयाही। सुख दुःखाचे।

(ज्ञा. अ. 13, ओ. 976, 977, 983, 984)

प्रकृति से पुण्य रूप और पाप रूप कर्म निर्माण होते हैं और उससे क्रमशः सुख-दुःख रूप फल प्राप्त होते हैं। पाप कर्म से दुख प्राप्त होता है और पुण्य कर्म से सुख प्राप्त होता है। इन सुख-दुःख का भोग पुरुष लेता है। पुरुष की ना आँखें हैं, ना कान आदि ज्ञानेंद्रियाँ हैं वैसे ही हाथ पाँव आदि कर्मेंद्रिय भी नही हैं। रूप वर्ण नाम भी नही है। हे अर्जुन ! जिस पुरुष के पास कुछ भी नही है, ऐसा यह पुरुष प्रकृति का पति है। ऐसे पुरुष को सुख दुख भोगना पड़ता है ऐसे पुरुष को उसकी पतिव्रता पत्नि प्रकृति, भोग करा रही है।

इस प्रकृति के बारे में श्री ज्ञानेश्वर जी लिखते हैं: -

जियेते अळुमाळ। रूपा गुणांचा चाळढाळ।
ते भलतेसाही खेळ। लेखा आणी।
कायी मन हे नपुंसक। की ते भोगवी तिन्ही लोक।
ऐसे ऐसे अलौकिक। करणे इयेचे।
हे भ्रमाचे महाद्वीप। हे व्याप्ती चे रूप।
विकार उमप। इया केले। (ज्ञा. अ. 13, ओ. 986, 990, 991)

इस प्रकृति में आकार और गुणों की थोड़ी भी हलचल शुरू होती है तो वह पुरुष के सामने चमत्कार करके अनेक खेल दिखलाती है। इस प्रकृति को 'गुणमयी' कहा है। प्रकृति से उत्पन्न हुआ मन नपुंसक है। लेकिन क्या इसे नपुंसक कहा जाये? प्रकृति तो मन को तीन लोकों की यात्रा कराती है, भोग दिलाती है। प्रकृति भय का बहुत बड़ा द्वीप है। सर्वत्र व्याप्त है। इसी से अनेक विकार उत्पन्न होते हैं।

प्रकृति और क्या करती हैं?

ऐसेनि इया प्रकृती। आपुलिया सर्व व्याप्ती।
तया अविकाराते विकृती। माजी कीजे।
तेथ पुरुषत्व जे असे। ते ये प्रकृतिदशे।
चंद्रमा अवसे। हारपला जेवी।
तैसा गुण संगमे। अजन्मा हा जन्मे।
पावत ऐसा गमे। येप्हवी नाही।

(ज्ञा. अ. 13, ओ. 1007, 1008, 1019)

इस प्रकार यह प्रकृति सर्व रूप से विस्तारित होती है और कार्य-रहित पुरुष से भी कार्य कराती है। जिस प्रकार प्रकाश रूप चंद्रमा आमावस के दिन प्रकाश-रूप जैसा दिखने के बजाय आमावस जैसा दिखाई देता है उसी प्रकार पुरुष तो असंग है लेकिन पुरुषत्व प्रकृति के प्रभाव में प्रकृति जैसा हो जाता है। प्रकृति इतनी प्रभावी है।

फिर यह पुरुष करता क्या है? भगवान श्रीकृष्ण कहते हैं: –

उपद्रष्टानुमन्ता च भर्ता भोक्ता महेश्वरः।
परमात्मेति चाप्युक्तो देहेऽस्मिन्पुरूषः परः।।
य एवं वेत्ति पुरुषं प्रकृतिं च गुणैः सह।
सर्वथा वर्तमानोऽपि न स भूयोऽभिजायते।।

(गी. अ. 13, श्लो. 22, 23)

वास्तव में पुरुष प्रकृति के कार्य में शामिल नहीं होता, वह तो सिर्फ साक्षी होता है। प्रकृति के कार्य का अनुमोदन करता है, सबका पोषण करता है, सबका भोग लेने वाला और नियंत्रण करने वाला सर्वेश्वर है। ऐसा यह पुरुष, देह में परम-प्रकृति के परे है, उसे परमात्मा भी कहते हैं। इस प्रकार जो व्यक्ति, पुरुष और गुण-सहित प्रकृति का स्वरूप जानता है, वह प्रारब्ध के अनुसार बर्ताव करता है और फिर से जन्म नहीं लेता, यानि उसे भौतिक शरीर की प्राप्ति नहीं होती।

श्री ज्ञानेश्वर जी सुंदर उदाहरण से समझाते हैं कि पुरुष सिर्फ साक्षी किस प्रकार है?

हा प्रकृति माजी उभा। परि जुई जैसा वोथंबा।
इया प्रकृति पृथ्वी नभा। तेतुला पाड। प्रकृति
सरितेच्या तटि।
मेरू होय हा किरीटी। माजी बिंबेपरी लोटी।
लोटो नेणे। आणि प्रकृति येणे जिये।
याचिया सत्ता जग विये। इयालागी इये।
वरयितु हा। पै या देहा माझारी।
परमात्मा ऐसी जे परी। बोलिजे ते अवधारी।
ययातेचि।

(ज्ञा. अ. 13, ओ. 1022, 1023, 1025, 1028)

पुरूष, प्रकृति के कार्य में दिखाई देता है लेकिन उसका वहाँ होना रातरानी की बेल का खंबे के आधार जैसा है। पृथ्वी व आकाश में जितना अंतर है उतना ही अंतर पुरुष और प्रकृति में है। जिस प्रकार नदी के किनारे का पर्वत, नदी में प्रतिबिंबित होने पर भी नदी के प्रवाह से बहता नहीं, इसी प्रकार यह पुरुष भी प्रकृति रूप नदी के किनारे मेरू पर्वत की तरह स्थिर रहता है। पुरुष के योग से ही प्रकृति को अस्तित्व प्राप्त होता है। पुरुष की सत्ता के कारण, प्रकृति से जग निर्माण होता है। इसलिए वह प्रकृति का पति हुआ। इस देह में जो परमात्मा है वह इसी को कहते हैं। हे अर्जुन! प्रकृति के परे एक पुरुष है, ऐसा शास्त्रों में कहा है, वह पुरुष यही है।

इस पुरुष को कैसा देखा जाता है? भगवान श्रीकृष्ण कहते हैं: -

ध्यानेनात्मनि पश्यन्ति केचिदात्मानमात्मना।
अन्ये साङ्ख्येन योगेन कर्मयोगेन चापरे॥
अन्ये त्वेवमजानन्तः श्रुत्वान्येभ्य उपासते।
तेऽपि चातितरन्त्येव मृत्यु श्रुतिपरायणाः॥
यावत्सजांयते किचिंत्सत्त्वं स्थावरजङ्गमम्।
क्षेत्रक्षेत्रज्ञसंयोगात्तद्विद्धि भरतर्षभ॥
समं सर्वेषु भूतेषु तिष्ठन्तं परमेश्वरम्।
विनश्यत्स्वविनश्यन्तं यः प्श्यति स पश्यति॥
समं पश्यन्हि सर्वत्र समवस्थितमीश्वरम्।
न हिनस्त्यात्मनात्मानं ततो याति परां गतिम्॥
प्रकृत्यैव च कर्माणि क्रियमाणानि सर्वशः।
यः पश्यति तथात्मानमकर्तारं स पश्यति॥

(गी. अ. 13, श्लो. 24, 25, 26, 27, 28, 29)

कोई इस पुरुष को, 'ध्यान' के द्वारा देखता है। और कोई 'सांख्य योग' के द्वारा और कोई 'कर्म योग' के द्वारा आत्म स्वरूप को देखते हैं। इन तीन ही योगों को न जानने वाले, पहले तो शुद्ध चित्त कर लेते हैं और फिर शुद्ध चित्त होकर, आत्मध्यान दृष्टि से अपने शुद्ध स्वरूप (पुरुष) को देखते हैं। संपूर्ण सजीव और निर्जीव जीव सृष्टि, क्षेत्र और क्षेत्रज्ञ के संयोग से उत्पन्न होती है। सर्व प्राणीमात्रों में परमेश्वर का नाश न होने वाला अंश है। ऐसा जो देखता है, ऐसा व्यक्ति ही परम-गति को, भगवान को, प्राप्त होता है।

'पुरुष' को कैसा देखा जाता है?

इसके संबंध में श्री ज्ञानेश्वर जी संतो का विशेष रूप से उल्लेख करते हैं: -

तयोचेनि मुखे जे निधे। तेतुले आदरे चांगे।
ऐकोनिया आंगे। मने होती।
तया ऐकणेयाचेनि नांवे। ठेवती गा आघते।
तया अक्षरांसी जीवे। लोण करिती।

तेही अंती कपिध्वजा। इया मरणार्णव समाजा।
पासूनि निघती। वोजा। गोमटेया।
यया चतुर्विध प्रकारे। जे मज मीनले पुरे। तयासी
काहीं नुरे। भोक्तव्य गा।

(ज्ञा. अ. 13, ओ. 1043, 1044, 1045, 1046)

जो व्यक्ति, साधुसंतो के मुख से जो भी वचन निकलते हैं, उसे आदर से श्रवण करते हैं, शरीर और मन से, उन वचन के अनुसार, आचरण करते हैं। सत्पुरुष के सत्संग के बारे में सुनते ही, सब कामों को छोड़ कर, इस सत्संग को श्रवण करते हैं और सत्संग वचनों पर अपना जीवन समर्पित करते हैं, हे अर्जुन! ऐसे व्यक्ति इस मरणरूप समुद्र में डूबे हुए समाज से बाहर निकल आते हैं। इस तरह चारों प्रकार से (ध्यान, कर्मयोग, सांख्ययोग, संतवचन के अनुसार आचरण कर के) जो मुझमें पूर्ण रूप से समर्पित होता है, उनके लिए और कुछ भोगने का प्रारब्ध बचता ही नहीं।

पुरुष (आत्मा) एक खंबे की तरह अचल खड़ा होता है उसके इर्द-गिर्द प्रकृति अपनी क्रिया करती है। श्री ज्ञानेश्वर जी समझाते हैं: -

आणि मन बुद्धि प्रमुखे। कर्मेंद्रिय अशेखे।
करी प्रकृतीचि हे देखे। साचे जो गा।
धरीचि राहटती धरी। घर कांही न करी।
अभ्र धावे अंबरी। अंबर ते उगे।
तैसी प्रकृति आत्म प्रभा। खेळे गुणी विविधारंभा।
येथ आत्मा तो वोथंवा। नेणे कोण।
ऐसेनि येणे निवाडे। जयाच्या जीवी उजिवडे।
अकर्तयाते फुडे। देखिणे तेणे।

(ज्ञा. अ. 13, ओ. 1081, 1082, 1083, 1084)

कर्मेद्रियों में मन और बुद्धि प्रमुख हैं और इन्हीं से प्रकृति कर्म करवाती है। यह जिसे ठीक से मालूम होता है वही, पुरुष व प्रकृति को जानता है। घर में रहने वाले ही घर में घूमते फिरते हैं लेकिन घर कुछ नहीं करता। आकाश में बादल ही इधर-उधर बहते हैं लेकिन आकाश स्थिर रहता है इसी प्रकार आत्म-चैतन्य के प्रकाश से त्रिगुणात्मक प्रकृति अनेक कर्म, प्रवृति-रूप खेलती है परन्तु कर्म होते समय आत्मा एक स्तंभ की तरह स्थिर रहता है। कौन से कर्म हो रहे हैं वह नहीं जानता। आत्म-विवेक से जिसके अन्त-:करण में ज्ञान प्रकाश फैलता है उसे ''मैं अकर्ता हूँ'' ऐसा समझ में आता है। लेकिन ब्रह्म-स्वरूप प्राप्त होने के क्या लक्षण हैं?

भगवान श्रीकृष्ण इसे फिर से सारांश में बताते हैं: -

यदा भूतपृथग्भावमेकस्थमनुपश्यति।
तत एव च विस्तारं ब्रह्म सम्पद्यते तदा।।

अनादित्वान्निर्गुणत्वात्परमात्मायऽमव्ययः।
शरीरस्थोऽपि कौन्तेय न करोति न लिप्यते।।
यथा सर्वगतं सौक्ष्म्यादाकाशं नोपलिप्यते।
सर्वत्रावस्थितो देहे तथात्मा नोपलिप्यते।।
यथा प्रकाशयत्येकः कृत्स्नं लोकमिमं रविः।
क्षेत्रं क्षेत्री तथा कृत्स्नं प्रकाशयति भारत।।
क्षेत्रक्षेत्रज्ञयोरेवमन्तरं ज्ञानचक्षुशा।
भूतप्रकृतिमोक्षं च ये विदुर्यान्ति ते परम्।।
(गी. अ. 13, श्लो. 30, 31, 32, 33, 34)

भिन्न भिन्न दिखने वाले प्राणीमात्र एक ब्रह्मरूप में ही स्थित हैं व उसी से संपूर्ण भूतविस्तार हुआ है। जब ऐसा समझ में आता है तब ही जीव ब्रह्म-स्वरूप होता है। परमात्मा अनादि और अविनाशी है इसलिए हे अर्जुन वह शरीर में तो है लेकिन वह कर्म नहीं करता या उसमें लिप्त नहीं होता। जैसे आकाश सूक्ष्म होने से सब वस्तुओं में व्याप्त रहता है और किसी से लिप्तमान नहीं होता। उसी प्रकार आत्मा, आकाश से भी सूक्ष्म होने के कारण, शरीर में सर्वत्र रहता है लेकिन उसमें लिप्तमान नहीं रहता। जिस प्रकार एक ही सूर्य पूरे जगत को प्रकाश-मान करता है उसी प्रकार क्षेत्रज्ञ संपूर्ण क्षेत्र को प्रकाशित करता है। क्षेत्र और क्षेत्रज्ञ का आपस में संबंध, जो ज्ञानरूपी चक्षु से देखता है और जो प्रकृति के अस्तित्व को ज्ञानदृष्टि से समझता है वही परम पद को पहुँचता है। जो व्यक्ति गुरू और शास्त्र के उपदेश से आत्मसाक्षात्कार रूप, ज्ञान नेत्रों द्वारा, क्षेत्र और क्षेत्रज्ञ के अन्तर को समझ लेता है, और **इस अविद्या रूपी क्षेत्र के स्वभाव को खत्म कर देता है, वह मोक्ष को प्राप्त होता है।**

श्री ज्ञानेश्वर जी पुरुष व प्रकृति का संबंध फिर से स्पष्ट करते हैं: -

तरि परमात्मा म्हणिपे। तो ऐसा जाण स्वरूपे।
जळी जळे न लिपे। सूर्य जैसा।
कां जे जळा आदी पाठी। तो असतचि असे किरीटी।
माजी बिंबे ते दृष्टी। आणिकांचिये। तैसा आत्मा देही।
आथि म्हणिपे हे कांहीं। साचे तरी नाही।
तो जेथिचा तेथे। आरिसा मुख जैसे।
बिंबलिया नांव असे। देही वसणे तैसे।
आत्मतत्वा। तया देहा म्हणती भेटी।
हे सपायी निर्जीव गोठी। वारिया वाळुचे गांठी।
केहि आहे। (ज्ञा. अ. 13, ओ. 1095, 1096, 1097, 1098, 1099)

हे अर्जुन! जिस प्रकार सूर्य का प्रतिबिम्ब पानी में पड़ने पर भी वह पानी से अलिप्त रहता है, पानी से गीला नहीं होता, उसी प्रकार जिसे परमात्मा कहते हैं, वह शरीर में रहते हुए भी प्रकृति के गुणों से लिप्त न होकर शुद्ध स्वरूप ही रहता है। आत्मा देह

में है, ऐसा जो कहा जाता है, वह ठीक नहीं है। आत्मा तो अपने जगह ही है। जिस प्रकार दर्पण में मुख प्रतिबिम्बि होने के कारण उसे प्रतिबिम्ब कहा जाता है, उसी प्रकार आत्मा शरीर में वास करती है, प्रतिबिम्ब के रूप में अन्तःकरण में रहती है। आत्मा और देह में सम्बन्ध है यह कहना हवा और बालू में सम्बंध प्रस्थापित करने जैसा है।

श्री ज्ञानेश्वर जी लिखते हैं: –

अहो रात्रे जैसी। येती जाती आकाशी।
आत्म सत्ते तैसी। देहे जाण।
म्हणोनि इये शरीरी। कांही करवी ना करी।
आयताही व्यापारी। सज्ज न होय।
यालागी स्वरुपे। उणा पूरा न घेपे।
हे असो तो न लिंपे। देही देहा।

(ज्ञा. अ. 13, ओ. 1118, 1119, 1120)

जिस प्रकार दिन और रात आकाश में दिखाई देते हैं उसी प्रकार आत्म सत्ता पर देह निर्माण होते हैं, नष्ट होते हैं। इसलिए पुरुष शरीर पर कुछ करता नहीं या करवाता भी नहीं, प्रकृति के किये हुए व्यापार में, कर्म में, वह भाग लेने के लिए भी तैयार नहीं होता। वह स्वयं ही पूर्ण है, वह देह में रहते हुए भी उससे अलिप्त है।

क्षेत्र और क्षेत्रज्ञ को जानने के लिए क्या करना चाहिए?

श्री ज्ञानेश्वर जी लिखते हैं: –

शब्द तत्व सारज्ञा। पै देखणी तेचि प्रज्ञा।
जे क्षेत्र क्षेत्रज्ञा। अपाड देखे।
इया दोही चे अंतर। देखावया चतुर।
ज्ञानियांचे द्वार। आरधिती।

(ज्ञा. अ. 13, ओ. 1130, 1131)

हे अर्जुन! जो क्षेत्र और क्षेत्रज्ञ के लक्षणों की विशेषताओं को जानती है, वह बुद्धि ही है, और उसी से इन दोनो में पूरक देखा जा सकता है। क्षेत्र और क्षेत्रज्ञ में क्या अंतर है? इसे जानने के लिए, चतुर लोग, ज्ञानी पुरुषों के द्वार पर प्रार्थना करते हैं। तथा ज्ञानी पुरुषों के नम्र सेवक बन कर क्षेत्र और क्षेत्रज्ञ का ज्ञान प्राप्त करते हैं।

सारांश

इस अध्याय में श्रीकृष्ण भगवान, क्षेत्र, क्षेत्रज्ञ, ज्ञान, अज्ञान के बारे में बताते हैं।

(1) **क्षेत्र**–का अर्थ है शरीर जो 36 तत्त्वों का एकत्रीकरण है। इसमें से 25 तत्त्वों का स्थूल शरीर, 5 तत्त्व उसे क्रियाशील करने के लिए; 4 तत्त्व स्वभाव विशेष वाले और 2 उसे एकत्र करने वाले। यह सब संक्षेप में पृष्ठ 183 पर बने कोष्ठक

में दिए गए हैं। इसे क्षेत्र इसलिए कहते हैं क्योंकि इन तत्त्वों के एक साथ काम करने से पाप-पुण्य की फसल तैयार होती है।

(2) **ज्ञान**–हृदय में ज्ञान का उदय हो जाने पर शरीर पर उसके लक्षण दिखाई देते है। यह हैं–

(i) **अमानित्व**–खुद बड़ा और ज्ञानी होने पर भी उसे लोगों से छुपाना।

(ii) **अदम्भित्व**–सादेपन से रहना; अपनी बड़ाई न करना; विषयों के बारे उदासीन; अपनी विद्या। पुण्य कर्मों को बेचना नहीं।

(iii) **अहिंसा**–मन, वाचा, शरीर से किसी को तकलीफ न देना।

(iv) **क्षमा**–दुख-सुख, मान, अपमान में सम। किसी से क्रोध ना करना तथा क्षमा करना।

(v) **आर्जव**–किसी से खराब बर्ताव ना करना; सभी के प्रति प्रेम से आचरण।

(vi) **आचार्योपासना (गुरुभक्ति)**–मन से, शरीर से गुरु को पूर्ण रूप से समर्पित तथा उसकी सेवा करना।

(vii) **शुचित्व**–मन और शरीर पूरी तरह स्वच्छ होना।

(viii) **स्थैर्य**–आत्मस्वरूप में स्थिर रहना। विकार की लहरों से मन का विचलित नहीं होना।

(ix) **आत्म विनिग्रह**–अंत:करण पर इन्द्रियों का प्रभाव नहीं होने देना।

इन नौ गुणों का पालन करने से, वैराग्य की तरफ बड़ सकते हैं। अहंकार नष्ट करने में मदद मिलती है। इससे जीव को आत्मस्वरूप में समाधी लगाने की योग्यता मिलती है।

(3) **अज्ञान**–के लक्षण हैं–शरीर को ही सब कुछ समझना; गर्व करना अपनी निंदा नहीं सहन करना; पाप करने से हिचकिचाना नहीं विषयभोग में लिप्त आदि।

(4) **ज्ञेय**–परब्रह्म को ज्ञेय कहते हैं जो उत्पत्ति रहित है, सर्वत्र व्याप्त, मन, बुद्धि, इन्द्रियों और गुणो से अलग, उत्पत्ति, स्थिति और लय करने वाला, जो सिर्फ ज्ञान से ही प्राप्त होता है। ज्ञेय ही सबका आधार है।

अंत में श्रीकृष्ण भगवान यही बात दूसरे ढंग से समझाते हैं–अर्थात प्रकृति और पुरुष के माध्यम से। जिसे क्षेत्र कहा है वह प्रकृति है तथा क्षेत्रज्ञ पुरुष है। सब कार्यरूप (शरीर) और गुण (सत, रज, तम) प्रकृति से उत्पन्न हुऐ हैं। पुरूष प्रकृति में स्थित है और प्रकृति को अपना स्वरूप मानता है तथा प्रकृति से उत्पन्न सुख-दुख को अपना सुख-दुख मानकर, उसे भोगता है और अच्छी-बुरी योनियों में जन्म लेता है। पुरुष तो असंग है लेकिन प्रकृति के प्रभाव में वह प्रकृति जैसा हो जाता है। प्रकृति इतनी प्रभावी है। पुरुष के योग से ही प्रकृति को अस्तित्व प्राप्त होता है और जग निर्माण होता है। लेकिन असल में पुरुष सिर्फ साक्षी है वह प्रकृति के कार्य में शामिल नहीं होता। इस प्रकार जो व्यक्ति पुरुष और प्रकृति का स्वरूप जानता है, वह प्रारब्ध के अनुसार बर्ताव करता है और जन्म-मृत्यु से मुक्त हो जाता है।

परमात्मा अनादि और अविनाशी है इसलिए वह शरीर में तो है परन्तु कर्म नहीं करता, उससे लिप्त नहीं होता। आत्मा शरीर में सर्वत्र रहता है लेकिन उसमें लिप्तमान नहीं होता। जो क्षेत्र और क्षेत्रज्ञ के फर्क को समझ लेता है और अविद्यारूपी क्षेत्र के स्वभाव को ख़त्म कर देता है, वह मोक्ष प्राप्त करता है।

इस प्रकार हम देखते हैं की इस अध्याय में यह बहुत स्पष्ट किया गया है की कार्य करते वक्त उनसे लिप्त नहीं होना चाहिए (अर्थात कर्त्तापन नहीं लेना चाहिए और फल की इच्छा नहीं करनी चाहिए) क्योंकि ऐसा करने से पुरुष अपने को कर्त्ता मानने लगता है जिससे जीवन मरण का चक्कर चलता रहता है।

अध्याय चौदहवाँ

गुणत्रय विभाग योग

भगवान श्रीकृष्ण, क्षेत्र और क्षेत्रज्ञ, शरीर और शरीर को जानने वाले, पुरुष और प्रकृति के बारे में अर्जुन को समझाते हैं। शरीर यानि सिर्फ स्थूल शरीर, कर्मेंद्रिय और ज्ञानेंद्रिय का सिर्फ एक ढांचा नहीं है। स्थूल शरीर तो पंच-महाभूतों का एकीकरण है। इसके साथ स्थूल शरीर में अशरीरी तत्व हैं तथा उसके बारे में श्री कृष्ण भगवान विस्तृत विवेचन करके उसे स्पष्ट करते हैं। शरीर का व्यवहार कैसा होना चाहिए। ज्ञान क्या है इसे समझना चाहिये। इसको पाने के लिए श्री ज्ञानेश्वर जी कहते हैं कि हमें ज्ञानी पुरुष का सेवक होना चाहिए।

चौदहवें अध्याय का स्पष्टीकरण करने के पहले, श्री ज्ञानेश्वर जी चौदहवें अध्याय की भूमिका को स्पष्ट करते हैं:

की पुढ़ीलाची दृष्टि चोरिजे। हा दृष्टिबंध निफजे।
परी नवल लाघव तुझे। जे आपणचे चोरे।
जे क्षेत्र क्षेत्रज्ञ योगे। हाईजे येणे जगे।
आत्मा गुणसंगे संसारिया। आणि हाचि प्रगति गतू।
सुख दुःख भोगी हेतू। अथवा गुणानीतू। केवळ हा।
तरी कैसा पां असंगा संग। कोण क्षेत्र क्षेत्रज्ञ योग।
सुख दुःखादिभोग। केवी तया। गुण ते कैसे किती।
बांधती कवणे रीति। तरी गुणातीती। चिन्हे काई।

(ज्ञा. अ. 14, ओ. 5, 33, 34, 35, 36)

श्री ज्ञानेश्वर जी कहते हैं जादूगर, देखने वाले की आंखो को धोखा देकर अपना खेल दिखाता है, वस्तु छुपाता है, फिर निकालता है। लेकिन भगवान आप तो महान जादूगर हैं। आप नाटक-कार भी ऐसे आश्चर्यकारक हैं की आप अपने आपको ही छुपाते हो। क्षेत्रज्ञ भी ऐसा ही है। क्षेत्र और क्षेत्रज्ञ के मिलने से जग की उत्पति होती है। गुणों (सत, रज तम) के संग से आत्मा संसारी या जीव रूप होता है। प्रकृति में कैद होने से सुख-दःुख भोगना पड़ता है, सुख-दःुख का कारण प्रकृति है। गुणों का संबंध यदि ना रहे तो आत्मा गुणातीत यानि गुणों से परे है।

आत्मा से गुणों का संग कैसे होता है? क्षेत्र और क्षेत्रज्ञ से उसका क्या संबध है? सुख-दुःख क्यों भोगने पड़ते हैं, गुण कौन से हैं? कितने हैं? वह जीव (शरीरस्थ आत्मा) को कैसे बांधकर रखते हैं? और आत्मा को गुणातीत क्यों कहते हैं? चौदहवें अध्याय का यही विषय है।

इस विषय के संबध मे भगवान श्रीकृष्ण कहते हैं.

श्रीभगवानुवाचः।

परं भूयः प्रवक्ष्यामि ज्ञानानां ज्ञानमुत्तमम।
यज्ज्ञात्वा मुनयः सर्वे परां सिद्धिमितो गताः।
इदं ज्ञानमुपाश्रित्य मम साधर्म्यमागताः।
सर्गेऽपि नोपजायन्ते प्रलये न व्यथन्ति च।
मम योनिर्महद्ब्रह्म तस्मिन्गर्भ दधाम्यहम्।
सम्भवः सर्वभूतानां ततो भवति भारत।
सर्वयोनिषु कौंतेय मूर्तयः सम्भवन्ति याः।
तासां ब्रह्म महद्योनिरहं बीजप्रदः पिता।

(गी. अ. 14, श्लोक 1, 2, 3, 4)

भगवान श्रीकृष्ण कहते हैं: जो ज्ञान सबसे उत्तम है और जिसको प्राप्त करके सर्व मुनि इस देह को छोड़ कर परम-सिद्धि को प्राप्त होते हैं, ऐसे प्रकृति के परे जाने वाले पुरुष का परम ज्ञान फिर से तुम्हें बताता हूँ। मेरा महद्ब्रह्म रूप प्रकृति, सर्व जगत का जनन स्थान है। उस योनि में (जनन स्थान) मैं सृष्टि का गर्भ रखता हूँ उससे हे अर्जुन, सब प्राणीमात्रों की उत्पत्ति होती है। हे अर्जुन, सर्व योनियों में जितने भी देह हैं, उसका कारण प्रकृति हैं। उस प्रकृति में बीज स्थापन करने वाला पिता मैं हूँ। इस ज्ञान को जानने वाले और मेरे साथ, एकरुपता प्राप्त हुए मनुष्य जन्म मृत्यु के बंधनों से छूट जाते हैं।

उत्तम ज्ञान वही है, जो देह को छोड़कर, परम-गति को प्राप्त करने का मार्ग दिखलाये। श्री ज्ञानेवर जी कहते हैं पहले तो महद्ब्रह्म क्या है इसको समझना जरूरी है।

ना तरी दीप मूळकी। दीपाशिखा अनेकी।
मिनलिया अवलेकी।
होय जैसे। अर्जुना तया परी। सरली द्वैताची वारी।
नांदे नामार्थ एकाहारी। मी तूं विणे।
येप्हवी तरी महद्ब्रम्ह।
या लगी हें ऐसे नाम। जे महदादि विश्राम। शाळिका हे।
विकारा बहुवस थीरी। अर्जुना हेचि करी।
म्हणोनि अवधारी। महद्ब्रम्ह। (ज्ञा. अ. 14, आ. 55, 56, 67, 68)

एक दीपक से अनेक दीप ज्योति प्रज्वलित करके उन्हें एक में लाया जाय तो वह एक ही ज्योत है। उसी प्रकार हे अर्जुन, ज्ञान से जो मेरे स्वरूप को प्राप्त होते

हैं, तब द्वैत नष्ट होता है। प्रकृति से ही ब्रह्मांण्ड के सब स्थूल और सूक्ष्म तत्व उत्पन्न होते हैं व उसी में उनका लय होता है। यह ब्रह्माण्ड से बड़ी है, इसलिए इसे महद्ब्रह्म नाम दिया जाता है। सर्व कार्य रूप पदार्थों का विस्तार यह प्रकृति करती है इसलिए भी इसे महदब्रह्म कहते हैं। सांख्य-शास्त्र के अनुसार इस महद्ब्रह्म को ही प्रकृति कहते हैं। वेदांत शास्त्र इसे माया कहते हैं।

महदब्रह्म से सर्व प्राणी-मात्र किस प्रक्रिया से उत्पन्न होते हैं, इसका विस्तार से स्पष्टीकरण श्री ज्ञानेश्वर जी देते हैं:

महत्ब्रम्हा उदरी। प्रकृति आठे विकारी। गर्भाची करी।
वेले वेली। उभय संगे पहिले। बुद्धितत्व प्रसवले।
बुद्धितत्वे उभारले। होय मन। तरूणी ममता मनाची।
अहंकार तत्व रची। तेणे महाभूताची। अभिव्यक्ति होय।

(ज्ञा. अ. 14, ओ. 90, 91, 92)

अविद्या रूपी गर्भ में, प्रकृति आठ विकारों की वृद्धि करती है। क्षेत्र और क्षेत्रज्ञ का संबध होने से (जिसकी कल्पना की जाती है) प्रथम बुद्धि-तत्व उत्पन्न होता है। बुद्धि-तत्व से मन निर्माण होता है। इस मनकी 'ममता' (प्रेम) युवा स्त्री है, यह 'ममता' अहंकार (पंच महाभूतों का एकीकरण) तत्व को उत्पन्न करती है और अहंकार तत्व से प्राणी-मात्रों की निंमिती होती है। प्राणीमात्र चार प्रकार के हैं। उनकी उत्पत्ति किन तत्वों से होती है? इसके संबध में श्री ज्ञानेश्वर जी लिखते हैं:

व्योम वायुवशे। वाढ़लेनि गर्भरसे। मणिज उससे।
अवयव तो। पोटी सूनि तमरजे। आगळिका तोय तेजे।
उठिता निपजे। स्वदेजा गा। आप पृथ्वी उत्कंठे।
आणि तमोमात्रे निकृष्टे। स्थावर उभट्। उभ्दिज गा।
पांचा पांच ही वीरजी। होती मनबुद्ध्या दिं साजी।
ही हेतु जारजी। ऐसे जाण।

(ज्ञा. अ. 14, ओ. 99, 100, 101, 102)

आकाश और वायु के संयोग से अंडे में रहने वाले प्राणी उत्पन्न होते हैं, पानी और तेज के (आग) मिलन से स्वेदज (जलधर) उत्पन्न होते हैं, पानी और पृथ्वी का संयोग तमोगुण की वृद्धि के साथ होता है तब उद्भिज (वनस्पति) निर्माण होती है और पंचमहाभूत के परस्पर एकीकरण से मन, बुद्धि, अहंकार का पोषण करके 'जारज' उत्पन्न होते हैं। इस तरह यह चार प्रकार के अवयव निर्माण होते हैं। इस जग की यह चार योनियां जग के हाथ पैर इत्यादि हैं। प्रकृति का यह स्थूल रूप प्रकृति के मस्तिष्क का भाग है। श्री ज्ञानेश्वर जी स्पष्ट करते हैं कि आनंद-दायक स्वर्ग प्रकृति का कण्ठ है, मृत्यु लोक मध्य-भाग और पाताल, सुंदर कमर है। ऐसे बालक को प्रकृति जन्म देती है और स्वर्ग, मृत्यु, और पाताल यह तीनों इस प्रकृति का स्वस्थ अंग हैं। 84 लाख योनियां इस बालक के शरीर के जोड़ हैं। ऐसे यह प्रकृति (स्थूलरूप) बढ़ती है। क्या यह स्थूल प्रकृति सत्य है?

श्री ज्ञानेश्वर जी कहते हैं।

तैसी इये नाना देहे। दाऊनि मी नाना होये।
तेथ जो ऐसा बंध आहे।
तेहि देखे। बंधची की न बांधिजे। हे जाणणे मज माजे।
नेणणेनि उपजे। आपलेनि। तरी कोणी गुणे कैसा।
मजचि भी बंध ऐसा। आवडे ते परियेसा। अर्जुन देवा।
गुण ते किती किं श्रर्म। कायी यया रूपनाम।
के जाले हे वर्म। अवधारी पां।

(ज्ञा.अ. 14, ओ. 134, 135, 136, 137)

अनेक प्रकार के शरीर-निर्मिती का भास निर्माण करके मैं ही एक से अनेक होता हूँ। उससे गुणों का जो संबंध निर्माण होता है वह भी मैं ही हूँ। बंध है, ऐसा भास होता है लेकिन मैं उस बंध में नही हूँ। हे अर्जुन मैं किन गुणो से बंध जाता हूँ मै खुद को बंधन कारक कैसे मानता हूँ यह तुम्हें बताता हूँ। गुण कितने हैं? उनके धर्म क्या, उनका रूप क्या है? उनके नाम क्या है? वे कहाँ उत्पन्न होते हैं? यह रहस्य मैं तुम्हें बताता हूँ। भगवान श्रीकृष्ण कहते हैं।

सत्त्वं रजस्तम इति गुणाः प्रकृतिसम्भवाः।
निबध्नन्ति महाबाहो देहे देहिनमव्ययम्।
तत्र सत्त्वं निर्मलतृत्वात्प्रकाशकमनामयम्।
सुखसंग्डेःन बध्नाति ज्ञानसङ्गेन चानघ।
रजो रागात्मकं विद्धि तृष्णासङ्गसमुद्भवम्।
तन्निबध्नाति कौंन्तेय कर्मसङ्गेन देहिनम्।
तमस्त्वज्ञानजं विद्धि मोहनं सर्वदेहिनाम्।
प्रमादालस्यनिद्राभिस्तन्निबध्नाति भारत।

(गी.अ. 14, ओ. 5, 6, 7, 8)

हे अर्जुन। सत्व, रजस, तम यह तीन गुण प्रकृति से उत्पन्न हुए हैं। ये गुण देहभिमानी जीव को देह से बांधे रखते है। इन गुणों में से सत्व गुण निर्मल होने कारण प्रकाश देने वाले हैं और हानिकारक नहीं हैं। सत्व गुण, सुख और ज्ञान के संगम से यानि मैं सुखी हूँ मैं ही जानता हूँ इस अभिमान से बंधन में पड़ जाता है। रजोगुण मन को लुभाने वाला, मनोरंजन करने वाला है, और यह वासना और आसक्ति उत्पन्न करने वाला है। रजोगुण फल की इच्छा से कर्म में आसक्त करता है और इसे बांध देता है। अज्ञान से निर्मित तमोगुण सब जीवों की बुद्धि को मोह में डालता है। जीव अविवेकी हो जाता है। यह प्रमाद यानि विचार न करते हुए साहस करना, आलस्य, निंद्रा इत्यादि कर्मों से जीव को बद्ध करता है।

श्री ज्ञानेश्वरजी सत्व, रजस, तमस गुणों के बारे में स्पष्ट करते हैं।

तेवी सत्वे लुब्धके। सुखज्ञानाची पाशके।
वोढ़िजती मग खुडके। मृग जैसा।
मग ज्ञाने चडफडो। जाणिविचे खुरखोडी।
स्वयं सुख हे धाडी। हातीचे गा। तेंव्हा विद्यामाने तोरवे।
लाभमात्रे हरिरवे। भी संतुष्ट हे हि देखे। श्लाघो लागे।
म्हणे भाग्य ना माझे। आणि सुखिये नाही दुजे।
विकाराष्टके फुंजे। सात्विकाचेनि। प्रवृत्ति शास्त्र बुझे।
यज्ञ विद्या उमजे। किंबहुना सुझे।
स्वर्ग वरी। आणि म्हणे आजि आन। भी वांचून
नाही सज्ञान। चातुर्य चन्द्रागगन। चित्त माझे।

(ज्ञा. अ. 14 ओ. 148, 149, 150, 151, 156, 157)

शिकारी हिरन को जाल में पकड़ता है तब वह तड़फड़ाता है। उसी प्रकार सुख और ज्ञान के संगम से सत्वगुण जीव को अपने जाल में बांध देता है। और जीव अपनी मूलरूप की स्थिति, स्वयं-सुख और ज्ञान-रूप को भूलकर, प्राप्त हुए, विषय सुख और विषयज्ञान से तड़फड़ाता है। इस वक्त उसकी विद्वता का कोई मान करता है तो वह खुश होता है, कुछ लाभ हुआ तो उससे वह संतुष्ट होता है। 'मैं सुख में कैसे रहूँ' इसके बारे में सोचता है। 'मेरे जैसा सुखी कोई नहीं है' ऐसा कहते हुए वह अभिमानी होता है। 'मेरे जैसा कोई विद्वान नहीं है, चतुर नहीं है'। इस प्रकार सत्व-गुण, जीव को, सुख और ज्ञान की अभिमान रूपी रस्सी से बांधकर, बैल के जैसी उसकी स्थिति करता है।

रजोगुण कैसा बांधता है? इसे श्री ज्ञानेश्वरजी स्पष्ट करते है:

हे रज याचि कारणे। जीवाते रंजऊ जाणे। अभिलाखाचे तरूणे।
सदांचि गा। हे जीवी मोटके रिगे। आणि कामाच्या मदी लागे।
मग वारया वळघे। तृष्णेचिर्या घृते आंबुखूनि आगियाळे। वज्राग्नीचे राबुकले।
आता पहु थेंकुले। आहे तेथ। तैसी खवळे चाड।
होय दुःखा सकट गोड।
इंद्रश्रीहि साकंड। गमो लागे। ऐसा देही देहावेगळा।
ते तृष्णेचिया सांखळा।
खटाटोप वाहे गळा। व्यापाराचा। हे रजोगुणाचे दारूण।
देही देहियासि बंधन। परिस आता विंदाण। तमाचे ते।

(ज्ञा. अ. 14, ओ. 160, 161, 162, 163, 172, 173)

जीव को खुश करने वाला, मनोरंजन करने वाला गुण, रजोगुण है। रजोगुण वासना को युवा रखता है (यानि सतत वासना में ही डूबा रहता है) और उसे क्षीण नहीं होने देता। रजो-गुण जब अन्तःकरण में समाता है, तो काम मद उत्पन्न करता है और जीव वासना को गले से लगाता है। विषय वासना इतनी प्रबल होती है कि

उससे उत्पन्न होने वाले दु:ख भी अच्छे लगते हैं। इंद्र के पास जितनी संपत्ति है उतनी मिलने के बाद भी उसकी तृप्ति नहीं होती। इस प्रकार देह से जीव भिन्न होते हुए भी, जीव वासना की जंजीरों मे जकड़ जाता है।

श्री ज्ञानेश्वर जी तमो गुण को स्पष्ट करते हुए बताते हैं:

अज्ञानाचे जियाळे। जया एका लागले।
जेणे विश्व भुलले। नाचत असे।
अविवेक महामंत्र। जे मौढ़्यमद्याचे पात्र।
हे असो मोहनास्त्र।
जीवासी जे। पार्था गा ते तमा। रचूनी ऐसे वर्म।
चौखुरी देहात्म। मानियाते। हे येकचि कीर शरीरी।
माजो लागे चराचरी।
आणि तेथ दुसरी। गोठी नाही। तैसा वळवे साहसा।
अकरणीचि धिवसा। किंबहुना ऐसा। प्रमादू रचे।
एवं निद्रालस्य प्रमादी। तम इया त्रिबंधी।
वाधे निरूपाधि। चोखटाते।

(ज्ञा. अ. 14, ओ. 175, 176, 177, 178, 192, 193)

अज्ञान से निर्माण होता है यह तमोगुण। जीव अपने मूल स्वरूप को भूल जाता है और विषयों से मोहित होता है। तमो गुण यानि जीव को पूर्ण रूप से मोह लेने वाला अस्त्र ही है। व्यक्ति देह को आत्मा समझता है। यह तमोगुण जब पूरे शरीर में प्रवेश करता है तब सभी लक्षण प्रकट होते हैं, जैसे आलस्य अविवेक, इंद्रियों में जड़त्व, निद्रा, प्रमाद। इस प्रकार आत्मा तमोगुण में पूर्ण रूप से बंध जाती है। सत्व, रज और तम गुणों के और क्या लक्षण हैं? इससे व्यक्ति के वर्ताब में क्या फर्क दिखाई देते हैं?

इसके बारे में भगवान श्रीकृष्ण कहते हैं:

सत्त्वं सुखे संजयति रज: कर्मणि भारत।
ज्ञानमावृत्य तु तम: प्रमादे संजयत्युत।।
रजस्तमश्चाभिभूय सत्त्वं भवति भारत।
रज सत्त्वं तमश्चैव तम: सत्त्वं रजस्तथा।।

(गी. अ. 14, श. 9, 10)

सत्व रज व तम यह मन की अवस्थायें हैं। यह अवस्था स्थिर नहीं होती। वह बदलती रहती हैं सत गुण सुख में नियुक्त करता है रजोगुण हमें कर्मों के प्रति आसक्त करता है और तमोगुण सत्व गुण से उत्पन्न हुऐ ज्ञान व विवेक को अज्ञान से ढक देता है। हम से प्रमाद करवाता है। कभी रज और तम गुणों को दबाकर, सत्व गुण ऊपर उठता है, कभी सत्व गुण और तमो गुण को दबाकर रजोगुण उभरता है और कभी सत्व गुण और रजोगुण को दबाकर तमों गुण ऊपर उठता है। इसलिए एक ही व्यक्ति में सत, रज और तम गुण दिखाई देते हैं और अपने-अपने कार्य आरम्भ करते हैं।

सत, रज और तम गुणों के और क्या पहचान चिन्ह हैं? भगवान श्रीकृष्ण कहते हैं:

सर्वद्वारेशु देहेऽस्मिन् प्रकाश उपजायते।
ज्ञानं यदा तदा विद्याद्विवृद्धं सत्वमित्युत।
लोभ: प्रवृतिरारंम्भ: कर्मणामृशम: स्पृहा।
रजस्येतानि जायन्ते विवृद्धे भरतर्षभ।
अप्रकाशोऽप्रवृत्तिश्च प्रमादो मोह एव च।
तमस्येतानि जायंते विवृद्धे कुरूनन्दन।
यदा सत्त्वे प्रवृद्धे तु प्रलयम् याति देहभृत्।
तदोत्तमविदॉलोकानमलान्प्रतिपद्यते
रजसि प्रलयं गत्वा कर्मसंगिषु जायते।
तथा प्रलीनस्तमसि मूढ़योनिषु जायते।

(गी. आ. 14 श. 11, 12, 13, 14, 15)

सभी इंद्रियाँ जब विवेक पूर्वक व्यवहार करती हैं, तब सत्व गुण की वृद्धि होती है। रजोगुण जब बढ़ता है तो दूसरों की धन संपति के प्रति अभिलाषा निर्माण होती है। शरीर व इंद्रियाँ इसकी प्राप्ति के लिए प्रयत्न करती हैं। चित्त मे अशांती निर्माण होती है व वस्तु की प्राप्ति की प्रबल इच्छा ऐसे लक्षण दिखाई देते हैं। तमोगुण की वृद्धि से अविचार बढ़ता है, कर्म करने में आलसी होता है, प्रमाद इत्यादि लक्षण दिखाई देते हैं। सत्व गुण बढ़ने से जीव मृत्यु के बाद स्वर्गादि पुण्य लोक में जाते हैं। रजोगुण के वृद्धि के कारण, मरण के बाद कर्मासक्त मनुष्य-लोक में जन्म होता है और तमो-गुण बढ़ने से मृत्यु के बाद पशु इत्यादि मूढ़ योनि में जन्म होता है। यह भगवान श्रीकृष्ण स्वयं बताते हैं।

श्री ज्ञानेश्वर जी सत्व, रजस और तमस के परिणामों के बारे में लिखते हैं:

अगा पुनवेच्या दिवशी। चंद्रप्रभा धावे आकाशी।
ज्ञानी वृत्तितैसी।
फांके सैंघ्र। वासना एकवटे। प्रवृत्ति वोहटे।
मानस विटे। विषयांवरी।
मग गोमटेया तया। जावळी असे धनंजया।
तेवी सत्वे जाणे देहा।
के आथि गा। जे स्वगुणी उभ्दट। घेवूनि सत्व चोखट।
निगे सोडूनि कोपट। भोगक्षम हे। अवचटे ऐसा जो जाये।
तो सत्वाचाचि नवा होये। किंबहूना जन्मला ला हें। ज्ञानिया माजी।

(ज्ञा. अ. 14, ओ. 212, 213, 217, 218, 219)

सत्व गुण का विस्तार कैसे दिखाई देता है? पूनम को चंद्रमा पूर्ण गोलाकार होता है तब उसका प्रकाश पूरे आकाश में फैलता है। उसी प्रकार जब सत्वगुण में वृद्धि

होती है, तो वृद्धि का ज्ञान सर्वत्र फैलता है। विषय प्राप्ति की वासना नष्ट होती है और सिर्फ परमेश्वर प्राप्ति की वासना ही रह जाती है। विषय सुख प्राप्ति के प्रयत्न कम होते हैं। सत गुण की वृद्धि बढ़ते हुए यदि मृत्यु होती है तो सत्व को छोड़कर देह कहां जाता है? ऐसा सत्व गुणी व्यक्ति, ज्ञानी पुरुष के कुल में जन्म लेता है। रजोगुणी व्यक्ति का क्या होता है?

स्पृहा मना पुढ़ा। आशेचा घे दवडा। विश्व धापे चाडा।
पायांतळी। इत्यादि वाढ़ता रजी। इये चिन्हे होती साजी।
आणि ऐशा समाजी। वेचे जरी देह। तरी आघवाचि इही।
परिवारला आनी देही। रिगे परी योनिहि। मानुषीची।
कर्म जडांच्या ठायी। किंबहुना होय देही।
जो रजो वृत्तीच्या डोही। बुडोनि निमे।

(ज्ञा. अ. 14, ओ. 236, 237, 242)

रजो-गुण की वृद्धि से विषय शक्ति बढ़ती है, कर्म फल के प्रति आसक्ति बढ़ती रहती है। ऐसे वक्त मरण होता है तो रजोगुणों के लक्षणों के सहित ऐसा व्यक्ति मनुष्य योनि में अगला जन्म प्राप्त करता है। ऐसा व्यक्ति जड़ कर्म-मार्ग में विश्वास रखने वाले मूढ़ बुद्धि लोगों के कुल में देह धारण करता है।

इसी प्रकार तमोगुणी व्यक्ति को निषिद्ध (न करने योग्य कर्म) कर्म करने में ही रूचि होती है। जब इस तमोगुणी व्यक्ति की मृत्यु होती है तब वह पशु, पक्षी, पेड़, कृमि इत्यादि योनियों में जन्म लेता है।

सत्व, रज और तम गुण से और क्या होता है? इसके बारे में भगवान श्रीकृष्ण कहते हैं:

कर्मणः सुकृतस्याहुः सात्त्विकं निर्मलं फलम्।
रजसस्तु फलं दुःखमज्ञानं तमसः फलम्।।
सत्त्वात्संजायते ज्ञानं रजसो लोभ एव च।
प्रमादमोहौ तमसो भक्तोऽज्ञानमेव च।।
ऊर्ध्वं गच्छन्ति सत्त्वस्था मध्ये तिष्ठन्ति राजसाः।
जघन्यगुणवृत्तिस्था अधो गच्छन्ति तामसाः।।
नान्यं गुणेभ्यः कर्तारं यदा द्रष्टानुपश्यति।
गुणेभ्यश्च परं वेत्ति मद्भावं सोऽधिगच्छति।।

(गी. अ. 14, श्लो. 16, 17, 18, 19)

शास्त्र अनुसार सत्व पुण्य कर्म करने से निर्मल सात्विक फल मिलते हैं। दुःख प्राप्ति, यह रजस कर्म का फल है। और तमो गुणी कर्म के फल अज्ञान या अविवेक हैं। सत गुण से ज्ञान उत्पन्न होता है, रजो गुण से लोभ और तमो गुण से प्रमाद यानि अविवेक उत्पन्न होता है और अज्ञान भी। सत्व गुणी ऊपर यानि स्वर्ग लोक में जाता है, रजोगुण मृत्यु लोक में बार बार जन्म लेता है और निषिद्ध

आचरण करने वाले तमोगुणी व्यक्ति, पशु आदि अधम योनि में जन्म लेता है। जब जीव को यह ज्ञान प्राप्त है कि गुणों के अलावा कर्मों का कर्ता दूसरा कोई नहीं है, तथा आत्मा गुणों का साक्षी है परन्तु गुणों के परे है, तब ऐसा ज्ञानी व्यक्ति ''मुझे'' प्राप्त होता है।

श्री ज्ञानेश्वर जी इन तीन गुणों के संबंध में कहते हैं कि यह गुण देहरूप होते हुए भी, जीव की मोक्ष स्थिति की प्राप्ति की क्षमता में कोई कमी नहीं होती।

श्री ज्ञानेश्वर जी कहते हैं:

इंधनाचेनि आकारे। अग्नि जैसा अवतरे। का आघवेनि तरूवरे।
भूमीरस। नाना देहियांचेनि मिसे। परिणमे दूधची जैसे।
का मूर्त होय उंसे। गोडी जेवी। तैसे ते सांतः करण।
देहचि होती त्रिगुण।
म्हणोनि बंधासि कारण। घडे कीर। परि चोज हे धनुर्धरा।
जे एवढ़ा हा गुंफिरा। मोक्षाचा संसारा। उणा नोहे।

(ज्ञा. अ. 14, ओ. 281, 282, 283, 284)

जिस प्रकार का ईंधन होगा, उसी प्रकार की आग होगी। या जैसा वृक्ष होगा वैसा ही उसके फल का रस होगा। प्राणियों का शरीर अलग होने से, उनसे मिलने वाला दूध एक जैसा दिखने के बावजूद, उसके गुण भिन्न होते हैं। ईख बाहर से एक जैसी दिखने पर भी उसका मीठापन अलग-अलग होता है। उसी तरह यह तीन गुण ही अन्तःकरण सहित देहरूप होते हैं। देह के माध्यम से ही सत, रज और तम भाव प्रकट होते हैं। लेकिन फिर भी जीव गुणों में बंधा होने के बावजूद, उसके मोक्ष प्राप्त करने में कोई कमी नहीं रहती अर्थात वह मोक्ष प्राप्त करने में सक्षम रहता है। व्यक्ति को अच्छे आचरण का मार्ग अपनाना जरूरी है। जीव को अपने को गुणों से अलग करना होता है।

भगवान श्री कृष्ण कहते हैं:

गुणानेतानतीत्य त्रीन्देही देहसमुद्भवान्।
जन्ममृत्युंजरादुःखैर्विमुक्तोऽमृतमश्नुते।। *(गी. अ. 14, श्लो. 20)*

यह देहाधारी विद्वान जीता हुआ ही, देह की उत्पत्ति के लिये कारण इन तीन गुणों से अलग होने के बाद जन्म, मरण, बुढ़ापा और दुःख इनसे मुक्त होकर अपने अविनाशी स्वरूप को प्राप्त होता है।

इस तत्व को और विस्तार से समझने के लिए अर्जुन भगवान श्रीकृष्ण से प्रश्न करते हैं:-

अर्जुन उवाच

कैर्लिङ्गैस्त्रीन्गुणानेतानतीतो भवति प्रभो।
किमाचारः कथं चेतांस्त्रीन्गुणानतिवर्तते।।

(गी. अ. 14, श्लोक 21)

अर्जुन भगवान श्रीकृष्ण से पूछते हैं:

हे प्रभो! किन गुणों से इन तीनों गुणों के परे गये हुए पुरुष को पहचाना जायेगा? वह कैसा आचरण वाला होता है? वह किस प्रकार तीन गुणों के परे जाता है?

भगवान श्रीकृष्ण कहते हैं:

प्रकाशं च प्रवृत्तिं मोहमेव च पाण्डव।
न द्वेष्टि संप्रवृत्तानि न निवृत्तानि कांङ्क्षति।।
उदासीनवदासीनो गुणैर्यो न विचाल्यते।
गुणा वर्तन्त इत्येव योऽवतिष्ठति नेङ्गते।।
समदुःखसुखः स्वस्थः समलोश्टाश्मकांचनः।
तुल्यप्रियाप्रियो धीरस्तुल्यनिंदात्मसंस्तुतिः।।
मानापमानयोस्तुल्यस्तुल्यो मित्रारिपक्षयोः।
सर्वारम्भपरित्यागी गुणातीतः स उच्यते।।

(गी. अ. 14, श्लो. 22, 23, 24, 25)

भगवान श्रीकृष्ण कहते हैं कि प्रकाश यानि सत्व गुण की स्थिति में सुख का अनुभव, रजोगुण में कर्म करने की प्रवृत्ति व मोह, तथा तमोंगुण का कार्य अविवेक। यह सब उत्पन्न होने पर भी गुणातीत पुरुष इनका द्वेष नहीं करता और यह प्रवृत्तियां नष्ट होने पर उनकी इच्छा भी नहीं करता। ज्ञानी पुरुष इन सबका साक्षी होकर उदासीन व्यक्ति जैसा स्वस्थ रहता है। सुख-दुःख को समान समझता है। उसके लिए सुवर्ण और मिट्‌टी एक समान हैं, निंदा स्तुति एक समान समझने वाला ज्ञानी पुरुष सर्वत्र सम यानि ब्रह्म दृष्टि से देखता है। मान अपमान, मित्र-शत्रु इनको समान दृष्टि से देखता है। इस जगत और परलोक में मिलने वाले विषय-सुख की इच्छा से निर्माण होने वाली कर्म प्रवृत्ति का जो त्याग करता है उसे गुणातीत कहते हैं।

श्री ज्ञानेश्वर जी गुणतीत ज्ञानी पुरुष के लक्षणों के बारे में कहते हैं:

येवढ़्या गा प्रतीती। तो देहाला आलासे वस्ती।
वाटे जाता गुंती।
माजी जैसा। सत्कर्मे सात्विकी। रज ते रजो विषय की।
तम मोहादिकी। वर्तत असे। परि तयाचिया गा सत्ता।
होती गुणक्रिया समस्ता। हे फुडे जाणे सविता।
लौकिका जेवी।
समुद्रचि भरती। सोमकांतचि द्रवती। कुमुदे विकासती।
चंद्रतोगा। अर्जुना येणे लक्षणे। तो गुणातीत जाणणे।
परिस आता आचरणे। तयाची जी।

(ज्ञा. अ. 14, ओ. 337, 344, 345, 346, 348)

जिस प्रकार प्रवासी रात भर किसी गांव में ठहरता है, आश्रय लेता है, उसी प्रकार ज्ञानी पुरुष प्रारब्ध के अनुसार देहरूप गांव में रहता है। विद्वान व्यक्ति सदाचरण

से सत्व गुणात्मक, राजस कर्म से रजोगुणात्मक और मोहादि लक्षणों से तमोगुणात्मक बर्ताव करता है। लेकिन जिस प्रकार सूर्य के प्रकाश से लोग व्यवहार करते है, उसी प्रकार "मेरी सत्ता से ही गुण, क्रिया करते हैं" ऐसा ज्ञानी पुरुष स्पष्ट रूप से जानता है। चन्द्रमा के कारण ही समुद्र में बाढ़ आती है, कमल विकसित होता है, लेकिन चंद्र तो अपने जगह स्थिर है, वह कुछ करता नहीं और करवाता भी नहीं। हे अर्जुन! इन लक्षणों से ज्ञानी गुणातीत पुरुष को जाना जा सकता है। अब ज्ञानी पुरुष का आचरण कैसा होता है, इसके बारे में सुनो।

तरी वस्त्रासि पाठी पोटी। नाही सुतावाचूनि किरीटी।
ऐसे सुये दिठी।
चराचर मद्रूपे। म्हणोनि सुख दुःख सरिसे।
कांटाळे आचरे ऐसे।
रिपुभक्ता जैसे। हरीचे देणे। पै निद्रिताचेनि आंगेसी।
साप तैसी उर्वशी। तेवी स्वरूपस्था सरिसी। देही द्वंद्वे।
तैसी निंदा आणि स्तुती। नये कोण्हेचि व्यक्ति।
नाही आंधारे कां वाती। सूर्या धरी। सुखे ना शिणे।
पाषाण जेणे माने। तैसी सांडी मांडी मने। वर्जिली असे।

(ज्ञा. अ. 14, ओ. 349, 350, 356, 361, 368)

हे अर्जुन! जिस प्रकार वस्त्र में धागों के बगैर कुछ नहीं होता, उसी प्रकार चराचर विश्व में मेरे सिवाय दूसरा कोई नहीं है ऐसा ज्ञानी पुरुष ज्ञान दृष्टि से देखता है। जिस प्रकार परमात्मा विरोध करने वाले शत्रु को और भक्त को समान फल देता है उसी प्रकार ज्ञानी पुरुष सुख-दुःख को समान मानता है। जिस प्रकार प्रगाढ़ निद्रा में सोये हुए व्यक्ति के शरीर के पास सांप बैठा हो या उर्वशी जैसी अप्सरा बैठी हो, उसके लिये दोनो समान है, उसी तरह आत्मा में जिसका चित्त स्थिर है ऐसे व्यक्ति को सुख-दुःख एक समान हैं। जिस प्रकार पत्थर न सुखी होता है न दुखी, उसी प्रकार ज्ञानी पुरुष मन से कर्म करना या ना करना इन दोनों का त्याग करता है। ऐसा जिसका आचारण होता है, ऐसा पुरुष ही सही अर्थ में गुणातीत है।

लेकिन किस उपाय से सत्व, रज, तम इन तीनों गुणों के परे जाना संभव है? भगवान श्रीकृष्ण इस उपाय को स्पष्ट करते हैं:

मां च योऽव्यभिचारेण भक्तियोगेन सेवते।
स गुणान्समतीत्यैतान्ब्रह्मभूयाय कल्पते।।
ब्रह्मणो हि प्रतिष्ठाहममृतस्याव्ययस्य च।
शाश्वतस्य च धर्मस्य सुखस्यैकान्तिकस्य च।।

(गी. अ. 14 श. 26, 27)

गुणातीत होने का उपाय है: "जो मेरे सगुण रूप की अनन्य भाव से भक्ति करता है, गुणों को पार करके गुणातीत ब्रह्म-रूप होने के लिए पात्रता प्राप्त करता

है। ऐसा व्यक्ति मानता है कि अविनाशी, अविकारी, नित्य ज्ञान-योग रूप, निवृति धर्म से प्राप्त होने वाला आनंद रूप परमब्रह्म स्वरूप मैं ही हूँ।''

श्री ज्ञानेश्वर जी सगुण रूप भक्ति जिसे अव्यभिचारी भक्ति कहा है स्पष्ट करते हैं:

तरी अव्यभिचार रहित चित्ते भक्ति योगे माते।
सेवी जो गुणांते।
जाकळू शके। न उकलिता पट। तंतूचि असे स्पष्ट।
ना विरवितां घट। मृत्तिका जेवी। म्हणोनि विश्वपण जावे।
मग ते माते घेवावे। तैसा नव्हे आघवे। सकटचि मी।
ऐसेनि माते जाणिजे। ते अव्यभिचारी भक्ति म्हणिजे।
येथ भेद कांही देखिजे। तरी व्यभिचारी तो।
हो का तरंग लहान। परि सिंधूसी नाही भिन्न।
तैसा ईश्वरी मी आन। नोहेचि मा। ऐसेनि बा समरसे।
दृष्टी जै उल्हासे। ते भक्ति पै ऐसे। आम्ही म्हणो।

(ज्ञा. अ. 14, ओ. 371, 379, 380, 381, 386, 387)

मुझ से अलग न रह कर, मुझ से एकरूप होकर, मेरे सगुण स्वरूप से जो प्रेम करता है, वह तीनों गुणों को काबू में रख सकता है। वस्त्र के धागों को अलग किये बिना भी वह सूत ही है, ऐसा समझ में आता है या मिट्टी के बर्तन को पानी में डुबोकर वह मिट्टी ही है यह जानने की जैसे आवश्यकता नहीं होती, उसी प्रकार सर्वसंसार का लय करके मेरा स्वरूप जानना जरूरी नहीं होता। इस प्रकार बिना भेद से मुझे जानने की प्रक्रिया को अव्यभिचारी भक्ति कहते हैं। समुद्र में उठी हुई तरंग, छोटी होने के बाद भी समुद्र से भिन्न नहीं होती। उसी प्रकार तू परमेश्वर से अलग नहीं है इस दृष्टिकोण से देख। इस अभेद प्रेमदृष्टी को ही भक्ति कहते हैं।

इस प्रकार तीन गुणों का स्पष्टीकरण देने के बाद और ब्रह्म स्वरूप के भक्ति के बारे में विस्तृत वर्णन करने के बाद भी संसार को हम सच मानते हैं। ऐसा क्यों होता है? संसार वृक्ष का मूल ऊपर की तरफ और टहनियाँ, शाखायें जमीन के भीतर क्यों दिखाई देती है? भगवान इसके बारे मे पंद्रहवें अध्याय में समझाते हैं।

सारांश

इस अध्याय में श्रीकृष्ण भगवान बताते हैं कि तीन गुण-सत, रज और तम-प्रकृति से उत्पन्न होते हैं और जीव को देह से बाँधे रखते हैं। सत गुण में प्राणी सोचता है ''मैं सुखी हूँ, मैं जानता हूँ'' और इस अभिमान से बंधन में पड़ जाता है। रजो गुण वासना और आसक्ति उत्पन्न करता है, फल की इच्छा से कर्म कराता है और बाँध

देता है। तमो गुण बुद्धि को मोह में डालता है, अविवेकी बनाता है, प्रमाद, आलस्य तथा निद्रा से बाँध देता है। व्यक्ति देह को आत्मा समझता है।

यह तीनों गुण मन की अवस्थाएँ हैं परन्तु यह अवस्थाएँ स्थिर नहीं होती–वह बदलती रहती हैं। सत गुण सुख में नियुक्त करता है, रजो गुण कर्मोंके प्रति आसक्त तथा तमो गुण प्रमाद करवाता है। कभी सत गुण ऊपर उठता है, कभी रज तथा कभी तम गुण–एक ही व्यक्ति में समय-समय पर अलग-अलग गुण प्रकट होते हैं।

ज्ञानेश्वर जी महाराज कहते हैं कि जब सतगुण की वृद्धि होती है तो ज्ञान फैलता है विषय-वासना नष्ट होती है; सिर्फ परमेश्वर प्राप्ति की वासना रह जाती है। ऐसे समय मृत्यु होने से सतगुणी व्यक्ति, ज्ञानी पुरुष के कुल में जन्म लेता है।

रजोगुण की वृद्धि होने से विषय शक्ति बढ़ती है। कर्म फल के प्रति आसक्ति बढ़ती है। ऐसे समय मृत्यु होने से व्यक्ति जड़ मार्ग में विश्वास रखने वाले मूढ़ बुद्धि लोगों के कुल में जन्म लेता है।

तमो गुणों की वृद्धि होने से व्यक्ति निषिद्ध कर्म करने में रुचि रखता है तथा मृत्यु के पश्चात वह पशु, पक्षी पेड़ आदि योनियों में जन्म लेता है।

गुणों के अलावा कर्मों का कर्त्ता कोई नहीं है तथा आत्मा केवल गुणों की साक्षी है। जब जीव को यह ज्ञान प्राप्त होता है तो वह मोक्ष प्राप्त करता है। ऐसे ज्ञानी व्यक्ति का आचरण कैसा होता है?

श्रीकृष्ण भगवान कहते हैं कि गुणों की प्रवृत्ति उत्पन्न होने से गुनातीत पुरुष इनका द्वेष नहीं करता तथा यह प्रवृत्तियाँ नष्ट होने पर इनकी इच्छा भी नहीं करता। वह इनका साक्षी होकर उदासीन व्यक्ति जैसा स्वस्थ रहता है। सुख-दुख, मान-सम्मान में सम। इस संसार तथा परलोक में मिलने वाले विषय सुख की इच्छा से निर्माण होने वाली कर्म प्रवृत्ति को त्यागता है।

गुणतीत होने का उपाय?

भगवान श्रीकृष्ण बताते हैं ''जो मेरे सगुण रूप की अनन्य भाव से भक्ति करता है, वह गुणातीत होने की पात्रता प्राप्त करता है। वह मानता है कि अविनाशी, अविकारी, नित्य ज्ञानयोग रूप, आनन्द रूप परब्रह्म स्वरूप मैं ही हूँ।''

अध्याय पंद्रहवाँ

पुरुषोत्तम योग

क्षेत्र, क्षेत्रज्ञ का विस्तार से वर्णन करने के बाद, शरीर कैसे कार्य करता है, तथा प्रकृति के तीन गुण-सत्व, रजस और तमस, व्यक्ति की वृत्ति को किस प्रकार निश्चित करते हैं, इसके बारे में भगवान श्रीकृष्ण अर्जुन को समझाते हैं। आत्मस्वरूप ज्ञान, यही मुक्ति का मार्ग है।

15वां अध्याय शुरू करने के पहले श्री ज्ञानेश्वर जी, भगवान ने 14वें अध्याय के अंत में क्या निर्णय किया इसके संबंध में लिखते हैं

तरी तोची प्रस्तुती। चौदाविया अध्यायाच्या अंती।
निर्णय कैवल्यपती। ऐसा केला।
जे ज्ञान जयाच्या हाती। तोचि समर्थ मुक्ति।
जैसा शतमखसंपत्ती। स्वर्गीचिये।
तैसे मोक्ष देईल ज्ञान। येथे कीर नाही आन।
परि तेचि थारे ऐसे मन। शुद्ध होआवे।
तरी विरक्तीवाचूनि कांही। ज्ञानासी तगणे नाही।
हे विचारूनि ठाई। ठेविले देवे।

(ज्ञा. अ. 15, ओ. 29, 30, 35, 36)

श्री ज्ञानेश्वर जी गीता पर प्रवचन करते समय, ज्ञानेश्वरी में कुछ ऐसे तत्वों को स्पष्ट करते हैं कि मानो वें भगवान के मन को पढ़ लेते हैं। भगवान वास्तव में क्या संदेश देते हैं, उसे स्पष्ट करना, यह भी प्रभु की कृपा ही है।

श्री ज्ञानेश्वर जी कहते हैं कि भगवान श्रीकृष्ण ने 14वें अध्याय के अंत मे ऐसा निर्णय किया कि जिस प्रकार 100 यज्ञ करने वाला ही स्वर्गाधिपति इंद्र होता है, उसी प्रकार जिसे आत्मज्ञान प्राप्त हुआ है वही मुक्त हो सकता है। लेकिन मोक्ष ज्ञान कैसे प्राप्त होगा? यह तब ही होगा जब मन शुद्ध होगा और इसके माध्यम से ज्ञान चित्त में स्थिर होगा। ज्ञान प्राप्त तो होगा, लेकिन वहां स्थिर रहने के लिए मन की शुद्धता ज़रूरी है। वैराग्य के बिना ज्ञान यानि ब्रह्मज्ञान चित्त में (अन्तःकरण में) दृढ़ नहीं होता यह भगवान श्रीकृष्ण स्पष्ट रूप से कहते हैं।

लेकिन यह वैराग्य अन्तःकरण में किस तरह से दृढ़ होगा इसे भी भगवान श्रीकृष्ण ने पूर्ण विचार करके निश्चित किया है। श्री ज्ञानेश्वर जी इसे स्पष्ट करते हैं:

आता विरक्तीची कवण परी। जे येवूनी मनाते वरी।
हेही सर्वज्ञे श्री हरी। देखिले असे।
जे विषे रांधिली रससोये। जै जेवणारा ठाउवी होये।
तै वो ताटचि सांडूनि जाये। जया परी।
तैसी या संसारा समस्ता। जाणिजे जै अनित्यता।
तै वैराग्य दवडितां। पाठी लागे।
आता अनित्यत्व या कैसे। तेचि वृक्षाकारमिषे।
सांगिजत असे विश्वेशे। पंचदशी।

(ज्ञा. अ. 15, ओ. 37, 38, 39, 40)

यदि खाने में विष मिला हो और खाने वाले को इसके बारे में पता लगता है तो वह जिस प्रकार से उस थाली को छोड़ देता है, उसी प्रकार इस संसार की क्षण-भंगुरता का जब मन को पक्का विश्वास हो जाता है, तब विरक्ती यानि वैराग्य को हम यदि अपनाना नहीं चाहते हैं, तब भी वह वैराग्य हमारा पीछा करता है। कहने का तात्पर्य यह है कि पहले हमें यह संसार मिथ्या है, क्षण में नष्ट होनेवाला है, मन में पक्का, निश्चित रूप से समझना चाहिए। जैसे ही यह समझ में आता है, वैराग्य मन में दृढ़ होता है। संसार अनित्य है, क्षणिक है, इस तत्व को समझाने के लिए भगवान श्रीकृष्ण संसार को वृक्ष की उपमा देकर समझाते है। यही 15वें अध्याय का विषय है। भगवान श्रीकृष्ण कहते हैं: -

ऊर्ध्वमूलमधःशाखमश्वत्थं प्राहुरव्ययम्।
छन्दांसि यस्य पर्णानि यस्तं वेद स वेदवित्॥

(गी. अ. 15, श्लो. 1)

भगवान श्रीकृष्ण कहते हैं ''हे अर्जुन ! संसार वृक्ष की जडें ऊपर की तरफ हैं और शाखाये नीचे की तरफ हैं। इस संसार वृक्ष को अविनाशी अश्वत्थ कहते हैं। ऋग्वेदादि वेद उस वृक्ष के पत्ते हैं। जो इस अश्वत्थ वृक्ष को जानता है उसे वेद को जानने वाले कहते हैं।''

इस पहले श्लोक में संसार वृक्ष का वर्णन समझना बहुत आवश्यक है।

इस श्लोक को पढ़कर वाचक असमंजस में पड़ता है कि संसार वृक्ष के वर्णन का वास्तव में अर्थ क्या है? और भगवान श्रीकृष्ण अपने भक्त को क्या संदेश देते हैं? इस श्लोक के एक-एक शब्द का अर्थ गहन है। इस श्लोक के अर्थ को समझाने के लिए, श्री ज्ञानेश्वर जी ने 98 ओवीयाँ लिखी हैं।

श्री ज्ञानेश्वर जी लिखते हैं: -

तो हा जगडंबरू। नोहे येथ संसारू।
हा जाणिजे महातरू। थांवला असे।

परि येरा रूखां सारिखा। तळी मुळे वरी शाखा।
तैसा नोहे म्हणोनि लेखा। नयेचि कवणा।
मग म्हणे धनंजया। ते ऊर्ध्व गा तरू यया।
येणे रूखेचि कां जया। उर्ध्वता गमे।
ऐसे वस्तु जे साचे। ते उर्ध्व गा यया तरूचे।
तेथे आर घेणे मूळाचे। ते ऐसे असे।
तैसी स्वरूपी जाली माया। आणि स्वरूप नेणणेजे धनंजया।
तेचि तरू यया। मूळ पहिले। (ज्ञा. अ. 15, ओ. 47, 48, 72, 79, 87)

यह प्रचंड संसार एक बहुत बड़े वृक्ष की तरह है ऐसा समझो। लेकिन यह संसार वृक्ष साधारण वृक्षों की तरह नही जिनकी नीचे की ओर जड़ें और ऊपर की ओर शाखा होती हैं, इसलिए यह नापा नहीं जा सकता। संसार वृक्ष के ऊपर ब्रह्म है। इसलिए यह उर्ध्व कहलाता है। जो सत्य वस्तु है वह इस वृक्ष का ऊपर का (उर्ध्व) भाग है और इसके नीचे जड़ों का मूल है। परब्रह्म स्वरूप के निकट माया है जिसके कारण जीव अपना आत्म-स्वरूप नहीं पहचान पाता है। और इसी से संसार रूपी अश्वत्थ वृक्ष की जड़ें मजबूत होती हैं।

संसार वृक्ष की जड़ें ऊपर और शाखएं नीचे, इसका वास्तव में अर्थ क्या है? संसार वृक्ष के ऊपर क्या उगता है? और नीचे क्यों बढ़ता है? वास्तव में यह सृष्टि का, मनुष्य और दूसरी योनियों का वर्णन ही है।

श्री ज्ञानेश्वर जी स्पष्ट करते हैं: -

ते उर्ध्व आत्मा निर्भळे। अधोध्वे सूचिती मूळे।
बळिया बाधोनिं आळे। माया योगा चे।
मग आधिली सदेहान्तरे। उठती जिये अपारे।
ते चौपासी घेवूनी आगारे। खोलवती। ऐसे
भवद्रुमाचे मूळ।
ते उर्ध्व करी बळ। मग अग्रियाचे बेंबळ।
अधी दावी। तेच चिद्‌वृत्ति पहिले।
महतात्व उमलले। ते पान वाले दुल्हे।
एक निघे। मग सत्वरजातमात्मक।
त्रिविधं अहंकार जो एक। तो तिवणा अधोमुख।
डिरू फुटे। तो बुद्धीची घेऊनि आगारी।
भेदाची वृद्धी करी। तेच मनाचे डाळ धरी।
साजेपणे। (ज्ञा. अ. 15, ओ. 91, 92, 93, 94, 95, 96)

इस संसार रूपी वृक्ष का मूल अज्ञान है। शुद्ध आत्मस्वरूप इसका ऊपरी भाग है और उसके नीचे जो जड़ें हैं, वे माया के योग से बनने वाले गढ़े में ऊपर और नीचे से निकल कर खूब अच्छी तरह बढ़ी और फैली हुई हैं। इसके बाद नीचे की ओर

अनेक प्रकार के असंख्य जीव उत्पन्न होते हैं और चार प्रकार के अंकुर लेकर नीचे की ओर बढ़ते हैं। ऐसे संसार वृक्ष के उर्ध्वभाग में अद्वैत ब्रह्म से बल प्राप्त करके नीचे की और अंकुरों के झुंड के झुंड निकलते हैं। इसमें से पहला पत्ता है चैतन्य वृत्ति रूप बुद्धि। उसके बाद सत, रज और तम तीन तरह के पत्ते अहंकार रूपी अंकुर से निकलते हैं। यह अहंकार, बुद्धि रूपी शाखा का आधार लेकर भेदभाव की वृद्धि करता है। मन की डाली को हरा भरा रखता है।

संसार रूपी वृक्ष की वृद्धि, विस्तार और कैसे होती है? इसके बारे में श्री ज्ञानेश्वर जी कहते हैं:–

मग आकाश वायु द्योतक। आप पृथ्वी ते पांच फोंक।
महाभूतांये सारोक। सरळे होती।
तैसी श्रोत्रादि तन्मात्रे। तिये अंगवसा गर्भपत्रे।
लुकलुळीते विचित्रे। उमळती गा।
तेथ शद्बांकुर वरगडी। श्रोत्रा वाढी देवढी।
होता करीत कांडी। आकांक्षेची। (ज्ञा. अ. 15, ओ. 98, 99, 100)

इसके बाद आकाश, वायु, अग्नि, पानी और पृथ्वी इन पंच महाभूतों के रूप में इस संसार वृक्ष में ऊपर की ओर जाने वाली बड़ी टहनियां निकलती हैं। उन टहनियों के ऊपर श्रोत्रादि तन्मात्रा (शब्द, स्पर्श, रूप, रस और गन्ध) कोमल पत्ते के रूप में निकलती है। इनके कारण वासनाओं के समूह रूप 'विषय रूपी' अंकुर बढ़ता है, तब प्राण रूपी शाखा में लोभ उत्पन्न होता है।

ज्ञानी लोग इस वृक्ष को अश्वत्थ वृक्ष कहते हैं। अश्वत्थ शब्द का अर्थ क्या है? श्री ज्ञानेश्वर जी इसे स्पष्ट करते हैं:–

आणि अश्वत्थ ऐसे ययाते। म्हणती ते जाणते।
ते हि परीसहो येथे। सांगीजेल।
तरि अश्वत्थ म्हणिजे उखा। तो वरी एक सारखा।
नाही निर्वाह ययारूखा। प्रपंच रुपा।
जैसा न लोटता क्षण। मेघ होय नाना वर्ण।
कां विजू नये संपूर्ण। निमेष भरी।
कांपतया पद्मकळा। वरीलिया बैसका नाही जळा।
कां चित्त जैसे व्याकुळा। माणुसाचे।
तैसीचि ययाचि स्थिती। नासत जाय क्षणक्षणाप्रती।
म्हणोनि ययाते म्हणती। अश्वत्थ हा।

(ज्ञा. अ. 15, ओ. 110, 111, 112, 113, 114)

अश्वत्थ शब्द का प्रयोग, गीता के अध्याय में, संसार वृक्ष के रूप में किया है। लेकिन इसका अर्थ स्पष्ट नहीं किया। श्री ज्ञानेश्वर जी संसार को, अश्वत्थ क्यों कहते हैं इसे स्पष्ट करते हैं। अश्वत्थ शब्द के प्रयोग का कारण भी समझाते हैं। अश्वत्थ,

इस संस्कृत शब्द का अर्थ है वह वस्तु जिसका रूप एक क्षण के लिए भी एक सा नहीं रहता। क्षण-क्षण में वह बदलता रहता है। नित्य बदलने वाला 'अश्वत्थ'। संसार क्षण-क्षण में बदलता है इसलिए संसार रूपी वृक्ष को अश्वत्थ वृक्ष कहा है। जिस प्रकार आकाश में स्थित बादल के रंग क्षण-क्षण में बदलते हैं, क्षण भर भी स्थिर नहीं रहते, कमल के पत्ते पर गिरा पानी एक जगह नहीं ठहरता, उसी प्रकार इस संसार वृक्ष की क्षण क्षण में बदलने वाली स्थिति है। वह हर क्षण नष्ट होता और बनता है इसलिए इसे अश्वत्थ कहते हैं। इस संसार वृक्ष को अविनाशी भी कहते हैं। लेकिन इसे क्षण-क्षण में नष्ट होने वाला संसार क्यों कहते हैं? इसे स्पष्ट करते हुए, श्री ज्ञानेश्वर जी कहते हैं:-

जैसा मेघाचेनि तोंडे। सिंधु एके आंगे काढ़े।
आणि नदी येरी कडे। भरिती ची असती।
तेथ वोहटे ना चढे। ऐसा परिपूर्णचि आवडे।
परी ते फुली जंव नुघढे। मेघा नदीची।
ऐसेया रूखाचे होणे जाणे। न तर्के होतेनि वहिलेपणे।
म्हणोनि ययाते लोक म्हणे। अव्यय हा।
जाता वेगे वहुवसे। न वचे कां भूमी रूतले असे।
रथाचे चक्र दिसे। जिया परी।
तैसे काळातिक्रमे जे वाळे। भूत शाखा जेथ गळे।
तेथ कोडीवरी उमाळे। उठती आणिक।

(ज्ञा. अ. 15, ओ. 119, 120, 121, 123, 124)

जिस प्रकार समुद्र मेघ के रूप में अपना पानी निकलता है और दूसरी तरफ नदी समुद्र में पानी डालती रहती है, इसलिए न समुद्र का पानी कम होता है न ज्यादा भरा भी जाता है। सदैव समुद्र जल से पूरा भरा हुआ ही लगता है। लेकिन यह तब ही होता है, जब तक बादल और नदियों का आपस का संबंध नहीं टूटता। इसी प्रकार इस संसार का होना या न होना प्रवाह की तरह निरंतर बना रहता है। इसलिए संसार वृक्ष नष्ट हो रहा है और फिर से बन रहा है, यह ध्यान में नहीं आता। लोग इसे अव्यय, नष्ट ना होने वाला कहते हैं। जिस प्रकार से तीव्र गति से घूमनेवाले रथ का पहिया स्थिर लगता है उसी प्रकार कोटी-कोटी प्राणीरूप शाखायें, इस संसार वृक्ष में उगती है इसलिए हमें लगता है की संसार वृक्ष अविनाशी है। लेकिन वास्तव में वह अश्वत्थ, क्षण-क्षण में नष्ट होने वाला बदलने वाला है।

इस अश्वत्थ संसार वृक्ष को और स्पष्ट करते हुए श्री ज्ञानेश्वर जी लिखते हैं:-

कलि युगांति कोरडी। चहुयुगांची साले सांडी।
तंव कृतयुगाची पेली देहव्डी। पडे पुढती।
वर्तते वर्ष जाये। ते पुढिला मुळहारी होये।
जैसा दिवस जात की येत आहे। हे चोजवेना।

एकी देहाची डिरी तुटे। तंव देहांकुरी बहुवी फुटे।
ऐसेनि भवतरू हा वाटे। अव्यय ऐसा।
हा संसार वृक्ष तैसा। मोडत मांडत सहसा।
न देखोनि लोक पिसा। अव्यय मानी।
परि ययाचा वेग देखे। जो हा क्षणिक ऐसा वोळखे।
जाणे कोडीवेळा निमिखे। होत जात।

(ज्ञा. अ. 15, ओ. 129, 130, 132, 138, 139)

श्री ज्ञानेश्वर जी कहते हैं कि कलियुग समाप्त होने के बाद संसार वृक्ष अपनी खाल (कवच) फेंक देता है और तुरंत इस वृक्ष पर कृत युग (सत्य युग) की खाल डेढ़ गुना उगती है। वर्तमान वर्ष खत्म होना, यह अगले वर्ष का मूल है। जैसे कब दिन समाप्त होता है और नया दिन निकलता है इसका पता ही नहीं चलता। इसी प्रकार इस संसार रूपी वृक्ष की एक देह रूपी शाखा टूटती है, तो उसी जगह दूसरे बहुत सारे देह के अंकुर निकलते हैं। इसलिए यह संसार वृक्ष 'अव्यय' लगता है। संसार वृक्ष बड़ी तेजी से नष्ट होता है और उत्पन्न होता है, ऐसा ना जानने वाले अज्ञानी लोग इसे अव्यय समझते हैं। ज्ञानी इस संसार वृक्ष के नष्ट और उत्पन्न होने वाली, तीव्र गति को जानता है और संसार क्षण भंगुर है ऐसा जानता है।

भगवान श्रीकृष्ण संसार वृक्ष का वर्णन करते हैं। इस संसार वृक्ष की क्या महत्ता है? कैसे जीवित रहता है यह संसार वृक्ष? कर्मो का इससे क्या संबंध है?

अधश्चोर्ध्वं प्रसृतास्तस्य शाखा गुणप्रवृद्धा विषयप्रवालाः।
अधश्च मूलान्यनुसन्ततानि कर्मानुबन्धीनि मनुष्यलोके।।
न रूपमस्येह तथोपलभ्यते नान्तो न चादिर्न च सम्प्रतिष्ठा।
अश्वत्थमेनं सुविरूढमूलमसङ्गशस्त्रेण दृढेन छित्त्वा।।

(गी. अ. 15, श्लोक 2, 3)

इस संसार वृक्ष की शाखायें ऊपर नीचे फैली हैं और सत, रज और तम इन तीन गुणों से इसकी वृद्धि होती है। विषय-वासना इस संसार वृक्ष के पत्ते हैं। मनुष्यलोक में कर्मों के कारण, रूप यानि वासना-रूपी जड़ें फैली हुई हैं। ज्ञान से इसका विचार किया जाय तो संसार वृक्ष का जैसा वर्णन किया है वैसा दिखाई नहीं देता। इसका न आदि है न अंत। इसका अस्तित्व ही नहीं है। इस अश्वत्थ वृक्ष को, जिसकी जड़ें मजबूत हैं, काटने के लिए, "मैं इससे संबंधित नहीं हूँ और दृढ़ज्ञान विचाररूप" शस्त्रों से ही इसे काटना चाहिए।

अश्वत्थ वृक्ष को काटने की प्रक्रिया क्या है? इसके संबंध में और वास्तव में संसार वृक्ष नहीं है, इसके बारे में भी श्री ज्ञानेश्वर जी लिखते हैं:

तरी बद्ध मूळ अज्ञाने। महदादिकी सासने।
वेदांची घोर वने। घेऊनिया।
परि आधी तंव स्वेदज। जरायुज उभ्दिज अंडज।

बुडौनि महाभुज। उठती चारी।
यया एकेकाचेनि अणगटे। चौन्यांशी लक्षधाफुटे।
ते वेळी जीवशाखी फांटे। सैंघचि होती।

(ज्ञा. अ. 15, ओ. 147, 148, 149)

अज्ञान, अहंकार, बुद्धि, मन, पंच महाभूतों से स्वेदज, अंडज, जारज, उदभिज, ऐसी चार शाखायें, जड़ों से निकलती हैं। इन शाखाओं पर 84 लाख शाखायें (योनियाँ) उत्पन्न होती हैं। उसमें स्त्री, पुरुष, नपुंसक ऐसे व्यक्ति एक दूसरे से टकराते हैं।

इस टकराने से संसार वृक्ष तीन जगह से फटता है। सत्व, रज और तम इन तीन गुणों के कारण संसार वृक्ष में और क्या होता है?

श्री ज्ञानेश्वर जी कहते हैं:

ऐसा रजाचिया झुळुका। झडाडिता आगळिका।
मनुष्य जाती शाखा। थोरावती।
तिया उर्ध्वी ना अधी। माझारीची कोंदाकोंदी।
आड फुटती खांदी। चतुवर्णाच्या।
ऐसे रजोवाते प्रचंडे। मनुष्य शाखांचे मांदोडे।
वाढती तो एथ रूढे। मनुष्य लोक।

(ज्ञा. अ. 15, ओ 155, 156, 162)

रजो गुण रूपी हवा की लहर से संसार वृक्ष जब बढ़ता है तो उसमें मनुष्य रूप शाखायें उत्पन्न होती हैं। मनुष्य रूपी शाखायें न ऊपर जाती है न नीचे वह मध्य भाग में ही होती हैं और उसमें ब्राह्मण, क्षत्रिय, वैश्य और शुद्र, ऐसी चार शाखायें निर्माण होती हैं। इस तरह रजोगुणी प्रचंड वायु के कारण मनुष्य रूपी शाखाओं का समुदाय बढ़ता है। यही मनुष्य लोक है।

तमोगुणी वायु जब संसार वृक्ष के ऊपर बढ़ती है तो क्या होता है?

तेधवा याचिया मनुष्य शाखा। नीच वासना अधी देखा।
पाल्हेजती डहाळिका। कुकर्माचिया।
तंव तवं होती थोराडे। अकर्माची तळकुडे।
आणि जन्मशाखा पुढेपुढे। धेती धाव।
पशु पक्षी सूकर। व्याघ्र वृश्चिक विखार।
हे आडशाखा निकर। थोरावती।
आणि हिंसा विषय पुढारी। कुकर्म संगे धुरीधरी।
जन्मवरी आगारी। वाढतीचि असे।
ऐसे होती तरू, तृण। लोह, लोष्ट, पाषाण।
इया खांदिया तेवीचि जाण। फळेही हेची।

(ज्ञा. अ. 15, ओ. 164, 168, 170, 172, 173)

जब तमोगुण की वायु प्रचंड गति से बहने लगती है, तब मनुष्य शाखा की नीच कर्म करने वाली वासनारूपी शाखायें बढ़ती हैं। इससे पाप कर्म की जड़े बढ़ती हैं, दृढ़ होती हैं, जन्म-रूपी शाखाऐं और बढ़ती हैं। इसी से निर्माण होता है पशु-पक्षी, सूकर, बिच्छु, सर्प ऐसी कई प्राणी जातियों की उत्पत्ति होती है। इसके बाद हिंसा और विषय-वासनायें, कुकर्म के संग और बढ़ती हैं तो कुकर्म के अंकुर और उत्पन्न होते हैं, जिससे वृक्ष, घास, मिट्टी, पत्थर आदि शाखायें निकलती हैं और वही फल बन जाती है। इस प्रकार से मनुष्य से लेकर स्थावर (एक जगह स्थिर पेड़ आदि) शाखायें नीचे की ओर बढ़ती हैं।

ऐसा यह संसार वृक्ष नीचे मनुष्य से बढ़ता है। इसलिए मनुष्य रूप शाखायें नीचे की शाखाओं की जड़े बनती हैं। ऊपर का अज्ञान मूल ध्यान में लेते हैं, तो मनुष्यरूप शाखा, नीचे की ओर शाखाओं के मध्य में होती है। मनुष्य रूप शाखा के नीचे ही तमोगुण से पाप रूप और सत्व गुण से पुण्य रूप शाखायें नीचे और ऊपर की ओर बढ़ती हैं। इस प्रकार मनुष्य देह को मूल यानि जड़ बताया है। लेकिन ऐसा क्यों? अन्य देहों को जड़ क्यों नहीं बताया?

श्री ज्ञानेश्वर जी इसका कारण स्पष्ट करते हैं :

आणि भेद त्रयाचिया पाना। न ये अन्यत्र लागो अर्जुना।
जे मनुष्य वाचूनि विधाना। विषय नाही।
म्हणोनि तनुमानुषा। इया उर्ध्वमूळोनि जरी शाखा।
तरी कर्मबुद्धीसी देखा। इयेचि मूळे।
तैसेचि हया शरीरा। कर्म तवं देहा संसारा।
आणि देह तवं व्यापारा। ना म्हणोचि नये।
म्हणोनि देहे मानुषे। इये मूळे होती न चुके।
ऐसे ज़गज्जनके। बोलिले तेणे।

(ज्ञा. अ. 15, ओ. 178, 179, 180, 181)

हे अर्जुन, ऋग्वेद, यर्जुवेद और सामवेद यह तीन पत्ते मनुष्य शाखा के अतिरिक्त किसी भी शाखा पर उत्पन्न नहीं होते। कारण इन वेदों का विधान (संदेश) दूसरे प्राणी मात्रों के लिए नहीं है वे सिर्फ मनुष्य के लिए हैं। कर्म है, तब तक देह है और संसार में आना जाना है। जगत के जनक, भगवान श्रीकृष्ण कहते हैं कि मनुष्य देह संसारवृक्ष की जड़े हैं।

जब तमो गुणों की आंधी थम जाती है तो क्या होता है?

श्री ज्ञानेश्वर जी लिखते हैं –

मग तमाचे ते दारूण। स्थिरावलेया वाउधाण।
सत्याची सुटे सत्राण। वाहटुळी।
तै याचि मनुष्याकारा। मुळी सुवासना निधती आरा।
घेऊनि फुटती कोंबारा। सुकृतांकुरी।

उकलतेनि उन्मुखे। प्रज्ञा कुशल तेचि तिखे।
डिरिया निधती निमिखे। बाबळै जुनी।
मतीचे सोट वावे। घालती स्फूर्तीचे थांवे।
बुद्धि प्रकाश छेदावे। विवेकावरी।

(ज्ञा. अ. 15, ओ. 183, 184, 185, 186)

तमो गुणों की आंधी जब रूकती है तब सत्वगुण का बडा़ चक्रवात आता है, तब इसी मनुष्याकार शाखा के जड़ में अच्छी वासना का उदय होता है और पुण्य रूप अंकुर उत्पन्न होते हैं। ज्ञान की वृद्धि होती है बुद्धि की चतुरता तीक्ष्ण होती है। बुद्धि का प्रकाश, विवेक की ओर ले जाता है और वेदों का घोष होने लगता है। इससे क्या होता है?

श्री ज्ञानेश्वर जी कहते हैं कि इस सत्वगुण के चक्रवात से स्वर्ग, मोक्ष, सूर्य, चंद्र, अष्टग्रह, ऋषि इत्यादि का निर्माण होता है।

तेथ धर्म डाळ बाहाळी। दिसती जन्म शाखा सरळी।
तियां आड फाटती फळी। स्वर्गादिकी।
पुढा उपरति रागे लोहिवी। धर्ममोक्षाची शाखा पालवी।
पाल्हाजत नित्य नवी। वाढतचि असे।
पै रविचन्द्रादि ग्रहवर। पितृ ऋषि विद्याधर।
हे आडशाखा प्रकार। पै घेती।
याही पासून उंचवटे। गुढले फळाचेनि बुडे।
इंद्रादिक ते मांदोडे। धोर शाखांचे।
मग तयाही उपरी डाहाळिया। तपोधनी उंचावलिया।
मरीचि कश्यपादिया इया। उपरी शाखा।

(ज्ञा. अ. 15, ओ. 193, 194, 195, 196, 197)

सत्व गुणों की शाखायें विस्तारित होती हैं, तो धर्म की शाखा उभरती है उससे स्वर्गादि फल के रूप में शाखा निकलती है। विषय भोग की आसक्ति के कारण जो लाल रंग की है, ऐसी शाखा उत्पन्न होती है व वैराग्य से मोक्ष-रूप शाखा बढ़ती है। इसके बाद सूर्य, चंद्र, ग्रह, ऋषि, विद्याधर शाखायें निकलती है। इससे भी ऊपर इंद्रादि शाखायें उत्पन्न होती हैं। उसके आगे ब्रह्मलोक और शिव लोक रूप धारदार शाखायें उभरती हैं।

श्री ज्ञानेश्वर जी कहते हैं:

तैसे जेथूनि हा आघवा। संसार तरूचा उठावा।
तिये मूळी टेकती पांडवा। वाढतेनि ज्ञाने।
म्हणोनि ब्रम्हेशाना परते। वाढणे नाही जीवाते।
तेथूनि मग वरौते। ब्रम्हचि की।
ऐसी मनुष्या पासूनि जाणावी। उर्ध्वी ब्रम्हादिशेष पालवी।

शाखांची वाढी वरवी। उंचावे पै।
पार्था उर्ध्वीचिया ब्रम्हादि। मनुष्यत्वचि होय आदी।
म्हणोनि इये अधी। म्हणीतली मूळे।
आणि आधीची ही मूळे। उपपत्ति परिसविली सविवळे।
आतां परिस उन्मूळे। कैसेनि हा।

(ज्ञा. अ. 15, ओ. 202, 203, 206, 207, 209)

वृक्ष को फल लगने से वृक्ष की शाखायें झुक जाती हैं, और जड़ों की तरफ मुड़ती हैं, उसी प्रकार जिस ज्ञान के कारण इस परब्रह्मरूप जड़ से संसार वृक्ष उत्पन्न हुआ है, वह उस परब्रह्मरूप जड़ से जाकर मिलता है। इसलिए ब्रह्मलोक और शिवलोक के ऊपर जीव का आवागमन नहीं होता क्योंकि इसके परे आवागमन रहित परब्रह्म ही है। इस प्रकार मनुष्य से लेकर ब्रह्मशिवादि लोक तक संसारवृक्ष की शाखाऐं फैली हैं, इसे समझो। ब्रह्मलोक रूप शाखाओं का मनुष्यत्व ही कारण होने से मनुष्य लोक को ही इसकी नीचे की जड़ें समझना चाहिए। लेकिन संसार वृक्ष को कैसे उखाड़ देना चाहिए?

क्या यह संसार वृक्ष अस्तित्व में है जिसे उखाड़ फेकना जरूरी है? इसके लिए कितने कष्ट उठाने पड़ेगें?

श्री ज्ञानेश्वर जी इस पहेली को सुलझाते हैं: –

गंधर्व दुर्ग काया पाडावे। काय शशविषाण मोडावे।
होआवे मग तोडावे। रवपुष्पकी।
तैसा संसार हा वीरा। रूख नाही साचोकारा।
मा उन्मळणी दरारा। कायिसा तरी।
आम्ही सांगीतली जे परी। मूळ डाळांची उजरी।
ते वांझेजी घरभरी। लेकुरे जैसी।
काय कीजती चेइलेपणी। स्वप्नीची तिये बोलणी।
तैसी जांग ते कहाणी। दुगळीची ते।

(ज्ञा. अ. 15, ओ. 215, 216, 217, 218)

संसार वृक्ष को उखाड़ने के लिए क्या कष्ट करने पड़ेगें? लेकिन पहले यह तो समझ लें कि क्या आसमान में फूल उत्पन्न होता है? जब आसमान में फूल है ही नहीं तो उसे तोड़ने का प्रयास करने का क्या अर्थ है? इसी प्रकार हे अर्जुन, यह संसार वृक्ष अस्तित्व में है ही नहीं, फिर उसको क्या उखाड़ कर फेकना है? अभी तक संसार वृक्ष की वृद्धि के बारे में जो बताया, यह बांझ स्त्री के घर में उसके बच्चे हैं, ऐसा कहने के बराबर है। जाग जाने पर स्वप्न में की हुई बातचीत जितनी अर्थ-हीन है, उतनी ही संसार वृक्ष की यह पूरी कहानी भी अर्थ-हीन है।

संसार वृक्ष की जड़ें जो की अज्ञान के कारण हैं, वही झूठ हैं, एक तरह से भ्रम है, तब उससे उत्पन्न हुऐ संसार कार्य सत्य कैसे होंगें? संसार अज्ञानता से उत्पन्न होता

है। संसार वृक्ष का मूल बीज जो अविद्या है, वह ज्ञान से नष्ट होता है और उससे जो ब्रह्म-ज्ञान प्रकट होता है, उसी से संसार वृक्ष नष्ट होता है। कहने का मतलब यह है कि जब अज्ञान हटेगा तभी ज्ञान से यह मालूम होगा की संसार वृक्ष झूठा है। ज्ञान प्राप्त होने से संसार वृक्ष नहीं है ऐसा समझ में आता है। तब संसार वृक्ष कहाँ से उत्पन्न हुआ, ऐसा कैसे कह सकते हैं? संसार वृक्ष अस्तित्व में नही है, इसलिये उसे अनादि कहा है। इसी दृष्टि से इस संसार वृक्ष का आदि, अंत नहीं है, मध्य भाग में जो स्थिति है वह भ्रम है। इसलिए वह स्थिति झूठी है।

श्री ज्ञानेश्वर जी इसे और स्पष्ट करते हैं: -

आपुलिया अज्ञाना साठी। नव्हता थांबला किरीटी।
तरी आत्म ज्ञानाच्या लोटी। सांडेनी गा।
वाचून ज्ञानेवीण एके। उपाय करिसी जितुके।
तिही गुंफसी अधिके। रुखी इय। म्हणोनि स्वप्नीचेया घाया।
औषध चेवोचि धनंजया। तेवि अज्ञान मूळा यया।
ज्ञानचि खड्ग। परि तेचि लीला परवजे।
तैसे वैराग्याचे नवे। अभंगबळ होआवे। बुद्धीसी गा।
उठिलेनि वैराग्ये जेणे। हा त्रिवर्ग ऐसेनि सांडणे।
जैसे वमुनिया सुणे। आताचि गेले।

(ज्ञा. अ. 15, ओ. 248, 249, 254, 255, 256)

''जिसका अस्तित्व ही नहीं है, ऐसा संसारवृक्ष अज्ञान, भ्रम के कारण बलवान होता है इसलिये उसे आत्मज्ञान रूपी खड्ग से काट। ऐसा नहीं करोगे तो संसार वृक्ष को काटने के जितने भी तुम उपाय करोगे तुम उसमे व्यर्थ ही व्यस्त रहोगे। स्वप्न में यदि तुम्हें कोई खड्ग से जखमी करता है तो उस समय जाग जाना यही उपाय है। तभी मालूम होगा की न वहाँ कोई खड्ग है न शरीर पर कोई जख्म ही है। इसी प्रकार अज्ञान जिसकी जड़ है, ऐसे संसार वृक्ष को काटने के लिए आत्म-ज्ञान उत्तम शस्त्र है। लेकिन इस ज्ञानरूपी शस्त्र को उठाने के लिए, बुद्धि को वैराग्य का बल मिलना चाहिए। वैराग्य ऐसा होना चाहिए कि जिसमें चित्त, धर्म, अर्थ और काम को पूर्ण रूप से त्याग दे। हे अर्जुन, इस प्रकार आत्मज्ञान रूपी तलवार से संसार रूप वृक्ष, जिसकी जड़े ऊपर की ओर हैं, को तू काट।

आत्मज्ञान रूपी तलवार से संसार वृक्ष को काटने से क्या होगा?

भगवान श्रीकृष्ण कहते हैं: -

ततः पदं तत्परिमार्गितव्यं यस्मिन्गताः न निवर्तन्ति भूयः।
तमेव चाद्यं पुरुषं प्रपद्ये यतः प्रवृत्तिः प्रसृतः पुराणी।।
निर्मानमोहा जितसङ्गदोषा अध्यात्मनित्या विनिवृत्तकामाः।
द्वन्द्वैर्विमुक्ताः सुखदुःखसंज्ञैर्गच्छन्त्यमूढ़ाः पदमव्ययं तत्।।

न तद्भासयते सूर्यो न शशाङ्कों न पावकः।
यदगत्वा न निवर्तन्ते तद्धाम परमं मम।। (गी. अ. 15, श्लो. 4, 5, 6)

संसार वृक्ष जिसकी जड़ें ऊपर की ओर हैं, उसे ज्ञान से काटने के बाद, जिससे इस अनादि संसारचक्र की प्रवृति उत्पन्न हुई है, मैं उस आद्य पुरुष की शरण में जाता हूँ (शरणागत होकर), इस भावना से इस पद (स्थान) को ढूँढ़ना चाहिए। ऐसे पुरुष फिर से संसार में वापस नहीं आते। जिस व्यक्ति ने सम्मान, मोह और अविवेक का त्याग किया है, आसक्ति और अनासक्ति से निर्माण होने वाले दोषों को जीत लिया है, और आत्म-स्वरूप में मग्न, सुख-दुःख के संघर्ष से परे हो गया है, ऐसे पुरुष अविनाशी भगवान के स्थान पर पहुँचते हैं। यह अविनाशी स्थान कैसा है? इस स्थान को सूर्य, चंद्र और अग्नि भी प्रकाश-मान नहीं कर सकते। जहाँ पहुंचने पर व्यक्ति वापस नहीं आता ऐसा "मेरा" परम स्थान है।

भगवान के परम धाम से ऐसा व्यक्ति वापस नहीं आता है, भगवान श्रीकृष्ण के इस कथन के बारे में, श्री ज्ञानेश्वर जी, अर्जुन के मुख से शंका उपस्थित करते हैं और इसका उत्तर भी देते हैं। भगवान और हम भिन्न नहीं हैं तो फिर हमारे वापस जाने का सवाल ही कहाँ उपस्थित होता है?

श्री ज्ञानेश्वर जी कहते हैं: -

तेथ प्रज्ञा पृथ्वीया रावो। पार्थ म्हणे जी जी पसवो।
परि विनंति ऐकी देवो। चित्त देतू।
तरी देवेसि स्वये एक होती। मग माद्यौती जे न येती।
ते देवेसि भिन्न आधी। की अभिन्न जी।
जरी भिन्न अनादि सिद्ध। तरि न येते हे असंबद्ध।
जे फुला गेले षट्पद ते फुलेचि होती गा।
मग म्हणे गा महामती।
गाते पावोनि न येती पुढ़ती। ते भिन्न भिन्न रिती।
आहाती दोनी। जे विवेकी खोले पाहिजे।
तरी मी तेचि ते सहजे। न आहाचवाहाच तरि दूजे।
ऐसेही गमती। (ज्ञा. अ. 15, ओ. 321, 322, 323, 330, 331)

श्री ज्ञानेश्वर जी कहते हैं कि बुद्धिमान अर्जुन श्रीकृष्ण से अपनी शंका के बारे में पूछते हैं। जो आपके एक रूप होकर वापस नहीं आते, ऐसा जो आपने कहा है तो फिर वे आपसे भिन्न है या अभिन्न। यदि ऐसे व्यक्ति आपसे मूलतः भिन्न हैं तब वे फिर से वापस नहीं आते यह कहना असंबंध भ्रम निर्माण करता है। क्या फूलों का रस लेने के लिए गये हुए भ्रमर फूल बन जाते हैं। यदि ऐसे व्यक्ति सर्वदा आप से भिन्न हैं तो वे आप से कैसे मिल सकते हैं। वे आप को प्राप्त होते हैं और वापस नही आते, यह कहना व्यर्थ लगता है। इसलिए आपको प्राप्त होने के बाद जो वापस नहीं जाते वे कौन हैं यह मुझे समझाइये?

भगवान श्रीकृष्ण कहते हैं, जो मुझे प्राप्त हो कर वापस नहीं लौटते उनके मेरे से भिन्न और मेरे से अभिन्न, ऐसे दो प्रकार हैं। विवेक दृष्टि से यदि देखोगे तो मैं और वह स्वभावत: एक ही हैं। गहरा विचार न करते हुए देखोगे, तो ऊपर-ऊपर से वे भिन्न दिखाई देंगे। पानी पर उठी लहरें वास्तव में पानी ही हैं, सोने के गहने सोना ही हैं। ज्ञान दृष्टि से यदि देखोगे तो वे मुझ से अभिन्न हैं अज्ञान के कारण वे भिन्न लगते हैं। पानी तो सीधा ही बहता है लेकिन प्रवाह के कारण वह तिरछा लगता है।

अज्ञान के कारण ही ''मै कौन हूँ'' यह प्रश्न उठता है और अज्ञान के कारण ही ''मैं देह हूँ'' ऐसा हम कहते हैं लेकिन वास्तविकता क्या है?

भगवान श्रीकृष्ण अर्जुन को समझाते हैं: –

ममैवांशो जीवलोके जीवभूत: सनातन:।
मन:षष्ठानीन्द्रियाणि प्रकृतिस्थानि कर्षति।।
शरीरं यदवाप्नोति यच्चाप्युत्क्रामतीश्वर:।
गृहीत्वैतानि संयाति वायुर्गन्धानिवाशयात्।।
श्रोत्रं चक्षु: स्पर्शनं च रसनं घ्राणमेव च।
अधिष्ठाय मनश्चायं विषयानुपसेवते।।
उत्क्रामन्तं स्थितं वापि भुंजानं वा गुणान्वितम्।
विमूढा नानुपश्यन्ति पश्यन्ति ज्ञानचक्षुष:।।
यतन्तो योगिनश्चैनं पश्यन्त्यात्मन्यवस्थितम्।
यतन्तोऽप्यकृतात्मानो नैनं पश्यन्त्यचेतस:।।

(गी. अ. 15, श्लो. 7, 8, 9, 10, 11)

भगवान श्रीकृष्ण पुन: अपने और व्यक्ति की अभिन्नता के बारे में अर्जुन को समझाते हैं। इस संसार में जिसे जीव कहते हैं वह मेरा ही अनादि अंश है। पंच महाभूतों का यह शरीर, मन तथा इंद्रियाँ जीव को आकर्षित करते हैं और उसे नियंत्रण में रखते हैं। जिस समय भौतिक शरीर को छोड़ कर जीव जाता है तब जैसे वायु अपने साथ सुगंध को ले जाता है, वैसे ही जीव मन सहित ज्ञान इंद्रियों को अपने साथ ले जाता है। मतलब यह कि मरते वक्त यह स्थूल देह, भौतिक शरीर यहीं रह जाता है और जीव अपने साथ पांच ज्ञानेंन्द्रियाँ, मन ऐसे तत्वों से बने अभौतिक शरीर को ले जाता है। श्रवणेंद्रिय (कान) स्पर्शेंद्रियाँ, वागिंद्रिय, घ्राणेंद्रिय, चक्षुइंद्रियाँ मन पर सवार हो कर जीवात्मा विषय भोगता है। देह को छोड़ते समय, देह में रहकर विषयों आदि का उपभोग लेने वाले, अत्यन्त दर्शनगोचर होते हुऐ भी अज्ञानी लोग अपने मूल स्वरूप (आत्मा) को नहीं देख पाते। लेकिन जिन्हें ज्ञान दृष्टि प्राप्त है, वे अपने मूल रूप को देखते हैं। यम नियमों का पालन करने वाले योगी अपनी बुद्धि से परमेश्वर को देखते हैं। परमेश्वर प्राप्ति की इच्छा करने वाले लेकिन चित्त शुद्ध न होने के कारण, ऐसे व्यक्ति मुझे नहीं देख पाते।

श्री ज्ञानेश्वर जी इस जीवात्मा के तत्व को सरल करते हुए लिखते हैं: –

आणि ज्ञानहि अपैते होईल।
प्रज्ञा परमाणु ही उगाणा देईल।
सकळ शास्त्राचे येईल। सर्वस्व हाता।
परि ते व्युत्पत्ती ऐसी। जरी विरक्ती न रिगे मानसी।
तरी सर्वात्मिका मजसी। नव्हेचि भेटी।
पै तोंडभरी कां विचारा।
आणि अन्तःकरणी विषयांसी थारा।
तरी नातुडे धनुर्धरा। त्रिशुद्धी मी।

(ज्ञा. अ. 15, ओ. 391, 392, 393)

श्री ज्ञानेश्वर जी भगवान और हमारे मूल रूप के बारे में स्पष्ट करते हुए लिखते हैं कि जब ज्ञान प्राप्त होगा, बुद्धि इतनी तीव्र हो जायेगी की वह परमाणु की गिनती कर सकेगी, सर्व शास्त्रों के सिद्धान्त भी ज्ञात हो जायेगें। इस सृष्टि की उत्पत्ति का ज्ञान भी प्राप्त होगा लेकिन यदि चित्त में वैराग्य नहीं होगा तो सबमें रहने वाला जो "मै" हूँ उससे एक रूपता प्राप्त नहीं हो सकती। इसी प्रकार व्यक्ति मुख से ब्रह्मज्ञान, ब्रह्म-विचार कहते रहेंगे, लेकिन यदि अन्तःकरण में विषयों का चिंतन है तो, हे अर्जुन, मेरी प्राप्ति नहीं होगी। यह त्रिवार सत्य है।

श्री ज्ञानेश्वर जी ने इन ओवियों में बहुत बडा सन्देश दिया है कि मानव भले ही शास्त्रों के आधार से, उसके विकास से, भौतिक साधनों पर अपनी सत्ता प्रस्थापित कर ले, लेकिन शास्त्र और शास्त्रज्ञ भगवान को प्राप्त नहीं कर सकते। उसके लिए अन्तःकरण शुद्ध होना जरूरी है।

भगवान श्रीकृष्ण अपने स्वरूप के बारे में आगे कहते हैं: -

यदादित्यगतं तेजो जगद्भासयतेऽखिलम्।
यच्चन्द्रमसि यच्चाग्नौ तत्तेजो विद्धि मामकम्।।
गामाविश्य च भूतानि धारयाम्यहमोजसा।
पुष्णामि चौषधीः सर्वाः सोमो भूत्वार सात्मकः।।
अहं वैश्वानरो भूत्वा प्राणिनां देहमाश्रितः।
प्राणापानसमायुक्तः पचाम्यन्नं चतुर्विधम्।।
सर्वस्य चाहं हृदि सन्निविष्टो मत्तः स्मृतिर्ज्ञानमपोहनं च।
वेदैश्च सर्वैरहमेव वेद्यो वेदान्तकृद्वेदविदेव चाहम्।।

(गी. अ. 15 श 12, 13, 14, 15)

अपने सर्व-व्यापी अस्तित्व के बारे में भगवान श्रीकृष्ण कहते हैं:

सारे विश्व को प्रकाश देने वाले सूर्य का तेज मैं हूँ उसी प्रकार चंद्र और अग्नि का तेज भी मैं ही हूँ। यह मेरा ही तेज है ऐसे तुम जानों। पृथ्वी में प्रविष्ट होकर, जिसके कारण पृथ्वी नीचे नहीं गिरती और फटती भी नहीं, मैं अपने सामर्थ्य से जगत को धारण करता हूँ। और रसात्मक चन्द्र होकर मैं वनस्पति औषधि का पोषण करता

हूँ। मैं ही लोगों की भूख लगने से निर्माण होने वाली पेट की अग्नि होकर प्राणी मात्रों के देह को पोषण देता हूँ। और प्राण और अपान क्रिया से, खाये हुए अन्न को पचाता हूँ। मैं सबके ह्रदय में रहता हूँ और स्मृति, ज्ञान और विस्मरण, यह सब मेरे कारण होता है। वेदों से मुझे जाना जाता है। मैं ही वेदान्त संप्रदाय का निर्माण करने वाला हूँ और वेदों को जानने वाला भी मैं ही हूँ।

सर्वत्र भगवान ही हैं इसे स्पष्ट करते हुए श्री ज्ञानेश्वर जी अपने शब्दों में कहते हैं:

मी रिगालो असे भूतळी। म्हणोनि समुद्र महाजळी।
हे पांसूची ढेंपुळी। चिरेचि ना।
आणि भूतेहि चराचरे। हे धरीतसे जिये अपारे।
तिथे मीचि धरी धरे। रिगोनिया।
गगनी पंडुसुता। चंद्राचेनि मिसे अमृता।
भरला जालो चालता। सरोवर।
तेथूनि फांकती रश्मिकर। ते पाट पेलूनि अपार।
सर्वोषधीचे आगर। भरित असे मी।

(ज्ञा. अ. 15, ओ. 401, 402, 403, 404)

भगवान कहते हैं कि मैं पृथ्वी के पेट में समाया हूँ इसलिए समुद्र का पानी पृथ्वी की मिट्टी को घोल नहीं सकता। पृथ्वी की भूत सृष्टि को मैं ही धारण करता हूँ। मैं ही आकाश में चंद्र के रूप में अमृत का तालाब हूँ। चंद्रमा से निकली हुई अलग-अलग किरण रूपी प्रवाह से औषधि, वनस्पति का पोषण करता हूँ। इस प्रकार से सब तरह की वनस्पति, अन्न पैदा करके मैं प्राणी मात्रों को जिंदा रखता हूँ।

यह तो भगवान का भौतिक जग को धारण करने का सामर्थ्य है। भगवान ज्ञान देते हैं, स्मृति की शक्ति देते हैं और उससे भी ज्यादा विस्मृति भी वही करते हैं। भगवान हमें विस्मृति यदि नहीं कराते तो हमारा क्या होता। दुःख ही दुःख रहता। हमारे प्रेमी जनों में से किसी की मृत्यु होती है तो हमें उस क्षण बहुत दुःख होता है, लगता है की हम इस दुःख से मर जायेंगे। लेकिन ऐसा नहीं होता धीरे-धीरे इसकी विस्मृति होती है तो दुःख की तीव्रता कम होती है। भगवान की भक्ति ही हमें ऐसी विस्मृति देती है। यह सब भगवान के कारण ही होता है।

असल में भगवान और हम अलग नहीं हैं, फिर भी भगवान और हम अलग हैं, ऐसा क्यों प्रतीत होता है?

भगवान श्रीकृष्ण कहते हैं: -

द्वाविमौ पुरुषौ लोके क्षरश्चाक्षर एव च।
क्षरः सर्वाणि भूतानि कूटस्थोऽक्षर उच्यते।।
उत्तमः पुरुषस्त्वन्यः परमात्मेत्युदाहृतः।

यो लोकत्रयमाविश्य बिभर्त्यव्यय ईश्वरः।।
यस्मात्क्षरमतीतोऽहमक्षरादपि चोत्तमः।
अतोऽस्मि लोके वेदे च प्रथितः पुरुषोत्तमः।।
यो मामेवमसंमूढो जानाति पुरुषोत्तमम्।
स सर्वविद्भजति मां सर्वभावेन भारत।।
इति गुह्यतमं शास्त्रमिदमुक्तं मयानघ।
एतद्बुद्ध्वा बुद्धिमान्स्यात्कृतकृत्यश्च भारत।।
(गी. अ. 15, श्लो. 16, 17, 18, 19, 20)

इस जग में दो पुरुष हैं। सब प्राणी मात्र क्षर (नाश होने वाले) पुरुष हैं और कूटस्थ, अक्षर (जो की भगवान की माया शक्ति है, क्षर पुरुष की उत्पत्ति का बीज) पुरुष हैं। भगवान श्रीकृष्ण कहते हैं ''मैं क्षर पुरुष के परे हूँ और अक्षर पुरुष से भी उत्तम हूँ। इसलिए मैं वेद, शास्त्र और सब लोगों में पुरुषोत्तम नाम से प्रसिद्ध हूँ। जो व्यक्ति ज्ञान प्राप्त करके मुझे जानता है, वह सब जान कर मेरा ही भजन करता है। हे अर्जुन, यह अत्यंत गुप्त ज्ञान वाला शास्त्र मैंने तुम्हे बताया है। यह जानने वाला व्यक्ति ही बुद्धिमान है। और वही सही आनंद प्राप्त करता है।'' क्षर, अक्षर (कूटस्थ) इन शब्दों को श्री ज्ञानेश्वर जी बहुत विस्तार पूर्वक समझाते हैं। क्षर और अक्षर पुरुष के लक्षणों के बारे में या उन्हे कैसे पहचाना जाए इसके बारे में, श्री ज्ञानेश्वर जी लिखते हैं। परन्तु पहले जग या विश्व क्या है? श्री ज्ञानेश्वर जी इसे स्पष्ट करते हैं:

जेतुले पांच भौतिक घडते। जे नाम रूपा सापडते।
गुणत्रयाच्या पडते। कामठा जे।
जाणणेनिचि विपरीते। जे जे कांही जाणिजेते।
जे प्रतिक्षणी निमते। होऊनिया।
अगा कादूनि भ्रांतीचे दाग। उभवी सृष्टीचे आंग।
हे असो बहुजग। जगा नाम। (ज्ञा. अ. 15, ओ. 480, 482, 483)

जो पंच महाभूतों से, और तीन गुणों (रज, तम, सत) से उत्पन्न हुए हैं, ऐसे सभी छोटे, बड़े स्थावर जंगम मन बुद्धि को दिखाई देते हैं, जो हर क्षण उत्पन्न होते हैं और नष्ट होते हैं, यही जग है। इसके बाद जिसे क्षेत्र कहां है वह क्या है? इसे भी समझना जरूरी है।

पै अष्टधा भिन्न ऐसे। जे दाविले प्रकृतिमिसे।
जे क्षेत्र द्वारा छत्तीसे। भागी केले। (ज्ञा. अ. 15, ओ. 484)

जो आठ प्रकार के प्रकृति से और छत्तीस तत्वों से बनते हैं, उसे क्षेत्र यानी शरीर कहा है। (यह 13वें अध्याय में विस्तार से बताया गया है) श्री ज्ञानेश्वर जी कहते हैं कि जग और क्षेत्र क्या है, यह समझ लेने के बाद क्षर क्या है इसके बारे में सुनोः-

ऐसिया वळघोनि स्वप्ना। धावत भवचस्वर्गाचिया राना।
तया चैतन्या नाम अर्जुना। क्षर पुरुष गा।

आता ऐक क्षेत्रज्ञ येणे। नामे जयाते बोलणे।
जगज्जीव कां म्हणे। जिये दर्शते।
जो आपलेनि विसरे। सर्व भूतत्वे अनुकरे।
तो आत्मा बोलिजे क्षरे। पुरुष नामे।
जे वस्तुस्थिती पुरता। म्हणोनि आली पुरुषता।
वरी देह पुरी निदैजता। पुरुष नामें।

(ज्ञा. अ. 15, ओ. 493, 494, 495, 496)

जो अपने मूलस्वरूप को भूलकर भूतस्वरूप (शरीर रूप धारण करने वाला) होता है, उस आत्मा को क्षर पुरुष समझीए। उसकी मूलस्थिति (अव्यक्त और अविनाशी) पूर्ण है, यानि उसमें शरीर धारण करने से कोई बदलाव नहीं होता इसलिए उसे पुरुष कहते हैं। आत्मा, देहरूपी नगरी में सोया है, इसलिए उसे पुरुष कहते हैं। यह आत्मा उपाधी में, यानि शरीर में पकड़ी गयी है, इसलिए इस आत्मा पर, क्षर यानि नष्ट होने वाला, ऐसा झूठा इलजाम लगता है। शरीर स्थित होने के कारण आत्मा क्षणिक है और इसलिए उसे क्षर का नाम दिया जाता है। वास्तव में ऐसा नहीं है। संपूर्ण जीव चेतन को क्षर पुरुष कहते हैं।

''मैं अज्ञानी हूँ, मैं जन्मता हूँ, मरता हूँ, सुखी हूँ, दुखी हूँ इत्यादि सत्व, रजस और तमस इस गुणों के कारण देह और इंद्रियों के गुण अपने में भी हैं, ऐसे मानने वाले चेतन को क्षर पुरुष कहते हैं।''

अक्षर पुरुष के बारे में श्री ज्ञानेश्वर जी लिखते हैं: -

ना यथार्थ ज्ञाने एक होणे। ना अनेकत्वे दुजे घेणे।
ऐसे निखिळ जे नेणणे। तेचि ते रूप।
पांसुता निःशेष जाये। न घट भांडादि होये।
तया मृत्पिंडा ऐसे आहे। मध्यस्थ जे।

(ज्ञा. अ. 15, ओ. 504, 505)

यथार्थ ज्ञान न होने से भगवान से एकरूप नहीं होता और अनेक रूपों में होते हुए जो अलग भी नहीं है, ऐसा अक्षर पुरुष का रूप है। मिट्टी, धूल, बिल्कुल बारीक कणों की होती है यानि मिट्टी निःशेष (नष्ट) होती है और घट (मिट्टी का बर्तन) बनने के पहले गीली मिट्टी की जो अवस्था होती है उसी प्रकार अक्षर पुरुष की अवस्था होती है। संपूर्ण विश्व नष्ट होने तक भी आत्मज्ञान नहीं हुआ ऐसी अज्ञान दशा को अक्षर कहते हैं।

विश्व की उत्पत्ति होकर विश्व की विस्तारित जीव दशा व्यक्त होती है और जीव व विश्व इन दोनों का भेद समाप्त होता है। वह अज्ञान दशा अक्षर पुरुष है। वेदान्त शास्त्र के अनुसार जिस दशा को जगत का अव्यक्त भाव या बीजभाव कहा गया है वही अक्षर पुरुष का स्थान है।

अज्ञान अवस्था को ही अक्षर पुरूष कहते हैं। इस अवस्था में सिर्फ ब्रह्म प्राप्ति की कमी रहती है। यानि यह अव्यक्त दशा जब समाप्त होती है तब ब्रह्म की ही प्राप्ति होती है। संसार वृक्ष की जो नीचे की शाखायें है उसका मूल अक्षर पुरुष है। इसे पुरुष इसलिए कहते है कि वह पूर्ण होकर मायापुरी में सोता है।

अक्षर पुरुष अपने आप घिस कर नष्ट नहीं होता और ज्ञान के बगैर किसी भी तरह से नष्ट नहीं होता।

अक्षर पुरुष चैतन्य स्वरूप है। चैतन्य ही अक्षर पुरुष है। माया का संग इसका मुख्य लक्षण है।

लेकिन उत्तम पुरुष इन दोनों से भिन्न है। वह अविनाशी है और तीन ही लोकों को व्याप्त करता है, और इसका नियंत्रण करता है। यह तीसरा पुरुष माया के संपर्क से रहित है इसलिए इसे उत्तम पुरुष कहते हैं।

श्री ज्ञानेश्वर जी कहते हैं:

का रश्मी आणि मृगजळा। पासूनि अर्कमंडळा।
अफाट तेवी वेगळा। उत्तम गा। हे ना
काष्ठीच्या काष्ठीहुनी।
अनारिसा जैसा वन्ही। तैसा क्षरक्षरा पासूनी।
आनचि तो। ऐसी आथी जे कांही।
ते तो उत्तम पुरुष पाही। जे परमात्मा इही।
बोलिजे नामी। (ज्ञा. अ. 15 ओ. 531, 532, 536)

सूर्य किरणों और मृगजल की उपमा में, सूर्य मंडल बहुत बडा है। उसी प्रकार यह उत्तम पुरुष क्षर और अक्षर इन दोनों पुरुषों की तुलना में अमर्यादित है। उत्तम पुरुष की कोई सीमा नहीं है। ऐसी जो वस्तु स्थिति है वही उत्तम पुरुष है। उत्तम पुरुष को परमात्मा भी कहते हैं, ऐसा तुम समझो। क्षर और अक्षर पुरुष इस जगत के अंदर हैं (नीचे हैं) और परमात्मा को उसके परे यानि आत्म-रूप कहते हैं। इसलिए उत्तम पुरुष को ही परमात्मा नाम से कहा जाता है। परमात्मा विश्व रूप में दिखाई देता है और विश्व रूप विलय होने पर वह कहीं चला जाता है ऐसा बिल्कुल नहीं है। रात और दिन के कारण, सूर्य में कोई कमी थोड़े ही होती है।

भगवान कहते हैं कि मैं उपाधिरहित हूँ और क्षर और अक्षर इन दोनों पुरुषों मे श्रेष्ठ हूँ, इसलिए वेद और लोग मुझे पुरुषोत्तम कहते हैं। हे अर्जुन ! यह अत्यंत गुप्त ज्ञान से भरा शास्त्र मैंने तुम्हें समझाया है। यह जानने वाले पुरुष ही सही अर्थ में बुद्धिमान है।

श्री ज्ञानेश्वर जी अपनी ही शैली में पंद्रह अध्याय को समाप्त करते हैं। संजय युद्ध क्षेत्र का आंखों देखा हाल सुनाते हैं और भगवान का बताया गीता ज्ञान धृतराष्ट्र भी सुनाते हैं।

ते धृतराष्ट्र राया। सूतसे पन करावया।
म्हणोनि जीवितात तया। नोहेचि भारी।
येप्हवी गीता श्रवण अवसरी।
आवडो लागता अनाधिकारी।
परिसेखी तेचि उजरी। पातली भली।
जेंव्हा द्राक्षी दुध घातले। तेव्हा वाया गेले गमले।
परि फळ पाकी दुणावले। देखिले जेवी।
तैसी श्रीहरिवक्त्रीची अक्षरे। संजय सांगीतले
आदरे। तिही अंधु तोही अवसरे।
सुखिया जाला।

(ज्ञा. अ. 15 ओं. 590. 591, 592, 593)

महाभारत के युद्ध के अनेक कारणों में, धृतराष्ट्र का अपने पुत्रों के प्रति मोह, प्रमुख कारण था। इसे श्री ज्ञानेश्वर जी अपनी ज्ञानेश्वरी में प्रस्तुत करते हैं। जब श्रीकृष्ण अर्जुन को गीता सुनाते हैं, तो वह गीता, संजय धृतराष्ट्र को सुनाते हैं। उसका धृतराष्ट्र पर क्या परिणाम होता है उसे भी श्री ज्ञानेश्वर जी बताते हैं। संजय धृतराष्ट्र को गीता का ज्ञानामृत पीने के लिए देते हैं। इसलिए धृतराष्ट्र जो गीता श्रवण करने का अधिकारी नहीं था, तब भी संजय के मुख से गीता सुनने के कारण सद्गति को प्राप्त हुआ। इतना गीता का महत्व है। जिस प्रकार अंगूर की बेल का (पौधों को) पानी के बजाय दूध डाला जाय, तो वह दूध व्यर्थ गया ऐसा लगता है, लेकिन दूध देने के कारण अंगूर की मिठास दुगनी होती है। इसी प्रकार भगवान के मुख से निकले हुए शब्दों से वह बोधामृत से सुखी हुआ। गीता के अप्रत्यक्ष श्रवण से धृतराष्ट्र जैसा मोह से ग्रसित व्यक्ति भी तर गया, पावन हो गया ऐसी गीता की महानता है, यह श्री ज्ञानेश्वर जी बताते हैं।

सारांश

मोक्ष प्राप्ति के लिए आत्मज्ञान प्राप्त करना जरूरी है। लेकिन प्राप्त आत्मज्ञान का मन में दृढ़ रहना भी जरूरी है। वह तभी होगा जब मन को संसार की क्षणभंगुरता के बारे में पूर्ण विश्वास हो जाता है। जैसे ही यह समझ में आता है, वैराग्य मन में दृढ़ हो जाता है और आत्मज्ञान को दृढ़ करता है।

संसार क्षणिक है, इस तत्त्व को समझाने के लिए, श्रीकृष्ण भगवान संसार को वृक्ष की उपमा देकर समझाते हैं।

संसार वृक्ष एक बहुत बड़े वृक्ष की तरह है। इसके ऊपर ब्रह्म है जिसे सत्य वस्तु कहते हैं। इसके नीचे जड़ों का मूल है। इस वृक्ष को अश्वत्थ वृक्ष कहते हैं क्योंकि

इसका रूप एक क्षण के लिए भी एक सा नहीं रहता। यह पल-पल में नष्ट होने वाला और बदलने वाला है। इसकी शाखाएँ ऊपर-नीचे फैली हुई हैं और सत, रज, तम इन तीन गुणों से इनकी वृद्धि होती है। विषय-वासना इस वृक्ष के पत्ते हैं। रजो गुण रूपी हवा से संसार वृक्ष जब बड़ता है तो उसमें मनुष्य रूपी शाखाएँ पैदा होती हैं। वह मध्य भाग में ही होती है। इसे मनुष्य लोक कहते हैं। तमो गुण रूपी हवा बहने से, मनुष्य शाखा की नीच कर्म करने वाली वासना रूपी शाखाएँ बढ़ती है, पाप कर्म की जड़े बढ़ती हैं और पशु-पक्षी आदि जातियों की उत्पत्ति होती हैं। जब हिंसा और कुकर्म और बढ़ते हैं तो, वृक्ष, घास मिट्टी पत्थर आदि की शाखाएँ निकलती हैं। यह सब शाखाएँ नीचे की तरफ बढ़ती है। जब सतगुण की हवा चलती है तो पुण्य रूप अंकुर निकलता है, ज्ञान की वृद्धि होती है, बुद्धि तीक्ष्ण होती है, विवेक बढ़ता है जिससे स्वर्ग, मोक्ष, सूर्य, चंद्र, ऋषि आदि का निर्माण होता है। इससे भी ऊपर इंद्रादि शाखाएँ उत्पन्न होती हैं। इसके आगे ब्रह्मलोक और शिवलोक रूप शाखाएँ उभरती हैं। इसके आगे आवागमन नहीं होता क्योंकि इसके आगे परब्रह्म है।

इस संसार वृक्ष को उखाड़ने के लिए क्या करना जरूरी है? श्री ज्ञानेश्वर जी बताते हैं कि जिसका आस्तित्व ही नहीं है, ऐसा वृक्ष अज्ञान भ्रम के कारण बलवान होता है इसलिए उसे आत्मज्ञान से ही काटा जा सकता है। श्रीकृष्ण भगवान कहते हैं इस वृक्ष को ज्ञान से काटने के बाद, परमात्मा की शरण में शरणागत होकर जाना चाहिए-ऐसा व्यक्ति फिर दोबारा संसार में नहीं आता। आत्म-ज्ञान प्राप्त करने के लिए पक्के वैराग्य की प्राप्ति बहुत जरूरी है।

अन्त में श्रीकृष्ण भगवान क्षर पुरुष, अक्षर पुरुष और पुरुषोत्तम पुरुष के बारे में बताते हैं।

क्षर पुरुष–जो आत्मा अपना मूल स्वरूप भूलकर अपने को शरीर समझती है, उसे क्षर पुरुष कहते हैं। शरीर में स्थित होने के कारण, आत्मा क्षणिक है, इसलिए इसे 'क्षर' (नष्ट होने वाला) का नाम दिया जाता है। परन्तु शरीर धारण करने से इसमें कोई बदलाव नहीं होता, इसलिए इसे पुरुष कहते है।

अक्षर पुरुष–यह मध्य की स्थिति है। इस अवस्था में सिर्फ ब्रह्म प्राप्ती की कमी है अर्थात जब यह दशा समाप्त होती है तब ब्रह्म की ही प्राप्ति होती है। चैतन्य का माया से संग इसका मुख्य लक्षण है।

उत्तम पुरुष–यह अविनाशी है और तीनों ही लोकों को व्याप्त करता है तथा माया के सम्पर्क से रहित है इसकी कोई सीमा नहीं। उत्तम पुरुष को परमात्मा भी कहते हैं।

इस प्रकार उत्तम पुरुष उपाधी रहित है तथा क्षर और अक्षर, इन दोनों पुरुषों से श्रेष्ठ है। श्रीकृष्ण भगवान कहते हैं की इसीलिए लोग उन्हें पुरुषोत्तम कहते हैं।

अध्याय सोलहवां

दैवासुर संपद्विभाग योग

15वें अध्याय में पुरुषोत्तम योग का वर्णन भगवान श्रीकृष्ण ने किया। 15वें अध्याय में भौतिक शरीर और लिंगदेह (अभौतिक शरीर) किस तरह से एक दूसरे से मृत्यु के समय अलग होते हैं इसका भी वर्णन किया है। श्री ज्ञानेश्वर जी सोलहवें अध्याय के आरंभ में लिखते हैं कीः-

लिंगदेह कमळाचा। पोटी वेचतया चित्भ्रमराचा।
बंदिमोक्ष जयाचा। उदैल होय। (ज्ञा. अ. 16 ओ 4)

आत्मज्ञान रुपी सूर्य के उदय होने के कारण लिंगदेहरूप, जन्म मरण की यातना से स्वतंत्र हो जाता है। जीवन मृत्यु भोगने वाले जीव, चैतन्यरूपी भ्रमर, बंदिस्थ स्थिती खत्म होने पर, मोक्ष प्राप्त करते हैं। मरण समय में भौतिक देह तो नष्ट होता है लेकिन लिंग -देह का अपना प्रवास जारी रहता है। जीव फिर से शरीर धारण करता है और जन्म-मरण के फेरे में फंसा रहता है। जैसे भ्रमर कमल पर बैठ कर रस पीता है और संध्या होने पर कमल जब बंद हो जाता है (मरण समय) तब वह कमल में फंस जाता है। उसका छुटकारा तभी होता है जब सूर्य का उदय होकर कमल की पंखुड़ियां खुलती हैं। इसी प्रकार जब ज्ञान सूर्य का उदय होता है तब अभौतिक शरीर, जीवन मरण के चक्र से मुक्त होता है और मोक्ष प्राप्त करता है। लेकिन यह आत्मज्ञान कैसे होता है? हमारे पास ऐसी कौन सी संपति (धन) होनी चाहिए जिस के उपयोग से हम ब्रह्म ज्ञान प्राप्त कर सके यही 16वें अध्याय का विषय है। भगवान इस दैवी और आसुरी संपत्ति वर्णन इस अध्याय में करते हैं। दैवी संपत्ति, आसुरी संपत्ति क्या है इसे समझना जरुरी है। भगवान श्रीकृष्ण पहले दैवी संपत्ति का वर्णन करते हैं।

अभयं सत्वसंशद्धिर्ज्ञानयोगव्यवस्थितिः।
दानं दमश्च यज्ञश्च स्वाध्यायस्तप आर्जवम्।
अंहिसा सत्यमक्रोधस्त्यागः शांतिरपैशुनम्।
दया भूतेष्वलोलुप्तं मार्दवं हीरचापलाम्।
तेजः क्षमा धृतिः शौचमद्रोहानातिमानिता।
भवन्ति संपद दैवीमभिजातस्य भारत।

(गी. अ. 16 श्लो 1, 2, 3)

संपत्ति का अर्थ धन इकट्ठा करना, घर बनाना, धन का संग्रह करना ऐसा सामान्य लोग समझते हैं। लेकिन यदि लिंग देह को भी छोड़ देने के लिए ज्ञान प्राप्त करना है तो हमारे लिए संपत्ति का कुछ उपयोग नहीं, इसे इकट्ठा करने से कोई फायदा नहीं। भगवान के दरबार में जाना है तो ऊपर बताये 26 गुणों की संपत्ति हमारे पास होनी चाहिए। तब ही भगवान के राजमहल का, मुक्ति का, मोक्ष का दरवाजा हमारे लिए खुलेगा। 26 तरह के संपत्तिवाचक शब्दों का प्रयोग उपर दिये श्लोकों में भगवान ने किया है। लेकिन उनके पढ़ने से कई संपत्ति वाचक शब्द हमें स्पष्ट रुप से समझ में नहीं आते। उसे श्री ज्ञानेश्वर जी अपनी ओवियों द्वारा स्पष्ट करते हैं। प्रत्येक संपत्तिवाचक अर्थ की ओवियां यहां पर देना संभव नहीं। इसलिए इन शब्दों का अर्थ संक्षेप में दिया है।

1. अभय : जो पुरुष किसी भी प्रकार के कर्म, अकर्म के बारे में अहंकार नहीं करता, जो अद्वैत है और मानता है की अलग-अलग दिखने वाला संसार तत्वतः आत्मस्वरूप ही है। वह भय रहित है।

2. सत्व संशुद्धि : याने अन्तकरण शुद्धि। जब रजगुण (आसक्ति) का बोझ खत्म होता है और बुद्धि केवल सत्पक्ष और धर्म में लगती है और सदब्रम्ह में चित्त की एकाग्रता होती है तो उसे चित्तशुद्धि कहते हैं। रजोगुण और तमोगुण यहां समाप्त हो जाते हैं तथा बुद्धि का इन्द्रियों पर पूरा नियंत्रण रहता है।

3. ज्ञान, योग : ज्ञान और योग इन दो मार्गों में से हम जिसे अपना सकते हैं, जहां सर्म्पूण मन लगा सकते हैं, उसके आधार से भगवान को प्राप्त करना इसे ज्ञान और योग कहते हैं।

4. दान : अपना शत्रु संकट में हो तो उसे भी काया, वाचा, मन से, यथा-शक्ति से मदद करना और दु:खी व्यक्ति का समाधान करना इसे दान कहते हैं। सब की आवश्यकता अनुसार सहायता करना।

5. दम : इंद्रिय निग्रह करने को दम कहते हैं। चित्त में वैराग्य पैदा होना।

6. यज्ञ : शास्त्र के अनुसार आचरण करना। श्री ज्ञानेश्वरजी ने यज्ञ की परिभाषा और भी विस्तृत की है। ब्राम्हण को नमस्कार करना भी यज्ञ है। किस का क्या अधिकार है, यह समझ कर ही शास्त्रों में यज्ञ करने के बारे मे कहा है। यज्ञ करते समय किसी भी प्रकार के फल की आशा नहीं रखनी चाहिए तथा यह अहंकार नहीं होना चाहिये कि मैं कर्ता हूँ।

7. स्वाध्याय : अपने चेहरे को देखने के लिए जिस प्रकार हम आईने को बारबार साफ करते है उसी प्रकार ईश्वर का साक्षात्कार (दर्शन) होने के लिए धर्म शास्त्र में बताये हुए मार्ग पर चलना, उसका अभ्यास करना, ब्राम्हण के लिए आवश्यक है। अन्य व्यक्ति के लिए परम तत्व को प्राप्त करने के लिए भगवान का स्त्रोत या नाममंत्र बार-बार पढते रहना आवश्यक है। इसे स्वाध्याय याने स्वयं अभ्यास करना कहते है।

8. तप : जिस प्रकार वनस्पति फूलती है फलती है, और दूसरों को सुख देती है तथा अन्त में स्वयं सूख जाती है, उसी प्रकार दान देकर अपने शरीर सुख के लिए कुछ भी न बचाना इसे तप कहते है। अद्वैत ब्रम्ह को प्राप्त करने के लिए शरीर, इंद्रिय और प्राण इनका इस्तमाल करने को भी तप कहते हैं। जाग जाने पर जिस प्रकार नींद में देखे हुऐ स्वप्न नष्ट होते हैं, उसी प्रकार आत्म- साक्षात्कार होने पर बुद्धि का विस्तार (अन्य विचार करना) कम होता है। उसे तप कहते हैं।

9. आर्जव : इसका अर्थ है मन की सरलता। प्राणी मात्रों से निष्कपट व्यवहार करने को आर्जव कहते हैं।

10. अहिंसा : काया वाचा और मन से प्राणी मात्रों के सुख के लिए काम करते रहना इसे अहिंसा कहते हैं।

11. सत्य : किसी का नुकसान न हो, इसलिये झूठमूठ गुस्सा करना, ऐसा माँ के जैसा बर्ताव करना। सुनने में सुख लगे अन्त में सुख प्राप्त हो और जिसमें कोई विकार नहीं है, ऐसे बोलने को सत्य कहते हैं। पर्वतों से बहता कोमल पानी पर्वतों को भी काट देता है लेकिन वही पानी जब हम अपनी आंखों के अंदर छिडकते हैं तो उससे हमें कोई कष्ट नहीं होता है इसी तरह सत्य बोलनेवाले, असत्य लिखने वाले दुष्टों को काट भी डालता है।

12. अक्रोध : जिसके मन मे कोध (गुस्सा) नहीं निर्माण होता उसे अक्रोध कहते हैं। आप कितना भी गुस्सा दिलाने की कोशिश करिए, ऐसे व्यक्ति को क्रोध नहीं आयेगा। यही अक्रोध है। श्री ज्ञानेश्वर जी कहते हैं क्या पत्थर पर पानी डालने से उस में अंकुर निकलेगा? ''क्या वसंत ऋतु आने से आकाश में फूल खिलेंगें? उसी प्रकार क्रोध कभी भी निर्माण नहीं होगा ऐसे स्थिती को अक्रोध कहते हैं।''

13. त्याग : मिट्टी का त्याग करने से घट का त्याग होता है, कपास के तंतु का त्याग करने से वस्त्र का त्याग होता है। बुद्धिमान मनुष्य अपनी देह कां अहंकार, पूर्ण रूपसे छोड देता है और संसार का मोह छोड देता है, उसे त्याग कहते हैं।

14. शांती : भगवान से एकरूप होना, उसे जानना और इस जानने (ज्ञातृत्व) को भी भूल जाना, इसे शांती का रूप कहते हैं। सरल शब्दों में कहा जा सकता है की भगवान से एकरूप हो जाने की मन स्थिती को शांती कहते हैं।

15. अपैशुनम : मन मे किसी भी तरह का विकार न उठने को अपैशुनम कहते हैं। पक्षपात भेदभाव न करने को भी अपैशुनम् कहते हैं। कीचड़ में फँसी हुई गाय को देखकर वह दूध देने वाली है या बूढी हो गयी है, ऐसा विचार कर के, उसे निकालने का प्रयास नहीं किया जाता। गाय को बाहर निकालना यही प्रथम कर्तव्य है। रोगी को ठीक करने वाला डॉक्टर, यह नहीं विचार करता है की यह कोई पराया है या मेरा सगा है। वह तो मरीज को ठीक करना जानता है। गिरे हुए व्यक्ति को उठा कर खड़ा करना चाहिए, ना की उस की दुखती नस पर हाथ रख कर हंसना चाहिऐ। यह सभी क्रियायें अपैशुनम् कहलाती हैं।

16. दया : चंद्रमा अपने शीतल किरणों का प्रकाश देता है तब वह कोई बड़ा है या कोई छोटा है, ऐसा भेद नहीं करता। दु:खी का दुख मिटाते समय, वह व्यक्ति उत्तम या अधम है, ऐसा भेद नहीं किया जाता। ठंडे पानी को पैर से र्स्पश करते है तो उससे आखों को भी ठंडक मिलती है, उसी प्रकार दूसरे को सुख मिलने से जो स्वयं सुखी होता है ऐसा पुरुष दया की मूर्ति है। ऐसा दया का अधिकारी, मेरा भक्त है, मैं उसका ऋणी हूँ ऐसा भगवान कहते हैं। ऐसी दया करते समय, उसके मन मे अहंकार नहीं होता है, किसी भोग को भोगने की इच्छा नहीं होती। सूर्य उदय के साथ कमल का फूल खिलता है, लेकिन सूर्य कमल के फूल की सुगंध को स्पर्श तक नहीं करता। इसे दया कहते हैं।

17. मार्दव : जिस प्रकार जल्चर प्राणीयों को (मछलियों आदि को) पानी में, पक्षीयों को आकाश में रहना स्वभाविक हैं, मलय पर्वत से आनेवाली हवा जैसे मृदु होती है। जिस प्रकार आकाश महाभूतों को अपने पेट में रखता है, उसी तरह पूरे जगत का प्राण बन के रहना विश्व के जीवन के लिए जीवित रहना, ऐसे जीवन बिताना, मार्दव (कोमलता) कहलाता है।

18. अचापल्य : किसी भी प्रकारकी मन में हलचल न होना। जिन रस्सीयों से गुड़ीओं को नचाया जाता है, वह रस्सी यदी टूट जाय, तो गुड़ीयों का नाचना बंद हो जाता हैं। सूर्यास्त होने पर सूर्य किरणों का विस्तार रूक जाता है। उसी प्रकार मन को जीत लेने के बाद, बुद्धि और इंद्रियों को जीता जाता है। मतलब यह की मन और प्राण का नियमन करने से दस इंद्रीयां अपना काम करने मे असमर्थ होती हैं इसे अचापल्य कहते हैं।

19. तेज : जो लोग ईश्वर की प्राप्ती करने के लिए विषयों को त्यागते हैं तथा ज्ञान और योग मार्ग से सिद्धि प्राप्त होने पर भी उन्हें उसमें कोई विषेशता अथवा महानता नहीं लगती और ईश्वर के तरफ जिन का स्वाभाविक झुकाव रहता है, उसे अध्यात्मिक तेज कहते हैं।

20. धृति : नियंत्रण में न रहनेवाली प्रबल इंद्रीयों के कारण विकार उत्पन्न होते समय, कुछ जल्दी ठीक न होनेवाले रोगों के होते हुऐ, तथा प्रिय व्यक्तियों के वियोग इत्यादि घटनायों के घटने पर भी सहनशीलता बनाये रखना और सहज रहना, इसे धृति कहते हैं।

21. अद्रोह : जिस प्रकार गंगा का पानी पाप, ताप नष्ट करते हुए अपने किनारे पर जो वृक्ष लगे हैं उन को विकसित करता है और फिर वह पानी समुद्र में मिल जाता है, उसी प्रकार सब विकारों से बंधे हुए को, मुक्त करते हुए, दुखी लोगों के संकट नष्ट करते हुए, ओर सभी लोगों की उन्नति करने में लगे रहने को अद्रोह कहते हैं।

22. क्षमा : जिस प्रकार हमारा शरीर रोम (बाल) को धारण करता है, लेकिन हमें उसका अस्तित्व भी महसूस नहीं होता, उसी प्रकार सब सहन करते हुए भी, जो अपने बड़प्पन का गर्व नहीं करता, उसे क्षमा कहते हैं।

23. अमानित्वम् : जिस प्रकार गंगा, शंकर भगवान की जटाओं का आश्रय लेकर छोटी (संकुचित) हो जाती है उसी प्रकार योग्य मानसम्मान की भी जिसे लज्जा महसूस होती है, मान सम्मान के लायक होते हुए भी जो लज्जित होता है, उसे अमानित्व कहते हैं।

24. शौचम : अन्तःकारण में विवेक और शरीर से कर्म निष्काम भावना से करने को ही शुचिता, शौच्य कहते हैं।

25. लज्जा : गलत काम करने से लज्जित होना और ऐसा कर्म नहीं करना।

26. स्थिर चित्त : इंद्रियों को नियंत्रण में रखना व ईश्वर में चित्त स्थिर करना, स्थिर-चित्त कहलाता है।

श्री ज्ञानेश्वर जी प्रत्येक शब्द का अर्थ स्पष्ट करने के बाद लिखते हैं:

एंव इही सव्विसे। ब्रम्ह संपदा हे वसत असे।
मोक्षचक्रवर्तीचे जैसे। अग्रहार होय।
नाना हे संपत्ती दैवी। या गुणतीर्थाची नित्यनवी।
निर्विण्ण सगराच्या दैवी। गंगाचि आली।

(ज्ञा. अ. 16 ओ 207, 208)

इस प्रकार इन छब्बीस गुणों को दैवी संपत्ति (भगवान की संपत्ति, शुभ संपत्ति) कहते हैं। यह संपत्ति याने राजा का दिया हुआ इनाम ही है। सगर पुत्र भगीरथ गंगा पृथ्वी पर लाये ऐसी गंगा रूपी यह दैवी संपत्ति है। भगवान के दरबार में हम, इस दैवी संपत्ति का ही चढ़ावा चढ़ा सकते हैं। अन्य संपत्ति की ईश्वर के लिए कोई कीमत नहीं है। अब आसुरी (दुष्ट राक्षस) संपत्ति के बारे में सुनों।

दम्भो दर्पोऽभिमानश्च क्रोधः पारूष्यमेव च।
अज्ञानं चाभिजातस्य पार्थ सम्पदमासुरीम्।।
दैवी सम्पद्विमोक्षाय निबन्धायासुरी मता।
मा शुचः सम्पदं दैवीमभिजातोऽसि पाण्डव।।
द्वौ भूतसर्गो लोकेऽस्मिन्दैव आसुर एव च।
दैवो विस्तरशः प्रोक्त आसुरं पार्थ मे श्रृणु।।

(गी. अ. 16 श्लोक 4, 5, 6)

"हे अर्जुन। आसुरी सम्पत्ति वाले पुरुष के लक्षण है दंभ (धार्मिक हूँ, ऐसा दिखावा) दर्प (गर्व), अभिमान (अहंकार), क्रोध (गुस्सा), पारूष्य (कठोर भाषण), ओर अज्ञान। यह आसुरी संपत्ति है। दैवी सम्पत्ति संसार बंधन से मुक्त करने के लिए है और राक्षसी सम्पत्ति बंधन के लिये मानी गयी है। अब तक मैंने तुम्हें दैवी सम्पत्ति के बारे में विस्तार से समझाया। अब आसुरी (भूत) सम्पत्ति के बारे में सुनो। हे अर्जुन तुम दैवी- सम्पत्ति लेकर जन्मे हो।"

भगवान श्रीकृष्ण ने दैवी संपत्ति के 26 गुण (लक्षण) बताये। आसुरी सम्पत्ति के भगवान ने 6 गुण बताए हैं। इन 6 लक्षणों का वर्णन श्री ज्ञानेश्वर जी करते हुए कहते हैं।

दंभ क्या है?

तैसा दृष्टादृष्टाचा सखा। धर्मजाला तो फोकारिजे देखा। तरि तारिता तोचि देखा। लागी होय। म्हणोनि वाचेचा चौबारा। घातलिया धर्माचा पसारा। धर्मचि तो अधर्म होय वीरा। तो दंभ असे। (ज्ञा. अ. 16 ओ 222, 223)

इस लोक, और परलोक में भी, धर्म हमारे साथ मित्र की तरह है। लेकिन 'मैंने' धर्म किया, इसका डंका बजाना, इससे धर्म से फायदा होने के बजाय दोष ही लगता है। धर्म ही अधर्म हो जाता है। इसे दंभ कहते हैं। गुरू का दिया हुआ मंत्र यदि चौराहे पर बैठकर जोर जोर से चिल्लाकर पढ़ें, तो वह कल्याण करने के बजाय अकल्याण ही करेगा। नदी में शरीर को बचाने के लिए नाव, हमें पानी से बाहर ले जायेगी: लेकिन यदि हम नाव को सिर पर उठा लेते हैं तो हम डूब जायेंगे। यही है दंभ।

दर्प किसे कहते है?

तैसा माजे स्त्रिया धने। विद्या स्तुति बहुते माने।
ऐके दिवसी चेनि परान्ने। अल्पकु जैसा।
अभ्रच्छायेंचिया जोडी। निर्देव घर मोडी।
मृगांबु देखोनि फोडी। पाणियाढे मूर्ख।
किबहुना ऐसेसे। उतणेजे संपत्तिमिसे।
तो दर्प गा अनारिसे। न बोले घेई।

(ज्ञा. अ. 16 ओ 227, 228, 229)

जिस प्रकार दरिद्र मनुष्य किसी दूसरे के दिये हुऐ अन्न को पेटभर खाकर अपने को धनवान समझने लगता है, उसी प्रकार स्त्री, धन, मानसम्मान, इत्यादि मिलने पर यदि मनुष्य गर्व करता है, उन्मत्त हो जाता है तो उसे दर्प कहते हैं। संपत्ति के कारण उन्मत होना, बहुत गर्व करना, इसे दर्प कहते हैं। दर्प करने वाला पुरुष कैसा होता है?

म्हणोनि जरी उत्साहे। याते वानू जाये।
की ते आइकोनि मत्सर वाहे। फुगो लागे।
म्हणे ईश्वराते खाये। तथा वेदा विष सूये।
गौरवामाजी त्राये। भंगीत असे। तैसा अभिमानाचेनि मोहे।
ईश्वराचे ही नाम न साहे। बापाते म्हणे मज हे।
सवति झाली। ऐसा मान्यतेचा पुष्टगंड। तो अभिमानी परम।
रौरवांचा रूढ। मार्गचि पै। (ज्ञा. अ. 16, ओ 232 233, 235, 236)

दर्प करने वाले पुरुष की कोई प्रशंसा करता है, तो उसे सुनकर वह लोगों से नफरत करने लगता है तथा गर्व से फूला नहीं समाता है। कहने लगता है की ईश्वर को खा जायेगा, वेदों को विष दे देगा और अभिमान से सबको रौंद डालता है। इस अभिमान के मोह से उसे ईश्वर का नाम लेना भी सहन नहीं होता और प्रत्यक्ष अपने बाप को अपने मार्ग की अडचन समझता है। मान सम्मान से उनमुक्त हुआ और अभिमान के कारण किसी की न सुननेवाले पुरुष को, नरक का रास्ता ही मिलता है।

आसुरी संपत्ति में क्रोध की क्या व्याख्या है?

आणि पुढिलांचे सुख। देखणियाचे होय मिख।
चढे क्रोधाग्नीचे विख। मनो वृति।
जगाची सुख पहाट। चोरामराणाहूनि निकृष्ट।
दूधाचे कालकूट। होय व्याळी। तैसा विद्या विनोदविभवे।
देखे पुढिलांचे दैवे। तंव तंव रोष दुणावे। क्रोध तो जाण।

(ज्ञा. अ. 16 ओ 237, 240, 242)

अन्य पुरुष का सुख देख कर जिसके मन में क्रोध उत्पन्न होता है, चोर को, सवेरे रास्ते पर सुख से चलने वाले को देख कर, दुख होता है, सर्प (सांप) को दिया दूध भी विष बन जाता है, उसी प्रकार किसी की विद्या, विनोद, ऐश्वर्य और वैभव को देख कर, जिसका रोष गुस्सा बढ़ता है, उसे क्रोध कहते हैं। दूसरों का अच्छा देख कर मन का अशांत होना ही क्रोध है।

अज्ञान किसे कहते हैं?

तरी शीतोष्ण स्पर्शा निवाड नेणे पाषाण जैसा।
कां रात्री आणि दिवसा। जात्यंध तो।
हे चोख हे मेळ। ऐसे नेणोनिया बाळ।
देखे ते केवळ। मुखीचि घाली।
तैसे पापपुण्याचे खिचटे। करोनि खाता बुद्धि चेष्टे।
कडु मधुर न वाटे। ऐसी जे दशा। तिये नाम अज्ञान।
या बोला नही आन। एंव साही दोषांचे चिन्ह। सांगीतले।

(ज्ञा. अ. 16, ओ 246, 247, 251, 252)

जिस प्रकार पत्थर को, यह ठंडा है, अथवा गरम है, या जन्म से ही जो अंधा है, वह रात्री और दिन क्या है, इसका निर्णय नहीं कर सकता और छोटा बालक यह अच्छा है, या गन्दा है इसको न समझ कर, हर चीज मुँह में डालता है, उसी प्रकार जो पुरुष पाप- पुण्य की खिचड़ी खाता है याने पाप क्या, पुण्य क्या, इसका निर्णय नहीं करता उस की बुद्धि की दशा को ''अज्ञान'' कहते हैं।

पारूषयमेव : जो दूसरों के शरीर को और मन को भेदने की क्रियाओं से भरा है, उसे पारूषयमेव कहते हैं।

अभिमानश्च : जहां मन में अभिमान भरा हुआ है।

इस प्रकार आसुरी संपत्ति के 6 लक्षण दंभ, दर्प, अभिमान क्रोध, पारूष्य और अज्ञान भगवान श्रीकृष्ण ने बताये हैं। यह दैवी संपत्ति से कम हैं,। लेकिन आसुरी संपत्ति, संख्या में कम होते हुए भी, कम ताकतवान नहीं हैं। आसुरी संपत्ति की ताकत बहुत बड़ी है। इन 6 गुणों वाली आसुरी संपत्ति से मनुष्य का अकल्याण होता है।

भगवान श्रीकृष्ण आसुरी संपत्ति की ताकत के बारे में कहते हैं:-

प्रवृत्तिं च निवृत्तिं च जना न विदुरासुराः।
न शौचं नापि चाचारो न सत्यं तेषु विद्यते।।
असत्यमप्रतिष्ठं ते जगदाहुरनीश्वरम्।
अपरस्परसम्भूतं किमन्यत्कामहैतुकम्।।
एतां दृष्टिमवष्टभ्य नष्टात्मानोऽल्पबुद्धयः।
प्रभवन्त्युग्रकर्माणः क्षयाय जगतोऽहिताः।।
काममाश्रित्य दुष्पूरं दम्भमानमदान्विताः।
मोहाद्गृहीत्वाऽसद्ग्राहान्प्रवर्तन्तेऽशुचिव्रताः।।
चिन्तामपरिमेयां च प्रलयान्तामुपाश्रिताः।
कामोपभोगपरमा एतावदिति निश्चताः।।

(गी. अ. 16 श्लो 7, 8, 9, 10, 11)

आसुरी प्रवृत्ति के लोग प्रवृत्ति (जिसे शास्त्रों ने करने के लिए कहा है) और निवृत्ति (न करने के लिए कहा है) में अन्तर नहीं समझते। उनमें शुद्धता, अच्छे आचार विचार, और सत्यता नहीं होती। यह विश्व अनादि है, यह कहना सब झूठ है, ऐसा वे मानते हैं। उनकी विचार व्यवस्था में, पाप-पुण्य का कोई आधार नहीं। वह कहते हैं ईश्वर कोई नहीं हैं तथा, संसार सब स्त्री पुरुष के मेल से उत्पन्न होता है तथा काम के बगैर उनकी उत्पत्ति का क्या हेतु है? ऐसे मंद बुद्धि वाले आसुरी लोग, जग में तृप्त न होने वाली काम वासना को बढ़ावा देते हैं। दंभ से अविवेकी होकर अशुभ कार्य करते हैं तथा उसके लिए व्रत तक रखते हैं। मरने के बाद भी उन्हे सुख मिलता रहे, इसी बात के लिये वे चिंता में रहते हैं और उनके मन में यह पक्का निश्चय रहता है कि स्त्री मिलन जैसा सुख और कुछ नहीं है और वही प्राप्ती में लगे रहते हैं।

श्री ज्ञानेश्वर जी कहते हैं की आसुरी संपत्ति के जो 6 लक्षण बताये हैं वे शरीर पर जब तक प्रकट (हमारे शारीरिक आचरण और वर्ताव से) नहीं होते, तब तक आसुरी संपत्ति दिखाई नहीं देती। जिस प्रकार आग लकड़ी में प्रकट होती है, तभी वह दिखाई देती है, उसी प्रकार आसुरी संपत्ति जब प्राणी के शरीर में प्रकट होती है, तभी वह स्पष्ट दिखाई देती है। इसलिए आसुरी संपत्ति के दोषों से युक्त पुरुष के बारे में श्री ज्ञानेश्वर जी कहते हैं:-

येथ आपलेनि बळे। भोगीजे जे जे वेटाळे।
हे वाचानि वेगळे। पुण्य आहे। ना
अशक्तपणे आंगिके।
वेगंळ वेटाळी न टके। गादिजे वीण विषय सुखे।
तेचि पाप। प्राण घेती संपन्नाचे। ते पाप जरी साचे।
तरी सर्व हाती ये तयांचे। ते पुण्यफळ की।
बळी अबळते खाये। हेचि वाधित जरी होय।
तरी मासया कां न होय। निसंतान। (ज्ञा. 16 ओ 299, 300, 301, 302)

आसुरी संपत्ति वाले पुरुष कहते हैं की इस मनुष्य लोक में अपनी ताकत से जो जो प्राप्त हो सकता है, उसे प्राप्त करके, उसका भोग लेना चाहिए। यही पुण्य है। इसके सिवाय पुण्य क्या है? शरीर में ताकत न हो तो भोग प्राप्त नहीं हो सकते। इसलिए दुख भोगना पड़ता है। धनवान लोगों का प्राण लेना यदि पाप है, तो धनवान की जो संपत्ति मिलती है तो वह पुण्य का ही फल है।

श्री ज्ञानेश्वर जी आसुरी संपत्ति के आचरण के बारे में और स्पष्ट करते हैं।

येथ उर्वशिया इंद्र सुखी। जैसा का स्वर्ग लोकी।
तैसाचि कृमिही नरकी। लोळत श्लाघेम्हणोनी नरक स्वर्ग।
नव्हे पाप पुण्य भाग। जे दोही ठायी सुख भोग।
कामाचाचि तो। या कारणे कामे। स्त्री पुरुष युग्मे।
मिलती तेथ जन्मे। आवधे जग। आणि जे जे आभिलाषे।
स्वार्थालागी पोषे। पाठी परस्पर द्वेषे। कामचि नाशी।
एवं कामावाचूनि कांही। जगा मूळचि आन नाही।
ऐसे बोलती पाही। आसुर गा ते।

(ज्ञा. अ. 16, ओ 308, 309, 310, 311, 312)

जिस प्रकार उर्वशी से समागम करके इंद्र सुख भोगता है, उसी प्रकार नरक के कीड़े भी नरक में सुख मानते हैं। इसलिए नरक, स्वर्ग, पाप पुण्य का फल नहीं है। क्यों की दोनों जगह, विषय का ही सुख उपभोग है। इसलिए काम वासना से जब स्त्री पुरुष एकत्रित होते हैं तब सृष्टि का निर्माण होता है। और आपस के द्वेष के कारण काम ही सृष्टि का नाश करता है। काम-वासना के सिवाय, जग निर्मिती का कोई कारण ही नहीं है, ऐसा आसुरी संपत्ति वाले मानते हैं।

भगवान श्रीकृष्ण, आसुरी संपत्ति वाले क्या सोचते हैं, और कैसा आचरण करते हैं, इसके बारे में अर्जुन को बताते हैं:-

आशापाशशतैर्बद्धा: कामक्रोधपरायणा:।
ईहन्ते कामभोगार्थमन्यायेनार्थ संचायन॥
इदमद्य मया लब्धमिमं प्राप्स्ये मनोरथम्।
इदमस्तीदमपि मे भविष्यति पुनर्धनम्॥
असौ मया हत: शत्रुर्हनिष्ये चापरानपि।
ईश्वरोऽहमंह भोगी सिद्धोऽहं बलवान्सुखी॥
आढयोऽभिजनवानस्मि कोऽन्योऽस्ति सदृशो मया।
यक्ष्ये दास्यामि मोदिष्य इत्यज्ञान विमोहिता:॥
अनेकचित्तविभ्रान्ता मोहजालसमावृता:।
प्रसक्ता: कामभोगेषु पतन्ति नरकेऽशुचौ॥

(गी. अ. 16 शलो 12, 13, 14, 15, 16)

सैंकड़ों आशा, आकांक्षा से बद्ध होकर, काम व क्रोध से भरपूर, ऐसे आसुरी

संपत्ति वाले लोग अन्याय से बहुत धन का संग्रह करने की इच्छा करते हैं और कहते हैं उन्होंने बहुत धन कमाया है। तथा आगे और ज्यादा धन कमायेगें। उन्होंने अपने शत्रुओं को मारा तथा आगे औरों को भी मारेंगे। वे स्वयं ही ईश्वर हैं, भोक्ता हैं तथा उन जैसा क्या कोई और है? "मैं यज्ञ करूंगा, यज्ञ द्वारा भी दूसरों का अपमान करुंगा, नट आदि को धन देकर आनंदित होउंगा, ऐसे आज्ञानवश आसुरी संपत्ति वाले बड़बड़ाते रहते हैं। भगवान श्रीकृष्ण कहते हैं की ऐसे आसुरी संपत्ति वालों के मन में भ्रम निर्माण होता है। विषय भोगों में आसक्त रहते हैं। ऐसे आसुरी संपत्ति वाले लोग नरक में जाते हैं।

भगवान श्रीकृष्ण आसुरी संपत्ति वाले लोगों के बारे में और विस्तार से बताते हैं:-

आत्मसम्भाविताः स्तब्धा धनमानमदान्विताः।
यजन्ते नामयज्ञैस्ते दम्भेनाविधिपूर्वकम्।।
अहंकार बलं दर्पं कामं क्रोधं च संश्रिताः।
मामात्मपरदेहेषु प्रद्विषन्तोऽभ्यसूयकाः।।
तानहं द्विषतः क्रूरान्संसारेषु नराधमान्।
क्षिपाम्यजस्त्रमशुभानासुरीष्वेव योनिषु।।
आसुरीं योनिमापन्ना मूढा जन्मनि जन्मनि।
मामप्राप्यैव कौन्तेय ततो यान्त्यधमां गतिम्।।

(गी. अ. 16 श्लो 17, 18, 19, 20)

आसुरी संपत्ति वाले लोग अपना महत्व बढ़ाने के लिए, अपना मानपान करवा लेते हैं। धन और मानपान से उन्मत्त होकर दभंपूर्वक, शास्त्र विधी को छोड़ कर, नाम मात्र यज्ञ करते हैं। अहंकार, बल, दर्प, काम व क्रोध इत्यादि विकारों का सहारा लेकर, भगवान से द्वेष करते हैं। ऐसे आसुरी संपत्ति वाले नराधमों को, मैं संसार में कूरता करने वाली बाघ, सिंह आदि आसुरी योनियों में ही जन्म देता हूँ। हे अर्जुन। इसके बाद यह तमो-गुणी मूर्ख आसुरी संपत्ति वाले लोग और भी नीच योनी को प्राप्त होते हैं।

श्री ज्ञानेश्वर जी आसुरी संपत्ति वाले लोगों के यज्ञ के बारे में कहते हैं

देवा ब्राम्हणांचेनि नांवे। आड वारेनहि नोहावे।
ऐसे आथी तेथ यावे। लागे कवणा।
पै वासरूचा भोकसा। गाईपुढे ठेवूनी जैसा। उगाणा घेती क्षीररसा।
बुद्धिवंत। तैसे योगाचेनि नांवे। जग वाउनि हावे। नागविती आधवे। आहेशवारी।
ऐसा कांही आपुलिया। होमिती जे उजरिया।
तेणे कामिती प्रणियाँ। सर्वनाश।

(ज्ञा. आ. 16, ओ 385, 386, 387, 388)

आसुरी संपत्ति वाले को ब्राह्मण का नाम तक सहन नहीं होता। जिस प्रकार बुद्धिमान आदमी गाय का दूध निकालने के लिए झूठमूठ का बछड़ा गाय के सामने

बांधता है, उसी प्रकार यह लोग यज्ञ के नाम पर लोभ से प्रेरित होकर, लोगों को निमंत्रित करते हैं और उनसे महंगे तोहफे लेते हैं। अपने उत्कर्ष के लिए, संपत्ति बटोरने के लिए, आसुरी संपत्ति वाले ऐसे यज्ञ करते हैं।

ऐसे लोगों को भगवान नीच योनी में जन्म देते हैं। वे नरक को प्राप्त होते हैं। यदि नरक में नहीं जाना है, या नरक के कितने दरवाजे हैं इसके बारे में भगवान श्रीकृष्ण कहते हैं :

त्रिविधं नरकस्येदं द्वारं नाशनमात्मनः।
कामः क्रोधस्तथा लोभस्तस्मादेतत्त्रयं त्येजेत्।।
एतैर्विमुक्तः कौन्तेय तमोद्वारैस्त्रिभिर्नरः।
आचरत्यात्मनः श्रेयस्ततो याति परां गतिम्।।
यः शास्त्रविधिमुत्सृज्य वर्तते कामकारतः।
न स सिद्धिमवाप्नोति न सुखं न परां गतिम्।।
तस्माच्छास्त्रं प्रमाणं ते कार्यकार्यव्यवस्थितौ।
ज्ञात्वा शास्त्रविधानोक्तं कर्म कर्तुमिहार्हसि।।

(गी. अ. 16, श्लो 21, 22, 23, 24)

भगवान श्रीकृष्ण कहते हैं की काम क्रोध, लोभ यह तीन नरक के दरवाजे हैं। यह तीनों नाश करने वाले हैं। इसलिए इन तीनों का त्याग करना चाहिए, इन्हें छोडना चाहिए। जो पुरुष इन तमोरूपी, अधोगती के द्वार, ऐसे तीनों से (काम क्रोध और लोभ) मुक्त होता है वह अपना कल्याण कर लेता है और परमगति को प्राप्त होता है। जो पुरुष शास्त्र विधी के अनुसार आचरण नहीं करता है, वह शुद्ध चित्त होने पर भी योग्य अधिकार प्राप्त नहीं करता तथा उसे सुख प्राप्त नहीं होता। ऐसे व्यक्ति को ईश्वर प्राप्ति रूप परम गति कैसे प्राप्त होगी? क्या करना चाहिए, क्या नहीं करना चाहिए, इसका निश्चय करने के लिए शास्त्रों को प्रमाण मानना चाहिए। और शास्त्रों के मार्ग दर्शन से कर्म करना चाहिये।

सारांश

पिछले अध्याय में यह बताया गया कि ब्रह्म ज्ञान को दृढ़ करने के लिए वैराग्य प्राप्ति जरूरी है। इस अध्याय का विषय है कि ब्रह्म ज्ञान प्राप्ति के लिए क्या करना जरूरी है? ज्ञान प्राप्ति के लिए दैवी और आसुरी सम्पत्ति के भेद को जानना जरूरी है।

भगवान श्रीकृष्ण देवी सम्पत्ति के 26 गुण तथा आसुरी सम्पत्ति के 6 गुण बताते हैं। श्री ज्ञानेश्वर जी इनके बारे में विस्तार में समझाते हैं–

दैवी सम्पत्ति

1. **अभय**–व्यक्ति यह मानता है कि सारा संसार तत्त्वतः आत्मस्वरूप ही है–सब एक ही है इसलिए वह भय रहित होता है।

2. **सत्व संशुद्धि**–अंतःकरण की शुद्धि; रज तथा तम गुण समाप्त हो जाते हैं। बुद्धि का इन्द्रियों पर पूरा नियंत्रण।

3. **ज्ञान-योग**–इन मार्गों से भगवान को प्राप्त करना।

4. **दान**–सब की आवश्यकता अनुसार सहायता करना।

5. **दम**–इन्द्रियों का निग्रह

6. **यज्ञ**–शास्त्र के अनुसार आचरण करना। कर्मफल की इच्छा न करना तथा कर्तापन का अहंकार भी नहीं।

7. **स्वाध्याय**–प्रभु प्राप्ति के अभ्यास करना

8. **तप**–प्रभु प्राप्ति के लिए शरीर, इन्द्रियों और प्राण का इस्तेमाल करना।

9. **आर्जव**–मन की सरलता, निष्कपट व्यवहार।

10. **अहिंसा**–काया, वाचा, मन से प्राणियों को सुखी करना।

11. **सत्य**–सुनने में सुख लगे अन्त में सुख प्राप्त, तथा विकार रहित, ऐसे बोलना।

12. **अक्रोध**–जिसके मन में क्रोध निर्माण नहीं होता।

13. **त्याग**–देह के अहंकार का पूर्ण त्याग।

14. **शाति**–भगवान से एक रूप होना।

15. **अपैशुनम**–मन में किसी भी तरह का विकार ना उठना।

16. **दया**–दूसरे को सुख मिलने से जो स्वयं सुखी होता है।

17. **मार्दव**–विश्व के जीवन के लिए जीवत रहना-कोमलता का होना।

18. **अपाचल्य**–मन, बुद्धि और इन्द्रियों का जीतना।

19. **तेज**–सिद्धि प्राप्त होने पर भी जो अपने को महान नहीं समझते।

20. **धृत्ति**–सहनशीलता बनाए रखना।

21. **अद्रोह**–लोगों की मदद करने में लगे रहना।

22. **क्षमा**–सभी सहन करते हुए भी बड़प्पन नहीं करना।

23. **अमान्त्विम**–मान, सम्मान मिलते हुए, उसके योग्य होते हुए भी, लज्जित महसूस करना।

24. **शौचम**–कर्म निष्काम भाव से करना।

25. **लज्जा**–गलत कर्म नहीं करना।

26. **स्थिर चित्त**–ईश्वर में चित्त स्थिर रखना।

आसुरी सम्पत्ति–के 6 लक्षण हैं। (1) दंभ ('मैंने धर्म किया'–इस बात का डंका बजाना) (2) दर्प (सम्पत्ति के कारण गर्व करना और विवेक खो देना) (3) क्रोध (किसी का ऐश्वर्य, विद्या आदि देखकर अशांत होना) (4) अज्ञान (जो पुण्य

पाप का निर्णय नहीं कर सकता) (5) पारुषयमेव–दूसरों के शरीर और मन को भेदना (6) अभिमानश्चः मन में अभिमान होना।

आसुरी प्रवृत्ति के लोग अच्छे-बुरे में अन्तर नहीं समझ सकते। वह कहते हैं ईश्वर कोई नहीं है संसार स्त्री-पुरुष के मेल से उत्पन्न हुआ है। काम वासना को बड़ावा देते हैं तथा मरने के बाद भी उन्हें सुख मिलता रहे, इसी की चिंता में रहते हैं। भगवान से द्वेष करते हैं।

भगवान कहते हैं कि ऐसे लोगों को मैं क्रूरता करने वाली बाघ, सिंह आसुरी योनियों में जन्म देता हूँ। इसके बाद ऐसे तमोगुणी और भी नीच योनियों में जाते हैं।

अन्त में भगवान श्रीकृष्ण बताते हैं की काम, क्रोध और लोभ, यह तीन नरक के दरवाजे हैं–यह तीनों नाश करने वाले हैं तथा इनका त्याग करना चाहिए। जो इन तीनों विकारों से मुक्त होता है वह अपना कल्याण कर लेता है और परमगति को प्राप्त होता है। शास्त्रों के मार्ग-दर्शन से ही कर्म करना चाहिए।

अध्याय सत्रहवाँ

श्रद्धात्रय विभाग योग

श्री ज्ञानेश्वर जी 17वें अध्याय की शुरूवात गणेश वदंना से करते हैं। भगवान गणेश किसे कैसे दिखाई देते हैं इसका सुन्दर वर्णन करते हैं।

जो तुझ्याविरवी मूढ। तयालागी तूं वक्रतुंड।
ज्ञानियासी तरी अखंड। उजूचि उजति आहासी। (ज्ञा. अ. 17, ओ. 4)

श्री ज्ञानेश्वर जी कहते हैं कि जो व्यक्ति आपको, आपके सामर्थ्य (ताकत) को नहीं जानते हैं, आपका भजन नहीं करते, ऐसे अज्ञानी व्यक्तियों को आपका मुँह टेढ़ा है, आप उनकी तरफ नहीं देखते हैं, ऐसा लगता है। लेकिन जो आपके स्वरूप को जानते हैं, ऐसे व्यक्ति आप सीधे हो (कोई टेढ़ापन नहीं) तथा आप सर्व प्रकार से सबका पालन करने वाले हो ऐसा मानते हैं। श्री ज्ञानेश्वर जी इसके बाद गणेश जी के प्रत्येक अवयव का वर्णन करके उनकी महिमा का वर्णन करते हैं।

16वें अध्याय के अन्त में भगवान श्रीकृष्ण कहते हैं कि क्या करना चाहिए और क्या नहीं करना चाहिए इसका निश्चय करने के लिए हे अर्जुन ! तुम्हें शास्त्र को प्रमाण मानना होगा और उसके अनुसार कर्म करने के लिए तुम्हें योग्य होना है।

लेकिन यह शास्त्र क्या हैं? इसके प्रमाण क्या हैं?

श्री ज्ञानेश्वर जी कहते हैं: –

तैसी शास्त्रांची मोकळी। या के कोण वेटाळी।
एकवाक्यतेच्या फळा। पैसिजे के। जालियाहि एक वाक्यता।
कै लाभे वेळ अनुष्ठितां। कैचा पैसार जीवना।
येतुलालिया। आणि शास्त्रे अर्थे देशे काळे।
या चहूँही जे एक फळे। तो उपावो के मिळे।
आघवयासि। म्हणोनि शास्त्राचे घड़ते।
नोहे प्रकार बहुते। तरी मूर्खा मुमुक्षा येथे।
काय गति पा। हा पुसावया अभिप्राय।
जो अर्जुन करी प्रस्ताव। तो सतराविया ठाव।
अध्याय येथ। (ज्ञा. अ. 17, ओ. 26, 27, 28, 29, 30)

शास्त्रों में भिन्न-भिन्न मत प्रवाह (विचार धारायें) हैं, उन्हें कौन इकट्ठा करेगा और उसमें कुशलता कब प्राप्य होगी? किसी प्रकार विचारों की समानता हो भी जाये, तो उसके अनुसार आचरण करने के लिए समय कहाँ बचेगा? इतना संभव होगा ऐसा नहीं लगता। इस स्थिति में अज्ञानी व्यक्ति को मोक्ष प्राप्त करने की इच्छा होते हुए भी उसकी क्या गति होगी? इस शंका के समाधान का प्रस्ताव अर्जुन, भगवान श्रीकृष्ण के सामने रखते हैं। यही 17 वें अध्याय का विषय है।

अर्जुन उवाचः-

ये शास्त्रविधिमुत्सृज्य यजन्ते श्रद्धयान्विताः।
तेषां निष्ठा तु का कृष्ण सत्त्वमाहो रजस्तमः।।

(गी. अ. 17, श्लो. 1)

अर्जुन कहते हैं शास्त्रविधि को छोड़कर, जो साधारण पुरुष श्रद्धा से भजन, भक्ति करते हैं उनकी निष्ठा सात्विक, राजस या तामस में से किस प्रकार की होती है।

भगवान श्रीकृष्ण अर्जुन की शंका का समाधान करते हैं:

श्रीभगवानुवाच

त्रिविधा भवति श्रद्धा देहिनां सा स्वभावजा।
सात्त्विकी राजसी चैव तामसी चेति तां श्रृणु।।
सत्त्वानुरूपा सर्वस्य श्रद्धा भवति भारत।
श्रद्धामयोऽयं पुरुषो यो यच्छ्रद्धः स एव सः।।

(गी. अ. 17, श्लो. 2, 3)

हे अर्जुन, शास्त्र विहीन (जो शास्त्र के अनुसार आचरण नहीं करते) लोगों की स्वाभावजन्य श्रद्धा, सात्विक, राजस, तमस तीन प्रकार की है। सर्व मनुष्यों में पूर्व कर्मों से प्रेरित, उनके संस्कार युक्त अन्तःकरण के अनुसार, श्रद्धा होती है। जो पुरुष जैसे प्रेरित होता है (सात्विक, राजस और तमस) वैसी उसकी श्रद्धा होती है।

भगवान श्रीकृष्ण कहते हैं कि पुरुष शास्त्र के नियम, प्रमाण न जानता हो तब भी वह श्रद्धावान हो सकता है। यह श्रद्धा व्यक्ति के संस्कारों से युक्त अन्तःकरण के अनुरुप होती है तथा स्वभाव के अनुसार सात्विक, रजस और तामस होती है।

श्री ज्ञानेश्वर जी लिखते हैं:-

श्रद्धा म्हणितलियासाठी। पावे जो नये किरीटी।
काय द्विज अंत्यजधृष्टी। अंत्यज नोहे।
गंगोदक जरी जाले। तरी मद्यभांडा आले।
ते घेवू नये कांही केले।
विचारी पां। चंदन होय शीतकु।
परि अग्नीसी पावे मेळु। जै हाती धरिता जाळू।
न शके काई। तैसे श्रद्धेचे दलवाडे।

आंगेकीर चोखडे। परि प्राणीयांच्या पडे।
विभागी जे। तै प्राणिये तंव स्वभावे।
अनादिमाय प्रभावे। त्रिगुणचेचि आधवे।
वळिते आहाती। तेथहि दोन गुण खांचती।
मग एक धरी उन्नति। तै ते सियाची होती वृत्ति।
जीवाचिया। (ज्ञा. अ. 17, ओ. 51, 52, 53, 55, 56, 57)

शास्त्र ज्ञान के बिना तथा विवेक के बगैर, केवल श्रद्धा से परम पद की प्राप्ति करना आसान नहीं है। इसलिए हे अर्जुन ! 'मेरी यह श्रद्धा है' ऐसा कहकर शास्त्र का त्याग नहीं करना चाहिए। यदि नीच लोगों से अच्छे लोग हर समय संपर्क में रहेंगे (साथ में रहेंगे), तो अच्छे लोग भी नीच हो जायेगें। जिस बर्तन में पहले मदिरा रखी हो उसमें गंगा का पानी डाल दिया जाये तो वह पानी पीने योग्य नहीं होगा। इसका विचार करो। चंदन की लकड़ी शीतल (ठंडी) होती है लेकिन अग्नि से संपर्क में आते ही उसे यदि हम हाथ में पकड़ लेते हैं, तो हाथ जल ही जायेगा। इस प्रकार मूलतः श्रद्धा अच्छी होते हुए भी वह भिन्न-भिन्न प्राणियों में विभाजित है। प्राणीमात्र अनादि माया के प्रभाव से त्रिगुणात्मक (सत्व, रजस और तमस) होते हैं। इनमें से दो गुण कम होकर जब एक गुण बढ़ जाता है, तब बढ़े हुए गुण के अनुसार मन की श्रद्धा वृत्ति प्रकट होती है और मनुष्य उसी का अनुसरण करता है।

मन की वृत्ति जिस प्रकार की होगी उसी प्रकार की क्रिया प्राणी करते हैं और मृत्यु के बाद कर्म के अनुसार देह प्राप्त होता है। इसलिए हम देखते हैं कि कुछ लोग स्वभावतः सात्विक होते हैं तो कुछ रजस या तमस गुणी होते हैं। सत्व, रजस, तमस एक दूसरे पर हावी होने में लगे रहते हैं। कहने का तात्पर्य है कि केवल श्रद्धा पर निर्भर नहीं रहना चाहिए। श्रद्धा का स्वरूप मूलतः शुद्ध होता है परन्तु जब वह मनुष्यों के हिस्से में वह आती है तब वह भी उनके गुणों के कारण तीन प्रकार की हो जाती है।

सत्वाचेनि आंगलागे। ते श्रद्धा मोक्षं फळा रिगे।
तंव रज तम उगे। कां पां राहती।
मोडोनि सत्वाचि त्राये। रजोगुण आकाशे जाये।
तेव्हा तेचि श्रद्धा होये। कर्मकेरसुणी।
मग तमाची उठी आगी। तेंव्हा तेचि श्रद्धा भंगी।
ही लागे भोगलागी। भलतेया। (ज्ञा. अ. 17, ओ. 63, 64 65)

सत्वगुण वाली श्रद्धा से मोक्ष प्राप्ति होती है। लेकिन क्या रजस और तमस गुण चुपचाप बैठे रहेंगे? सत्व की वृद्धि की ताकत को रोकने के लिए, नष्ट करने के लिए, जब रजोगुण बढ़ता है तो निरंतर कर्म करने की श्रद्धा (रजस श्रद्धा) बढ़ती है तथा जब तमोगुण बढ़ता है तो हर प्रकार का भोग लेने की क्रिया बढ़ती है और श्रद्धा तमोगुणी हो जाती है और सत्व गुणी श्रद्धा नष्ट होने लगती है। तामसी श्रद्धा और तमोगुण भिन्न नहीं होते। इसी प्रकार राजस श्रद्धा रजोगुणात्मक और सात्विक श्रद्धा

संपूर्ण सत्वगुण रूप ही होती है। जिस प्रकार फूल देखने से वृक्ष की पहचान होती है या किसी के बोलने की क्रिया से, उसका मन कैसा है, यह हम जानते हैं, उसी प्रकार सुख-दु:ख के भोगने से पूर्व जन्म के पाप-पुण्य पहचाने जाते हैं। उसी प्रकार जिन लक्षणों से श्रद्धा के तीन रूपों को पहचाना जाता है, उसके बारे में सुनो।

भगवान श्रीकृष्ण कहते हैं:

यजन्ते सात्त्विका देवान्यक्षरक्षांसि राजसा:।
प्रेतान्भूतगणांश्चान्ये यजन्ते तामसा जना:।।
अशास्त्रविहितं घोरं तप्यन्ते ये तपो जना:।
दम्भाहङ्कारसंयुक्ता: कामरागबलान्विता:।।
कर्षयन्त: शरीरस्थं भूतग्राममचेतस:।
मां चैवान्त: शरीरस्थं तान्विद्ध्यासुरनिश्चयान्।।

(गी. अ. 17, श्लो. 4, 5, 6)

"सात्विक वृत्ति के लोग श्रुति-स्मृति पुराण इनमें दिये गये निर्देशों के अनुसार देवताओं का पूजन करते हैं, रजस श्रद्धा के पुरुष यक्ष और राक्षसों की पूजा करते हैं और तमस श्रद्धा के पुरुष भूतप्रेत आदि की पूजा करते हैं। जो मूढ़ (मूर्ख) लोग विषयाभिलाष और विषयासक्त होकर विकारों को अपनाते हैं और दंभ, अहंकार से युक्त होकर धर्म ग्रन्थ में बताये हुए निर्देशों के विपरीत कार्य करते हैं और दूसरों को पीड़ा (दु:ख) देनेवाले तप करते हैं, वह अविवेकी मनुष्य, अन्तरात्मारुप से स्थित मुझ ईश्वर को भी तंग करते हैं। उनको तू आसुरी निश्चयवाला जान।"

सत्व, रज और तमस श्रद्धा के संबंध में श्री ज्ञानेश्वर जी स्पष्ट करते हैं:-

तो न पढ़ो ब्रम्हसुत्र। न लोढो सर्व शास्त्र।
सिद्धान्त न हो स्वतंत्र। तयाच्या हाती।
परी श्रुतिस्मृतिचे अर्थ। जे आपण होवून मूर्त।
अनुष्ठाने गाजत।
वडील जे हे। तयांची आचार ती पाउले।
पाउनि सात्विकी श्रद्धा चाले। तो तेचि फळठेविले।
ऐसे लाहे। (ज्ञा. अ. 17, ओ. 85, 86, 87)

स्वभाव से सात्विक प्रवृत्ति वाले पुरुष ब्रह्मसूत्र या अन्य शास्त्र का अध्ययन न करते हुए तथा उन्हें शास्त्र के सिद्धान्त मालूम नहीं होते हुए भी, वे अपने पूर्वजों के बताये हुए मार्ग पर चलते हैं, तो उन्हें भी मोक्ष प्राप्ति होती है।

श्री ज्ञानेश्वर जी इसे उपमा देकर समझाते हैं:

पै एक दीप लावी सायासे। आणिक एक तेथे उगला बैसे।
तरितो काय प्रकाशे। वंचिजे गा।
कां येके मोल अपार। वेचोनि केले धवळार।
तो सुखाडु वस्तीकर। न भोगी काई।

म्हणोनि आपलिया परी। शास्त्र अनुष्ठिती कुसरी।
जाणे तयाते श्रद्धाळू जो वरी। तो मूर्ख ही तरे।

(ज्ञा. अ. 17, ओ. 88, 89, 92)

कोई व्यक्ति दीया जलाता है तो उसे प्रकाश मिलता है। लेकिन वहीं पर बैठे हुए दूसरे व्यक्ति को प्रकाश नहीं मिलता क्या? उसे भी प्रकाश मिलता है। कोई अमीर व्यक्ति बहुत खर्च करके बड़ा बंगला बनाता है तो वह उस सुख-सुविधाओं का उपयोग करता है। उसी घर में कोई प्रवासी आकर कुछ समय के लिए रहता है तो क्या उसे वे सुख सुविधाऐं नहीं मिलती? इसी प्रकार जो मनुष्य अपने सामर्थ्य से शास्त्र में बताये निर्देशों का पालन करने की बुद्धि रखता है, उसका अनुसरण करने वाला अज्ञानी केवल श्रद्धा से वैसा आचरण करके भी तर जाता है। इसलिए सात्विक श्रद्धा का रक्षण करना चाहिए।

श्री ज्ञानेश्वर जी कहते हैं कि सत्व, रजस, तमस गुण जो स्वभावत: है, उनपर हम जो आहार (अन्न वगैरा) लेते हैं उसका भी प्रभाव रहता है। जैसा आहार खाओगे वैसा शरीर और स्वभाव बनेगा। मनुष्य जो अन्न खाता है, उसका जठराग्नि के संयोग से, स्थूल, मध्यम और सूक्ष्म ऐसे तीन भाग बनते हैं। स्थूल भाग यानि मलरूप, मध्यम भाग यानि रक्त आदि धातुरूप होता है और सूक्ष्म भाव मनरूप होता है। इसलिए खाये हुए सात्विक, राजस और तमस अन्न के अनुसार सत्व, रजस और तमस गुण दिखाई देते हैं। बर्तन गरम होने पर जैसे अंदर का पानी गरम होता है, उसी प्रकार शरीर के धातु जैसे सात्विक, रजस और तमस होंगे, उसी प्रकार हमारी चित्तवृत्ति बनेगी। त्रिगुणों के स्वरूप में आहार का बहुत महत्त्व है।

भगवान श्रीकृष्ण इस संबंध में कहते हैं: -

आहारस्त्वपि सर्वस्य त्रिविधो भवति प्रिय:।
यज्ञस्तपस्तथा दानं तेषां भेदंमिमं श्रृणु।।
आयु: सत्त्वबलारोग्यसुखप्रीतिविवर्धना:।
रस्या: स्निग्धा: स्थिरा हृद्या आहारा: सात्त्विकप्रिया:।।
कट्वम्ललवणात्युष्णतीक्ष्णरूक्षविदाहिन:।
आहारा राजसस्येष्टा दु:खशोकमयप्रदा:।।
यातयामं गतरसं पूति पर्युशितं च यत्।
उच्छिष्टमपि चामेध्यं भोजनं तामसप्रियम्।।

(गी. अ. 17, श्लो. 7, 8, 9, 10)

हे अर्जुन ! जैसे श्रद्धा तीन प्रकार की होती है, वैसे ही भोजन भी सबको (अपनी-अपनी प्रकृति के अनुसार) तीन प्रकार का प्रिय होता है। और वैसे ही यज्ञ, तप, दान भी तीन प्रकार के होते हैं। अब इसके बारे में सुनो। आयुष्य (आयु), बुद्धि, बल, आरोग्य, सुख और प्रीति को बढ़ाने वाले एवं रसयुक्त, चिकने और स्थिर रहने वाले (शरीर में बहुत काल तक रहने वाले आहार) आहार, सात्विक पुरुषों को प्रिय

होते हैं। अति कड़वे, खट्टे, लवण (नमक) युक्त अति गरम और तीखा-रूखा और दाहकारक, दु:ख को, चिन्ता और रोगों को उत्पन्न करनेवाले आहार (भोजन के पदार्थ) रजस पुरुष को प्रिय होते हैं। उसी प्रकार जो भोजन अधपका, रसरहित और दुर्गन्ध-युक्त, बासी और उच्छिष्ट (खाने के बाद बचा हुआ खाना) तथा गंदा भी है, ऐसा भोजन तामस व्यक्ति को प्रिय होता है।

भोजन पदार्थ का हमारे मन, वृत्ति पर कितना परिणाम होता है, यह भगवान श्रीकृष्ण स्पष्ट करते हुए हमें हिदायत ही देते हैं कि सात्विक वृत्ति के लिए सात्विक आहार ही लेना होगा।

आहार के तीन प्रकार के अनुसार यज्ञ भी तीन प्रकार के हैं:-

अफलाकाङ्क्षिभिर्यज्ञो विधिदृष्टो य इज्यते।
यष्टव्यमेवेति मनः समाधाय स सात्त्विकः।।
अभिसन्धाय तु फलं दम्भार्थमपि चैव यत्।
इज्यते भरतश्रेष्ठ तं यज्ञं विद्धि राजसम्।।
विधिहीनमसृष्टान्नं मन्त्रहीनमदक्षिणम्।
श्रद्धाविरहितं यज्ञं तामसं परिचक्षते।।

(गी. अ. 17, श्लो. 11, 12, 13)

जो यज्ञ शास्त्र विधि के अनुसार और उसका करना कर्तव्य ही है, ऐसे मन में समाधान करके, फल को न चाहने वाले पुरुषों द्वारा किया जाता है, ऐसे यज्ञ सात्विक यज्ञ हैं। राजस यज्ञ वह है, जो यज्ञ केवल दंभ्याचरण (अपना बड़प्पन दिखाने के लिए) अथवा फल को प्राप्त के उद्देश्य से किया जाता है। शास्त्रविधि से हीन (बगैर शास्त्र के नियमानुसार) और अन्न दान से रहित, मंत्रों के बिना और दक्षिणा के बिना किया हुआ यज्ञ तामस यज्ञ है।

सत्व, रजस और तमस गुण के व्यक्ति यज्ञ करते हैं तो उनकी क्रियायें कैसी होती हैं,

इसके बारे में श्री ज्ञानेश्वर जी लिखते हैं:-

तैसा सांगोपांग। निपजे जो याग।
नुठऊनिया लाग। महत्वाचा।
प्रतिपाळ तरी पाटाचा। झाडी कीजे तुळसीचा।
परी फळा फुला छायेचा। आश्रय नाही।
किबहुना फळाशेवीण। ऐसिया निगुती निमणि।
होय तो याग जाण। सात्विक गा। (ज्ञा. अ. 17, ओ. 182, 183, 184)

अपना मान, सम्मान, प्रतिष्ठा न बढ़ाते हुए जो यज्ञ होता है वह सात्विक यज्ञ है। तुलसी का पौधा, फल, फूल और छाया नहीं देता तब भी लोग उसे पानी देते हैं और उसका रक्षण करते हैं, उसी प्रकार फल की इच्छा मन में न रखते जो यज्ञ किया जाता है उसे सात्विक यज्ञ कहते हैं।

राजस यज्ञ क्या है?

आता यज्ञ कीर वीरेशा। करी पै याचि ऐसा।
परि श्रद्धालागी जैसा। अवंतिला रावो।
जरि राजा धरासि ये। तरी बहुत उपयोगा जाये।
आणि कीर्ति ही होये। जगामाजी।
तैसा धरूनि आवांका। म्हणे स्वर्ग जोडेने असिका।
दीक्षित होईन मान्य लोका। घडे़ल याग।
ऐसी केवळ फळालागी। महत्व फोकरावया जगी।
पार्था निष्पत्ति जे यागी। राजसपै ते।

(ज्ञा. अ. 17, ओ. 185, 186, 187, 188)

सब वीरों में श्रेष्ठ हे अर्जुन, जैसे राजाओं को श्राद्ध के भोजन के लिए आमंत्रित किया जाये, राजस यज्ञ इसी तरह का होता है। कारण राजा यदि घर पर आते हैं तो उससे फायदा होगा, अपने को बहुत प्रसिद्धि व कीर्ति मिलेगी। मन में कोई फल की आशा रखकर, कल्पना करके की यज्ञ करने से स्वर्ग का राज्य मिलेगा, लोग मानसम्मान देंगे, इस फल की आशा करते हुए और अपनी प्रतिष्ठा (मान सम्मान) बढ़ाने के लिए जो यज्ञ किया जाता है, उसे राजस यज्ञ कहते हैं।

तामस यज्ञ कैसे पहचाना जाता है?

नाही विधीची तेथ चाड। नये मंत्रादिक तया कड। अन्न
जाता न सुये तोंड मासिये जेवी। वैराचा बोध ब्राम्ह्णा।
तेथे के रिगेल दक्षिणा। अग्निजाल वाउधाणा। वरपडा जैसा।
तैसे वायाचि सर्वस्व वेचे। मुख न देखता श्रद्धेचे।
नागविले निपुंत्रकांचे। जैसे घर।
ऐसा जो यज्ञाभास। तया नाम याग तामस।
आइके म्ह्णे नितास। श्रियेचा तो।

(ज्ञा. अ. 17, ओ. 192, 193, 194, 195)

तामस यज्ञ में यज्ञ वैदिक विधि के अनुसार नहीं होता। वैदिक मंत्र आदि कुछ नहीं होता। ब्राह्मण के प्रति वहाँ शुत्रुत्व की भावना होती है, दक्षिणा देने का विचार भी नहीं होता। जिस प्रकार हवा के तूफान के साथ अग्नि भी मिल जाये या जिसे सन्तान नहीं है वह घर भी जिस प्रकार से व्यर्थ होता है, उसी प्रकार बिना श्रद्धा के किये जाने वाले यज्ञ को तामस यज्ञ कहते हैं।

यज्ञ के साथ-साथ तप भी त्रिगुणात्मक यानि सात्विक, रजस और तामसिक होते हैं। भगवान इन तीन तपों के बारे में अर्जुन को समझाते हैं:-

देवद्विजगुरूप्राज्ञपूजनं शौचमार्जवम्।
ब्रह्मचर्यमहिंसा च शारीरं तप उच्यते।।
अनुद्वेगकरं वाक्यं सत्यं प्रियहितं च यत्।

स्वाध्यायाभ्यसनं चैव वाङ्‌मयं तप उच्यते।।
मनःप्रसादः सौम्यत्वं मौनमात्मविनिग्रहः।
भावसंशुद्धिरित्येतत्तपो मानसमुच्यते।।
श्रद्धया परया तप्तं तपस्तत्त्रिविधं नरैः।
अफलाकाङ्क्षिभिर्युक्तैः सात्त्विकं परिचक्षते।।

(गी. अ. 17, श्लो. 14, 15, 16, 17)

तप तीन प्रकार के होते हैं। शरीर से किया हुआ तप यानि देव, ब्राह्मण, गुरू और ज्ञानी, इनको पूजना, सरल व्यवहार और प्राणियों से हिंसा न करना। वाणी से किया हुआ तप उसे कहते हैं जब पुरुष जो भी बोलता है उससे सुनने वाले को दुःख नहीं होता, सत्य, प्रिय और हित हो, ऐसा बोलना, अच्छे श्लोक और ग्रन्थों को पढ़ना। मन रागद्वेष से परे होना, मन में सभी लोगों का कल्याण हो ऐसी इच्छा करना, मौन व्रत रखना, इंद्रियों के तरफ मन को न जाने देना और बुद्धि निष्कपट रखना इसे मानसिक तप कहते हैं। कायिक (शारीरिक) वाचक (बोलना) और मानसिक तप, अत्यन्त श्रद्धा और फल की आशा न करते हुए करने को सात्विक तप कहते हैं।

रजस और तामस तप किसे कहते हैं?

सत्कारमानपूजार्थं तपो दम्भेन चैव यत्।
क्रियते तदिह प्रोक्तं राजसं चलमध्रुवम्।।
मूढग्राहेणात्मनो यत्पीडया क्रियते तपः।
परस्योत्सादनार्थं वा तत्तामसमुदाहृतम्।।

(गी. अ. 17, श्लो. 18, 19)

अपना सत्कार, मान, पूजा करवाने के लिए जो तप, दंभ से किया जाता है और जिसका फल अनियमित और अनिश्चित है उसे रजस तप कहते हैं। देह ही आत्मा है, ऐसा दृढ़ (पक्का) अविवेक करके, देह को पीड़ा देकर या दूसरे का नाश करने के लिए जो तप किया जाता है उसे तामस तप कहते हैं।

सत्व, रजस और तमस प्रकृति के अनुसार, व्यक्तियों के द्वारा किया हुआ दान भी तीन प्रकार का, सात्विक, राजस और तमस होता है।

दातव्यमिति यद्दानं दीयतेऽनुपकारिणे।
देशे काले च पात्रे च तद्दानं सात्त्विकं स्मृतम्।।
यत्तु प्रत्युपकारार्थं फलमुद्दिश्य वा पुनः।
दीयते च परिक्लिष्टं तद्दानं राजसं स्मृतम्।।
अदेशकाले यद्दानमपात्रेभ्यश्च दीयते।
असत्कृतमवज्ञातं तत्तामसमुदाहृतम्।।

(गी. अ. 17, श्लो. 20, 21, 22)

कुरूक्षेत्र आदि पुण्यक्षेत्र में संक्रान्ति के पुण्यकाल में और अनुपकारी को जो प्रत्युपकार करने में सर्मथ न हो, ऐसे वेदशास्त्र ब्राहम्ण को दिया हुआ दान, सात्विक

दान है। जो दान करते समय यह समझ कर किया जाता है कि कुछ दान उपकार के रूप में वापस मिलेगा या फल की आशा के साथ और दु:खी मन से जो दान दिया जाता है, उसे राजस दान कहते हैं। अपवित्र जगह, अपवित्र व्यक्ति और पूजादि सत्कार किये बिना जो जिसे दान दिया जाता है या किसी को अपमानित करके जो दान दिया जाता है वह दान तामस दान है।

श्री ज्ञानेश्वर जी तामस दान, व्यक्ति के व्यवहार से कैसा होता है उसका सुन्दर वर्णन करते हैं: –

तरी श्रद्धा न धरी जीवी। तया माथा ही न खालवी।
स्वये नकरी ना करवी। अर्घ्यादिक।
आलिया न खाली वैसो। तेथ गंधाक्षतांचा काय
अतिसो। हा अप्रसंग कीर असो तामसी नरी।
पै वोळ विजे रिणाइत। तैसा झकवी तयाचा हात।
तूं करणे याचा बहुत। प्रयोग तेथ।
आणि जया जे दे किरीटी। तयाते उमाणी तयासाठी।
मग कुबोले कां लोटी। अवज्ञेच्या। हे बहु असो या परी।
मोल वेचणे जे अवधारी। तया नाव चराचरी। तामस दान।

(ज्ञा. अ. 17, ओ. 304, 305, 306, 307)

योग्य और दानपात्र ब्राह्मण जब दान मांगने आता है तो उसके प्रति तामसी व्यक्ति के मन में श्रद्धा नहीं होती, उसे वह नमस्कार तक नहीं करता, खुद या किसी से उसको टीका लगाये बगैर पूजा करता है, उसे आते देख जैसे कर्ज़दार को आते देख कर व्यवहार होता है उसी प्रकार वह ब्राह्मण को झटक देता है। उनसे बोलते समय, एक वचनी अपमान कारक 'तू' शब्द का प्रगोग करता है। इसके बाद जो भी वह कुछ देता है तो उसकी कीमत बताता है। (वह कितना अमीर है, फायदा पहुँचानेवाला है) और यह कहकर, वह अपमानजनक भाषा बोलकर, उन्हें घर के बाहर निकाल देता है। ऐसे दान को तामस दान कहते हैं।

श्री ज्ञानेश्वर जी अर्जुन को संबोधित करते हुए कहते हैं कि शायद आप अपने मन में यह सोचते होंगे कि यदि अकेला सात्विक कर्म संसार बंधन का नाश करनेवाला है तब इसके सिवाय दोषयुक्त और गलत कर्मों के बारे में बताने की क्या जरूरत है? श्री ज्ञानेश्वर जी कहते हैं सात्विक क्रिया का रूप स्पष्ट करने के लिए बाकी दो क्रियायें–रजस और तमस के बारे में बताना आवश्यक है।

श्री ज्ञानेश्वर जी कहते हैं: –

जै दोही मागी निजे असे। ते दोन्ही सांडिताचि दिसे।
अहोरात्र त्यागे जैसे। संध्यारूप।
तैसे रजतमविनाशे। तिजे जे उत्तम दिसे।
ते सत्व हे आगैसे। फावासी ये।

एवं दावावया सत्व तुज। निरूपले तम रज।
ते सांडूनि सत्वे काज। साधी आपले।

(ज्ञा. अ. 17, ओ. 315, 316, 317)

रजस और तमस क्रियाओं के बारे में जो बताया है, वह क्रियायें करने के लिए नहीं बताया। उनके बारे में बताने का उद्देश्य था सात्विक क्रियाओं को स्पष्ट करना। जिस प्रकार दिन और रात क्या है, यह बताने से संध्या क्या है, वह कैसे दिखाई देती है? यह स्पष्ट होता है, उसी प्रकार रज-तम का नाश होने से जो गुण बचता है वह तीसरा गुण ही अच्छा है, ऐसा स्पष्ट होता है, इस प्रकार सत्व गुण स्पष्ट होता है। सत्व गुण को स्पष्ट करने के लिए रज-तम गुण पर यह निरूपण (प्रवचन, स्पष्टीकरण) किया है।

श्री ज्ञानेश्वर जी कहते हैं कि, सत्वगुण-युक्त कर्म करने से, क्या फल नहीं मिलेगा? इच्छित फल के लिए सात्विक कर्म में शक्ति होती है लेकिन जिस मोक्ष में परमात्मा से एक होना होता है, वह कुछ अलग है। सिर्फ मोक्ष में परमात्मा से एक होना होता है, क्रिया से परमात्मा से एक रूपता प्राप्त नहीं होती। जिस प्रकार सुवर्ण की मुद्रा तो है लेकिन उस पर राजा के नाम का चिन्ह् या ठप्पा नहीं है, तो उस सोने की कीमत राजमुद्रा की तरह नहीं होती या पानी स्वच्छ, शान्तित्व और सुगंधित तो है लेकिन उसमें पवित्रता तब आती है जब उसका किसी पवित्र क्षेत्र से (काशी, प्रयाग) उसका संबंध होता है। नदी कितनी ही बड़ी क्यों न हो लेकिन जब तक गंगा उसे स्वीकार नहीं करती तब तक उसका समुद्र में प्रवेश नहीं हो पाता।

सात्विक कर्म, किस क्रिया से या माध्यम से परमेश्वर से, हमें एकरूप करते हैं? भगवान श्रीकृष्ण इसके लिए एक मंत्र देते हैं।

ऊँ तत्सदिति निर्देशो ब्रह्मणस्त्रिविध: स्मृत:।
ब्राह्मणस्तेन वेदाश्च यज्ञाश्च विहिता: पुरा।।
तस्मादोमित्युदाहृत्य यज्ञदानतप:क्रिया:।
प्रवर्तन्ते विधानोक्ता: सततं ब्रह्मवादिनाम्।।

(गी. अ. 17, श्लो. 23, 24)

परब्रह्म का निर्देश, 'ऊँ तत् सत्', तीन प्रकार का है। यह ब्रह्म का तीन प्रकार का नाम है। इस त्रिविध नाम निर्देश के द्वारा ब्राह्मण वेद और यज्ञ को निर्माण किया है। इसलिए वेद जानने वाले ब्राह्मण, यज्ञ, ज्ञान, तप इत्यादि शास्त्र में बताई हुई क्रियायें 'ऊँ' का उच्चारण करके शुरू करते हैं।

मतलब यह कि कोई भी सात्विक क्रिया (यज्ञ, दान, तप मंत्रोच्चारण, माला फेरना इत्यादि) 'ऊँ' का उच्चारण करके शुरू करनी चाहिए, क्योंकि सात्विक क्रिया हमें परमात्मा से एकरूप करती है।

'ऊँ तत् सत्' इन शब्दों का श्री ज्ञानेश्वर जी महत्त्व समझाते हुए स्पष्ट करते हैं:

उपजलिया बाळकाशी। नाव नाही तया पासी।
ठेवलेनि नांवेसी। ओ देव उठी। कष्टले संसार शीणे।
जे देवो येती गाप्हाणे। तया ओ दे नावे जेणे।
तो संकेत हा। पै सृष्टिच्या उपक्रमा।
पूर्वी गा विरोत्तमा। वेडा ऐसा ब्रह्म।
एकला होता। मज ईश्वराते नोळखे।
ना सृष्टि ही करूं शके। तो थोर केला एके। नामे येणे।

(ज्ञा. अ. 17, ओ. 330, 331, 336, 337)

नवजात बालक का प्रथम कोई नाम नहीं होता। उसे जब नाम दिया जाता है और हम उसे नाम से पुकारते हैं तो यह उसका नाम है, ऐसा समझ कर 'ओ' कहता है। संसार में दिनरात कर्म में लगे, थके हुए जीव, जब अपने दुःख का निवारण करने के लिए भगवान को पुकारते हैं, तब वह जिस नाम से उसे पुकारते हैं और वह दौड़ कर आते हैं (ऐसा परमेश्वर ने अपने वेदवाणी में निश्चित किया या संकेत किया है) यह संकेत रूप नाम 'ऊँ' है। हे वीर श्रेष्ठ अर्जुन! सृष्टि उत्पत्ति के पूर्व, सृष्टि उत्पत्ति का ब्रह्म देव को ज्ञान नहीं था, वे अकेले थे। ब्रह्मदेव ''मुझ'' परमात्मा को नहीं जानते थे और सृष्टि निर्माण कर नहीं सकते थे। लेकिन इस नाम से, यानि 'ऊँ' का उचार करने से, सृष्टि निर्माण करनेवाले ब्रह्मदेव महान हो गये। 'ऊँ, तत् सत्' इन तीन अक्षरों के जप से ब्रह्मदेव सृष्टि निर्माण कर पाये। अतः सृष्टि निर्माण करने की शक्ति, इन तीन अक्षरों में है। इस प्रकार 'ऊँ, तत्, सत्' ऐसे परब्रह्म के तीन नाम हैं।

इस तीन वर्णात्मक मंत्र से, एकरूप होकर, सात्विक कार्य करने से पुरुष मोक्ष को प्राप्त होता है।

श्री ज्ञानेश्वर जी और स्पष्टीकरण देते हुए कहते हैं:

तैसे तोंडी ब्रह्मनाम। हाती ते सात्विक कर्म।
विनियोगेविण काम। विफळ होय।
अगा अन्न आणि भूख। पासी असे परि देख।
जेऊ नेणता बाळक। लंघनचि की।
का स्नेह सूत्र वैश्वा नरा। जालियाही संसारा।
हातवटी नेणता वीरा। प्रकाश नोहे।
तैसें वेळे कृत्य पावे। तेथीचा मंत्र ही आठवे।
परि व्यर्थ ने आधवे। विनियोगे वीण।
म्हणोनि वर्णत्रयात्मक। जे हे परब्रह्म नाम एक।
विनियोग तूं आइक। याचा आता।

(ज्ञा. अ. 17, ओ. 349, 350, 351, 352, 353)

मुख में परब्रह्म का नाम है और शरीर से सात्विक कर्म भी हो रहे हैं, लेकिन इस मंत्र का विनियोग (उपयोग) कैसे करना चाहिए, यदि यह मालूम नहीं है तो सब

व्यर्थ होगा। भूख लगी है और अन्न भी पास में रखा हो लेकिन बालक को भोजन कैसे करना चाहिए, यह यदि मालूम न हो तो, वह भूखा ही रहेगा। तेल, बाती और अग्नि तीनों चीजें हैं, लेकिन दीप कैसे जलाया जाता है, यह न मालूम हो तो प्रकाश कैसे मिलेगा। उसी प्रकार योग्य समय कर्म किये जा रहे हैं, मंत्र का भी स्मरण है लेकिन उनका विनियोग ठीक से न हो तो सब व्यर्थ है। इसलिए 'ऊँ, तत्, सत्' यह तीन अक्षर परब्रह्म का नाम है, उसके विनियोग के बारे में सुनो।

'तत्' और 'सत्' इन वर्णो के (शब्दों के) बारे में भगवान श्रीकृष्ण कहते हैं:

तदित्यनभिसंधाय फलं यज्ञतपः क्रिया।
दानक्रियाश्च विविधाः क्रियन्ते मोक्षकांडक्षिभिः।।
सद्भावे साधुभावे च सदित्येतत्प्रयुज्यते।
प्रशस्ते कर्मणि तथा सच्छब्दः पार्थ युज्यते।।
यज्ञे तपसि दाने च स्थितिः सदिति चोच्यते।
कर्म चैव तदर्थीयं सदित्येवाभिधीयते।।
अश्रद्धया हुतं दत्तं तपस्तप्तं कृतं च यत्।
असदित्युच्यते पार्थ न च तत्प्रेत्य नो इह।।

(गी. अ. 17, श्लो. 25, 26, 27, 28)

'तत्' नाम से कहे जाने वाले परमात्मा का ही यह सब जगत है। ऐसे भाव से, फल को न चाहकर, तरह-तरह की यज्ञ तपरूप क्रिया से, तथा दानरूप क्रियाऐं, कल्याण की इच्छा वाले पुरुषों द्वारा की जाती हैं। अविनाशी भाव, सद्वर्तन व मंगल कार्य में 'सत्' शब्द का प्रयोग किया जाता है। उत्तम कर्म में भी 'सत्' शब्द का प्रयोग किया जाता है। यज्ञ, तप और दान में जो स्थिति है वह भी 'सत्' है। परमात्मा के लिए किया हुआ कर्म, निश्चय पूर्वक 'सत्' कहा जाता है। हे अर्जुन ! बिना श्रद्धा के किया हुआ होम-हवन, दिया हुआ दान, तप और जो कुछ भी किया हुआ कर्म है, वह सर्व असत कहा जाता है। इसलिए वह न तो इस लोक में लाभदायक है और न मरने के बाद ही लाभदायक है।

श्री ज्ञानेश्वर जी ऊँ, तत्, सत् इन शब्दों का महत्त्व विस्तृत रूप से समझाते हैं:

तरि या नामाची अक्षरे तिन्हीं। कर्मा आदिमध्य निदानी।
प्रयोजावी पै स्थानी। इही तिन्ही।
तो आदि तंव ओंकार। ध्याने करिती गोचर।
पाठी आणिती उच्चार। वाचेही तो।
तेणे ध्याने प्रकटे। प्रणवोच्चारे स्पष्टे।
लागती मग वाटे। क्रियांचिये।
आंधारी अभग दिवा। आडवी समर्थ बोळावा।
तैसा प्रणव जाणावा। कर्मारंभी।

(ज्ञा. अ. 17, ओ. 354, 358, 359)

परब्रह्म के "ऊँ, तत् और सत्", यह अक्षर कर्म के आरंभ में, मध्य में और अन्त में कहने चाहिए। उनकी योजना निश्चित करनी चाहिए। इसे करने की विधि है। प्रथम ध्यान से (एकाग्र चित्त से) 'ऊँ' अक्षर को देखिये, और फिर उसका उच्चार कीजिए। इस प्रकार 'ऊँकार' का ध्यान और वाणी से स्पष्ट उच्चारण करने के बाद क्रिया (कर्म) शुरू करनी चाहिए। जिस प्रकार अंधेरे में कभी भी न बुझनेवाला दिया हो या छोटे रास्ते से जाते समय कोई साथ हो, उसी प्रकार कर्म के प्रारम्भ में 'ऊँ' है, ऐसा समझना चाहिए।

कां न्याये जोडला पवित्री। भूम्यादिकी स्वतंत्री।
देशकाळअशुद्धपात्री। देती दाने।
अथवा एकान्तरा कृच्छ्री। चांद्रायाणे मासोपवासी।
शोधोनि गा धातुराशी। करिती तपे। (ज्ञा. अ. 17, ओ. 363, 364)

धर्म के अनुसार मिली हुई पवित्र भूमि-काशी इत्यादि क्षेत्र में, मकर संक्रान्ति (शुभसमय) के पवित्र पर्व पर, वेद मूर्ति ब्राह्मण को दान दिया जाता है। या एकान्तर कृच्छ्र, चंद्रायण के समय, एक महीना उपवास व्रत रूप तप करते हैं और शरीर में जो धातु है, उसका पोषण करते हैं। एकान्तर का मतलब है एक दिन छोड़कर भोजन करने का व्रत, कृच्छ्र यानि पहले दिन दूध, दूसरे दिन घी, तीसरे दिन गरम पानी और चौथे दिन उपवास रखने का व्रत। चंद्रायण यानि चंद्रमा की तिथि जैसे-जैसे बढ़ती है, उसी प्रकार मोर के अंडे के आकार का निवाला लेकर, उसे बढ़ाते जाना (प्रतिपदा के दिन मोर के अंडे का आकार एक निवाला, इस प्रकार से ग्रास बढ़ाते जाना) और फिर से अमावस्या तक एक ग्रास कम करना और अमावस्या के दिन कुछ भी नहीं खाना। इस प्रकार जो यज्ञ, दान, तप किया जाता है उसके कारण मोक्ष प्राप्ति आसान होती है। ऊँकार की सहायता से सब क्रियायें की जाती है।

श्री ज्ञानेश्वर जी 'सत्' शब्द का सात्विक कर्मपर क्या प्रभाव पड़ता है, इसके बारे में समझाते हैं:

तरी सत्कर्मे चांगे। चालिली अधिकार वगे।
परी एरवादे कां आंगें। हिणावती जै।
तै उणे एके अवयवे। शरीर ठाके आधवे।
कां अंगहीना भांडावे। रथाची गति।
तैसे एकेचि गुणेविण। सतचि परी असतपण।
कर्म धरी गा जाण। जिये वेळे।
तेव्हा ओंकार तत्कारी। सावायिल हा चांगी परी।
सच्छटू कर्माकरी। जीर्णोद्वार।
ते असतपण फेडी। आणी सद्भावाचिया रूढी।
निजसत्वाचि ये प्रौढी। सच्छद्बहा।

(ज्ञा. अ. 17, ओ. 388, 389, 390, 391, 392)

सात्विक कर्म, योग्य रीति से करते समय, किसी कारण से उसमें दोष रहता है तो जिस प्रकार शरीर के किसी अंग में कुछ कमी हो (ठीक से, सुनाई नहीं देना, दिखाई नहीं देना, लंगड़ा होना आदि) तो शरीर अपूर्ण रहता है, या रथ का कोई पुर्जा खराब हो गया हो तो उसकी गति कम होती है, उसी प्रकार जब एक गुण के कारण सत्कर्म में कमी आती है, वह असत् होता है तब 'ऊँकार, तत् सत्' इनमें से सहायभूत शब्द, सत् शब्द, उस कर्म में जो कमी है उसे पूरा करता है और कर्म को पुर्ण रुप से पूरा करता है। यह 'सत्' शब्द अपने सद्भाव के कारण कर्म के 'असत्' को दूर करता है, उसे 'सत्' बनाता है। इस प्रकार अपूर्ण और निषिद्ध (करने अयोग्य) कर्म को 'सत्' शब्द लगाने का उपयोग हैं। और यही 'सत्' शब्द की महानता है। 'ऊँ, तत्, सत्' यही ब्रह्म है और वेद का अनुष्ठान है।

भगवान श्रीकृष्ण अंत में कहते हैं की बिना श्रद्धा से किये हुए सर्व कार्य व्यर्थ है।

श्री ज्ञानेश्वर जी कहते हैं:-

तेध निजानंदा बहुवसा। माजी अर्जुना तो साहसा।
हरपला चंद्र जैसा। चांदिणेनी।
हा न पुसता हे गोठी। तरी देव का सोडिते गाठी।
तरी कैसेनि आम्हाभेटी। परमार्थेसी।
येवढा आम्हा तुम्हा थोर। केला येणे उपकार।
म्हणोनि हा व्यास सहोदर। गुरूत्वे होय।
तेविचि संजयो म्हणे चित्ती। हा अतिशय या नृपति।
खुपेल म्हणोनि किती। बोलत असो।

(ज्ञा. अ. 17, ओ. 424, 428, 430, 431)

भगवान के उपदेश को सुनकर संजय आत्मानंद में डूब जाता है। श्री ज्ञानेश्वर जी अध्याय के अंत में संजय-धृतराष्ट्र के बारे में लिखते हैं।

वे लिखते हैं:-

संजय कहता है, हे कौरवों के राजा धृतराष्ट्र, शत्रुओं के (अर्जुन) गुणों को सुनकर आनंद होता है और उससे सुख मिलता है इसलिए उसका स्थान गुरू के बराबर है। अर्जुन, यदि श्रद्धा के बारे में नहीं पूछते, तो भगवान अपनी ज्ञान की गठरी खोलकर यह ज्ञान कैसे देते और हमें ऐसे परमार्थ का लाभ कैसे मिलता? संजय मन ही मन कहते हैं कि अर्जुन की स्तुति राजा के मन को अच्छी नहीं लगेगी, इसलिए अब ज्यादा बोलना ठीक नहीं है। ऐसा कहकर संजय अपना कहना रोकते हैं, समाप्त करते हैं।

सारांश

इस अध्याय में अर्जुन पूछते हैं कि क्या शास्त्र ज्ञान के बिना केवल श्रद्धा से परम पद प्राप्त किया जा सकता है?

भगवान श्रीकृष्ण कहते हैं की स्वभावजन्य श्रद्धा तीन प्रकार की होती है—सात्विक, राजसिक और तामसिक। व्यक्ति की श्रद्धा उसक पूर्व कर्मों से प्रेरित संस्कारों से युक्त अंत:करण के अनुरूप होती है तथा स्वभाव के अनुसार, सत, रज या तम होती है। भगवान श्रीकृष्ण कहते हैं की सत प्रवृत्ति वाले लोग, शास्त्रों में दिए गए निर्देशों के अनुसार देवताओं का पूजन करते हैं, रजस श्रद्धा के लोग यक्ष। राक्षसों की पूजा करते हैं तथा तमस श्रद्धा के लोग भूत प्रेत की पूजा करते हैं।

श्री ज्ञानेश्वर जी कहते हैं सत प्रवृत्ति वाले पुरुष, शास्त्रों को पढ़े बिना भी, अपने पूर्वजों के बताए मार्ग पर चलते हैं तो उन्हें भी मोक्ष प्राप्ति होती है। रज और तमस स्वभाव वाले लोग विषयासक्त होकर विकारों को अपनाते हैं दूसरों को कष्ट देने वाले तप करते हैं और अन्तरात्मारूप से स्थित ईश्वर को भी तंग करते हैं।

सत, रज और तम गुण जो स्वभावत: है उस पर हमारे खाने का भी असर होता है। सात्विक भोजन में रस युक्त, चिकना और स्थिर रहने वाला आहार आता है; राजस भोजन में कड़वे, खट्टे, नमकीन, तीखा रूखा खाना तथा तमस भोजन में अधपका, रसरहित, बासी तथा ना खाने योग्य भोजन आता है।

यज्ञ भी तीन तरह के हैं। जो यज्ञ शास्त्र विधि के अनुसार है, जिसमें फल की चाह नहीं है, जिसको कर्त्तव्य समझकर किया जाता है वह सातविक यज्ञ है। जो यज्ञ अपना बड़प्पन दिखाने के लिए किया जाता है तथा जहाँ फल प्राप्ति की इच्छा है वह राजस यज्ञ है। जिस यज्ञ में शास्त्र विधि का पालन नहीं होता, दान दक्षिण के बिना और मन्त्र विहीन वह तामस यज्ञ है। तप भी तीन प्रकार के हैं—जो तप शरीर, वाणी और मन से, श्रद्धा और फल की आशा ना रखकर किया जाता है, वह सात्विक तप है। जो फल की इच्छा से, तथा दंभ से किया जाता है, जिसका फल अनिश्चित है, उसे राजस तप कहते हैं। देह ही आत्मा है, खुद को कष्ट देकर तथा दूसरों का नाशकरने के लिए जो तप करते हैं वह तामस तप है।

दान भी तीन तरह के हैं। जो दान पुण्य क्षेत्र में पुण्यकाल में और जो प्रत्युपकार नहीं कर सकता, उसको दिया जाता वह सात्विकदान है। जो फल की आशा से दिया जाता है और दुखी मन से दिया जाता है वह राजसिक दान है। जो अपवित्र व्यक्ति, अपवित्र जगह किसी को अपमानित करके दिया जाता है, वह तामसिक दान है। श्री ज्ञानेश्वर जी कहते हैं कि सत कर्म से इच्छित फल की प्राप्ति हो सकती है लेकिन मोक्ष प्राप्ति नहीं— सात्विक कर्म से मोक्ष प्राप्ति के लिए भगवान श्रीकृष्ण एक मन्त्र देते है ''ॐ तत सत''। यह ब्रह्म का तीन प्रकार का नाम है।

कोई भी सात्विक क्रिया, 'ॐ' का उच्चारण करके करनी चाहिए क्योंकि ऐसी क्रिया परमात्मा से हमें एक रूप करती है। 'तत' नाम भी परमात्मा का है जिसका यह सारा जगत है। अर्थात सात्विक क्रिया जो हमारे द्वारा हो रही है वह परमात्मा की ही है। 'सत' भी परमात्मा का नाम है और सत कर्म में अगर कुछ कमी रह जाती है तो 'सत' शब्द उसे पूरा कर देता है। यह शब्द कर्म के असत को दूर करता है, उसे सत बनाता है।

श्रीकृष्ण भगवान अन्त में कहते हैं कि बिना श्रद्धा के किए हुए सब काम व्यर्थ हैं।

अध्याय अठारहवाँ

मोक्ष सन्यास योग

श्री ज्ञानेश्वर जी कहते हैं कि अठारहवां अध्याय गीतार्थ का सार (निचोड़) है। सत्रहवें अध्याय में भगवान श्रीकृष्ण समझाते हैं कि परब्रह्म के 'ॐ तत् सत्' इस नाम पर श्रद्धा न रखते हुए जो कर्म किये जाते हैं वे सब व्यर्थ हैं। यह मूलमंत्र अर्जुन को देने के बाद भी अर्जुन के मन में क्या प्रश्न उपस्थित होते हैं, इसके बारे में श्री ज्ञानेश्वर जी लिखते हैं: -

हा एकोनि देवाचा बोल। अर्जुन आला डोल।
म्हणे कर्मनिष्ठा मळ। ठेविला देखो।
तो अज्ञानांध तंब वापुडा। ईश्वरचि न देखे एवढा।
तेथे नामचि एक ते पुढा। कां सुझे तया।
आणि रजतमे दोन्ही। गेलियावीण श्रद्धा सानी।
ते कां लागे अभिधानी ब्रम्हाचिये।

(ज्ञा. अ. 18, ओ. 62, 63, 64)

परब्रह्म के 'ॐ तत् सत्' नाम में श्रद्धा न रखते हुए किये हुए कर्म व्यर्थ हैं, ऐसा भगवान का वाक्य सुनकर, अर्जुन डोलने लगे। अर्जुन कहने लगे कि आखिरकर भगवान ने कर्मनिष्ठा पर दोष लगा ही दिया। जहाँ पर अज्ञान से अंधे मनुष्य को सर्वव्यापक भगवान ही समझ में नहीं आते, उन्हें यह 'ॐ तत् सत्' नाम क्या समझ में आएगा। रजोतमोगुण नष्ट नहीं हुए उस स्थिति में 'ॐ तत् सत्' नाम के प्रति अल्प श्रद्धा निम्न कोटि की श्रद्धा है, वह कहाँ तक टिक पायेगी? 'ॐ तत् सत्' नाम की श्रद्धा मोक्ष प्राप्ति दे पायेगी?

ब्रह्मनाम के बगैर किये हुए कर्म सदोष हैं, क्योंकि इससे मनुष्य जन्म-मृत्यु के फेरे में फँस जाता है। कर्म करने में बहुत सारी कठिनाइयाँ हैं तो फिर कर्मठ (कर्म करने वाले) व्यक्ति को मोक्ष कैसे मिलेगा? ऐसी स्थिति में क्या दोषरहित सन्यास ही ग्रहण करना चाहिए? कर्म करना बंद हो, सम्पूर्ण त्याग हो और सन्यास का आदर हो। जिसका आचरण करने से मुक्ति मिलती है, ऐसा जो त्याग और सन्यास है, उसके बारे में भगवान श्रीकृष्ण को पूछना चाहिए, ऐसा अर्जुन मन में सोचते हैं। ऐसा मन में

सोचते हुए त्याग और सन्यास इन शब्दों के अर्थ क्या हैं इसे समझने के लिए अर्जुन प्रश्न पूछते हैं। तब उसका उत्तर भगवान श्रीकृष्ण देते हैं यही 18वां अध्याय है।

अर्जुन उवाच

सन्नयासस्य महाबाहो तत्त्वमिच्छामि वेदितुम्।
त्यागस्य च हृषीकेश पृथक्केशिनिषूदन।।

(गी. अ. 18, श्लो. 1)

अर्जुन कहते हैं कि हे पराक्रमी कृष्ण! हे हृषीकेश! केशिराक्षस का वध करने वाले भगवान श्रीकृष्ण। सन्यास का तत्व क्या है व त्याग का तत्व क्या है? यह आप अलग-अलग बताईये।

अर्जुन के इस प्रश्न का उत्तर देते हुए भगवान श्रीकृष्ण कहते हैं:-

श्रीभगवानुवाच

काम्यानां कर्मणांन्यासं सन्नयासं कवयो विदु:।
सर्वकर्मफलत्यागं प्राहुस्त्यांग विचक्षणा:।।
त्याज्यं दोषवदित्येके कर्म प्राहुर्मनीषिण:।
यज्ञदानतप:कर्म न त्याज्यमिती चापरे।।
निश्चयंशृणु मे तत्र त्यागे भरतसत्तम।
त्यागो हि पुरुषव्याघ्र त्रिविध: सम्प्रकीर्तित:।।

(गी. अ. 18, श्लो. 2, 3, 4)

विद्वान लोग, पंडित लोग, काम्य कर्मो के त्याग को सन्यास कहते हैं। विचारणीय पुरुष सर्व कर्मो के फलके त्याग को त्याग कहते हैं। (काम्य कर्म यानि वस्तुओं के (स्त्री, धन, पुत्र इत्यादि) प्राप्ति के लिए तथा रोग संकट आदि के निवारण के लिए जो यज्ञ, दान, तप और उपासना आदि कर्म)। कुछ विद्वान कहते हैं कि सभी कर्म दोष युक्त हैं इसलिए त्यागने के योग्य हैं और दूसरे विद्वान कहते हैं कि यज्ञ, दान, तप, रूप कर्म त्यागने योग्य नहीं हैं। हे अर्जुन, त्याग के विषय में मेरे निश्चय मत को सुनो। त्याग सात्विक, राजस और तामस तीन प्रकार का (विचार) कहा गया है।

श्री ज्ञानेश्वर जी, किन कर्मो का त्याग करना चाहिए और किन कर्मो का त्याग नहीं करना चाहिए, इसके बारे में समझाते हैं। कार्य का विधिपूर्वक त्याग करके फिर से इसे कभी न करना इस कर्म के त्याग को सन्यास कहते हैं।

श्री ज्ञानेश्वर जी लिखते हैं :

तरी आपैसी दांगे डोंगर। झाडे लागती अपार।
तैसे लांबे राजागार। नुठती ते।
न पेरिता सैंध तृणें। उठती तैसे साळीचे होणे।
नाही का रावाउणे। जियापरी।
कां अंग जाहवे सहजे। परि लेणे उद्यमें कीजे।

नदी आपैसी आपादिजे विहिरी जैवी। तैसे नित्य नैमित्तिक।
कम होय स्वभाविक। परि न कामितां कामिक। न निफजे।

(ज्ञा. अ. 18, ओ. 94, 95, 96, 97)

कर्म तीन प्रकार के होते हैं।

1. नित्य कर्म : जो कर्म प्रातःकाल, दोपहर तथा शाम को प्रतिदिन करने पड़ते हैं। कर्म का लक्षण 'स्वरूप' है जैसे दीपक में प्रकाश स्वाभाविक रूप से होता है।

2. नैमित्तिक कर्म : पितरों के श्राद्ध, अतिथि-सत्कार आदि।

3. काम्य कर्म : जो कर्म परोपकार की दृष्टि से किये जाते हैं जैसे कुऐं खुदवाना, बाग लगवाना, जमीन इनाम में देना आदि। यह सब इच्छा पूर्ति के लिए किये जाते हैं।

श्री ज्ञानेश्वर जी कहते हैं कि कौन से कर्म के फल का त्याग करना चाहिए और कौन से कर्म करना छोड़ देना चाहिए, इसके बारे में सुनो। जिस प्रकार पहाड़ और जंगल में बहुत सारे पेड़ उगते हैं, लेकिन बगीचा या भात (चावल) की खेती अपने आप नहीं उगती। घास को उगाना नहीं पड़ता लेकिन भात की खेती बिना मेहनत नहीं उगती। शरीर तो सहज प्राप्त होता है लेकिन शरीर पर पहने गहनों के लिए प्रयत्न करना पड़ता है। नदी अपने आप (वर्षा के कारण) निर्मित होती है, अस्तित्व में आती है। उसी प्रकार नित्य, नैमित्तिक कर्म प्रकृति के अनुसार प्राप्त होते हैं। लेकिन काम्य कर्म, कुछ प्राप्त करने के लिए, फल की इच्छा करने के बाद ही किये जाते हैं। यह कर्ता के लिए बन्धक होते हैं।

जो काम्य कर्म करता है (कर्ता) उसे कर्म का फल भोगना ही पड़ता है। नित्य, नैमित्तिक कर्म और काम्य कर्म का भेद जानना आवश्यक है। क्या कर्म करना गलत है, बुरा है? श्री ज्ञानेश्वर जी कहते हैं कौन से कर्म अच्छे हैं या बुरे हैं इसे पूरी तरह समझने के बाद ही कर्म का त्याग करना चाहिए। वे कहते हैं कि जिस कर्म के फल की इच्छा छोड़ी नहीं जा सकती, वह कर्म ही बुरे हैं और ऐसे लोग कहते हैं कि कर्म का त्याग ही करना चाहिए। कर्मों को भलि-भांति समझ लेने के बाद ही उनमें किन कर्मों का त्याग करना चाहिए इसका निर्णय लेना चाहिए।

भगवान श्रीकृष्ण स्पष्ट करते हैं कि त्याग तीन प्रकार का होता हैं:

यज्ञदानतपः कर्म न त्याज्यं कार्यमेव तत्।
यज्ञो दानं तपश्चैव पावनानि मनीषिणाम्।।
एतान्यपि तु कर्माणि संङ्ग त्यक्तवा फलानि च।
कर्तव्यानीति मे पार्थ निश्चितं मतमुत्तमम्।।
नियतस्य तु सन्यासः कर्मणो नोपपद्यते।
मोहात्तस्य परित्यागस्तामसः परिकीर्तितः।।
दुःखमित्येव यत्कर्म कायक्लेशभयात्त्यजेत्।
स कृत्वा राजसं त्यागं नैव त्यागफलं लभेत्।।

कार्यमित्येव यत्कर्म नियतं क्रियतेऽर्जुन।
संगड़ त्यक्त्वा फलं चैव स त्यागः सात्विको मतः।।

(गी. अ. 18, श्लो. 5, 6, 7, 8, 9)

यज्ञ, दान और तप रूपी कर्म त्यागने योग्य नहीं है, इनका त्याग नहीं करना चाहिए। यह कर्म करते रहना चाहिए। यह तीनों ही कर्म बुद्धिमान मनुष्य को पवित्र करनेवाले हैं क्योंकि इससे रज और तम गुणों का धीरे-धीरे नाश होता है। यह यज्ञ, दान और तप रूपी कर्म और दूसरे उत्तम कर्म, आसक्ति को (कर्तापन के अभिमान) और फलों को त्याग कर, करने चाहिए, ऐसा "मेरा" निश्चय किया हुआ मत है। हे अर्जुन! नित्य कर्म का त्याग करना योग्य नहीं है। मोह से, दुःख से कर्म का त्याग करना (अर्थात् यह सोचकर कि कर्म जन्म बन्धन के लिए कारण हैं) तामस त्याग कहा गया है। कर्म सब दुःख निर्माण करनेवाला है, यह सोचकर शारीरिक क्लेश के भय से कर्मों को त्याग दें, वह राजस त्याग है। कर्म करना कर्तव्य है, ऐसा समझकर जो शास्त्र विधि से नित्य कर्म, आसक्ति और फल को त्याग कर किया जाता है वही सात्विक त्याग माना गया है।

श्री ज्ञानेश्वर जी कहते हैं कि कर्म करने का अभिमान न करते हुए, जो कर्म जिस समय करना चाहिए, उसे उस समय करना तथा कर्म फल का त्याग करना चाहिए।

श्री ज्ञानेश्वर जी तामस्, राजस् और सात्विक त्याग को स्पष्ट करते हैं।

सांडूनी दुधाची टकळी। गोंवारी गावधेनु वेटाळी।
किबहुना कर्मफळी। तैसे कीजे।
म्हणोनि फळी लाग। सांडोनि देहसंग।
कर्मे करावी हा चांग। निरोप माझा।
की स्वभावे आले विभागा। ते कर्मचि वोसंडी पै गा।
तरी झणे आतला त्यागा। तामसा तया।
तैसे पुढत पुढती कर्म। आरंभीच अति विषम।
म्हणोनि तो ते श्रम। करिता मानी।
येऱ्हवी विहितत्वे मांडी। परी धालिता आसुरवाडी।
तेथ पोळला ऐसा सांडी। आदरिलेही।
ऐसा शरीराचिया क्लेशा। भेणे कर्मे वीरेशा।
सांडी तो परियेसा। राजस त्याग।

(ज्ञा. अ. 18, ओ. 174, 176, 183, 188, 189, 192)

कर्म कैसे करने चाहिए? जिस प्रकार ग्वाला (गाय चराने वाला) दूध प्राप्त होना चाहिए, ऐसी मन में इच्छा न रखते हुए गाँव की गायों को इकट्ठा घास चराने ले जाता है, उसी प्रकार कर्मों के प्रति कर्म का फल चाहिए ऐसी आशा न रखते हुए कर्म करना चाहिए। जो कर्म प्रकृति-स्वभातानुरार हमें प्राप्त होते हैं, उन कर्मों का जो

त्याग करता है वह त्याग, तामस त्याग कहलाता है। जिस प्रकार रोग निवारण करने के लिए नीम का रस पहले तो कड़वा लगता है उसी तरह कर्म शुरू में कठिन लगते हैं। नित्य, नैमित्तिक कर्म करना प्रथम कठिन लगते हैं, क्योंकि उनसे क्लेश होता है, श्रम होता है। नित्य, नैमित्तिक कर्म शास्त्र में बताये कर्म हैं ऐसा राजस व्यक्ति कहता तो है लेकिन उन्हें बीच में ही छोड़ देता है। इस प्रकार कर्म करते हुए शरीर को कष्ट होगा, इस भय से कर्म छोड़ देना राजस त्याग कहते हैं।

सात्विक त्याग क्या हैं?

तरी स्वाधिकाराचेनि नावें। जे वांटिया आले स्वभावे।
ते आचरे विधी गौरवे। शृंगारोनी।
परी मी हे करित असे। ऐसा आठव त्यजी मानसे।
तैसचि पाणी ते आसे। फळाचिये।
तथा लागतरवेंवो परिसी। धातूचि गंधिकाळिमा जैसी।
जाती रजतमे तैसी। तुटली दोन्ही।

(ज्ञा. अ. 18, ओ. 200, 201, 209)

जो मनुष्य, अपने ब्राह्मण आदि अधिकार के अनुसार, जो नित्य कर्म करना चाहिए, जैसा शास्त्र में बताया है, वह कर्म शास्त्र का आदर करते हुए आचरण करता है, लेकिन वह कर्म कर रहा है ऐसा मन में नहीं सोचता और कर्म के फल की आशा भी नहीं करता, ऐसा कर्म सात्विक त्याग है। जिस प्रकार पारस का स्पर्श होने से लोहे का जंग (कालापन) नष्ट हो जाता है उसी प्रकार सात्विक त्याग से राजस और तामस गुण नष्ट होते हैं। सात्विक त्याग, राजस और तामस त्याग के परिणाम क्या हैं?

इसके बारे में भगवान श्रीकृष्ण अर्जुन को समझाते हैं।

न द्वेष्टयकुशलं कर्म कुशले नानुषज्जते।
त्यागी सत्त्वसमाविष्टो मेधावी छिन्नसंशयः।।
न हि देहभृता शक्यं त्यक्तुं कर्माण्यशेषतः।
यस्तु कर्मफलत्यागी स त्यागीत्यभिधीयते।।
अनिष्टमिंष्ट भिश्रं च त्रिविधं कर्मणः फलम्।
भवत्यत्यागिनां प्रेत्य न तु सन्यासिनां क्वचित्।।

(गी. अ. 18, श्लो. 10, 11, 12)

जो अशुभ कर्मों का दुःख नहीं करता और शुभ कर्म में आसक्त नहीं होता, वही सत्व गुण से युक्त हुआ पुरुष संशय-रहित, ज्ञानवान और त्यागी है। शरीर-धारी पुरुष (अर्थात आत्माभिमान रखने वाला) को सर्व कर्मों को त्याग करना, शक्य नहीं है। लेकिन अगर वह कर्म के फल का त्याग करता है वही त्यागी है। सकामी पुरुषों के कर्म का ही अच्छा, बुरा और मिलाजुला (संमिश्र,) तीन प्रकार का फल, मरने के बाद होता है और त्यागी पुरुष के कर्मों का फल किसी काल में भी नहीं होता।

श्री ज्ञानेश्वर जी अच्छा, बुरा और मिलाजुला (संमिश्र) हुआ कर्म फल क्या है, इसे बहुत सुन्दर ढंग से प्रस्तुत करते हैं। अच्छा, बुरा और मिश्र फल इसका वास्तव में क्या परिणाम दिखाई देता है?

परि करूनि फळ नेघे। तो जगाच्या कामी न रिघे।
जे त्रिविध जग आघवे। कर्मफळ हे। देव मनुष्य स्थावर।
यया नाव जगडंबर। आणि हे तंव तीन्हीं प्रकार।
कर्मफळाचे। तेचि एक अनिष्ट।
एक ते केवल इष्ट। आणि एक इष्टानिष्ट।
त्रिविध ऐसे। परि विषयमता बुद्धी।
आंगी सूनि अविधी। प्रवर्तत्ती जे निषिद्धी।
कुण्यापारी। तेथ कृमी कीट लोश्ट।
हे देह लाटती निकृष्ट। तया नाम ते अनिष्ट।
कर्म फव्ळ। कां स्वधर्मा मान देता।
स्वाधिकार पुढा सूतां। सुकृत कीजे पुसता।
आम्नायाते। ते इंद्रादिक देवांची।
देहे लाहिजती सव्यसाची। तया कर्मफळा इष्टाची। प्रसिद्धी गा।

(ज्ञा. अ. 18, ओ. 238, 239, 240, 241, 242, 243, 244)

श्री ज्ञानेश्वर जी इष्ट, अनिष्ट और मिश्र परिणाम क्या है, इसके बारे में कहते हैं कि यह जगत कर्मों का फल है। जो कर्म करते हुए फल की इच्छा नहीं करता वह जगत के सुख-दु:ख से अलिप्त (अलग) रहता है। इस जगत में देव, मनुष्य और स्थावर हैं, जिसे जगत कहते हैं और कर्म से तीन प्रकार के फल प्राप्त होते हैं। एक फल अनिष्ट (बुरा), दूसरा इष्ट (अच्छा) और तीसरा इष्ट-अनिष्ट का मिश्रण है।

बुद्धि पर जब विषयों का नियंत्रण हो जाता है तब बुद्धि शास्त्रबाह्यकर्म करने लगती है और निषिद्ध कर्म करती है तब ऐसे लोगों को कृमी, कीटक, पत्थर जैसी नीच देह प्राप्त होती है। इसे अनिष्ट कर्मफल कहते हैं। अपने धर्म का आदर करते हुए अपनी पात्रता अनुसार, वेदों की आज्ञा के अनुसार, जब पुण्य कर्म किया जाता है, तब हे अर्जुन, इंद्रादि देवों की देह प्राप्त होती है। इसे इष्ट कर्म फल कहते हैं।

प्रधानतः, सत्वगुणों की अधिकता के कारण, पुण्य कर्म होने के कारण उसका इष्ट फल मिलता है और इंद्रादि देवताओं की योनि में जन्म होता है। तमोगुण की अधिकता के कारण अत्यन्त पापरूप कर्म होने में उसका अनिष्ट फल मिलता है और कृमी, कीटक और पत्थर आदि योनि में जन्म होता है। सत्व और तम के सामरस्य से (मिश्रण से) कुछ पुण्य रूप तो कुछ पाप रूप कर्म किये जाते हैं तब उसका फल इष्टानिष्ट (अच्छा-बुरा) मिश्रण होता है। इससे मनुष्य योनि में जन्म होता है। मिश्र फल वाली यह मनुष्य योनि सत्व प्रधान रूप इंद्रादि देवता और कृमी, कीटकादि योनि से भिन्न है। उसका स्वरूप इन दोनों से अलग है।

इन योनियों में से कौन सी योनि अच्छी है? श्री ज्ञानेश्वर जी कहते हैं कि मनुष्य योनि दोनों का मिश्रण है। इस कारण प्रकृति या स्वभाव से सत्य और असत्य का बड़ा अद्‌भुत मिलाप है। पशु योनि या देवादी योनि, यह दोनों योनि भोगयोनि हैं। पहली योनि में केवल दुःख का भोग होता है तो दूसरी योनि में (देवादि) केवल सुख का भोग है। इन दोनों योनियों में मनुष्य योनि की तरह आत्मनात्म विवेक का अवसर प्राप्त नहीं होता। मनुष्य योनि सुख दुःखात्मक भोग रूप होते हुए भी आत्मज्ञान प्राप्तकरा देनेवाली है। इसलिए पुण्यरूप और पापरूप, ऐसा समभाग कर्म के आचरण से जो फल प्राप्त होता है, तब मनुष्य योनि प्राप्त होती है। श्री ज्ञानेश्वर जी मनुष्य योनि का महत्व हमें समझाते हैं:

हमारी देह के बारे में जब तक अविद्या (यानि देह आत्मा है ऐसी बुद्धि) है तब तक जीव, 'मैं कर्म का कर्ता हूँ' ऐसा अहंकार करता है, तब पाप-पुण्य रूपी कर्म होते हैं। लेकिन कर्म क्यों किये जाते हैं? कर्म करने के कितने कारण हैं?

भगवान श्रीकृष्ण कहते हैं:-

पंचैतानि महाबाहो कारणानि निबोध मे।
साङ्ख्ये कृतान्ते प्रोक्तानि सिद्धये सर्वकर्मणाम्।।
अधिष्ठानं तथा कर्ता करणं च पृथाग्विधम्।
विविधाश्च पृथक्चेष्टा दैवं चैवात्र पंचमम्।।
शरीरवाङ्मनोभिर्यत्कर्म प्रारभते नरः।
न्याय्यं वा विपरीतं वा पंचैते तस्य हेतवः।।
तत्रैवं सति कर्तारमात्मानं केवलं तु यः।
पश्यत्यकृतबुद्धित्वान्न स पश्यति दुर्मतिः।।
यस्य नाहंकृतो भावो बुद्धिर्यस्य न लिप्यते।
हत्वापि स इमाँल्लोकान्न हन्ति न निबध्यते।।

(गी. अ. 18, श्लो. 13, 14, 15, 16, 17)

हे महाबाहो अर्जुन! संपूर्ण कर्मों की सिद्धि के लिये पांच हेतू सांख्य सिद्धान्त में कहे गये हैं। तुम इन्हें ठीक से समझ लो। अधिष्ठान (इच्छा, द्वेष, सुख, दुःख, ज्ञान आदि की अभिव्यक्ति का आश्रय यानि शरीर), कर्ता, भिन्न-भिन्न इंद्रियों, प्राणादि वायु के व्यापार और पांचवा हेतू 'दैव' (पूर्वकृत शुभाशुभ कर्मों के संस्कार को दैव कहते हैं)। मनुष्य मन, वाणी और शरीर से शास्त्र के अनुसार अथवा विपरीत (विरूद्ध) जो कुछ कर्म आरम्भ करता है, उसके यह पांच कारण हैं। परन्तु ऐसा होने पर भी जो पुरुष अशुद्ध बुद्धि होने के कारण, इस विषय में केवल शुद्ध स्वरूप आत्मा को कर्ता देखता है ऐसा मलीन बुद्धि वाला अज्ञानी यथार्थ नहीं देखता। इस सत्य को नहीं समझता। परन्तु जो यह जानता है कि वह कर्त्ता नहीं है परन्तु सिर्फ कर्मों का साक्षी है तथा जो ऐसा नहीं सोचता कि ऐसा कर्म करने से वह स्वर्ग-नर्क में जायेगा, वह वास्तव में देखता है।

श्री ज्ञानेश्वर जी कर्म के पांच कारणों को स्पष्ट करते हुए कहते हैं कि 'देह' यह पहला कारण है।

यया ते अधिष्ठान ऐसे। म्हणिजे ते याची दोषे।
जे स्वभाग्येसी वसें। भोक्ता येथ।
इंद्रियांच्या दाहे हाती। जाचोनि दिवीराती।
सुख दुःखे प्रकृति। जोडियती जिये।

(ज्ञा. अ. 18, ओ. 316, 317)

भोक्ता अपने भोग्यसहित (भोग होनेवाली वस्तु सहित) देह में होता है। इसलिए इसे अधिष्ठान कहते हैं। दस इंद्रियों को रात-दिन काम में लगाये रखकर जो सुखदुःख प्राप्त होते हैं, उन सुख-दुःखों को भोगने के लिए दूसरा कोई स्थान नहीं है, इसलिए देह को अधिष्ठान कहते हैं।

चैतन्य का प्रतिबिम्ब यानि 'जीव' वह 'कर्ता', यह कर्म का दूसरा कारण है। भिन्न 'इंद्रियां' तीसरा कारण है और क्रिया-शक्ति चौथा कारण है। लेकिन कर्म का पांचवां और महत्वपूर्ण कारण 'दैव' है। दैव क्या है? कुछ लोग इसे पूर्वजन्म के शुभाशुभ कर्मों के संस्कार कहते हैं। यह कारण दिखाई नहीं देता, लेकिन कर्म के संदर्भ में इसके बगैर कर्म पूरा नहीं होता।

अपने सत्य का विस्मरण हो जाने के कारण चैतन्य ही देह के आकार में प्रकट होता है और 'मैं देह ही हूँ' यह मानने को बाध्य करता है। जिस देह में आत्मरूप का विस्मरण होता है वहाँ चैतन्य 'जीव' के नाम से प्रसिद्ध है, वह सभी बातों में देह के साथ रहने की प्रतिज्ञा कर चुका होता है और जो भ्रम में यह कहता रहता है कि प्रकृति द्वारा होनेवाले सारे कर्म उसने ही किये हैं। उस जीवात्मा को 'कर्ता' कहा है।

इंद्रियों को क्रियाशील करने वाली शक्ति को क्रियाशक्ति कहते हैं। यह शक्ति भिन्न-भिन्न अंगों में प्रकट होती है। उदाहरण के लिए, जब यह क्रियाशक्ति वाचा में आती है तो उसे 'बोलना कहते हैं, इत्यादि।

श्री ज्ञानेश्वर जी 'दैव' की अलग परिभाषा देते हैं। इंद्रियां और उसके देवता कर्म करने में महत्त्वपूर्ण कार्य करते हैं। बुद्धि का तेज इंद्रियों की ताकत पर निर्भर रहता है।

इंद्रिय प्रौढीमंडळा। श्रृंगार एकचि निर्मळा।
जै अधिष्टात्रियां के मेळा। देवतांचा जो।
म्हणोनि चक्षुरादिकी दाहे। इंद्रिया पाठी स्वानुग्रहे।
सूर्यादिका कां आहे। सुरांचे वृंद।
ते देव वृंद बरवे। कर्मकारण पाचवे।
अर्जुनाएथ आणावे। देव म्हणे।
एवं माने तुझिये आयणी। तैसी कर्मजातांची हे खाणी।
पंचविध आकर्णी। निरूपिली।
आता हेचि खाणी वाढे। मग कर्माची सृष्टि घडे।
जिही ते हेतु ही उघड़े। दाऊं पांचै।

(ज्ञा. अ. 18, ओ. 349, 350, 351, 352, 353)

जिस समय इंद्रियों के अधिष्ठात्री देवतायें (देवों का समूह) अनुकूल होते हैं, तब ही इंद्रियों की कर्म करने की ताकत बढ़ती है। चक्षु (आंखें) आदि इंद्रियां और उन पर अनुग्रह (कृपा) करने वाले सूर्य आदि देवताओं के समूह हैं। हे अर्जुन ! उत्तम अनुग्रह (कृपा) करनेवाले देवताओं का समूह कर्म का पांचवा कारण है। देवताओं की कृपा जब तक नहीं होती तब तक कार्य (कर्म) सिद्ध (पूरा) नहीं होता।

शरीर से, वाणी से, मन से, शास्त्र के अनुसार या शास्त्र के विरूद्ध जो कर्म मनुष्य करता है उन कर्मों के पांच ही कारण हैं।

आत्मयाचेनि उद्यमेवीण। तैसे देहादि पंचकारण।
होय आपणया आपण। क्रियाजात।
तै प्राचीन संस्कार शेषे। पांचही कारणे सहेतुके।
कामवीजती गा अनेके। कर्माकारे।

(ज्ञा. अ. 18, ओ. 430, 431)

आत्मा कोई भी कर्म नहीं करती लेकिन देहादि पांच कारणों से कर्म अपने आप किये जाते हैं। पूर्व जन्मों के बचे हुए संस्कार के कारण पांच ही कारण और साधन अनेक कर्म करवाते हैं।

जगत के निर्माण करने में कर्म के संबंध में तीन चीजें प्रेरक है। वे तीन प्रेरक हैं 'ज्ञान', ज्ञेय व ज्ञाता। भगवान श्रीकृष्ण इन्हें स्पष्ट करते हुए कहते हैं:-

ज्ञानं ज्ञेयं परिज्ञाता त्रिविधा कर्मचोदना।
करणं कर्म कर्तेति त्रिविधः कर्मसंग्रहः।।
ज्ञानं कर्म च कर्ता च त्रिधैव गुणभेदतः।
प्रोच्यते गुणसङ्ख्याने यथावच्छृणु तान्यपि।।

(गी. अ. 18, श्लो. 18, 19)

ज्ञाता (जाननेवाला), ज्ञान (जिसके द्वारा जाना जाय) और ज्ञेय (जानने वाली वस्तु का नाम) यह तीनों कर्म के प्रेरक हैं अर्थात् इन तीनों के संयोग से कर्म करने की इच्छा होती है। कर्ता (कर्म करनेवाले का नाम) करण (जिस साधनों से कर्म किया जाय अर्थात इंद्रियादि) और क्रिया (करना), यह तीनों कर्म के संग्रह हैं यानि तीनों के संयोग से कर्म बनता है। ज्ञान, कर्म तथा कर्ता भी गुणों के भेद से सांख्य शास्त्र में तीन प्रकार के कहे गये हैं।

श्री ज्ञानेश्वर जी ज्ञान, ज्ञेय और ज्ञाता इन शब्दों को विस्तृत रूप से स्पष्ट करते हैं:

तया जीवा नांव ज्ञाता। आणि जे सांगीतले आता।
तेचि येथ पंडुसुता। ज्ञान जाण।
जे अविद्येचि ये पोटी। उपजतखेंवो किरीटी।
आपणाते वांटी। तिही ठायी।
आपुलिये धांवे पुढा। धालूनि ज्ञेयाचा गुंडा।

उभारी मागिली कडां। ज्ञातृत्वाते।
टाकूनि ज्ञेयाची शीव। पुरे जयाची धांव।
सकळ पदार्था नांव। सूतसे जे।
तेगा सामान्य ज्ञान। या बोला नाही आन।
ज्ञेयाचेहि चिन्ह। आइक आता।

(ज्ञा. अ. 18, ओ. 466, 467, 468, 470, 471)

इन इंद्रियों के व्यापार (व्यवहार) के कारण जो ज्ञान, सुख-दुःख सहित इस जीव को प्राप्त होता है उस जीव को ज्ञाता कहते हैं। वह ज्ञान, जो अज्ञान (अविद्या) के कारण उत्पन्न होता है वह तीन विभागों में (सत्व, रज, तमस) बँट जाता है। इस प्रकार ज्ञाता और ज्ञान इनके परस्पर व्यवहार का मार्ग तैयार होने पर उस मार्ग से व्यवहार होते रहते हैं। ज्ञेय (जाननेवाली वस्तु) की सीमा तक पहुंचने पर जो ज्ञान आगे नहीं बढ़ता इसे 'सामान्य ज्ञान' कहते हैं।

ज्ञेय का स्वरूप क्या है?

तरी शब्द स्पर्श। रूप गंध रस। हा पंचविध आभास।
ज्ञेयाचा तो। जैसे ऐकेचि चूतफळे। इंद्रिया वेगवेगळे।
रसे वर्णे परिमळे। भेटिजे स्पर्शे। तैसे ज्ञेय तरी एकसरे।
परि ज्ञान इंद्रियापरे। घे म्हणोनि प्रकारे। पांच झाले।

(ज्ञा. अ. 18, ओ. 472, 473, 474)

शब्द, स्पर्श, रूप, रस और गंध ऐसे पांच ज्ञेय के चिन्ह हैं। जिस प्रकार एक ही आम में मिठास, रंग, सुबास और स्पर्श भिन्न-भिन्न इंद्रियों को ज्ञात होता है, उसी प्रकार ज्ञेय (जाननेवाली वस्तु) एक ही है तब भी उसका ज्ञान अलग-अलग इंद्रियों के द्वारा लिये जाने के कारण, यह पांच प्रकार का होता है। जिस प्रकार समुद्र के तरफ आने वाले पानी का प्रवाह समुद्र के मिलने पर खत्म होता है या फल लगने पर अनाज के पौधे का बढ़ना थम जाता है उसी प्रकार इंद्रियों के व्यापार में वृत्ति का बहिर्गमन होकर जहाँ ज्ञान पर मर्यादा आती है, उस स्थान को 'ज्ञेय' यानि ज्ञान का विषय कहते हैं। ज्ञाता, ज्ञान और ज्ञेय, यह तीनों क्रिया (कर्म) को निर्माण करते हैं।

ज्ञेय, ज्ञाता को प्रिय भी हो सकता है और अप्रिय भी। यदि प्रिय हो तो ज्ञाता उसे स्वीकारता है और अप्रिय हो (दुःख देनेवाला) तो उसे स्वीकार नहीं करता। यदि व्यक्ति के गले में हार आ जाय तो उसे आनन्द होगा, सांप आयेगा तो भय होगा और हार और सांप दोनों ही एकदम गले में गिर जायें, तो आनन्द और भय एक साथ निर्माण होंगे। ज्ञेय को देखकर, ज्ञाता को विषय के संबंध में पसंद या ना-पसंद निमार्ण होती है। इस प्रकार विषय को स्वीकार या त्याग करने की क्रिया ज्ञाता से होती है।

ज्ञाता, इंद्रियों को काम पर लगाता है। तब वह कर्ता होता है। ज्ञाता खुद कर्ता बनकर ज्ञान को साधन बनाता है और वह ज्ञेय स्वयं कार्य बन जाता है।

इस स्थिति में ज्ञाता का क्या स्वरूप होता है।

श्री ज्ञानेश्वर जी कहते हैं:

तरि बुद्धि आणि मन। चित्त अहंकार हन।
हे चतुर्विध चिन्ह। अन्तःकरणाचे।
बाह्य त्वचा श्रवण। चक्षु रसना ध्राण।
हे पंचविध जाण। इंद्रिय गा।
तैसेचि त्याग स्वीकारी। वाहता इंद्रियांची धुरी।
ज्ञातयाते अवधारी। कर्ता म्हणिये।

(ज्ञा. अ. 18, ओ. 498, 499, 505)

अन्तःकरण के बुद्धि, मन, चित्त और अहंकार ऐसे चार लक्षण हैं। त्वचा, कान, नाक, आंखें और जिह्वा (जीभ) यह पांच बाह्य इंद्रियां हैं। विषयों का त्याग या स्वीकार करने के लिए, इंद्रियों के नेतृत्व करनेवाले ज्ञाता को कर्ता कहते हैं। इंद्रियों के द्वारा कर्म किये जाते हैं।

ज्ञाता और ज्ञेय इनके संदर्भ में ज्ञान सबसे महत्वपूर्ण है। ज्ञान, तीन प्रकार का है: सात्विक ज्ञान, रजस और तमस ज्ञान।

भगवान श्रीकृष्ण इनको स्पष्ट करते हैं:-

सर्वभूतेषु येनैकं भावमव्ययमीक्षते।
अविभक्तं विभक्तेषु तज्ज्ञानं विद्धि सात्त्विकम्।।
पृथक्त्वेन तु यज्ज्ञानं नानाभावान्पृथग्विधान्।
वेत्ति सर्वेषु भूतेषु तज्ज्ञानं विद्धि राजसम्।।
यत्तु कृत्स्नवदेकस्मिन्कार्ये सक्तमहैतुकम्।
अतत्त्वार्थवदल्पं च तत्तामसमुदाहृतम्।।

(गी. अ. 18, श्लो. 20, 21, 22)

सर्व प्राणी मात्रों के प्रति अविनाशी एकरूपता भाव अर्थात अद्वैतभाव से आत्मासाक्षात्कार, जिस ज्ञान से होता है, उस ज्ञान को सात्विक ज्ञान कहते हैं। जो ज्ञान प्राणी मात्रों को भिन्न-भिन्न रूप में देखता है अर्थात प्रत्येक शरीर में अलग-अलग अपने से दूसरी आत्मा समझता है, उसे राजस ज्ञान कहते हैं। जो ज्ञान, शरीर के अतिरिक्त कुछ नहीं है, ऐसा देखता है और उसी में आसक्त होता है उसे तामस ज्ञान कहते हैं।

श्री ज्ञानेश्वर जी सात्विक ज्ञान को मोक्षरूपी लक्ष्मी का भवन कहते हैं। शीशे में हम अपना मुख देखने जाते हैं तब जिस प्रकार देखनेवाला ही उसमें दिखाई देता है उसी प्रकार सात्विक ज्ञान के द्वारा, ज्ञाता और ज्ञेय एक हो जाते हैं।

अनेक फूलों के कारण सुगंध भिन्न-भिन्न, पानी के जमाव में चंद्राबिंब अलग-अलग है, ऐसा भेद देखना, रूप को छोटा बड़ा विभाजित करना इसे राजस ज्ञान कहते हैं।

ज्ञान के साथ-साथ कर्म भी तीन प्रकार के होते हैं। श्रीकृष्ण भगवान कहते हैं:

नियतं सङ्गरहितमरागद्वेषत: कृतम्।
अफलप्रेप्सुना कर्म यत्तत्सात्विमुच्यते।।
यत्तु कामेप्सुना कर्म साहंकारेण वा पुन:।
क्रियते बहुलायासं तद्राजसमुदाहृतम्।।
अनुबंध क्षयं हिसामनपेक्ष्य च पौरूषम्।
मोहादारभ्यते कर्म यत्तत्तामसमुच्यते।।

(गी. अ. 18, श्लो. 23, 24, 25)

फल की इच्छा के बिना, रागद्वेष रहित और आसक्ति रहित, नित्यकर्म को सात्विक कर्म कहते हैं। जो कर्म, फल प्राप्ति के लिए अहंकार युक्त और बहुत मेहनत करके किया जाता है वह राजस कर्म है। जो कर्म, उसका अन्तिम परिणाम क्या होगा, इसके बारे में न सोचते हुए किया जाता है, जहाँ शक्ति और धन का क्षय (नाश) होता है, दूसरे प्राणियों को पीड़ा (कपट, दु:ख) देने के लिए और मोह से आरंभ किया जाता है उसे तामस कर्म कहते हैं। श्री ज्ञानेश्वर जी भी इन तीन कर्मों को उदाहरण देकर समझाते हैं।

वे कहते हैं सात्विक कर्म माता का बच्चे का पालन पोषण करने जैसा है।

आणि आंगा जीवाची संपत्ति। वेचुनी करी बाळाची पाळती।
परिजीवे उबगुणे हे स्थिति।
न पाहे माय। येरा काम्याचे नि तरी नावे।
देह सर्वस्व आघवे। वेचितांहि न मनवे।
बहु ऐसे। तैसे कृत्याकृत्य सरकटित।
आपपर नुरवित। कर्म होय ते निश्चित। तामस जाण।

(ज्ञा. अ. 18, ओ. 589, 598, 626)

माँ अपने शरीर को कष्ट देकर, मानसिक थकावट होते हुए भी अपने बच्चे का पालन पोषण करती है। ऐसा कर्म सात्विक है। इसमें फल की कोई इच्छा नहीं है। ऐसा कर्म, जिसके करने से फायदा पूरा मिले तथा उसके लिए अपना पूरा शरीर दाँव पर लगा देना, ऐसे कर्म राजस कर्म हैं। तामस कर्म वे हैं जो करने के लिए अनुचित हैं लेकिन किये जाते हैं और उचित कर्म नहीं किये जाते हैं। इन दोनों कर्मों को मिलाकर कोई विचार न करते हुए, अच्छे-बुरे का भेद न करते हुए जो कर्म किये जाते हैं वे तामस कर्म हैं।

श्रीकृष्ण भगवान कहते हैं कि कर्मों को करने वाले कर्ता भी तीन प्रकार के हैं:-

मुक्तसङ्गोऽनहंवादी धृत्युत्साहसमन्वित:।
सिद्ध्यसिद्ध्योर्निर्विकार: कर्ता सात्त्विक उच्यते।।
रागी कर्मफलप्रेप्सुर्लुब्धो हिंसात्मकोऽशुचि:।
हर्षशोकान्वित: कर्ता राजस: परिकीर्तित:।।

अयुक्तः प्राकृतः स्तब्धः शठो नैष्कृतिकोऽलसः।
विशादी दीर्घसूत्री च कर्ता तामस उच्यते।।

(गी. अ. 18 श्लो. 26,27, 28)

जो, आसक्ति (मैं कर्त्ता हूँ) से रहित और अहंकार के वचन (शब्द) न बोलने वाले, धैर्य और उत्साह से युक्त एवं कार्य सिद्धी होने और न होने पर हर्ष शोक आदि विकारों से रहित हैं, वह कर्ता सात्विक कहा जाता है। आसक्ति से युक्त, कर्मों के फलों को चाहने वाला, लोभी तथा दूसरों को कष्ट देने के स्वभाव वाला, अशुद्ध आचरण करनेवाला, हर्ष शोक से लिपायमान कर्ता, राजस कर्ता है। तामस कर्ता वह है जो संशय युक्त चित्त वाला, शिक्षा से रहित, घमण्डी, कपटी, दूसरों का उत्कर्ष सहन न करने वाला, आलसी, काम को बहुत समय तक पूर्ण न करनेवाला।

श्री ज्ञानेश्वर जी सात्विक, राजस और तामस कर्ता के गुण विशेष के बारे में, आचरण के बारे में स्पष्ट करते हुए ऐसे कर्ता को मानो हमारे सामने खड़ा करते हैं।

या आत्मया येवढिया प्रिया। वालभेला धनंजया।
देहही सिदतां तया। काय खेद होइल।
म्हणोनि विषय सुरवाड तुटे। जंव जंव देह बुद्धि आटे।
तंवतंव आनंद दुण वटे। कर्मी जया।
आणि गोवीं गेलिया जवळी।
झगटलिया आंग फाळी। फळेतरी आंत पोकळी।
बोरांटी जैसी। तैसे मन वाचा काये।
भलतया दुःख देत जाये। स्वार्थ साधिता न पाहे।
पराचे हित। कर्मी रहाटी ऐसी।
जयाते होती देखसी। तोच जाण त्रिशुद्धीसी।
राजस कर्ता। तैसे पुढिलांचे वरवे।
जयाच्या भीतरी पावे। आणि विरूद्धचि आघवे।
होऊनि निगे। जो गुण घे ते देख।
अमृताते करी विख। दूध पाजलिया देख।
व्याल जैसा।

(ज्ञा. अ. 18, ओ. 643, 644, 655, 656, 661, 678, 679)

हे अर्जुन! विषय सुखों की इच्छा नष्ट होकर जैसे-जैसे देह सम्बन्धी आसक्ति कम होती है, तब सात्विक कर्ता की शास्त्र के अनुसार कर्म करने की प्रवृत्ति बढ़ती है और उसका आनन्द और बढ़ता है। राजस कर्ता काँटेवाले बेर के पेड़ जैसा होता है। बेरी के पेड़ के नजदीक जायें तो कपड़े काँटों में उलझते हैं (फंसते हैं), उनको जोर से निकालने की कोशिश करें तो कपड़े फटते हैं, फल निकालने जाये तो वह अंदर से खोखला निकलता है। इसी प्रकार शरीर, मन और वाचा से (बोलने के ढंग से) राजस कर्ता दूसरों को दुःख ही देता है। वह अपने स्वार्थ साधने के लिए दूसरों

के हित के बारे में नहीं सोचता। तामस कर्ता का आचरण तो इससे भी बुरा होता है। दूसरे किसी को कुछ अच्छा मिल जाये, ऐसा यदि तामस व्यक्ति सुनता है, तो वह उसे सहन नहीं कर पाता। वह उसका बुरा ही सोचता है। सर्प को दूध पिलाने के बाद भी सर्प उस दूध का विष ही बनाता है, उसी तरह दूसरों के गुणों के बारे में जब तामसी सुनता है तो उनमें वह दोष ही देखता है और उनकी निंदा करता है। तामस व्यक्ति पाप की राशी (भंडार) होता है।

कर्ता तीन प्रकार के हैं यह समझाने के बाद भगवान श्रीकृष्ण कहते हैं कि बुद्धि और धृति (धैर्य, धीरज) भी तीन प्रकार के हैं।

बुद्धेर्भेदं धृतेश्चैव गुणतस्त्रिविधं श्रृणु।
प्रोच्यमानमशेषेण पृथक्त्वेन धनंजय।।
प्रवृत्तिं च निवृत्तिं च कार्याकार्ये भयाभये।
बंन्धं मोक्षं च या वेत्ति बुद्धिः सा पार्थ सात्त्विकी।।
यया धर्ममधर्मं च कार्यं चाकार्यमेव च।
अयथावत्प्रजानाति बुद्धिः सा पार्थ राजसी।।
अधर्मं धर्ममिति या मन्यते तमसावृता।
सर्वार्थान्विपरीतांश्च बुद्धिः सा पार्थ तामसी।।

(गी. अ. 18, श्लो. 29, 30, 31, 32)

हे अर्जुन! तुम बुद्धि का और धारण शक्ति का, तीन गुणों के कारण, तीन प्रकार का भेद सुनो। प्रवृति मार्ग (बंधन के हेतुरुप कर्म मार्ग को) और निवृति मार्ग को (मोक्ष के हेतुरुप सन्यास मार्ग को) तथा कर्तव्य और अकर्तव्य को, एवं भय और अभय को, बंधन और मोक्ष को, जो बुद्धि तत्व से जानती है वह बुद्धि सात्विक है। जिस बुद्धि के द्वारा व्यक्ति धर्म और अधर्म को तथा कर्तव्य और अकर्तव्य को भी यथार्थ में नहीं जानता है वह बुद्धि राजसी है। हे अर्जुन ! जो तमोगुण से युक्त बुद्धि अधर्म को धर्म मानती है और संपूर्ण अर्थों को विपरीत मानती है वह बुद्धि तामसी है।

श्री ज्ञानेश्वर जी बुद्धि के तीन प्रकार के भेद बताने से पहले, बुद्धि क्या है, इसके बारे में लिखते हैं:-

आता अविद्येच्या गांवी। मोहाची वेढूनी मदवी।
संदेहाची आघवी। लेऊनी लेणी।
आत्मनिश्चयाची बरव। जया आरिसा पाहे सावयव।
तिये बुद्धिची ही धाव। त्रिधा असे।

(ज्ञा. अ. 18, ओ. 690, 691)

बुद्धि की दौड़ कैसी है, इसके पहले बुद्धि के बारे में लिखते हैं कि, अज्ञान रूपी गांव में मोहरूपी वस्त्र पहनकर और संशय रूप गहनों को पहने हुए, जीव के यथार्थ स्वरूप का निश्चय जिस आईने में किया जाता है, वह बुद्धि तीन प्रकार की है।

मग बंधभयभरिती। तिये निषिद्धी प्राप्ती। विनियोग जाणे निवृत्ति।
कर्माचिये। ऐसेनि कार्याकार्यविवेकी। जे प्रवृत्ति निवृत्ति मापकी। खरा कुड़ा
पारखी। जिया परी। तैसी कृत्याकृत्यशुद्धि। बुझे जे निरवधी।
सात्विक म्हणिये बुद्धि। तेचि तूं जाण। तैसी इये कार्याकार्ये।
धर्माधर्मरूपे जिये। तियेन चोजविता जाये। जाणती जे का। ते गा बुद्धि
चोरवविखी। जाण येथ राजसी। अक्षत टाकिलि जैसी। मांदियेवरी।
ते आधवेचि अर्थ। करूनि घाली अनर्थ। गुण ते ते व्यवस्थित।
दोषचि मानी। किंबहुना श्रुतिजाते। अधिष्ठुनि केले सरते।
तेतुलेही उपरते। जाणे जे बुद्धि। कोणतेहि न पुसता।
तामसी जाणावी पांडुसुता। रात्री काय धर्मार्था। साच करावी।

(ज्ञा. अ. 18, ओ. 715, 716, 717, 720, 723, 727, 728, 729)

सात्विक बुद्धि के लक्षण स्पष्ट करते हुए, श्री ज्ञानेश्वर जी लिखते हैं कि निषिद्ध (जो नहीं करना चाहिए) कर्म सात्विक व्यक्ति के लिए जन्म-मरण का बंधन हैं। जन्म-मरण के भय के परे जाने के लिए जो बुद्धि निर्णय लेती है, प्रवृत्ति और निवृत्ति के मापदंड से योग्य क्या, अयोग्य क्या, इसका भेद करती है उसे सात्विक बुद्धि कहते है। अच्छा-बुरा इस बुद्धि को ज्ञात होता है। जो बुद्धि धर्म, अधर्म, कार्य-अकार्य इसका यर्थाथ निर्णय नहीं ले सकती वह राजस बुद्धि है। या योग्य कौन है, अयोग्य कौन है, इसे देखे बगैर जो कार्य करती है वह राजस बुद्धि है। तामस बुद्धि वह है जो शास्त्रों में दिया हुआ अर्थ नहीं देखती है और उसका उल्टा अर्थ निकालती है और गुणों को दोष मानती है। धर्म ग्रन्थों में बताई हुई बातें असत्य, अयोग्य समझती है वह बुद्धि तामसी बुद्धि है। श्री कृष्ण भगवान समझाते हैं कि,

धृति यानि धैर्य (धीरज), भी तीन प्रकार की हैं।

धृत्या यया धारयते मन:प्राणेन्द्रियक्रिया:।
योगेनाव्यभिचारिण्या धृति: सा पार्थ सात्त्विकी।।
यया तु धर्मकामार्थान्धृत्या धारयतेऽर्जुन।
प्रसङ्गेन फलाकाङ्क्षी धृति: सा पार्थ राजसी।।
यया स्वप्नं भयं शोकं विषादं मदमेव च।
न विमुञ्चति दुर्मेधा धृति: सा पार्थ तामसी।।

(गी. अ. 18, श्लो. 33, 34, 35)

हे पार्थ! ध्यानयोग के द्वारा जिस अव्यभिचारिण (भगवान के सिवाय अन्य सांसारिक विषयों को धारण करना ही व्यभिचार दोष है, उस दोष से जो रहित है वह अव्यभिचारिणी धारणा है) धारणा से मनुष्य मन, प्राण और इंद्रियों को धारण करता है (यानि भगवान के भजन, ध्यान और निष्काम कर्म में मन लगाता है) तो वह धैर्य सात्विक है। और हे अर्जुन! फल की इच्छा करने वाला मनुष्य अति आसक्ति से जिस धारणा के द्वारा, धर्म, अर्थ और काम को धारण करता है वह धारणा राजसी है। दुष्ट

बुद्धि वाला मनुष्य जिस धारणा के द्वारा निद्रा, भय, चिंता और दु:खों को एवं उन्मत्तता को भी नहीं छोड़ता है, अर्थात् धारण किये रहता है, वह धारणा तामसी है।

तीन प्रकार की धृति के बारे में श्री ज्ञानेश्वर जी कहते हैं:

हे असो पावो उचलला। मदमुख न ठेविती खास।
गर्जोनि पुढां जाला सिंह जरी। तैसा तो धीर।
उठलिया अंतर। मनादिके व्यापार।
सांडिती उभी। ऐसी धैर्यराजे जेणे।
मन प्राण करणे। स्वचेष्टांची संभाषणे।
सांडविजती। ते गा धृत्ति येथे।
सात्विक हे निरूतें। आइक अर्जुनाते। श्रीकान्त म्हणे।

(ज्ञा. अ. 18, ओ. 736, 737, 741, 744)

सिंह गर्जना करते हुए जब सामने आता है तब मदोन्मत्त हाथी अपना उठाया हुआ पैर बिना भय के नीचे जमीन पर रखता है (यानि सिंह से नहीं डरता) उसी प्रकार सें अन्त:करण में धैर्य (धीरज, न डरना) होता है तो मन, प्राण और इंद्रियों के व्यापार क्रियायें अपने आप रूक जाती हैं। सार्वभौम राजा यानि परमात्मा, इंद्रियों को ऐसे पुरुष के आधीन करता है। ऐसे धैर्य को सात्विक धैर्य कहते हैं।

राजसी और तामसी धैर्य क्या है?

आणि होवोनिया शरीरी। स्वर्ग संसाराच्या दोन्ही घरी।
नांदे जो पोटभरी। त्रिवर्गोपाय। तो मनोरथाच्या सागरी।
धर्मार्थ कामाच्या तारूवावरी। जेणे धैर्य बळे करी।
क्रियावाणिज्य। ते गा धृतिराजस। पार्था येथे परियेस।
आता आईक तामस। तिसरी जे कां। लसणातें न सांडी गंधी।
कां अपथ्यशीळा ते व्याधी। तैसी केली मरणाधी।
विषा दे तया। आणि वयसा वित्त काम।
ययांचा वाढवी संभ्रम। म्हणोनि मदे आश्रम।
तोचि केला। एवं पांचहि निद्रादिक।
तामसाच्या ठायी देख। जिया धृतीदेख। धरिले आहाती।

(ज्ञा.अ. 18, ओ. 745, 746, 748, 757, 758, 761)

श्री ज्ञानेश्वर जी कहते हैं जो देह धारण करके धर्म, अर्थ और काम इन तीनों पुरुषार्थों के द्वारा स्वर्गरूप और इंद्रलोक संसार रूप इन दो घरों में बड़े आनंद से रहता है, मनोरथ रूपी सागर में धर्म, अर्थ और काम, इस नाव पर बैठकर, क्रियारूप व्यापार जिस धैर्य के बलपर करता है वह धैर्य राजसी धैर्य है। तामसी धैर्य के बारे में श्री ज्ञानेश्वर जी कहते हैं कि जिस प्रकार रोग नहीं छूटता उसी प्रकार तामस व्यक्ति को असंतोष दु:ख (विषाद) मरण के क्षण तक नहीं छोड़ता। युवावस्था, धन और विषयों के बारे में आसक्ति, इसे तामसी व्यक्ति महत्त्व देता है। इसलिए मद (गर्व) भी उसमें

भरपूर होता है। इस प्रकार निंद्रा, आलस, दूसरों के प्रति कठोर व्यवहार, आसक्ति और कृतघ्नता यह पांच दोष इसे पकड़ कर रखते हैं। ऐसा धैर्य तामसी धैर्य है।

ज्ञान, कर्म, कर्ता, बुद्धि, धृति और इनके तीन प्रकार, सात्विक, राजस और तामस, भगवान श्रीकृष्ण स्पष्ट करते हैं। यह हमारे व्यक्तित्व को दर्शाते हैं। हमारा सोचना, आचरण, मन और बुद्धि के गुण इनमें दिखाई देते हैं। इन सबका अंतिम परिणाम क्या होता है? तीन प्रकार की बुद्धि से जो कर्म किया जाता है, वह इन प्रकार की धृति से (धैर्य से) सिद्ध होता है, पूर्ण होता है। सूर्य प्रकाश से हमें मार्ग (रास्ता) दिखाई देता है, पैरों से हम उस मार्ग पर चलते हैं। लेकिन यह चलना जैसे धैर्य से होता है उसी प्रकार बुद्धि हमें कर्म दिखाती है और हमारी इंद्रियां (साधन) वे कर्म करती हैं। लेकिन कर्म करने के लिए धैर्य की आवश्यकता है। तीन प्रकार के कर्म (सात्विक, राजस और तामस) है। इन तीन कर्मों से जो एक फल उत्पन्न होता है उसे सुख कहते हैं। यह सुख भी कर्मो के अधीन होने से, सुख के तीन प्रकार हैं।

भगवान श्रीकृष्ण इन तीन प्रकार के सुखों को स्पष्ट करते हैं:

सुखं त्विदानीं त्रिविधं श्रृणु मे भरतर्षभ।
अभ्यासाद्रमते यत्र दु:खान्तं च निगच्छति।।
यत्तदग्रे विषमिव परिणामेऽमृतोपमम्।
तत्सुखं सात्त्विकं प्रोक्तमात्मबुद्धिप्रसादजम्।।
विषयेन्द्रियसंयोगाद्यत्तदग्रेऽमृतोपमम्।
परिणामे विषमिव तत्सुखं राजसं स्मृतम्।।
यदग्रे चानुबन्धे च सुखं मोहनमात्मन:।
निद्रालस्य्प्रमादोत्थं तत्तामसमुदाहृतम्।।

(गी. अ. 18, श्लो. 36, 37, 38, 39)

''हे भरत श्रेष्ठ अर्जुन ! अब सुख भी तीन प्रकार का है। इस बारे में सुनो। जिस सुख में पुरुष भजन, ध्यान, सेवादिक अभ्यास से रमण करता है, वह सुख प्रथम, विष के समान लगता है, दु:ख लगता है लेकिन परिणाम में अमृत के समान होता है। इसलिए भगवत् विषयक बुद्धि के प्रसाद से उत्पन्न हुआ सुख सात्विक कहा गया है। जो सुख विषय और इंद्रियों के संयोग से होता है, लेकिन परिणाम में विष के समान होता है ऐसा सुख राजस सुख है। जो सुख भोग काल में और परिणाम में भी आत्मा को मोहनेवाला है, वह निद्रा, आलस्य और प्रमाद से उत्पन्न हुआ सुख, तामस कहा गया है।

हर व्यक्ति कर्मों से सुख मिले इसलिए कर्म करता है लेकिन सुख का अनुभव सात्विक, राजस और तामस गुण पर निर्भर रहता है। हम कौन सा सुख चाहते हैं, यह हमें स्वयं निश्चित करना है।

इन तीनों सुखों का वर्णन श्री ज्ञानेश्वर जी इस प्रकार करते हैं:

तैसे विषयाचे घर। इंद्रिया सांडिता थोर। युगान्त होय ते वीर।

विराग साहाती। ऐसे स्वानुभाव विश्रामे। वैराग्यमूल जे परिणामे।
ते सात्विक येणे नामे। बोलिजे सुख। तैसी जोड़ी आधवी आटे।
जीविताचा ठाय फिटे। सुकृताचियाही सुटे। धनाची गाठी।
पै नामे विष मधुरे। परि मारूनि अंति खरे। तैसे आदि जे गोंडिरे।
अंती कडू। पार्था ते सुख साचे। वळिले आहे रजाचे।
म्हणोनि न शिवे तयाचे। आंग काही। आणि आपेयाचेनि पाने।
अखाद्याचेनि भोजने। स्वैर स्त्री संनिधाते। होय जे सुख।
का पुढिलांचेनि मारे। ना तरी परस्वाप हारे। जे सुख अवतरे। भाटाच्या बोली।

(ज्ञा. अ. 18, ओ. 787, 793, 799, 804, 805, 806, 807)

हे अर्जुन! इंद्रियों को जब विषय सुख छोड़ना पड़ता है तो इंद्रियां दुःखी होती हैं। लेकिन ऐसे वीर पुरुष विषय वैराग्य को सहन करते हैं। वैराग्य जिसका मूल (जड़) है वहाँ सच्चा सुख है। इस प्रकार से इस अद्वैत के आनंद का अनुभव सात्विक सुख है। राजस सुख वह है जो विषय और इंद्रियों के संयोग से उत्पन्न होता है। लेकिन यह सुख ऐसा की जिससे सब कमाई खत्म होती है, जीवन का नाश होता है, तथा पुण्य रूपी धन का संग्रह नष्ट होता है। विष को किसी दूसरे नाम जैसे 'मधुर' कहें तब भी उसके पीने से मृत्यु होती है, और विष तो विष ही होता है, उसी प्रकार जो सुख शुरू में अच्छा लगता है लेकिन अन्त में दुःख देता है, हे अर्जुन ! यह सुख रजोगुण से बनता है इसलिए तू इसे कभी स्पर्श भी मत करना। तामस सुख क्या है? न पीनेवाला पदार्थ (मदीरा), मांस आदि का सेवन और स्वैर (बिना रोक-टोक) स्त्री के समागम से मिलनेवाला सुख, या किसी का घात (मारकर) करके, उस का धन लूटना या झूठी स्तुति करनेवाले व्यक्ति से स्तुति सुनकर, मिलनेवाला सुख तामस सुख हैं। कर्मफल तो एक ही है लेकिन कर्म के भेद के कारण सुख तीन प्रकार के हैं।

यह तीन गुण सत्व, रजस और तमस कितने प्रभावी हैं इसका वर्णन भगवान श्रीकृष्ण करते हैं। इन तीन गुणों पर आधारित समाज की व्यवस्था निर्मित हुई है, इसका भी स्पष्टीकरण देते हैं।

न तदस्ति पृथिव्यां वा दिवि देवेषु वा पुनः।
सत्त्वं प्रकृतिजैर्मुक्तं यदेभिः स्यात्त्रिभिर्गुणैः।।
ब्राह्मणक्षत्रियविशां शुद्राणां च परन्तप।
कर्माणि प्रविभक्तानि स्वभावप्रभवैर्गुणैः।।

(गी. अ. 18, श्लो. 40, 41)

पृथ्वी, स्वर्ग या देवताओं में ऐसा कोई भी प्राणी नहीं जो प्रकृति से उत्पन्न हुए इन तीनों गुणों से रहित हो। (क्योंकि सब जग त्रिगुणमणी माया का ही विकार है)। हे अर्जुन! ब्राह्मण, क्षत्रिय, वैश्य और शूद्रों के भी कर्म, स्वभाव से उत्पन्न हुए गुणों के कारण अलग हैं। (अर्थात् पूर्वकृत कर्मों के संस्कार रूप स्वभाव से उत्पन्न हुए गुणों के अनुसार विभक्त किये गये हैं)।

श्री ज्ञानेश्वर जी कहते हैं कि भगवान ने प्राणी समुदाय का चार प्रकार का भेद, गुणों के आधार पर किया है। कोई श्रेष्ठ, कोई नीच ऐसा नहीं है। व्यक्तियों के कर्म, स्वभाव से उत्पन्न गुणों के कारण, भिन्न हैं।

तेचि चारी वर्ण। पुससी जरी कोण कोण। तरी जया मुख्य ब्राह्मण।
धुरेचे का। येर क्षत्रिय वैश्य दोन्ही। तेहि ब्राह्मणच्याचि मानिजे मानी।
जे ते वैदिक विधानि योग्यं म्हणोनि। तिये वृत्तिचिया जवळिका।
वर्णत्रया ब्राह्मणादिका। अहो शूद्रही की देखा। चौथा आला।

(ज्ञा. अ. 18, ओ. 818, 819, 821)

इन चार वर्णों (ब्राह्मण, क्षत्रिय, वैश्य और शूद्र) में ब्राह्मण पहले स्थान पर हैं। क्षत्रिय और वैश्य का मान भी ब्राह्मण के जैसा है। कारण वे वेदोक्त (वेद में बताये) कर्मों को करने योग्य हैं। चौथा वर्ण शूद्र, इसका वेद से कोई संबंध नहीं है, ऐसा कहने पर भी, इसके जीवन का साधन, तीन वर्णों के अधीन है। तीन वर्णों के व्यक्तियों से संबंध होने के कारण, शूद्र भी एक वर्ण है। जिस प्रकार फूलों के साथ (माला के साथ), माला के धागे से भी सुवास आता है, उसी प्रकार ब्राह्मणों के साथ श्रुति ने (वेदों ने) शूद्रों के स्वीकार किया है। यही चार वर्णों की व्यवस्था है।

गुणों के विभाग से कर्म भिन्न-भिन्न होते हैं, और उससे समाज में गुणों पर आधारित, वर्ण व्यवस्था निर्माण होती है। गुण के आधार पर समाज की व्यवस्था निर्मित होती है, व्यक्ति के जन्म के आधार पर नहीं।

इसे स्पष्ट करने के लिए भगवान श्रीकृष्ण प्रत्येक वर्ण के गुणों का वर्णन करते हैं।

शमो दमस्तपः शौचं क्षान्तिरार्जवमेव च।
ज्ञानं विज्ञानमास्तिक्यं ब्रह्मकर्म स्वभावजम्।।
शौर्यं तेजो धृतिर्दाक्ष्यं युद्धे चाप्यपलायनम्।
दानमीश्वरभावश्च क्षात्रकर्म स्वभावजम्।।
कृषिगोरक्ष्यवाणिज्यं वैश्यकर्म स्वभावजम्।
परिचर्यात्मकं कर्म शूद्रस्यापि स्वभावजम्।।

(गी. अ. 18, श्लो. 42, 43, 44)

भगवान श्रीकृष्ण 4 वर्णों के व्यक्तियों के गुण विशेषों के वर्णन करते हैं। अन्तःकरण का निग्रह, इंद्रियों का दमन, बाहर भीतर की शुद्धि, धर्म के लिए कष्ट सहन करना और क्षमा-भाव एवं मन, इंद्रियां और शरीर की सरलता, आस्तिक (भगवान को मानना) बुद्धि, शास्त्र विषयक ज्ञान, परमात्मा तत्व का अनुभव यह ब्राह्मण के स्वाभाविक कर्म है। शूरवीरता, तेज, धैर्य, चतुरता और युद्ध में न भागने का स्वभाव और दान, स्वामीभाव (निःस्वार्थ भाव से प्रजा का पालन) ये क्षत्रिय के स्वाभाविक कर्म है। खेती, गोपालन, व्यापार (क्रय-विक्रय आदि) और सत्य व्यवहार वैश्य के स्वाभाविक कर्म हैं और सब वर्णों की सेवा करना शूद्र का स्वभाविक कर्म है।

श्री ज्ञानेश्वर जी कहते हैं कि ब्राह्मण में गुण उनके स्वभाव में ही होते हैं। वे उनके आचरण में, विचारों में दिखाई देते हैं। ब्राह्मण के 9 गुण है: शम (बुद्धि की शांत स्थिति) (इससे कर्म आरम्भ होता है), दम, तप, शौच, क्षमा, आर्जव (सरल व्यवहार), ज्ञान (शास्त्र के अनुसार आचरण और उसके द्वारा ईश्वर प्राप्ति), विज्ञान (शास्त्र विचार और ध्यान अभ्यास की ताकत से जो बुद्धि निश्चयात्मक होती है व ईश्वर में विलीन होती है) और आस्तिक्य (राजा की मुद्रा लगने पर जिस प्रकार उनका आदेश आदर से स्वीकार किया जाता है उसी प्रकार शास्त्र में बताये सब निर्देशों का आदर पूर्वक स्वीकार करना)।

क्षत्रिय के स्वभाव के गुण, ब्राह्मण के स्वभाव गुण से अलग हैं। उसमें से मुख्य है दक्षता (हर समय तैयार रहना) और लड़ना। शत्रु को पीठ दिखाकर न भागना, लड़ते-लड़ते मर जाना। दान याचक की इच्छा के अनुसार देना और प्रजा का पालन करना, यह स्वभाव विशेष है। इसे ही क्षात्र कर्म कहते हैं।

वैश्यों के कर्म, स्वभातनुसार मर्यादित हैं। वैश्य के गुण हैं - व्यापार करना, खेती करना, पशुपालन इत्यादि। और शुद्र का गुण स्वभाव इन तीन वर्णों की सेवा के करने का तथा उनके कार्यों में मदद करना है।

भगवान श्रीकृष्ण की समझाई हुई वर्ण व्यवस्था गुणों पर आधारित है न कि जन्म या जाति पर आधारित। लेकिन यह गुण कहाँ से आते हैं? कहाँ से मिलते हैं? मानव शरीर एक भौतिक सत्य है। उसके साथ मनुष्य को स्वभाव और गुण, पूर्व जन्म के संस्कारों से मिलते हैं। पूर्व जन्म में कोई शूद्र व्यक्ति, ब्राह्मण के संपर्क में आया हो, वह उसके संपर्क से ब्राह्मण के 9 गुणों में से कई गुण अपने आचरण में लाता है। मृत्यु के बाद यदि वह व्यक्ति दुबारा जन्म के समय शुद्र कुटुम्ब में जन्म ले, तो भी उसके पूर्व जन्म के ब्राह्मण संस्कार उससे ब्राहाण जैसा आचरण करवाते हैं। जन्म से वह भले ही शुद्र कुटुंब का सदस्य हो लेकिन स्वभाव व गुण से वह ब्राह्मण जैसा व्यवहार करता है तो वह वर्ण व्यवस्था के अनुसार ब्राह्मण है। इसी तरह यदि क्षत्रिय कुटुंब का व्यक्ति ब्राह्मण जैसा (पढ़ने, लिखने, ज्ञान, विज्ञान इत्यादि) आचरण करता है तो वर्ण व्यवस्था के ब्राह्मण अनुसार ब्राह्मण है। ब्राह्मण कुटुंब के व्यक्ति में क्षात्रकर्म के गुण अधिक होने से वे सेना में भर्ती होता है। जन्म से ब्राह्मण लेकिन कर्म, आचरण से क्षत्रिय जैसा इसलिए वह क्षत्रिय है। यह वर्णाश्रम धर्म की, भगवान की, परिभाषा है। नारद जन्म से शूद्र (दासीपुत्र) थे लेकिन पूर्व जन्मों के संस्कार से ब्राह्मण गुणों के कारण ब्राह्मणों में भी उच्च ऋषि हुए।

इसी तत्व को भगवान श्रीकृष्ण विस्तार से समझाते हैं। किसी के मन में, किसी तरह की शंका न रहे कि एक वर्ण-दूसरे वर्ण से उच्च या नीच है।

स्वे स्वे कर्मण्यभिरत: संसिद्धिं लभते नर:।
स्वकर्मनिरत: सिद्धिं यथा विंन्दति तच्छृणु।।
यत: प्रवृत्तिर्भूतानां येन सर्वमिदं ततम्।

स्वकर्मणा तमभ्यर्च्य: सिद्धिं विन्दति मानव:।।
श्रेयान्स्वधर्मो विगुण: परधर्मात्स्वनुष्ठितात्।
स्वभावनियतं कर्म कुर्वन्नाप्नोति किल्बिषम्।।
सहजं कर्म कौन्तेय सदोषमपि न त्यजेत्।
सर्वारंभा हि दोषेण धूमेनाग्निरिवावृता:।।
असक्तबुद्धि: सर्वत्र जितात्मा विगतस्पृह:।
नैष्कर्म्यसिद्धिं परमां सन्यासेनाऽधिगच्छति।।

(गी. अ. 18, श्लो. 45, 46, 47, 48, 49)

वर्णाश्रम धर्म गुणों पर आधारित समाज की रचना है। यह कैसे कार्यान्वित होती है? इसे भगवान श्रीकृष्ण स्पष्ट करते हैं। अपने-अपने (स्वभाविक) गुणों से निर्धारित कर्म में लगा हुआ व्यक्ति परम सिद्धी को प्राप्त होता है। अपने गुणों के अनुसार कर्म करने वाले मनुष्य को सिद्धी कैसे प्राप्त होती है? इसके बारे में सुनो। जिस परमात्मा से सर्व भूतों की उत्पत्ति हुई और जिससे यह सर्व जगत व्याप्त है उस परमेश्वर को अपने स्वभाविक कर्मो द्वारा पूजा करते हुए मनुष्य ज्ञान-निष्ठा की योग्यतारुप सिद्धी को प्राप्त होता है। बेशक परधर्म आचरण में आसान हो और अपना धर्म कठिन हो तब भी स्वधर्म (अपने गुणों के अनुसार कर्म) ही श्रेष्ठ है। अपना जो नियत कर्म है उसे करने से कोई पाप नहीं लगता। अपने गुण जाति के अनुसार प्राप्त हुए कर्म में दोष होगा, तब भी उसे नहीं छोड़ना चाहिए, कारण धुऐं से जिस प्रकार अग्नि ढकी रहती है उसी प्रकार सभी कर्म त्रिगुणात्मक होने के कारण शुरू में दोष से युक्त होते हैं। सर्वत्र आसक्ति-रहित, बुद्धिमान, इच्छा-रहित, अन्त:करण को जीतनेवाला, पुरुष निष्कर्म रूप सिद्धी को प्राप्त होता है।

भगवान श्रीकृष्ण कहते हैं कि अपने स्वभाव गुण आधार पर किये हुए कर्म श्रेष्ठ है। कभी ऐसा महसूस हो सकता है कि किसी वर्ण का कर्म, जैसे ब्राह्मण या क्षत्रिय का कर्म, शूद्र के कर्म से अच्छा है, लेकिन अपने गुणों को देखते हुए दूसरों के गुणों को देखकर वैसा कर्म करना उचित नहीं है, किसी का अनुकरण करना योग्य न होगा।

इस तत्व को श्री ज्ञानेश्वर जी उदाहरण देकर समझाते हैं:

आता इयेचि विचक्षणा। वेगळालिया वर्णा। उचित जैसे करणा। शब्दादिक।
नातरी जळदच्युता। पाणिया उचित सरिता।
सरितेसी पांडुसुता। सिंधु उचित। तैसे वर्णाश्रमवशे।
जे करणीय आले असे। गोरेया आंगा जैसे। गोरेपण।

(ज्ञा. अ. 18, श्लो. 885, 886, 887)

हे अर्जुन! जिस प्रकार शब्द आदि विषय, श्रोत (कान) आदि इंद्रियों के अनुसार है उसी प्रकार गुणों पर आधारित कर्म और वर्णाश्रम धर्म है। सुनने का गुण कान का है, नाक का नहीं। अपने गुणों के अनुसार इंद्रियाँ कर्म करती हैं। इसी प्रकार स्वभावत: जो गुण है वैसा ही कर्म करना चाहिए। बादल से गिरे हुए पानी के लिए नदी योग्य

है। गोरे अंग के लिए गोरापन शोभायमान होता है। उसी प्रकार वर्णाश्रम के अनुसार जो भी हमारा कर्तव्य है वैसा ही कर्म हमें करना चाहिए। इसके लिए हमें बुद्धि निश्चित करनी चाहिए।

वर्ण के अनुसार, शास्त्रों ने कुछ नित्यकर्म, करने के लिए निर्देशित किये हैं। इसका उद्धेश्य यह है कि जीव विषयों की तरफ भागता है जिसे नियंत्रित करना आवश्यक है। कर्म करते समय अहंकार का निर्माण होता है परन्तु कर्म के प्रति अहंकार नहीं होना चाहिए। ब्राह्मण, क्षत्रिय आदि अपने नित्य निर्देशित कर्म करते हैं, तो अहंकार की भावना नहीं रहेगी। नित्य कर्म के आचरण से भगवान संतुष्ट होते हैं।

गुणों के अनुसार कर्म करना, वर्णाश्रम धर्म का पालन क्यों करना चाहिए? भगवान की क्या व्यवस्था है?

श्री ज्ञानेश्वर जी लिखते हैं:

अगा जगाचे विहित। ते ईश्वराचे मनोगत।
म्हणोनि केलिम्हया निभ्रांत। सांपडेचि तो।
म्हणोनि विहित क्रिया केली। नव्हे तयाची खूण पाळिली।
जयापासूनि का आली। आकाश भूते। (ज्ञा. अ. 18, ओ. 911, 914)

हे अर्जुन, जिसे जो विहीत (करने योग्य) कर्म करने के लिए, गुणों के आधार पर, कहा है वही ईश्वर की इच्छा समझनी चाहिए। इसलिए मन में कोई आशंका न रखते हुए उनका आचरण करना चाहिए। इससे भगवत् प्राप्ति भी होती है क्योंकि इससे ईश्वर को संतोष प्राप्त होता है। श्री ज्ञानेश्वर जी ने गुण के आधार पर कर्म करना, ईश्वर की इच्छा पूर्ति है, ऐसा सुंदर संगम किया है। ईश्वर की इच्छा हमें माननी चाहिए। ब्राह्मण, क्षत्रिय, वैश्य और शूद्र अपने कर्मों को, भगवान के दिये हुए कर्म समझने लगे, तो कोई संघर्ष नहीं होगा। कोई ऊँच नहीं, कोई नीच नहीं। सभी कर्म भगवान के लिए समान हैं। हमें अपने ही कर्म, गुण के आधार पर करने चाहिए, न कि दूसरे कर्म अच्छे हैं यह समझकर/देखकर उनका अनुकरण करना चाहिए।

श्री ज्ञानेश्वर जी इस तत्व को बहुत सुंदर ढंग से समझाते हैं।

अगा आपला हा स्व-धर्म। आचरणी जरी विषम।
तरी पाहावा तो परिणाम। फळेल जेणे। आणि आपली माये।
कुब्ज जरी आहे। तरी जिये ते नोहे।
स्नेह कुप्हे की। येरी जिया पराविया।
रंभेहूनि बरविया। तिया काय कराविया।
बाळके तेणे। अगा पाणियाहूनि बहुवे।
तुपा गुणा कीर आहे। परी मीना काय होये।
असणे तेथ। म्हणोनि जे विहित जया जेणे।
फिटे संसाराचे धरणे। क्रिया कठोर तप्ही तेणे। तेचि करावी।

(ज्ञा. अ. 18, ओ. 923, 927, 928, 929, 931)

आचरण करने में अपना धर्म कठिन होगा, तब भी जिसके करने से फल प्राप्ति होगी उसे देखना चाहिए यानि उसका परिणाम क्या है यह देखना चाहिए। यदि हमारी अपनी माँ कुरूप है तब भी उसके प्रेम से ही हम जीवित रहते हैं। वह प्रेम कुरूप नहीं होता। अन्य स्त्रियां, अप्सरा, रंभा सी भी सुंदर हो सकती है, लेकिन उस बालक को इस सुदंरता से क्या मतलब? पानी की तुलना में घी के बहुत अच्छे गुण हैं लेकिन मछली को घी में रहना कैसा लगेगा? मछली तो पानी में ही जिंदा रहेगी, घी में नहीं। इसलिए जिसके लिए जो विहित कर्म हैं वे कर्म कितने ही कष्टदायक क्यों न हो, हमें उसका आचरण करना चाहिए। दूसरों का आचरण हमसे अच्छा है इसलिए हम आश्रय कैसे लेगे? पैरों से चलने का काम क्या हम सिर से कर सकते हैं? इसलिए **अपनी जाति स्वभावानुसार जो कर्म हमें प्राप्त हुआ है, उसे हमें करना चाहिए। ऐसा आचरण जो करेगा वह कर्म बंधन को जीतेगा। स्वधर्म के आचरण से भगवान प्रसन्न होते हैं और इससे तमोगुण और रजोगुण का नाश होता है। ऐसा व्यक्ति वैरागी हो जाता है।**

इससे और क्या लाभ होता है? श्री ज्ञानेश्वर जी कहते हैं:

पै परिपाकाचिये वेळे। फल देठे ना देठ फळे।
न धरे तैसे स्नेह खुळे। सर्वत्र होय।
तेंव्हा दृष्टादृष्ट स्पृहे। निमणे जाले आहे।
आगी दडपलिया धुये। राहिजे जैसे।
पैं अन्यथा बोध आघवा। मावळोनि तया पांडवा।
बोध मात्रीचि जीवा। ठाव होय।
तेंव्हां अबोधमात्र असे। तो तव तया कृपा नाशे।
तेथ निशिसवे जैसे। आंधारे जाय।

(ज्ञा. अ. 18, ओ. 957, 962, 964, 970)

स्वधर्म का आचरण, गुणकर्म के अनुसार, चातुर्वण्य व्यवस्था के अंतर्गत, जब **मनुष्य अन्तःकरण पूर्वक करता है तब** जैसे फल पक जाने पर उसका संबंध शाखा से टूट जाता है उसी प्रकार **संसार का प्रेम भी क्षीण (कम) होता** है। जब अग्नि धूल से ढ़क जाती है, तब वह अपने आप बुझ जाती है। उसी प्रकार स्वधर्म के निष्ठा पूर्वक पालन से इहलोक और परलोक के भोग की इच्छा सहज नष्ट होती है। संपूर्ण अज्ञान नष्ट होने के बाद, केवल ज्ञान में ही मनुष्य का अन्तःकरण स्थिर होता है। रात समाप्त होने पर जिस प्रकार अंधकार नहीं रहता उसी प्रकार जितना भी अज्ञान है वह श्री गुरू कृपा से नष्ट होता है।

आप किस वर्ण के (ब्राह्मण, क्षत्रिय, वैश्य, शूद्र) हो यह महत्त्वपूर्ण नहीं है। आप वह कर्म कैसे करते हो, जो अपने गुण और स्वभाव के अनुसार, आपको ज्ञान की ओर ले जाता है। तभी श्री गुरू की कृपा होती है। गुणोपर आधारित वर्णाश्रम व्यवस्था समाज में संघर्ष निर्माण नहीं करती। यह एक मिलजुलकर, एक-दूसरे के

गुण समझकर सहजीवन का मार्ग है। जन्म और जाति के आधार पर जब वर्णव्यवस्था कार्य करेगी, तो संघर्ष और दुःख निर्माण होगा।

वर्णाश्रम व्यवस्था के द्वारा ब्रह्म प्राप्ति (ज्ञान की परम सीमा) कैसे होती है, इसके संबंध में भगवान श्रीकृष्ण कहते हैं:

सिद्धिं प्राप्तो यथा ब्रह्म तथान्पोति निबोध में।
समासेनैव कौन्तेय निष्ठा ज्ञानस्य या परा।।
बुद्धया विशुद्धया युक्तो धृत्यात्मानं नियम्य च।
शब्दादीन्विषयांस्त्यक्त्वा रागद्वेषौ व्युदस्य च।।
विविक्तसेवी लघ्वाशी यतवाक्कायमानसः।
ध्यानयोगपरो नित्यं वैराग्यं समुपाश्रितः।।
अहंकार बलं दर्प कामं क्रोधं परिग्रहम्।
विमुच्य निर्ममः शान्तों ब्रह्मभूयाय कल्पते।।
ब्रह्मभूतः प्रसन्नात्मा न शोचति न कांङ्क्षति।
समः सर्वेषु भूतेषु मद्भक्तिं लभते पराम्।।

(गी. अ. 18, श्लो. 50, 51, 52, 53, 54)

अपने गुण कर्मके अनुसार आचरण करनेवाले व्यक्ति (ब्राह्मण, क्षत्रिय, वैश्य और शूद्र) जब गुरू के कृपा पात्र होते हैं, तब ब्रह्म की प्राप्ति कैसी होती है, इसके बारे में अर्जुन को भगवान श्रीकृष्ण संक्षेप में स्पष्ट करते हैं। अन्तःकरण की शुद्धिरूप सिद्धि को प्राप्त हुआ पुरुष (सांख्य योग के द्वारा) सच्चिदानन्द धन को प्राप्त होता है, जो तत्वज्ञान की परा निष्ठा है। ब्रह्म की प्राप्ति, पुरुष को कैसे होती है? विशुद्ध बुद्धि से युक्त, एकान्त में बैठकर, पवित्र जगह स्थान ग्रहण करके, हल्का और अल्प-आहार करनेवाला, दृढ़ वैराग्य की मनस्थिति, ध्यान योग से परायण, सात्विक धारणा, राग द्वेष को त्यागकर, अहंकार, बल, घमंड, काम-क्रोध और संग्रह की इच्छा को त्यागकर, शांत चित हुआ पुरुष, ब्रह्म में लीन होता है। ऐसा पुरुष मेरी परा भक्ति को प्राप्त होता है।

श्रीकृष्ण भगवान ब्रह्म प्राप्ति करनेवाले पुरुष के गुणों को स्पष्ट करते हुए उसका अंतिम पड़ाव 'पराभक्ति' है, ऐसा बताते हैं। क्या ब्रह्म प्राप्ति तुरंत होती है?

श्री ज्ञानेश्वर जी इसे बहुत ही सुंदर ढंग से प्रस्तुत करते हैं। वे कहते हैं:

सुक्षेत्री आणि वोलटे। बीज ही पेरिले गोमटे।
तरी आलोट फल भेटे। परी वेळे कीगां।
जोडला मार्ग प्रांचाळ। मिनला सुसंगाचाहि मेळ।
तरी पाविजे वाचूंनि वेळ। लागेचि की।
पाटियेवरील अक्षरे। जैसी पुसती येती करे।
तैसी हारपती भेदांतरे। तथाचिये दृष्टी।

तैसी मी एकावाचूनि कांही। तया तया ही सकट नाही।
हे चौथी भक्ति पाही। माझी तो लाहे।

(ज्ञा. अ. 18, ओ. 999, 1000, 1099, 1111)

ब्रह्म प्राप्ति के लिए समय तो लगेगा ही, अच्छी जमीन जो वर्षा के कारण गिली हो गई है, उसमें बीज बोने से अच्छी फसल भी मिलेगी, लेकिन कुछ समय तो लगेगा ही। उसी प्रकार ऊपर दिये हुए गुण और उनके अनुरूप आचरण करने के बाद भी ब्रह्म प्राप्ति में समय तो लगेगा ही। सबसे पहले 'मैं', 'तू' का भेद मिटना चाहिए, जैसे हम स्लेट पर लिखे अक्षर हाथ से मिटा देते हैं। इस प्रकार 'मेरे' (ईश्वर) सिवाय दूसरा कोई नहीं है जब ऐसा अनुभव होगा, तब ही मेरी 'चौथी भक्ति' प्राप्त होगी। ब्रह्म प्राप्ति के लिए 'चौथी भक्ति' प्राप्त होनी चाहिए, ऐसा श्री ज्ञानेश्वर जी कहते हैं। यह 'चौथी भक्ति' क्या है?

येर आर्त जिज्ञासु अर्थार्थी। हे भजती जिये पंथी।
ते तिम्ही पावोनि चौथी। म्हणिपत आहे।
येण्हवी तिजीना चौथी। हे पाहिली ना सरती।
पै माझिये सहजस्थिति। भक्ति नाम।
जे नेणणे माझे प्रकाशूनी। अन्यथात्वे माते दावूनि।
सर्वही सर्वो भजोनी। बुझावितसे।
तैसा हा सहज माझा। प्रकाश जो कपिध्वजा।
तो भक्ति या वोजा। बोलिजे गा।

(ज्ञा. अ. 18, ओ. 1112, 1113, 1114, 1117)

श्री ज्ञानेश्वर जी कहते हैं भगवान के प्रति आर्त (दुखी), जिज्ञासु, अर्थार्थी भक्त भगवान का भजन करते हैं। उन तीन मार्गों की अपेक्षा चौथी भक्ति जिसे 'मैं' कह रहा हूँ वह अलग है। लेकिन सच देखा जाये तो भक्ति तीसरी या चौथी, पहली या दूसरी ऐसा कहना भी ठीक नहीं है। श्री ज्ञानेश्वर जी (इन तीन तरह की भक्ति के सिवाय) जिसे भक्ति कहते हैं वह है 'ब्रह्मरूप सहजावस्था भक्ति'। इस भक्ति का अर्थ है सब जगह सब के प्रति प्रेम की भावना। भगवान का यह जो प्रेम का प्रकाश है वही भक्ति है। ज्ञान के द्वारा भगवान जाने जाते हैं। लेकिन दृष्टा रूप से भिन्न दिखाई देते हैं। दोनों अवस्था में 'मैं' एक ही हूँ। इसलिए द्रष्य रूप से परे मेरा यह चौथा भक्ति योग है। ज्ञान शक्ति से भक्त ''मुझसे'' एकरूप होता है।

भक्ति के इस रूप को ज्ञानेश्वर जी और स्पष्ट करते हैं।

ते हे कल्पादि भक्त मियां। श्रीभगवतमिषे ब्रह्मया।
उत्तम म्हणोनि धनंजया। उपदेशिली।
ज्ञानी इयेते स्वसंविति। शैव म्हणती शक्ति।
आम्ही परम भक्ति। आपली म्हणो।

हे मज मिळतिये वेळे। तया कर्मयोगिया फळे।
मग समस्त ही निखळे। मियांचि भरे।
(ज्ञा. अ. 18, ओ. 1132, 1133, 1134)

जिस भक्ति को चौथी भक्ति कहा है वह उत्तम भक्ति है। भगवान कहते हैं "इसे मैंने जग की उत्पत्ति के आरंभ में, भागवत के माध्यम से, ब्रह्मदेव को समझाया था, इस बारे में ब्रह्मा को उपदेश दिया था।" ज्ञानी पुरुष इसे 'स्वसंविती' (आत्मज्ञान) कहते हैं, शैव (शिव की भक्ति करनेवाले) इसे शक्ति कहते हैं और ज्ञानेश्वर जी इसे श्रेष्ठ भक्ति कहते हैं। सब के प्रति और सर्वत्र प्रेम की भावना रखकर भगवान की भक्ति (ब्रह्मरूप सहजावस्था भक्ति) कितनी महान है इसके बारे में श्री ज्ञानेश्वर जी कहते हैं:

ते तरी तेतुली पूजा। तो कल्पी तो जप माझा।
तो निजे तेचि कपिध्वजा। समाधी माझी।
(ज्ञा. अ. 18, ओ. 1181)

"ब्रह्मस्वरूपा सहजावस्था भक्ति करनेवाला भक्त जो भी करता है वह मेरी पूजा है, जो कल्पना करता है, वह मेरा जप है और जब वह सोता है तो वह मेरी समाधी है।"

भगवान अपने इस भक्त को कितना महान समझते हैं। उसकी निद्रा भी भगवान की समाधी है। श्री ज्ञानेश्वर जी ने हमें कितना महान विचार दिया है। ऐसी भगवान की एकरूपता से भक्ति करने से क्या प्राप्त होता है? इसके बारे में भगवान श्रीकृष्ण कहते हैं:

भक्त्याः मामभिजानाति यावान्यश्चास्मि तत्वतः।
ततो मां तत्त्वतो ज्ञात्वा विशते तदनन्तरम्॥
सर्वकर्माण्यपि यदा कुर्वाणो मद्व्यपाश्रयः।
मत्प्रसादादवाप्नोति शाश्वतं पदमव्ययम्॥
चेतसा सर्वकर्माणि मयि सन्यस्य मत्परः।
बुद्धियोगमुपाश्रित्य मच्चितः सततं भव॥
मच्चित्तः सर्वदुर्गाणि मत्प्रसादत्तरिष्यसि।
अथ चेत्त्वमहकंारान्न श्रोष्यसि विनङक्ष्यसि॥
(गी. अ. 18, श्लो. 55, 56, 57, 58)

"पराभक्ति के द्वारा जो मेरे को तत्व से भलि-भांति जानता है कि मैं किस प्रभाव वाला हूँ, वह उस भक्ति से मेरे को तत्व से जानकर, तत्काल मेरे में प्रवेश करता है। अर्थात् अनन्य भाव से मेरे को प्राप्त होता है। सदा सब कर्मों को करने वाला अर्थात निषिद्ध कर्मों को भी करने वाला, वह भक्त जिसका मैं ही पूर्ण आश्रय हूँ, ऐसा मुझे ही अपना सब कुछ अर्पण कर देने वाला जो भक्त है, वह भी मुझ ईश्वर की कृपा से विष्णु के अविनाशी पद को प्राप्त होता है। मेरे परायण हुआ निष्काम कर्म

योगी, संपूर्ण कर्मों को सदा करता हुआ भी, मेरी कृपा से सनातन अविनाशी परम पद को प्राप्त हो जाता है। **सब कर्मों को मन से मेरे में अर्पण करके, मेरे परायण हुआ समत्व बुद्धिरूप निष्काम कर्म योग का अवलम्बन करके, निरंतन मेरे चित्त वाला हो।** तू मेरे में निरंतर मनवाला हुआ तो, मेरी कृपा से, जन्म मृत्यु आदि सब संकटों से अनायास ही तर जायेगा। लेकिन यदि अहंकार के कारण मेरे वचनों को नहीं सुनेगा तो नष्ट हो जायेगा।''

भगवान की कृपा प्रसाद के बगैर कोई व्यक्ति इस संसार से छुटकारा नहीं पा सकता। भगवान की अभिन्न सेवा से (अभेद भक्ती से) चित्त में भगवान प्रकट होंगे तब ''मेरी कृपा तुझ पर है, ऐसा हे अर्जुन तूं समझना।''

भगवान गीतोपदेश अर्जुन को तब देते हैं, जब अर्जुन मोहवश युद्ध करने से इन्कार करते हैं। भगवान श्रीकृष्ण कहते हैं कि तू क्षत्रिय स्वभाव गुण के कारण युद्ध अवश्य करेगा।

यद्हंक्ारमाश्रित्य न योत्स्य इति मन्यसे।
मिथ्यैश व्यवसायस्ते प्रकृतिस्त्वां नियोक्ष्यति।।
स्वभावजेन कौन्तेय निबद्धः स्वेन कर्मणा।
कर्तुं नेच्छसि यन्मोहात्करिष्यस्यवशोऽपि तत्।।
ईश्वरः सर्वभूतानां हृद्धेशेऽर्जुन तिष्ठति।
भ्रामयन्सर्वभूतानि यन्त्रारूढानि मायया।।
तमेव शरणं गच्छ सर्वभावेन भारत।
तत्प्रसादात्परां शांन्ति स्थानं प्राप्स्यसि शाश्वतम्।।
इति ते ज्ञानमाख्यात्तं गुह्याद्गुह्यतरं मया।
विमृश्यैतदशेषेण यथेच्छसि तथा कुरू।।

(गी. अ. 18, श्लो. 59, 60, 61, 62, 63)

भगवान श्रीकृष्ण कहते हैं कि ''हे अर्जुन ! तुम अपने क्षत्रिय स्वभाव गुण के अनुसार, अहंकार का अवलंब करके ऐसा मानते हो कि तुम युद्ध नहीं करोगे, तो यह निश्चय मिथ्या (झूठ) है क्योंकि क्षत्रियपन का स्वभाव तुम्हें युद्ध में लगा देगा। हे अर्जुन! जिस कर्म को (तुम) मोह वश नहीं करना चाहते, तुम उससे भी अपने (पूर्वकृत) स्वभाविक कर्म से बंधे हुए होने के कारण, परवश होकर करोगे। अतः सब प्रकार से (मन, वाणी, काया) उस परमेश्वर की अनन्य शरण में जाओ। उस परमात्मा की कृपा से ही तुम परम शान्ती को और सनातन परमधाम को प्राप्त होगे। इस प्रकार से गोपनीय से गोपनीय ज्ञान मैंने तुम्हें बताया है। इस रहस्य युक्त ज्ञान को अच्छी तरह विचार करके, अच्छी तरह सोचकर, तुम जैसा चाहो वैसा करो।''

स्वभाव विशेष और गुण के अनुसार व्यक्ति अपना कर्म करता है। कभी मोह के अधीन होकर, वह कर्म नहीं करेगा, ऐसा कहेगा, लेकिन अंत में वह अपने गुण

के अनुसार वह उस कर्म को अवश्य करेगा, ऐसा भगवान श्रीकृष्ण अर्जुन को कहते हैं। ऐसा कहकर अंत में भगवान श्रीकृष्ण कहते हैं कि गुण कर्म का यह गोपनीय ज्ञान मैंने तुम्हें समझाया है। अब तुम सोचकर जैसा चाहो वैसा करो। भगवान श्रीकृष्ण अर्जुन को युद्ध करने की आज्ञा नहीं देते व उन्हें अपना निर्णय स्वंय करने के लिए कहते हैं।

श्रीकृष्ण के इस कथन पर अर्जुन कुछ भी नहीं कहते, चुपचाप सुनते हैं। इसे देखकर भगवान श्रीकृष्ण सोचते हैं कि अर्जुन इस संबंध में और कुछ उपदेश सुनना चाहते हैं।

भगवान श्रीकृष्ण साररूप से फिर अर्जुन को संबोधित करते हैं:

सर्वगुह्यतमं भूयः शृणु मे परमं वचः।
इष्टोऽसि मे दृढमितिस्ततो वक्ष्यामि ते हितम्।।
मन्मना भव मद्भक्तो मद्याजी मां नमस्कुरू।
मामेवैष्यसि सत्यं ते प्रतिजाने प्रियोऽसि मे।।
सर्वधर्मान्परित्यज्य मामेकं शरणं व्रज।
अहं त्वा सर्वपापेभ्यो मोक्षयिष्यामि मा शुचः।।

(गी. अ. 18, श्लो. 64, 65, 66)

सर्व गोपनीयों से भी अति गोपनीय मेरे परम (रहस्य युक्त) वचनों को तू फिर से सुन क्यों कि तू मेरा अतिशय प्रिय है। इसलिए मैं यह वचन तेरे लिए फिर से कहूँगा। तूं मेरे में ही मन लगा (मन को स्थिर कर), मेरा भजन करनेवाला हो, मुझे नमस्कार कर, तू मेरे पास ही आयेगा। तू मुझे प्रिय है इसलिए मैं यह सत्य प्रतिज्ञा पर कहता हूँ। **सर्व धर्मों को छोड़ कर और कर्मों का सन्यास करके केवल मुझ सच्चिदानन्द धन वासुदेव परमात्मा की ही अनन्य शरण में आ जा। मैं तुझे सब पापों से मुक्त करूंगा। तू शोक मत कर।"**

भगवान श्रीकृष्ण अर्जुन और अन्य भक्तों को गीता का ज्ञान देने के बाद अंत में कहते हैं कि यदि तुम फिर भी यह सब नहीं समझ पाते हो तो भगवान में मन स्थिर करो, सब कर्मों के आश्रय को त्याग कर सर्व धर्म अधर्म को छोड़कर अनन्य भाव से भगवान के शरण में जाओ, वह तुम्हें सब पापों से मुक्त करेगा।

श्री ज्ञानेश्वर जी भगवान श्रीकृष्ण की महान कृपा को समझाते हैं।

आरिसाचिया देखिल्या। गोमटे किजे धनंजया।
ते तया नोहे आपणयां। लागी जैसे।
तैसे पार्था तुझेनि मिषे। मी बोले आपणयाचि दोषे।
माझ्या तुझया ठायी असे। मी तूं पण गा।
म्हणोनि तूं आणि आम्ही। हे दिसताहे देहधर्मी।
मग ययाच्या विरामी। मीचि होसी।

पै आपलेनि भेदेंवीण। माझे जाणिजे जे एकपण।
तयाची नांव शरण। मज येणे गा।

(ज्ञा. अ. 18, ओ. 1347, 1349, 1367, 1398)

श्री ज्ञानेश्वर जी कहते हैं कि भगवान और हम एक ही हैं। कोई भेद नहीं है। शरीर धारण करने से यह भेद लगता है। मन भगवान में स्थिर होता है तो कोई भेद नहीं दिखाई देता। मन को निर्मल, साफ करना है। हे अर्जुन आईने में देखने के लिए उस आईने को साफ करना पड़ता है। हम आईने को साफ करने के लिए साफ नहीं करते। वह सफाई हम अपने लिए करते हैं। इसलिए अर्जुन को निमित्त मात्र बनाकर भगवान श्रीकृष्ण जो कहते हैं वह अपने स्वयं के लिए भी कहते हैं क्योंकि भगवान और अर्जुन ऐसा कोई भेद नहीं है। यह गोपनीय ज्ञान है। भगवान की कृपा होनी चाहिए तब ही यह गोपनीय ज्ञान समझ में आता है। लेकिन इसके लिए अनन्य भाव से भगवान की शरण जाना होगा। भगवान की शरण में जाने का अर्थ क्या है? श्रीज्ञानेश्वर जी कहते हैं कि भगवान से हम अपने को अलग न समझे, उनसे एकत्व जानना इसे ही शरण में जाना कहते हैं 'मैं' अस्तित्व भूलकर, भगवान से एकरूपता अनुभव करना ही उन की शरण में जाना है। इस शरणागति को महाराष्ट्र के महान संत तुकाराम महाराज 'वंदन' कहते हैं।

भगवान श्रीकृष्ण गीता का महान ज्ञान अर्जुन को देते हैं, अनेक गोपनीय तत्व समझाते हैं। लेकिन भगवान की कृपा तब होती है जब हम इसे भक्ति भाव से सुने। बिना भक्ति भाव के गीता ज्ञान समझ में नहीं आयेगा, प्रभु की कृपा भी नहीं होगी। गीता ज्ञान अभक्त, जो सुनना नहीं चाहता, उसे नहीं देना चाहिए।

ऐसा भगवान श्रीकृष्ण स्वयं कहते हैं:

इदं ते नातपस्काय नाभक्ताय कदाचन।
न चाशुश्रूषवे वाच्यं न च मां योऽभ्यसूयति।।
य इदं परमं गुह्य मभ्द्क्तेष्वभिधास्यति।
भक्तिं मयि परां कृत्वा मामेवैष्यत्यसंशय।।
न च तस्मान्मनुष्येषु कश्चिन्मे प्रियकृत्तमः।
भविता न च मे तस्मादन्यः प्रियतरो भुवि।।
अध्येष्यते च य इमं धर्म्यं संवादमावयोः।
ज्ञानयज्ञेन तेनाहमिष्टः स्यामिति मे मतिः।।
श्रद्धावाननसूयश्च शृणुयादपि यो नरः।
सोऽपि मुक्तः शुभाँल्लोकान्प्राप्नुयात्पुण्यर्मणाम्।।

(गी. अ. 18, श्लो. 67, 68, 69, 70, 71)

भगवान श्रीकृष्ण गीता का ज्ञान किसे देना चाहिए, किसे नहीं देना चाहिए इसका स्पष्ट उल्लेख करते हैं। वे कहते हैं हे अर्जुन, तेरे हित के लिए कहे गये इस गीता रूप परम रहस्य को किसी काल में भी, न तो तप रहित मनुष्य के प्रति कहना चाहिए और

भक्ति रहित के प्रति, तथा सुनने की जिसे इच्छा नहीं है ऐसे व्यक्तियों को भी सुनाना नहीं चाहिये। जो मेरी निंदा करता है उसे भी नहीं कहना चाहिए। जिनमें यह दोष नहीं है ऐसे भक्तों को गीता का रहस्य, ज्ञान सुनाना चाहिए। जो पुरुष मेरे से परम प्रेम करके इस परम रहस्य युक्त गीता शास्त्र को मेरे भक्तों में कहेगा वह नि:संदेह मेरे को ही प्राप्त होगा। इससे बढ़कर मेरा प्रिय कार्य करनेवाला मनुष्यों में न कोई है और न उससे बढ़कर मेरा अत्यंन्त प्यारा पृथ्वी में दूसरा कोई होवेगा। हे अर्जुन जो पुरुष इस धर्म मय हम दोनों के संवाद रूप गीता शास्त्र को पढ़ेगा (नित्य पाठ करेगा) उससे मैं पूजित होऊंगा। जो व्यक्ति श्रद्धा युक्त और दोष दृष्टि से रहित हुआ गीता शास्त्र का श्रवण मात्र भी करेगा वह भी पापों से मुक्त होगा तथा श्रेष्ठ लोकों को प्राप्त होगा।

गीता शास्त्र का ज्ञान किसे देना चाहिए, किसे नहीं देना चाहिए इसके स्पष्ट निर्देश भगवान श्रीकृष्ण ने स्वयं दिये हैं। गीताज्ञान मुक्ति का मार्ग है इसके बारे में वे स्वयं इसे स्पष्ट करते हैं।

गीता श्रवण का पुण्य कितना महान है इसके संबंध में श्री ज्ञानेश्वर जी कहते हैं:

जे इये गीतेची अक्षरे। जेतुली का कर्णद्वारे।
रिघती तेतुले होती पुरे। अश्वमेधकी।
म्हणोनि श्रवणे पापे जाती। आणि धर्म धरी उन्नती।
तेणे स्वर्गराज्य संपत्ती। लाहेचि शेखी।

(ज्ञा. अ. 18, ओ. 1535, 1536)

इस गीता के अक्षर जिसके कानों में प्रवेश करते हैं उससे अश्वमेध जैसे यज्ञ का पुण्य प्राप्त होता है। सिर्फ गीता सुनने मात्र से यह पुण्य प्राप्त होता है। गीता के श्रवण से पाप नष्ट होते हैं, धर्म का उत्कर्ष होता है और अंत में स्वर्ग के राज्य की प्राप्ती होती है। परमानन्द मिलता है।

भगवान श्रीकृष्ण इतना सब विस्तार से स्पष्ट करने के बाद अर्जुन से अंत में पूछते हैं। क्या पूछते हैं? अर्जुन क्या उत्तर देते हैं? उसके बारे में पढ़ो।

कच्चिदेतच्छ्रुतं पार्थ त्वयैकाग्रेण चेतसा।
कच्चिदज्ञानसंमोह: प्रनष्टस्ते धनंजय।।

अर्जुन उवाच:

नष्टो मोह: स्मृतिर्लब्धा त्वत्प्रसादन्मयाच्युत।
स्थितोऽस्मि गतसन्देह: करिष्ये वचनं तव।।

(गी. अ. 18, श्लो. 72, 73)

भगवान श्रीकृष्ण अर्जुन से कहते हैं "क्या यह मेरा वचन, कथन तुमने एकाग्र चित्त से सुना और हे धनंजय क्या तेरा अज्ञान से उत्पन्न हुआ मोह नष्ट हुआ?"

अर्जुन कहते है:

'हे अच्युत, आपकी कृपा से मेरा मोह नष्ट हो गया है और मुझे स्मृति प्राप्त हुई है। इसलिए मैं संशय रहित स्थित हुआ आपकी आज्ञा का पालन करूंगा।'

इस श्लोक में भगवान बड़ा भावुक सवाल अर्जुन से पूछते हैं। हे अर्जुन, क्या तुमने मेरा गीताशास्त्र उपदेश सुना ऐसा नहीं कहते। वे कहते हैं, क्या तुमने 'एकाग्र चित्त से' इसे सुना और यदि सुना है तो तुम्हारा अज्ञान से उत्पन्न मोह नष्ट हुआ या नहीं? अर्जुन उत्तर में कहते हैं कि उन्हें भगवान का कृपा प्रसाद मिला और प्रसाद से उनका मोह नष्ट हुआ। भगवान की जब कृपा होती है, उनका प्रसाद मिलता है, तभी मोह नष्ट होता है।

श्री ज्ञानेश्वर जी इससे भी आगे इस भावना को स्पष्ट करते हैं। यह बहुत सुंदर विचार है।

पासी येऊनि दिनकरे। डोळयाते अंधारे।
पुसिजे हे कांयी सरे। कोणे गांवी।
तैसा तूं श्रीकृष्ण राया। आमुचिया डोळयां।
गोचर हेचि कायिसया। न पुरे तव।

(ज्ञा. अ. 18, ओ. 1559, 1560)

सूर्य निकलते ही क्या हम आंखों से पूछते है कि अंधकार नष्ट हुआ या नहीं? ऐसे कभी होता भी है? हे श्रीकृष्ण आप हमारे आंखों के सामने खड़े हैं इतना ही मेरा मोह नष्ट होने के लिए पर्याप्त नहीं है क्या? भगवान के सिर्फ सामने खड़े रहने से ही सब मोह नष्ट होते हैं। अब आप मुझे मोह नष्ट हुआ या नहीं ऐसा क्यों पूछ रहे हैं? मैं आप से एकरूप हो गया हूँ। मैं कृतकृत्य हुआ हूँ। मुझे आप कोई भी आज्ञा करें।

भगवान श्रीकृष्ण और अर्जुन के गीतारूपी संवाद का आखरी श्लोक अर्जुन का है। मोह नष्ट होना यही महत्वपूर्ण है। वह होता है भगवान के प्रसाद से, कृपा से। यह सब वृतांत संजय राजा धृतराष्ट्र को सुना रहे है। वहां राजमहल में राजा धृतराष्ट्र इसके बारे में क्या सोचते हैं।

इसके संबंध में श्री ज्ञानेश्वर जी लिखते हैं:

तेणेउचंवळलेपणे। संजय धृतराष्ट्राते म्हणें।
जी कैसे बादरायणे। रक्षिलो दोधे।
आजी तुमते अवधारा। नाही चर्मचक्षुही संसारा।
की ज्ञानदृष्टी व्यवहारा। आणिलेति।
आणि रथीचिये राहाटी। घेइ जो घोड़ेया साक्षी।
तया आम्हा या गोष्टी। गोचरा होती।
येवढा जिये सांकडा। कैसा अनुग्रहो पै गाढा।
जे ब्रह्मानंद उघडा। भोगवितसे।
ऐसे संजय बोलिला। परी न द्रवे येरू उगला।
चंद्रकिरणी शिवतला। पाषाण जैसा।

(ज्ञा. अ. 18, ओ. 1580, 1581, 1582, 1584, 1585)

गीता शास्त्र का उपदेश भगवान श्रीकृष्ण के मुख से सुनने से संजय, जो राजा धृतराष्ट्र को उसके बारे में बता रहे थे, बहुत आनंदित हुए। वे धृतराष्ट्र से कहते हैं कि भगवान ने हम दोनों पर बहुत कृपा की है। धृतराष्ट्र को संजय कहते हैं कि आपकी दृष्टि नहीं है इसलिए आप संसार को देख नहीं सके। गीता शास्त्र से ज्ञानदृष्टि आपको मिली। संजय कहते हैं कि मैं घोड़ों को जानकार हूँ इसलिए मैं इस युद्ध में आया लेकिन मुझे कृष्णार्जुन गीता संदेश सुनने को मिला। युद्ध का इतना भयानक संकट सामने खड़ा है किसी का भी पराभव हो, तब भी अपनी ही हार है, ऐसा हर कोई नहीं सोच रहा है। चंद्रकिरण के स्पर्श से पत्थर भी पिघल जायेगा, लेकिन संजय के इतना कहने के बाद भी राजा धृतराष्ट्र का मन द्रवित (पसीजा) नहीं हुआ। उनके मन पर कुछ भी परिणाम नहीं हुआ। संजय को गीता सुनने के बाद कितना हर्ष (आनंद) हुआ।

यह संजय स्वयं ही कहते हैं:

संजय उवाच

इत्यंह वासुदेवस्य पार्थस्य च महात्मनः।
संवादमिममश्रौषमद्भुतं रोमहर्षणम्।।
व्यासप्रसादाच्छ्रुतवानेतद्गुह्यमहं परम्।
योगं योगेश्वरात्कृष्णात्साक्षात्कथयतः स्वयंम्।।
राजन्संस्मृत्य संस्मृत्य संवादभिममद्भुतम्।
केशवार्जुनयोः पुण्यं हृष्यामि च मुहुर्मुहुः।।
तच्च संस्मृत्य संस्मृत्य रूपमत्यद्भुतं हरेः।
विस्मयो मे महान् राजन् हृष्यामि च पुनः पुनः।।

(गी. अ. 18, श्लो. 74, 75, 76, 77)

संजय कहते हैं कि इस प्रकार मैने श्रीवासुदेव के और महात्मा अर्जुन के इस अद्भूत रहस्ययुक्त और रोमांचकर संवाद को सुना। श्री व्यास जी की कृपा से दिव्यदृष्टि द्वारा मैंने इस परम (रहस्य युक्त) गोपनीय योग को साक्षात कहते हुए स्वयं योगेश्पर श्रीकृष्ण भगवान से सुना। हे राजन्, श्रीकृष्ण भगवान और अर्जुन के कल्याण-कारक और अद्भुत संवाद को पुनः पुनः स्मरण करके, बारम्बार हर्षित होता हूँ। हे राजन! श्री हरि के उस अति अद्भुतरूप को भी पुनः पुनः स्मरण करके मेरे चित्त में महान आश्चर्य होता है।

भगवान श्रीकृष्ण से प्रत्यक्ष गीता सुनने और देखने से संजय कितने हर्षित हुए उसके बारे में स्वयं बताते हैं। इस संदर्भ को श्री ज्ञानेश्वर जी अपने अनुपम ढंग से प्रस्तुत करते हैं, उसका अर्थ सही तरह से समझ में आता है।

तेथ अवसरे आनंदे। अलौकिकही कांही स्फुंदे।
श्रीकृष्ण म्हणे साग्ददें वेळोवेळा। तेथ कोण एकी अवसरी।
होआवी ते करूनि दुरी। रावो म्हणे संजया परी।
कैसी तुझी गा। तेणे तूंते येथे व्यासे।

वैसविले कायसा उद्धेशे। अप्रसंगामाजी ऐसे।
बोलसी काई। मग म्हणे सांगे प्रस्तुत।
उदयलेसे जे उत्कळित। ते कोणासी बारे जैत।
देईल शेखी। येप्हवी विशेष बहुतेक।
आमुचे ऐसे मानसिक। जे दुर्योधनाचे अधिक।
प्रताप सदा। आणि येराचेनि पाड़े।
दळही याचे देव्हडे। म्हणोनि जैत फुडे।
आणील ना ते। आम्हा तंव गमे एसे।
मा तुझे जोतीष कैसे। ते नेणो संजया असे।
तैसे सांग पां।

(ज्ञा. अ. 18, ओ. 1621, 1624, 1625, 1628, 1629, 1630, 1631)

श्रीकृष्ण का गीतोपदेश सुनकर संजय का मन भर आता है। वे बारंबार श्रीकृष्ण, 'श्रीकृष्ण' कहते हैं। तब राजा धृतराष्ट्र संजय को कहते हैं कि संजय, इस समय क्या घटना हो सकती है इसके बारे में बताने के बजाय तू ये क्या कह रहा है, कर रहा है? तुम्हें व्यास जी ने मेरे पास बैठने के लिए क्यों कहा है? किस काम के लिए व्यास जी ने तुम्हें मेरे साथ बैठने के लिए कहा? और तुम यह दूसरा ही (श्रीकृष्ण, श्रीकृष्ण) क्या बोल रहे हो? फिर राजा धृतराष्ट्र पूछते हैं, यह जो युद्ध हो रहा है उसमें विजय किसकी होगी? कौन विजयी होगा? मेरा तो तर्क यह है कि दुर्योधन का पराक्रम ज्यादा ही होगा और प्रतिपक्ष (विरोधी) की तुलना में हमारी सेना भी उनसे डेढ़गुनी ज्यादा है। तब यह सेना, विजय हमारे तरफ खींच लायेगी।

राजा धृतराष्ट्र के इस प्रश्न के उत्तर में की, विजय किसकी होगी, इस बारे में संजय कहते हैं:

यत्र योगेश्वर कृष्ण यत्र पार्थो धनुर्धरः।
तत्र श्रीर्विजयो भूतिर्ध्रुवा नीतिर्मतिर्मम।।

(गी. अ. 18, श्लो. 78)

संजय कहते हैं जिस तरफ योगश्वर कृष्ण और धनुर्धर अर्जुन होंगे वहाँ विजय, ऐश्वर्य निश्चित ही है ऐसा निश्चितरूप से मेरा कहना है।

श्री ज्ञानेश्वर जी गीता के इस आखिरी श्लोक को 'जहाँ आयुष्य यानि जीवन है वहीं जिंदा रहना है,' कहते हैं। वे कहते हैं:

तैसे सकळ पुरुषार्थ। जेणे स्वामी का सनाथ।
तो श्रीकृष्ण रावो जेथ। तेथ लक्ष्मी।
कृष्ण विजय स्वरूप निजांगे। तो राहिला असे जेणे भागे।
तै जय लाग वेगे। तेथेचि आहे।
तयाचिये देशीच्या झाडी। कल्प तरूते होडी।
न जिणावे का येव्हढी मायबापे। असता।

ते पाशाण ही आधवे। चिंतारत्ने का नोहावे।
तिये भूमि के कां न यावे। सुवर्णत्व। म्हणोनि जेथ
श्री तेथ श्रीमंत। जेथ तो पांडूचा सुत।
तेथ विजय समस्त। अभ्युदय तेथ।

(ज्ञा. अ. 18, ओ. 1639, 1641, 1643, 1644, 1656)

श्री ज्ञानेश्वर जी कहते हैं कि जिस स्वामी के कारण सब पुरुषार्थ सनाथ हुए हैं वह भगवान श्रीकृष्ण जहाँ होंगे, वहाँ लक्ष्मी होगी। श्रीकृष्ण स्वयं ही विजय रूप हैं। वे जिस के साथ रहेंगे, वहीं विजय प्राप्त होगी। विजय नाम से अर्जुन प्रसिद्ध ही हैं और भगवान स्वयं विजयरूप हैं तब लक्ष्मी-सह विजय वहाँ पर निश्चित है। जिन्हें ऐसा बल प्राप्त है, उस देश में सामान्य पेड़ भी कल्पवृक्ष होंगे। ऐसे देश के पत्थर भी चिंतामणी रत्न जैसे क्यों न होंगे? और उस देश की मिट्‌टी सोना क्यों न होगी? ऐसे देश की नदियों में अमृत क्यों नहीं बहेगा?

श्री ज्ञानेश्वर जी कहते हैं:

एवं भारताचा आवांका। आणूनि श्लोका ऐका।
संजये कुरूनायका। दिधला हाती।
तया हा साता सतांचां। इत्यर्थ हा श्लोक शेषीचा।
व्यास शिष्य संजयाचा। पूर्णोद्‌गार जो। (ज्ञा. अ. 18, ओ. 1660, 1663)

संपूर्ण महाभारत का सार (निष्कर्ष) इस प्रकार से एक श्लोक में संजय ने धृतराष्ट्र को बताया। व्यास जी के शिष्य संजय का यह आखिरी वाक्य जो गीता का आखिरी श्लोक है। वह 700 श्लोकों का सार है। गीता भगवान श्रीकृष्ण की लिखित भाषा में मूर्ति है।

इसके बाद श्री ज्ञानेश्वर जी मराठी में लिखी ज्ञानेश्वरी के बारे में कहते हैं कि वेदों का सार उपनिषद, उपनिषदों से व्यासजी ने गीता शास्त्र लिखा। जो तत्व समझ में नहीं आ रहे थे उसे वेद व्यासजी ने सरल किया, मानो हमारे हाथों पर उन तत्वों को रख दिया। लेकिन संस्कृत में लिखी गीता सामान्य लोगों के समझ में आये और विशेष रूप से मराठी भाषी लोग इसे समझे, इसलिए श्री ज्ञानेश्वरी मराठी भाषा में लिखी गई।

श्री ज्ञानेश्वर जी इसे, इस प्रकार से स्पष्ट करते हैं:

बाळकाते वोरसे। माय जे जेववू बैसे।
ते तया ठाकती तैसे। घांस करी।
का अफाटा समीरणा। आपैतेपण शाहाणा।
केले जैसे विंजणा। निर्मूनिया।
तैसे शब्द जे न लभे। ते घडूनिया अनुष्टुभे।
स्त्री शूद्रादिप्रतिभे। सामाविले।

(ज्ञा. अ. 18, ओ. 1698, 1699)

मां बड़े प्रेम से जब अपने बालक को भोजन कराती है तो बालक रोटी को सहज खा सके इसलिए छोटे-छोटे निवाले उसे देती है। हवा तो इधर-उधर बहती है लेकिन अपने को जितनी चाहिए उतनी हवा लेने के लिए होशियार व्यक्ति पंखा तैयार करता है। उसी तरह श्री ज्ञानेश्वर जी कहते हैं कि जो शब्दों के द्वारा साध्य न होता वह उन्होंने सरल मराठी भाषा में (अनुष्टुभ छंद में) ओवियों में बद्ध करके सभी लोगों के द्वारा ग्रहण करने के योग्य किया। वे कहते हैं सुगंध तो है लेकिन जबतक पुष्प (फूल) नहीं है तब तक उसे कैसा ग्रहण किया जाय? उसी प्रकार गीता का संस्कृत में लिखा ज्ञान तो उपलब्ध है लेकिन उसे सामान्य व्यक्ति कैसा ग्रहण करेगा? श्री ज्ञानेश्वर जी ने मराठी भाषा में गीता को प्रस्तुत किया जो सब मराठी जानने वाले की समझ में आ सके।

श्री ज्ञानेश्वर जी बहुत विनम्र थे। श्री ज्ञानेश्वरी जैसे महान ग्रन्थ का निमार्ण करने के बाद भी वह अपने आप को बहुत छोटा समझते हैं। भगवान श्रीकृष्ण की बताई गीता तो भगवान के मुख से निकली, इसलिए महान है। लेकिन श्री ज्ञानेश्वर जी कहते हैं कि क्या वे उसी को आधारमान कर कुछ लिख नहीं सकते?

इसे उपमा देकर श्री ज्ञानेश्वर जी अपने ग्रन्थ का नम्रता से समर्थन करते हैं:

पांरव फुटे पाखिरू। नुडे तरी नभीच स्थिरू।
गगन आक्रमी सत्वर। तो गरूड ही तेथ।
जी आपुलेनि अवकाशे। अगाध जल घेपे कलशे।
चुळी चूळपणा ऐसे। भरूनी न निंघे।
तेवी व्यासादिक महामति। वावरो येती इये ग्रंथी।
मा आम्ही ठाको हे युक्ति। न मिळे कीर।

(ज्ञा. अ. 18, ओ. 1713, 1715, 1718)

जिस पक्षी के पंख छोटे है और वह ज्यादा ऊपर नहीं उड़ सकता, तब भी वह आकाश में उड़ता है और गरूड़ (बड़ा पक्षी) भी उसी आकाश में उड़ता है। बड़ी गगरी में ज्यादा पानी समायेगा लेकिन क्या हम हमारे दोनों हाथों में पानी नहीं ले सकते? व्यास आदि लोग इस गीता ग्रन्थ का विवरण, विश्लेषण करते हैं। लेकिन हम हमारी अल्प बुद्धि से इस गीता ग्रन्थ का विवरण करते हैं। क्या यह युक्ति संगत (योग्य) नहीं होगा? श्री ज्ञानेश्वर जी कहते हैं कि श्री वेद-व्यास के पीछे चलकर, अपना मार्ग ढूंढते हुए, अन्य भाष्यकारों से इस रास्ते के बारे में पूछते-पूछते मैं अयोग्य होते हुए भी गंतव्य स्थान पर पहुचूँगा।

अपने गुरू (बड़े भाई निवृत्ति नाथ) का स्मरण करते हुए वे कहते हैं कि उनकी कृपा से मुझे गीता का ज्ञान सहज ही प्राप्त हुआ है। यह गीता मैं मराठी भाषा में बता रहा हूँ। इसमें आश्चर्य की क्या बात है?

गुरू के प्रति अपनी कृतज्ञता व्यक्त करने के बाद श्रीज्ञानेश्वरजी श्रीकृष्ण भगवान से प्रार्थना करते हैं तथा प्रसाद रूप दान मांगते हैं। वे अपने लिए कुछ नहीं मांगते,

सब लोगों के हित और कल्याण के लिए प्रार्थना करते हैं। इसे मराठी में 'पसायदान' (प्रसादरूपी) दान कहते हैं। यह पसायदान विश्व कल्याण की प्रार्थना है।

श्री ज्ञानेश्वर जी का पसायदान
(विश्व कल्याण की प्रार्थना)

आता विश्वात्मके देवे। येणे वाग्यज्ञे तो पावे।
तोषोनि मज द्यावे। पसायदान हे जे खळाची व्यंकटी सांडो।
तया सत्कर्मी रती वाढो। भूता परस्परे पड़ों। मैत्र-जीवाचे।
दुरितांचे तिमिर जावो। विश्व स्वधर्म सूर्ये वाहो।
जो जे वांछील तो ते लाहो। प्राणिजात।
वर्षत सकळ मंगळी। ईश्वर निष्ठांची मांदियाळी।
अनवरतभूतळी। भेटो तया भूतां।
चला कल्प तरूंचे अरव। चेतना चिंतामणीचे गांव।
बोलते जे अर्णवं। पीयूषाचे।
चंद्रमे जे अलांछन। मार्तंड जे पापहीन।
ते सर्वाही सदा सज्जन। सोयरे होतू।
किबहुना सर्वमुखी। पूर्ण होऊनि तिन्ही लोकी।
भजिजो आदि पुरूखी। अखंडित।
आणि ग्रन्थोंपजीविये। विशेषी लोकी इये।
दृष्टादृष्ट विजये। होआवे जी।
येथे म्हणे विश्वेशरावो। हा होइल दान पसावो।
येणे वरे ज्ञानदेवो। सुरिवया जाला।

(ज्ञा. अ. 18, ओ. 1794, 1795, 1796, 1797, 1798, 1799, 1800, 1801, 1802)

श्री ज्ञानेश्वर जी अपने विश्व कल्याण की प्रार्थना में भगवान श्रीकृष्ण से विनती करते हैं कि :-

पसायदान
(विश्व कल्याण की प्रार्थना)

"अब विश्वरूप हुए भगवान इस वाणीरूप यज्ञ से संतुष्ट होवें।
और संतुष्ट होकर मुझे प्रसाद रूपी दान देवें।

जिससे दुष्टों की कुटिलता समाप्त हो जाय और।
उन्हें सत्कर्म के प्रति सुरूचि उत्पन्न हो, वह निरंतर बढ़ती जाये।
और समस्त प्राणी-मात्र में परस्पर मित्रता का भाव जगे।
पापरूपी अंधकार नष्ट हो, स्वधर्म रूप सूर्य का उदय हो।
और प्राणीमात्र जो इच्छा करे वह पूरी हो।
ईश्वर निष्ठ (साधुसंत) लोगों का समागम होता रहे।
और भूतल पर, प्राणीमात्रों पर, उनकी मंगल वर्षा होती रहे।
भक्त जन मानो कल्पवृक्ष के अंकुर हैं, वे चिंतामणी का चलता फिरता गांव है।
इन्हें अमृत का अचल सागर समझा जाय।
यह संतजन कलंक रहित चंद्रमा की तरह हैं।
या ताप रहित सूर्य है, और ये सारे जीवों के अपने हैं।
अधिक क्या कहे? सारा त्रैलोक्य सुख से परिपूर्ण हो।
सब प्राणी मात्र आदि पुरुष का अखण्ड भजन, भक्ति करें।
मृत्यु, लोक में जिनकी आजीविका ग्रन्थों पर निर्भर है
उन्हें ऐहिक और पारलौकिक सुख की प्राप्ति हो।''

श्री ज्ञानेश्वर जी के विश्व कल्याण की प्रार्थना कहने के बाद उनके गुरू और भाई निवृतिनाथ कहते हैं कि 'तुम्हारा यह दान प्रसाद होगा। तुम्हें प्रभुका कृपा प्रसाद मिलेगा।' यह सुनकर श्री ज्ञानेश्वर जी अति आनंदित हुए।

इस प्रकार से कलियुग में महाराष्ट्र में गोदावरी नदी के दक्षिण तट पर एक नितांत पवित्र अनादि पंच-कोशी क्षेत्र है जहाँ संसार के समस्त जीवों के जीवन सूत्र चालक मोहीनी राज है। उस क्षेत्र में सकल कलाओं से युक्त, संपूर्ण पृथ्वी के मालिक, यदकुलभूषण राजा रामचन्द्र राज करते थे। वहाँ (नेवासा गांव) आदि नाथ शंकर की परंपरा में जन्में, निवृतिनाथ के शिष्य, श्रीज्ञानदेव जी ने गीता पर देसी भाषा में (मराठी में) श्रीज्ञानेश्वरी ग्रन्थ लिखा। यह एक सुवर्ण अलंकार जैसा ही है। इस ग्रन्थ की पुण्यरूप संपत्ति से सभी प्राणियों को संपूर्ण सुख की प्राप्ति हो। शक संवत् 1212 में श्री ज्ञानेश्वर जी ने गीता की यह टीका की और सच्चिदानंद बाबा ने प्रेम और आदर से इसे शब्दबद्ध किया।

ॐ तत सत इति

सारांश

यह अध्याय सारी गीता का सारांश है। अतः इसका सारांश नहीं दिया जा रहा है।